한국 민주주의의 작동원리

한국 민주주의의 작동원리

한국에서 다수는 어떻게 형성되는가

문우진

KOREA
UNIVERSITY
PRESS
고려대학교
출판문화원

이 저서는 2014년 정부(교육부)의 재원으로 한국연구재단의 지원을 받아 수행된 연구임(NRF-2014S1A6A4026531)

긍정적인 사고를 심어주신 어머니와

당신보다 자식 건강을 더 걱정하시는 아버지께

서문

필자는 정치학을 공부하기 시작할 때부터 한국 민주주의가 정치학 교과서에서 제시된 것과 같이 작동하지 않는 이유가 무엇인가 그리고 이러한 문제를 어떻게 해소할 수 있을 것인가에 관심을 가져왔다. 한국 민주주의에 대한 문제의식은 대의민주주의가 정상적으로 작동한다는 것이 무엇인가라는 근본적이고 이론적인 문제의식으로 확대되었다. 이러한 문제의식에서, 선거경쟁과 민주주의 제도들에 관련된 연구들을 진행해왔다. 최순실 사태는 한국 민주주의의 문제점들에 대한 필자의 생각을 확인해주는 경험적 증거가 되었다. 비슷한 시기에 접하게 된 에이큰과 바르텔즈의《현실주의자의 민주주의》(Democracy for Realists)라는 책은 민주주의에서의 다수형성과 관련된 필자의 시각에 이론적 근거를 제시하였다. 이러한 정치적·지적 경험은 그동안 흩어져 있었던 퍼즐 조각들을 의미 있는 그림으로 맞출 수 있는 중요한 계기가 되었다.

이 책의 목표는 한국정치의 다양한 현상들을 설명하는 이론(理論)을 제시하는 것이다. 학문적인 연구는 작동원리를 파악하고 이 원리의 맥락에서 현상을 이론적으로 설명한다. 이론적인 설명이란 피상적인 현상 뒤에서 작동하고 있는 보이지 않는 이치를 밝히는 것을 의미한다. 현상에 대한 경험적 관찰에 의존하는 시각에서 사과, 폭포, 낙엽, 강물, 호수를 서로 구분하면, 사과와 낙엽을 폭포, 강물, 호수로부터 구분할 것이다. 그러나 뉴턴(Newton)의 눈에는 사과, 낙엽, 폭포, 강물이 호수와는 다른 대상으로 보였다. 보통 사람들은 그냥 지나치는 사과의 낙하 현상을 관찰하고 뉴턴은 사과가 왜 떨어질까라는 질문을 던졌다. 이러한 원리에 대한 질문으로부터 뉴턴은 사과, 낙엽, 폭포, 강물은 공통적으로 높은 곳에서 낮은 곳으로 이동하는 것들이며, 이러한 현상을 가능하게 하는 어떠한 보이지 않는 힘이 있다는 것을 깨달았을 것이다. 뉴턴의 만유인력 법칙은 이처럼 보이지 않는 원리에 대한 탐구에서 비롯된 것이다.

물리학과 마찬가지로, 정치학 역시 피상적인 정치현상 뒤에 숨어 있는 원리를 파악하는 것을 목표로 한다. 피상적인 관찰에 의존하는 시각에 의하면, 한국, 영국, 미국, 이태리의 정치체제를 한국과 미국의 대통령제와 영국과 이태리의 의회제(내각책임제)로 구분할 것이다. 그러나 체벨리스(Tsebelis 2002)의 거부권행사자(veto players) 시각을 따르면, 한국 대통령제는 영국 의회제와, 미국 대통령제는 이태리의 의회제와 공통점이 더 많다. 이는 왜냐하면 거부권행사자의 수와 의제설정권에 의해 결정되는 입법 메커니즘이 한국 대통령제와 영국 의회제에서 더 비슷하고 미국 대통령제와 이태리의 의회제에서 더 비슷하기 때문이다(문우진 2013). 이처럼 피상적인 현상이 보이지 않는 작동원리에 의해서 조명될 때, 새로운 과학적 발견이 시작된다.

이 책에서는 지역주의 투표, 인물투표, 비 계급투표, 책임정치의 실종, 정책대결의 부재, 임기 말 폭락하는 대통령 지지율, 불안정한 정당체제, 무능하고 비도덕적인 지도자 선발과 같이 피상적으로는 서로 무관한 것처럼 보이는 한국 정치의 병리학적 현상들에 숨어 있는 원리를 파악하려 한다. 이 책은 이러한 현상들을 발생시키는 작동원리를 협애한 양당체제(confined two-party system)와 단순다수 선거제도의 조합이 초래하는 "시장거래화된 정치경쟁"으로 설명한다.[1] 필자는 협애한 양당체제와 단순다수 선거제도의 조합이 정치경쟁의 시장거래화를 초래한다는 인과적 주장을 한국이라는 특정사례를 넘어 보편적으로 적용될 수 있는 선거경쟁의 작동원리로 제시한다.[2] 이 책은 이러한 작동원리에 근거해서 다양한 병리학

1 정당 간의 이념 차이가 없는 정당체제를 협애한 정당체제로 정의하고 협애한 정당체제와 한국 민주주의의 보수성과의 관계를 논의한 최초의 연구로 최장집(2002) 참고.

2 이 책은 선거경쟁이 실체 없는 "유인가치"(valances)에 대한 광고를 중심으로 전개될 경우, 정치경쟁이 "시장거래화" 되었다고 정의한다. 유인가치란 후보의 이미지나 경제활성화 능력

적 현상들을 이론적으로 설명하고, 이러한 설명에 대한 경험적 근거를 제시한다.

원리에 대한 발견은 분석(分析)을 필요로 한다. 이 책의 부록에서 자세히 설명하겠지만, 분석은 피상적으로 관찰되는 수많은 상관관계들에서 타당한 인과관계를 골라내는 것이다. 경험주의적 사고에 의존하는 일반인, 정치인, 정치평론가, 그리고 이론 없는 일부 학자들은 현상들 사이에 발견되는 피상적 상관관계를 인과관계로 믿고 이에 대한 사후적인 해석을 이론으로 제시한다. 정치학에서 대표적인 경험주의적 주장은 대통령제는 권력집중적이고 의회제(내각책임제)는 권력분산적이고 합의제적이라는 것이다. 그러나 이러한 주장과는 반대로 대통령제의 핵심은 권력분산이고 의회제의 핵심은 효율성이다. 입법적 권한은 미국식 대통령제에서는 의회가 더 강하고 의회제에서는 행정부가 더 강하다(Tsebelis 2002).

이처럼 경험주의적 시각이 이론적 근거가 없는 주장을 하는 이유는 작동원리를 모르고 피상적인 관찰에 의존하기 때문이다. 한국의 제왕적 대통령제를 관찰하고 대통령제는 권력집중적이라 믿거나 유럽의 의회제 국가들을 관찰하고 합의제적이라 믿는 것이다. 그러나 한국 대통령제가 권력집중적인 것처럼 보이는 이유는 대통령제의 요소를 가지고 있기 때문이 아니라, 반대로 의회제의 요소(행정부 법안 발의권 및 예산편성권)를 가지고 있기 때문이다(문우진 2013). 의회제가 합의제적인 것처럼 보이는 이유는 의회제가 합의적인 제도라서가 아니라 많은 의회제 국가들이 다당제을 채택하기 때문이다. 의회제의 전형 국가인 영국은 합의제적이지도 않고 다수당의 수상 권력을 견제할 제도적 장치가 없다. 이는 왜냐하면 영국은 양당제를 창출하는 경향이 있는 단순다수 선거제도를 채택하고 있기 때문이다. 즉 의회제의 본질이 합의제적인 것이 아니라 다당제가 합의제적 의사결정을 초래하는 것이다.

과 같이 유권자들이 후보들을 "긍정적 또는 부정적으로 평가하는 조건들"을 의미한다(Stokes 1963: 373). 유인가치에 대한 자세한 설명은 1장 주석 3) 참조. 정치경쟁의 시장거래화에 대한 자세한 설명은 2장 2.4절 참조.

이처럼 피상적인 관찰은 우리를 잘못된 이해로 이끈다. 세상은 인간의 단순한 사고와 피상적인 관찰만으로 이해하기에는 상상할 수 없을 정도로 복잡하다. 뉴턴이 발견한 만유인력 법칙처럼 세상의 작동원리는 피상적으로 보이는 곳보다 보이지 않는 곳에 숨어 있을 가능성이 더 높다. 이처럼 피상적으로는 인과관계처럼 보이는 수많은 현상 뒤에 숨어 있는 작동원리를 찾아내기 위해 학자들은 방법론적 도구들을 사용한다. 이 책은 이론적 주장들을 연역적으로 도출하기 위해 수리모형을 제시하고 이론적 예측을 검증하기 위해 통계모형 분석을 수행한다. 수리모형이나 통계모형과 같은 분석적 도구들은 인간의 직관적 사고나 피상적 관찰에 의존하는 한계를 극복할 수 있도록 도와준다. 이러한 도구를 학습하지 않은 독자들에게는 이 책의 수리모형 및 통계모형을 활용한 분석내용이 이해하기 어려울 수 있다.

따라서 통계지식이 없는 학생들도 이 책의 내용을 이해할 수 있도록 부록에 통계에 대한 기본 원리를 소개하였다. 이 책의 통계분석 내용을 꼼꼼하게 이해하고 싶은 독자들은 4장을 읽기 전에 부록을 먼저 독파하기를 권하고 싶다. 부록에서 제공한 통계에 대한 원리를 이해하면, 통계수업을 듣지 않은 학생들도 본문의 통계분석 내용들을 이해하게 될 것이다. 부록의 내용을 이해하기 힘든 일반 독자들의 이해를 돕기 위해 가능한 많은 그림들을 제공하려고 노력하였다. 일반 독자들은 본문의 통계분석 내용을 건너뛰어도 이 책의 핵심적인 내용을 이해하는데 문제가 없을 것이다.

이 책은 한국정치, 민주주의와 선거경쟁을 다루는 수업에서 교과서로 활용할 수 있을 것이다. 이 책이 다루고 있는 주제는 ① 정치란 무엇인가?, ② 민주주의 이론, ③ 정치학 방법론(합리적 선택이론, 정치심리학, 통계분석의 원리), ④ 정치제도, ⑤ 정당전략, ⑥ 선거이론, ⑦ 한국에서의 사회균열, ⑧ 정당체제, ⑨ 이념갈등, ⑩ 세대갈등, ⑪ 지역주의, ⑫ 경제투표, ⑬ 대통령 지지도, ⑭ 정치참여를 포함한다.

이 책의 일부 내용들은 저자의 기존 논문들을 보완하고 확대한 것이다. 2장 2.3절의 정치거래 이론은 "정책중심 대 가치중심의 선거경쟁"이라는 제목으로《국가전략》11권 2호(2015)에 게재된 내용을 보완한 것이다. 4장 일부 내용은 "한국 선거경쟁에 있어서 이념갈등의 지속과 변화"라는 제목으로《정당학회보》15권 3호(2016)에 게재되었고, 5장의 내용은《한국과 국제정치》33권 2호(2017)에 게재된 "한국 유권자 투표행태의 지속과 변화"의 내용을 확대한 것이다. 6장 6.4절의 내용은 "지역투표와 합리적 선택이론"이라는 제목으로《한국과 국제정치》21권 3호(2005)에 게재된 내용을 수정한 것이다. 7장은 "지역주의 투표의 특성과 변화"이라는 제목으로《의정연구》23권 1호(2017)에 게재된 내용이다. 8장은 "한국에서의 소득기반 투표의 비활성화"라는 제목으로《한국정치학회보》51집 4호(2017)에 게재된 내용이다. 10장은《평화연구》26권 2호(2018)에 게재된 "경제투표, 선거심판과 민주주의"의 내용을 보완한 것이다. 12장의 미국사례 분석은《한국정치학회보》43집 4호(2009)에 게재된 논문 "정치정보, 정치참여와 민주주의"의 내용을 포함하고, 한국사례 분석은《국가전략》17권 3호(2011)에 게재된 논문 "정치의식과 불평등 투표"의 분석내용을 최근의 자료를 포함해서 다시 분석한 것이다.

이 책을 출판하게 되기까지 필자는 스승들로부터 많은 정신적·지적 도움을 받았다. 최장집 교수님은 필자가 정치학에 관심을 가지게 되는 최초의 계기를 제공하였다. 드나르도(James DeNardo) 교수에게서 통계학이 단순한 계량적 기법이 아닌 분석적 사고를 가능하게 하는 방법론적 원리라는 사실을 배웠다. 잴러(John Zaller) 교수는 정치심리학적 방법의 유용성을 깨닫게 해주었다. 로머(John Roemer) 교수는 민주주의 선거경쟁과 관련된 정치철학적 문제들을 수리모형을 통해 분석할 수 있는 능력을 키워주었다. 가장 큰 지적 영향을 미친 체벨리스(George Tsebelis) 교수는 정치제도들을 분석하는 데 도움이 되는 이론적·방법론적 기초를 제공하였다. 무엇보다도 이론적 사고의 중요성을 깨닫게 해주었고, 모든 이론적 주장은 경험적 근거에 의해 뒷받침되어야 한다는 학자로서의 책임감을 심어주었다.

이 책은 2014년 정부(교육부)의 재원으로 한국연구재단의 지원을 받아 수행되었다. 이러한 지원에 감사드린다. 필자는 허석재 교수에게 많은 빚을 졌다. 허석재 교수는 갤럽 대통령 지지율 자료와 기타 경제지표 자료를 공유해 주었다. 뿐만 아니라, 이 책의 원고를 처음부터 끝까지 꼼꼼하게 읽고 유익한 조언을 해 주었다. 이 책의 경험자료의 일부분인 동아시아연구원의 "2007 대선 패널조사" 자료와 "2012 총선 대선 패널조사" 자료를 제공해 준 정한울 박사에게 감사드린다. 내일신문·서강대현대정치연구소의 "제19대 대통령선거 유권자 의식조사" 자료를 흔쾌히 제공해 준 서강대 이현우 교수에게 감사드린다. 이 책의 일부 자료를 수집하고 참고문헌을 정리해준 손웅기 학생에게 고마운 마음을 전하고 싶다. 수많은 그림, 표, 수식 때문에 겪는 편집의 어려움에도 불구하고 흔쾌히 책의 출판을 허락해주신 고려대학교 출판문화원장 윤인진 교수님께 감사드린다. 출판문화원의 유재혁 님은 여러 번의 이메일 교신을 통해 편집과 실무적인 부분에 도움을 주었다.

필자는 아주대학교 사회과학대의 자유로운 환경 덕분에 연구에 집중할 수 있었다. 학과의 김영래, 유승익, 안재홍 교수님은 항상 연구 활동을 독려하고 지지해 주었고, 강신구, 김흥규, 이왕휘, 이한수 교수는 동료 교수로서 모범을 보여주었다. 순수한 학생들과 수업시간 안팎에서 나눈 대화들은 학교생활을 즐겁게 하였다. 권혁용 교수, 유항근 교수, 이신화 교수, 이양호 교수, 지은주 교수와 함께 한 SSK 연구진들과의 연구모임은 필자가 연구주제를 확장하는 데 큰 도움이 되었다. UCLA 유학시절 학문적 · 정서적 교류를 나눈 배광복, 강명세, 최태욱, 김기석, 안용흔 선배님과 서재권, 하은영, 조혜지, 신재혁, 백우열 교수에게도 고마움을 전한다. 무엇보다도 가족들의 도움 없이 학자로서의 삶을 살 수 없었을 것이다. 서울과 미국의 외삼촌들과 외숙모들은 대학생활과 유학생활 동안 정서적인 위안이 되어 주셨다. 형은 따뜻한 조언을 아끼지 않았고, 아내는 변함없는 지지를 보내주었고, 기연과 윤주는 잘 성장해서 어느덧 성인이 되었다. 연로하신 부모님들은 항상 당신들보다 필자를 더 걱정해주셨다. 이 책을 지금의 필자가 있게 해주신 부모님들께 바치고 싶다.

차례

그림 차례

표 차례

1장
들어가는 말

1.1. 문제제기

이스턴(Easton 1965)에 의하면, 정치는 "사회의 희소한 가치들을 권위적으로 분배(authoritative allocation of values) 하는 것"이다. 여기에서 가치란 돈, 사회적 지위, 권력, 명예 등을 의미하며, 권위적인 배분이란 사회적 가치를 분배하는데 사용되는 권력을 국민들이 인정한다는 의미이다. 일반인의 인식에 따르면, 경제는 비규범적인 행위인 반면, 정치는 규범적인(normative) 행위다. 이스턴의 정치에 대한 개념에는 규범적인 요소가 포함되어 있지 않다. 경제가 재화와 용역을 생산·분배·소비하는 활동이듯이, 정치는 사회의 가치를 분배하는 비규범적인 활동이다.

정치와 경제의 중요한 차이점은 정치에서는 사회의 가치를 분배하는데 권력(power)을 필요로 한다는 것이다. 권력이란 일방이 타방에게 자신의 뜻을 따르도록 행사하는 영향력이다. 권력은 반드시 강제적인 힘을 의미하는 것은 아니며 정당성을 부여받은 권력은 강제력의 행사 없이 사람들을 통제할 수 있다. 이러한 정당성은 사회 구성원들이 동의하고 수용하는 집합적인 의사결정 규칙, 즉 제도에서 나온다. 집합적 의사결정인 정치에서는 소수에 속한 국민이 다수가 자신에게 권력을 행사하는 것을 허용한다. 민주주의 국가에서 시민들은 다수에 의한 결정에 권위를 부여하고 이를 따른다.

시민들이 다수의 결정을 따르는 이유는 여러 가지가 있을 것이다. 대부분의 시민들은 다수의 결정이 최선의 결과라고 믿거나 소수의 결정보다는 더 낫다는 생각을 할 것이다. 이들이 이처럼 생각하는 이유는 다수의 결정이 다수의 선호를 객관적으로 반영한 결과라고 믿기 때문일 것이다. 다수의 결정이 최선이 아니라고 믿는 소수의 시민들도 있을 것이다. 그럼에도 불구하고 소수가 다수의 결정을 따르는 이유는 자신들이 언젠가 다수에 속하게 될 기회가 동등하게 주어질 것이라고 믿기 때문일 것이다.

그러나 이러한 믿음들에 실증적 타당성이 있는 것인가? 다수의 결정이 최선의 결과인가? 다수를 형성하는 구성원들의 선호가 서로 다르다면, 다수의 뜻은 누구의 뜻인가? 다수들이 모두 선호하는 공공의 이익은 존재하는가? 다수의 뜻은 사회 구성원들의 선호를 객관적으로 반영한 결과인가? 사회 구성원이 다수에 속하게 될 기회는 동등하게 주어지는가? 정치적 다수는 시민사회에서의 다수의 선호를 반영하는 것인가 아니면 정치인들에 의해 만들어지는 것인가? 한국에서 누가 정치적 다수를 구성하며 어떻게 결정되는가? 한국 민주주의는 어떻게 작동하는가? 한국에서 대의민주주의가 정상적으로 작동하고 있는가? 이러한 질문들에 답하기 위해 이 책에서는 "정치거래 이론"(political transaction theory)이라는 제도주의적 시각을 제시하고 이를 근거로 한국 민주주의의 작동원리를 설명한다.

1.2. 민주주의 선거와 정치적 다수 형성

민주주의의 사전적 의미는 "국민이 권력을 가지고 그 권력을 스스로 행사하는 제도"이다.[1] 에이브러햄 링컨(Abraham Lincoln)이 주창한 바와 같이, 민주주의 정부는 국민의, 국민에 의한, 국민을 위한 정부를 의미한다. 민

1 http://dic.naver.com/ (검색일 2016.01.05).

주주의에서는 "국민의 뜻"을 대변할 대리인들을 선발하고, 입법부와 행정부는 각각 국민의 뜻을 반영하는 정책을 만들고 집행한다. 이러한 전통적인 시각은 복잡하고 이질적인 개개인들의 선호들이 선거를 통해 하나의 일관된 국민의 뜻으로 취합될 수 있다고 믿는다. 그러나 학자들은 1950년 초부터 이러한 믿음에 대한 논리적인 근거뿐만 아니라 경험적인 근거도 없다는 사실을 보여주었다 (Arrow 1951; Converse 1964).

슘페터(Schumpeter 1942)는 민주주의에 대한 이상주의적 시각을 비판하면서 최소주의적 시각을 제시하였다. 슘페터에 의하면, 민주주의라는 제도에서 국민들이 지배하는 것이 아니라 정치인들을 심판하는 최소한의 역할만 할 수 있다고 주장한다. 에이큰과 바르텔즈(Achen and Bartels 2016)의 현실주의적 시각은 이상주의적 시각과 최소주의적 시각을 모두 비판한다. 이들에 의하면, 유권자들은 정당이나 후보들의 정책에 대해서 잘 알지도 못하고 이들의 정책적 선호는 불안정하고 변덕스럽다는 것이다. 따라서 민주주의 선거에서 국민들의 객관적이고 안정적인 선호가 취합될 수 없고, 국민들이 정치인들을 심판할 정도로 충분한 정치정보를 가지고 있지도 않다.

뿐만 아니라, 유권자들은 선거에서 자신들의 선호를 반영하는 다양한 대안에 대한 선택을 할 수 있는 것이 아니다. 이들은 이미 형성된 제한된 대안들 중에서 선택하거나, 찬반의 선택만 할 수 있다. 또한 정치인들은 자신에게 유리한 쟁점들을 부각시키거나 자신들에게 유리하게 구성(framing)한다. 정치인들은 자신에게 유리한 다수를 전략적으로 형성시킬 수 있다. 유권자들은 자신의 가족, 직업, 종교, 성별, 거주지역 등 다양한 집단에 소속되어 있고, 유권자들은 다양한 집단정체성에 따라 형성된 다차원적 선호를 가진다. 선거경쟁에서 어떤 쟁점이 현저한가에 따라 특정한 집단정체성이 유권자의 선호를 지배하고 이에 따라 다양한 다수가 형성될 수 있다.

어떤 쟁점이 부각되는가에 따라 선거결과가 어떻게 달라질 수 있는가를 살펴보기 위해 〈표 1.1〉이 보여주는 바와 같은 세 유권자로 구성된 집

〈표 1.1〉 쟁점에 따른 유권자 선호와 다수 형성

	갑	을	병
성별	여성	여성	남성
소득수준	저소득	고소득	저소득
세대	청년	노년	노년

단을 생각해보자. 세 유권자들은 자신이 소속된 집단의 정체성을 따라 투표한다고 가정하자. 이들 유권자들은 성별에 따른 정체성, 소득에 따른 정체성, 세대에 따른 정체성을 가지고 있다. 남녀평등 쟁점, 소득배분 쟁점, 세대갈등 쟁점 중 어떠한 쟁점이 선거 기간에서 가장 현저하게 부각되는가에 따라 다른 다수가 형성될 수 있다. 현저한 쟁점이 남녀차별과 관련된 문제인 경우, 여성인 갑과 을이 다수를 형성한다. 현저한 쟁점이 소득배분 문제라면 저소득층인 갑과 병이 다수를 형성한다. 마지막으로 현저한 쟁점이 세대갈등이라면, 노년층인 을과 병이 다수를 형성한다.

그렇다면 어떤 변수들이 선거경쟁에서 현저한 쟁점들을 결정하는가? 선거경쟁에서 현저한 쟁점을 결정짓는 요인들은 한 국가의 선거경쟁의 구조를 지속적으로 지배하는 구조적인 요인들로부터 역사적으로 중요한 사건과 선거 당시의 단기적인 요인들이 있다. 구조적인 요인은 한 국가의 정당체제를 형성시키는 사회균열이 있고, 단기적인 요인들은 선거 당시 정당들의 전략과 정치적 사건들이 있다. 이러한 장·단기적 변수들에 따라 현저하게 발현된 쟁점들과 유권자의 집단정체성 및 정치정보에 따라 형성된 정치적 선호들이 만나 정치적 다수가 형성된다.

이 책에서는 ① 사회균열, ② 정당체제(정당의 수와 정당의 이념적 배열), ③ 집단들의 이념성향과 정체성, ④ 개인의 이념성향과 정책적 선호, ⑤ 정치제도, ⑥ 선거경쟁 구도, ⑦ 정당전략 ⑧ 정치정보, ⑨ 중요한 정치적 사건이 ⑩ 유권자 투표결정과 ⑪ 정치적 다수 형성에 어떠한 인과적 영향을 미치는가를 설명한다.

〈그림 1.1〉은 이러한 변수들이 어떻게 유권자의 정치적 선호와 정치적 다수에 영향을 미치는가를 정리한 것이다. 첫 번째 변수인 유권자의 특성

〈그림 1.1〉 정치적 다수 형성 메커니즘

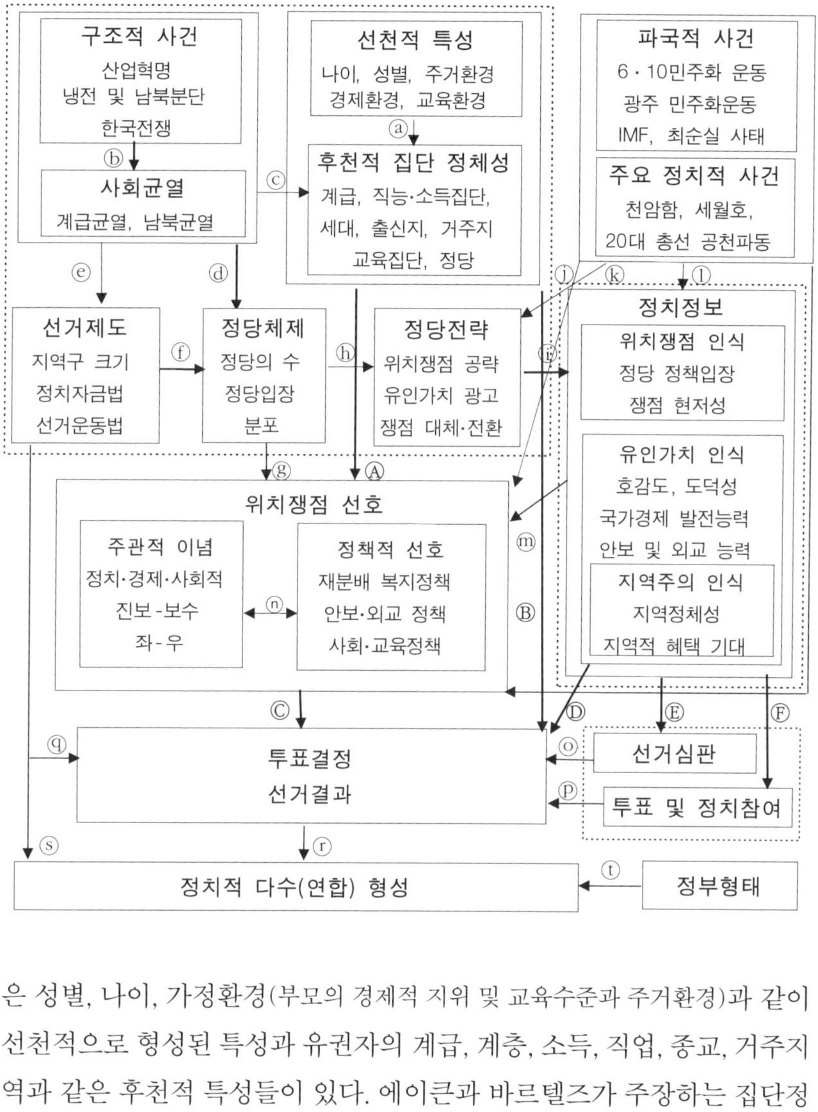

은 성별, 나이, 가정환경(부모의 경제적 지위 및 교육수준과 주거환경)과 같이 선천적으로 형성된 특성과 유권자의 계급, 계층, 소득, 직업, 종교, 거주지역과 같은 후천적 특성들이 있다. 에이큰과 바르텔즈가 주장하는 집단정체성은 이러한 소속집단에서 획득하게 된다. 유권자의 선천적 특성은 후천적 특성에 영향을 미친다(인과관계 ⓐ). 예컨대 부모의 소득이 대물림될 수 있고, 성별에 따라 소득 수준이 달라질 수 있다.

유권자의 후천적 특성들 중 소속계급은 유권자의 정치적 정체성에 가장 보편적인 영향을 미친다. 립셋과 로칸(Lipset and Rokkan 1967)에 의하면, 16세기와 20세기 사이에 배열(alignment)이 완성된 서구의 정당체제는 16세기 국민국가 형성시기의 국가혁명과 18세기 중 후반에 시작된 산업혁명이 초래한 사회 구조적인 균열 축을 따라 형성되었다(인과관계 ⓑ). 국가혁명의 시기에 중앙·지방의 균열과 국가·교회의 균열이 생겨나고, 산업혁명의 시기에 농업·공업의 균열과 자본·노동의 경제적 균열이 형성되었다. 여기에 추가적으로 각 나라의 특수성을 반영하는 인종적·종교적·언어적·지역적 균열이 형성되었다. 20세기에는 자본주의와 공산주의의 경쟁의 결과물인 냉전이 여러 국가들의 정치적 균열을 형성시켰다. 냉전으로 인해 국가가 분단되고 전쟁을 경험한 한국과 같은 국가에서는 이러한 균열이 깊게 형성되었다.

사회균열은 한 사회의 경쟁하는 집단들의 이념적 정체성을 체계적이고 장기적으로 형성시킨다. 립셋과 로칸에 의하면, 서구에서의 정치갈등은 지역적(territorial) 차원과 기능적(functional) 차원에서 발생하였다. 기능적 차원의 한 쪽 끝에서는 이익과 관련된(interest-specific) 갈등이, 다른 한 쪽 끝에서는 이념적(ideological) 갈등이 전개되었고, 정치적 갈등이 이념화될수록 자집단('we' group)에 대한 정체성과 타집단('they' group)에 대한 배타적 거부감은 강해졌다(1967:10). 이처럼 사회균열은 경쟁 집단 간의 일시적 선호의 차이 또는 배타적 거부감을 이념적 수준으로 발전시켰다. 한 국가에서 어떠한 사회균열이 형성되었는가에 따라, 정치경쟁의 구도가 다르게 형성되고 집단 간의 이념적 정체성이 다르게 형성된다(인과관계 ⓒ). 예컨대, 계급균열이 현저한 국가에서는 이념적 정체성이 계급 간에 형성되고, 종교균열이 현저한 국가에서는 종교 집단과 세속 집단 간의 배타적 정체성이 형성된다. 유권자 개인들의 이념 및 정책적 선호는 소속 집단의 이념적 정체성의 영향을 받으며(인과관계 Ⓐ), 유권자들의 투표결정 역시 소속 집단의 영향을 받는다(인과관계 Ⓑ).

사회균열은 각 국의 정당체제를 형성시켰다(인과관계 ⓓ). 자본과 노동의 갈등이 초래한 계급적 균열은 좌파 및 우파 정당의 형성에 기여하였다. 국가와 교회와의 갈등이 초래한 종교적 균열은 기독교 민주당과 같은 종교적 정당과 사회민주당, 노동당, 자유당과 같은 세속적 정당 간의 대립의 단초가 되었다. 중앙과 지방의 갈등으로 인해 지역 민족주의(regional nationalism) 또는 분리주의(separatist)를 표방하는 정당들이 형성되었다. 농업과 공업의 균열은 북구유럽의 농업정당들의 형성에 영향을 주었다.

다양한 집단들을 대표하는 정당들은 자신들의 대표활동에 대한 규범적 정당성을 제시하고 정당들의 정강과 정책을 통해 이러한 규범을 제도화시켰다.[2] 예컨대, 계급균열에 의해 형성된 노동계급과 중산계급 간의 갈등은 경제적 평등 대 시장효율성이라는 서로 대립하는 규범적 원리를 형성시켰고, 이에 기초한 정강 및 정책을 중심으로 경쟁하는 정당체제로 제도화되었다. 사회균열은 정당체제의 형성뿐만 아니라 정치제도의 개편을 초래하였다(인과관계 ⓔ). 노동계급의 확산에 따라 이들에게 투표권이 허용되었다. 일부 국가에서는 다양한 소수 집단들을 대표할 수 있는 비례대표제를 도입하였다.

선거제도는 정당체제 형성에 직접적인 영향을 미친다. 단순다수제와 비례대표제는 각각 양당체제와 다당체제가 창출될 가능성을 높인다(Duverger 1959). 양당제 국가에서는 주로 온건한 진보정당과 보수정당이 경쟁하는 정당체제가 형성되고 다당제에서는 다양한 정당들이 좌우에 넓게 분포된다(인과관계 ⓕ). 정당의 수와 입장들의 분포는 유권자들이 선택할 수 있는 정책입장의 폭과 종류에 영향을 미친다(영향 ⓖ). 양당체제에서는 비교적 온건한 입장을 취하는 두 정당의 입장에 조응하는 유권자들의 선호가 형성되는 반면, 다당체제에서는 좌우에 폭넓게 분포된 여러 정당들의 입장들을 중심으로 유권자들의 선호가 형성된다. 양당체제에 비해서 다당체제에서는 더 다양한 차원에서 정책경쟁이 이루어진다.

정당체제는 정당전략에 영향을 미친다(인과관계 ⓗ). 다당체제에서는

2 바톨리니와 마이어(Bartolini and Mair 1990)는 사회분열(social division)이 사회균열(social cleavage)이 되기 위해서는 정당 정책에 대한 규범적 정당성이 제시되어야 하며, 이러한 규범적 정당성이 제도화되어야 한다고 주장한다. 자세한 설명은 3장 참조.

급진적인 정당이 온건한 유권자들을 공략하기 위해 온건한 입장을 취하면 급진적인 유권자들의 지지를 잃을 수 있다. 따라서 다당체제의 정당들은 원심적 동기(centrifugal incentives)를 가진다. 양당체제에서는 경쟁하는 정당들이 온건한 유권자 공략을 위해 중앙으로 이동하려는 구심적인 동기(centripetal incentives)를 가진다(Downs 1957; Cox 1990). 온건한 정당체제에서는 유권자들이 위치쟁점(position issues)에서 정당 간 입장 차를 덜 느끼므로, 유인쟁점(valence issues)이라 불리는 비정책적 특성들이 유권자의 투표결정에 영향을 미친다.[3] 온건한 정당체제에서는 정당들이 얼마나 유인가치(valences)를 효과적으로 개발하고 광고하는가에 따라 선거결과가 달라진다.

민주주의 선거결과는 단순하게 시민들의 정책적 선호를 반영하는 것이 아니다. 후보의 개인적인 매력이나 감정적 상징물들이 유권자들의 정책적 선호를 바꾸기도 하고, 유권자들의 선택은 정당들이 제시하는 대안들에 의해서 제한을 받는다(Powell 2000: 161). 정당들은 선거쟁점을 자신에게 유리하게 구성하고(issue framing) 자신의 유인가치를 광고하여 자신에게 유리한 정치정보를 형성시킨다(인과관계 ⓘ). 일반적으로 유권자들은 정치에 대한 정확한 정치정보를 가지고 있지 않다. 유권자들이 정당 또는 후보들의 정강이나 공약을 정확히 이해하고 유불리를 따지기 위해 지불해야하는 시간과 경제적 비용은 막대하다. 따라서 대부분의 유권자들은

---

3 스톡스(Stokes 1963)는 좌-우에 배열할 수 있는 공공정책을 위치쟁점이라 불렀고, 정당 또는 후보들의 비정책적 특성들을 유인쟁점(valence issues)이라 불렀다. 위치쟁점은 복지확대(축소), 최저임금 인상(유지), 공무원 증원(유지), 부자 증세(감세), 북한 인도적 지원 확대(축소), 특목고 폐지(유지), 블라인드 채용 찬성(반대)과 같은 쟁점이다. 유인쟁점은 후보의 국가 및 지역 경제발전 능력, 후보의 입법능력, 현직자 이점, 도덕성, 혈연, 학연, 지연과 같은 심리적 친근감들을 포함한다.
국내 학자들은 "valence issue"를 다양하게 번역하였다. 강우진(2012)과 송진미·박원호(2016)는 "합의이슈"로, 이내영·정한울(2007)은 "실적이슈"로, 문우진(2005b)은 "가치쟁점"으로 번역하였다. "Valence"라는 개념은 원래 화학에서 원자가 다른 원자를 "끌어당기는 힘"을 의미한다. 심리학에서는 다른 사람을 감정적으로 끌어당기는 또는 유인하는 매력의 정도를 의미한다(Frijda 1986:207). 위치쟁점에서도 합의가 가능하므로 합의이슈라는 개념은 valence뿐만 아니라 위치쟁점도 포괄하는 넓은 개념으로 볼 수 있다. valence라는 개념의 핵심은 "끌어당기는" 힘 또는 유권자를 유인하는 후보의 비이념적·비정책적 가치를 의미하므로, 이 책에서는 valence를 유인가치로, valence issue를 유인쟁점으로 번역하여 사용한다. 위치쟁점과 유인쟁점에 대한 자세한 설명은 2장 참조.

정치정보의 정확성과 상관없이 정당 또는 언론들이 제공하는 정보에 의존하여 정당들의 정책과 유인가치를 인식하게 된다.

정당들은 이처럼 불완전한 정보를 가진 유권자들을 상대로 다양한 전략을 통해 자신에게 유리한 정보를 형성시키려 한다. 첫째, 자신에게 유리한 위치쟁점을 부각시킨다. 상대에게 유리한 쟁점은 무력화시키고 자신에 유리한 쟁점을 공략한다. 둘째, 자신의 긍정적인 유인가치를 형성시키고 광고한다. 이와 동시에 상대후보의 부정적인 유인가치를 집중적으로 공략한다. 셋째, 자신의 위치쟁점 입장은 온건한 것처럼 홍보하고, 상대 후보의 입장은 급진적인 것으로 몰아간다. 넷째, 자신의 위치쟁점 입장을 유인가치로 포장시킨다. 유권자들은 이처럼 정당들이 제시하는 정보에 의존해서 특정정당의 위치쟁점 입장이 자신과 더 가깝다고 생각하고, 특정정당의 유인가치에 더 호감을 느끼거나 신뢰감을 느끼기도 한다.

유권자들의 선호에 영향을 미치는 또 다른 요인은 중요한 정치경제적 사건이다. 산업혁명이나 냉전과 같은 초국가적인 사건은 사회균열을 형성시킨다. 사회균열은 한 국가의 정당체제를 형성하는 구조적인 조건을 마련하는 반면, 중요한 정치경제적 사건들은 유권자의 정치적 인식과 선호에 영향을 미쳐 정권교체 또는 정당체제의 변화를 초래하기도 한다. 이들 중 파국적(catastrophic) 사건은 일상정치(normal politics) 상황에서 발생하는 정치적 사건들과 구분된다(Atkeson and Maestas 2012). 일상정치에서 유권자들은 정치적 쟁점들에 큰 주의를 기울이지 않으며 정치정보를 이해하기 위해 정파성과 같은 간단한 정치적 단서(cues) 또는 휴리스틱(heuristic)에 의존한다(Converse 1964). 유권자들은 정치 엘리트들이 "걸러내고 구성한"(filtered and framed) 정치정보를 언론을 통해서 접하게 되고(Atkeson and Maestas 2012: 24), 자신의 정치적 정향에 따라 정치정보를 받아들이거나 거부한다(Zaller 1994). 반면 파국적 사건은 갑작스럽게 발발하게 되므로 일반 대중이나 정치인들 모두 동시에 주의를 기울이게 된다. 따라서 파국적 사건에 대해서는 정치인들과 언론들이 자신에 유리한 정치정보를 구성할 여유가 없게 된다. 파국적 사건은 또한 일반인들로 하여금 충격과 불안감을 초래하여 처음부터 끝까지 관심을 가지고 주의를 기울이게 한다. 일반 유권자들은 파국적 사건의 발생 원인에 대한 정보를 수집하려고 하고, 파국적 사건의 책임소재에 대해 비교적 정확한 판단을 할 수 있게 된다(Atkeson and Maestas 2012: 28).

파국적 사건은 유권자들의 정치적 선호와 이념성향에 전면적인 변환을 초래하여 정권교체를 초래하거나 정당체제를 변화시키기까지 한다. 예를 들면, 4·19혁명과 6·10민주화 항쟁은 각각 자유당 체제와 군사정권을 붕괴시켰다. 광주 민주화 운동은 호남지역을 기반으로 하는 진보적인 정치세력이 정당체제의 한 축을 구성하도록 하였다. IMF 사태는 민주화 이후 최초로 진보-보수 세력 간의 정권교체를 초래하였다. 최순실 사태는 수구 보수 세력들이 한 축을 형성했던 정당체제의 와해를 가져왔다. 파국적인 사건보다는 정치적인 파급효과가 강하지는 않지만 다수당 지위의 변화를 초래할 정도로 유권자들의 정치적 선호와 이념성향에 영향을 미치는 사건들이 있다. 노무현 대통령의 탄핵 사건, 20대 총선당시 새누리당의 공천파동 등은 다수당의 지위를 바꿀 정도의 파급효과를 가진 사건들이다.

파국적이고 중요한 정치적 사건들은 유권자의 선호에 직접적인 영향을 미친다(인과관계 ⓙ). 일상적인 정치적 사건들은 정당들로 하여금 자신들에 유리한 쟁점 부각 및 쟁점구성을 위한 광고 전략에 영향을 미친다(인과관계 ⓚ). 정당뿐만 아니라 언론 역시 정치적인 사건과 관련된 정치정보를 유권자들에게 제공하고 자신이 선호하는 쟁점을 부각시킨다(인과관계 ⓛ). 이러한 과정을 통해 형성된 위치쟁점과 유인가치에 대한 유권자 인식은 유권자들의 이념성향과 정책적 선호를 구성한다. 유권자들은 호감을 느끼는 정당의 정책적 입장에 따라 자신의 이념성향과 정책적 선호를 동조화시키기도 한다(인과관계 ⓜ). 유권자들의 이념과 정책적 선호는 서로 상호적인 영향을 미친다(인과관계 ⓝ). 유권자의 이념은 정책적 선호에 따라 형성될 뿐만 아니라, 유권자의 이념이 정책적 선호를 결정하기도 한다.

이러한 일련의 과정을 통해 형성된 유권자들의 위치쟁점 선호는 유권자들의 투표결정에 영향을 미친다(인과관계 Ⓒ). 유권자들은 자신의 입장과 더 가까운 정당과 더 많은 유인가치를 제공하는 정당을 지지한다(인과관계 Ⓓ). 유권자들의 위치쟁점과 유인가치에 대한 인식은 이들의 비이념투표에 영향을 미친다. 유권자들은 정당 간 위치쟁점의 입장 차이가 없다고 생각할수록 유인가치의 차이가 크다고 생각할수록, 비이념투표를 한다(인과관계 Ⓔ), 정당들의 위치쟁점과 유인가치에 대한 인식은 유권자들의 정치참여에도 영향을 미친다(인과관계 Ⓕ). 유권자들이 정당 간의 위치쟁점과 유인가치의 차이를 덜 느낄수록, 이들의 투표참여 동기는 감소한다. 유권자들의 비이념 투표결정과 투표참여 여부는 선거결과에 영향을 미친다. 선거경쟁이 비이념적인 유인가치 중심으로 치러지면, 유인가치 광고를 효과적으로 할 수 있는 정당에 유리한 결과가 초래된다(인과관계 ⓞ). 특정 유권자들이 정당 간의 입장 차를 덜 느껴 기권한다면, 이들에게 불리한 선거결과가 초래된다(인과관계 ⓟ).

전술한 바와 같이, 선거제도들은 정당체제에 영향을 미칠 뿐만 아니라(인과관계 ⓕ), 유권자들의 투표결정에 직접적인 영향을 미친다(인과관계 ⓠ). 소선거구제에서 당선가능성이 없는 후보를 선호하는 유권자들은 당선 가능성이 있는 차선의 후보에게 전략적으로 투표하는 반면, 비례대표제에서는 유권자들이 자신의 선호에 따라 투표할 가능성이 높아진다. 정치자금법이 정치자금 조달 및 사용방법에 어느 정도의 규제를 하는가에 따라 유권자들의 투표결정은 달라진다. 정치자금법의 규제가 완화될수록, 정치광고가 유권자의 투표결정에 더 큰 영향을 미친다. 선거운동법이 허용하는 선거운동 기간 역시 유권자의 투표결정에 영향을 미친다. 선거운동 기간이 짧을수록 도전자가 자신을 알릴 기회가 줄어든다.

정당 간 의석배분은 선거결과와 선거제도에 따라 결정된다(인과관계 ⓡ과 ⓢ). 단순다수제에서는 지역구에서 승리할 정도의 득표력을 가진 큰 정당들이 주로 의석을 차지하고, 비례대표제에서는 일정한 득표율 이상을 확보한 정당들의 규모에 따라 의석이 배분된다. 단순다수제에서는 다수의 지지를 얻은 단독정부가 형성될 가능성이 높고, 비례대표제에서는 연합정부가 형성될 가능성이 높다. 정부형태에 따라 정치적 다수는 달라질 수 있다(인과관계 ⓣ). 대통령제에서는 군소정당들이 여당과 통합할 동기가 강하므로 여당을 중심으로 다수가 형성될 확률이 증가한다. 의회제에서는 군소정당도 연합정부에 참여하여 독자적인 영향력을 미칠 수 있다. 양당제에서는 선거에서 다수의 지지를 확보한 정당이 정치적 다수가 되고, 다당제에서는 선거 후 정당들의 교섭과 타협에 의해 정치적 다수가 형성된다.

이 책은 〈그림 1.1〉의 정치적 다수 형성 메커니즘을 한국에서의 선거경쟁에 적용시켜 한국에서 정치적 다수가 어떻게 형성되는가를 설명한다. 이 책은 특히 한국의 선거경쟁에서 사회균열, 정당체제, 정당전략, 정치제도가 어떻게 정치적 다수형성에 영향을 미치는가를 분석한다. 〈그림 1.1〉에서 굵게 표시된 화살표는 이 책이 집중적으로 다루는 인과관계이다. 이 책은 또한 대문자로 표시된 인과관계를 경험분석을 통해 검증한다.

1.3. 이 책의 개요

이 책의 핵심적인 내용을 요약하면 다음과 같다. 민주주의가 정상적으로 작동하기 위해서는 정당들이 선명한 정책들을 제시하고, 유권자들은 이를 근거로 자신에게 정책적 이익을 제공할 정당을 지지할 수 있어야 한다. 민주주의의 최소조건은 정당들과 정부가 각각 공약이행과 국정운영 성과에 따른 책임을 지고 선거를 통해서 심판을 받는 것이다(Schumpeter 1942). 그러나 민주주의가 이처럼 작동할 정도로 유권자들이 정치에 관심이 있거나 충분한 정치정보를 가지고 있지 않다. 유권자들은 정당들의 정책입장을 잘 모르며 정당들의 유인가치에 대한 과대광고와 허위광고에 쉽게 현혹된다. 정당들은 자신에게 유리한 쟁점을 부각시키고, 국가 및 지역 경제발전 능력과 같은 유인가치들을 광고하고, 상대후보에 대한 흑색선전을 통해 다수의 지지를 얻을 수도 있다. 민주주의에서 정치적 다수란 국민들의 안정된 정책적 선호를 항상 반영하는 것은 아니다.

이 책은 한국 민주주의가 정상적으로 작동하지 못하는 이유는 협애한 양당체제와 단순다수 선거제도의 조합이 촉진하는 정당의 정책대표 기능의 상실 때문이라고 주장한다. 유권자들의 투표결정은 경쟁하는 정당들의 정책입장과 유인가치에 대해 느끼는 효용에 의해서 결정된다. 유권자들이 정당들이 제시하는 정책들 간의 입장 차를 못 느낄수록, 정당들은 유인가치 광고를 통해 유권자들의 정책적 투표결정을 바꿀 수 있다. 즉 한 국가의 정당체제가 협애한 경우, 유리한 쟁점 부각 및 유인가치 광고와 같은 정당전략이 선거결과를 지배할 가능성이 높다. 남북분단의 상황에 처한 한국에서는 깊은 계급균열에 의해 구조화된 서구의 분극적인 정당체제가 형성될 수가 없었다. 경쟁 정당들의 재분배 경제정책들 간에 선명한 차이를 못 느끼는 한국 유권자들의 투표결정은 후보와의 혈연·학연·지연, 경제성장 능력, 지역주의와 같은 유인가치 광고 및 색깔론에 의해 좌우되는 경향이 있다.

이 책에서는 실체 없는 유인가치 광고를 중심으로 전개되는 정치경쟁을 "시장거래화된 정치거래"(marketized political transaction)로 정의한다. 정치거래가 시장거래화되면, 소수의 지배세력들과 이들을 대변하는 정당이 효과적인 광고를 통해 이들에게 유리한 다수를 형성시킬 수 있다. 정치경쟁이 시장거래화된 국가에서 권력집중형 정치제도를 채택하면 소수가 권력을 사유화하고, 소수가 다수를 지배할 가능성이 높다. 최순실 사태는 민주주의 국가에서도 거대자본, 언론, 정치검찰, 수구세력들로 구성된 소수 세력들이 다수를 지배할 수 있다는 사실을 노출시킨 중요한 사건이다. 최순실 사태는 한국에서의 정치경쟁이 시장거래화되었다는 사실을 단적으로 보여준 역사적인 사건이라 할 수 있다.[4]

이 책은 정치거래의 시장거래화의 억제 방향을 제시한다. 정당이 선명

4 정직과 원칙이라는 유인가치로 포장된 박근혜 후보가 과반수의 지지를 얻어 당선이 되었다는 사실과, 박근혜 대통령의 실체가 노출되었을 때 80% 이상의 국민이 탄핵을 지지했다는 사실은 민주주의에서 다수란 유권자들의 실체 없는 허위의식에 의해서 만들어질 수 있는 것이라는 사실을 잘 보여준다.

한 정책대결을 할 수 있도록 하는 제도적 방안들은 서구와 같이 재분배 정책을 중심으로 정당들이 경쟁하는 정당체제를 형성시킬 것이다. 정당들이 정책대결을 하면 유권자들의 투표결정이 정당들의 유인가치 광고나 지역주의와 같은 비정책적 요소에 의해 흔들릴 가능성이 줄어든다. 즉 정당들이 정책대결을 할수록, 유권자들이 자신에게 정책적 혜택을 주는 정당에 투표할 수 있는 능력과 국정운영에 실패한 정부를 심판할 수 있는 능력은 증가한다.[5]

이 책의 본문은 III부 11장으로 구성되어 있다. I부에서는 〈그림 1.1〉의 좌상단에 있는 점선 상자 안의 변수들 간의 인과관계와 이들 변수들이 유권자 이념성향과 투표결정에 미치는 영향을 다룬다. 민주주의 선거이론들을 검토하고 정당들이 어떻게 다양한 전략들을 통해 자신들에게 유리한 다수를 형성시키는가를 설명한다. 한국에서 협애한 정당체제가 형성된 역사적, 전략적, 제도적 배경에 대해 논의한다. 협애한 정당체제를 가진 한국에서 선거경쟁이 정책대결이 아닌 유인가치 경쟁으로 전개되는 이유와 이러한 선거경쟁이 어떻게 정치경쟁을 시장거래화 시킬 수 있는가를 설명한다. 정치경쟁이 시장거래화된 환경에서 한국 정당들이 어떤 전략을 통해 다수를 형성시켜 왔는가를 설명하고, 이들이 부각시키고 광고하는 유인가치들의 실체에 대한 경험적 근거를 제시한다.

II부에서는 〈그림 1.1〉의 우측에 있는 점선 상자 안의 변수들 간의 인과관계와 이들 변수들이 유권자 투표결정에 미치는 영향을 다룬다. 정당체제의 협애성과 정당들이 전략적으로 부각시키는 유인가치가 어떻게 서로 상호작용을 하면서 유권자들의 정치정보와 투표결정에 영향을 미치는가를 설명한다. 이러한 인과관계에 대한 설명을 통해, 한국의 협애한 정당체제가 어떻게 다양한 유인가치 투표를 촉진시키는가를 설명한다. 이러한 설명은 공간모형(spatial model) 분석을 통해 연역적으로 도출된다. 이 모형은 정당 간의 입장 차를 불분명하게 느끼는 유권자일수록 유인가

5 정당들의 정책대결을 촉진시키는 구체적인 제도적 방안들은 이 책의 후속 연구로 필자가 집필 중인《한국 정치제도의 작동원리와 제도개혁 방안》참고.

치 투표를 할 가능성이 높다는 결과를 도출한다. II부에서는 이러한 분석 결과를 적용해서 정당 간 입장 차이가 지역주의 투표, 비 계급투표, 비 이념투표에 어떠한 영향을 미치는가를 분석한다.

III부에서는 정치정보가 우측하단에 있는 점선 상자 안의 변수들(선거심판과 정치참여)에 어떠한 영향을 미치는가를 분석한다. III부에서는 정당 간의 입장 차에 대한 인식이 선거심판과 정치참여에 어떠한 긍정적인 영향을 미치는가를 분석한다. 먼저 한국 유권자들이 경제성과라는 유인가치에 대한 회고적 평가를 통해 선거심판을 효과적으로 하고 있는가를 살펴본다. 다음은 대통령의 경제성과가 대통령 지지율로 연결되는가 그리고 대통령에 대한 평가가 선거심판으로 이루어지는가를 분석한다. 마지막으로 정당 간 입장 차에 대한 인식이 어떻게 정치참여를 촉진시키는가를 살펴본다.

I부의 2장에서는 민주주의에 대한 기존 시각들을 소개하고 이들의 한계를 극복하기 위한 시각으로 정치거래 이론이라는 제도주의적 시각을 제시한다. 제도주의적 시각에서는 ① 유권자들이 자신들의 이해를 정책적으로 대변하는 정당들을 선택할 수 있는 능력, ② 유권자들이 안정된 정치적 선호를 형성시킬 수 있는 가능성, ③ 정치인들이 자신들을 지지하는 집단들을 대변하고 선명한 정책입장을 제시할 동기, 그리고 ④ 정치인들이 자신들에게 유리한 다수를 형성시킬 수 있는 가능성은 정치제도에 따라 달라진다. 이 장에서는 정치의 시장거래화라는 개념을 제시하고 어떠한 조건에서 정치거래가 시장거래화 되는가를 논의한다. 이 장에서는 또한 정당들이 자신에게 유리한 다수를 어떻게 전략적으로 형성시킬 수 있는가를 설명하고, 시장거래화된 정치거래가 정치적 다수형성에 어떠한 영향을 미치는가를 설명한다.

3장에서는 사회균열, 선거제도, 정당체제, 정당전략이 복합적으로 한국에서의 다수 형성에 어떠한 영향을 미치는가를 살펴본다. 먼저 사회균열과 선거제도가 정당체제와 정당전략에 어떠한 영향을 미치는가를 살펴보고, 정당체제와 정당전략이 차례로 정치적 다수형성에 어떠한 영향을 미치는가를 설명한다. 구체적으로 이 장에서는 남북분단과 한국전쟁을 경험한 한국에서 어떠한 사회균열이 형성되었는가를 살펴보고(인과관계 ⓑ), 이러한 사회균열이 단순다수제 중심의 선거제도와 조합하여 어떻게 협애한 양당체제 형성에 영향을 미쳤는가를 설명한다(인과관계 ⓓ와 ⓕ). 다음은 이러한 정당체제가 어떻게 유인가치 중심의 선거전략(인과관계 ⓗ)을 촉진하였는가를 설명하고, 정당들이 자신에게 유리한 정치정보를 형성시키기 위해 어떠한 전략들을 구사하는가를 살펴본다(인과관계 ⓘ).

3장에서는 다음과 같은 주장을 한다. 한국에서 깊게 형성된 남북균열은 재분배 정책을 중심으로 경쟁하는 서구식 정당체제가 형성되기 어려운 조건을 마련하였다. 한국에서는 주로 우파와 중도정당으로 구성된 협애한 정당체제가 형성되었고, 소득 재분배 경제정책 차원에서 정당 간의 정책적 입장 차를 느끼기 어려운 한국 유권자들에게는 국가안보 능력, 국가 및 지역 경제발전 능력과 같은 유인가치들이 중요한 투표결정 요소로 작동하였다. 보수정당은 보수언론과 함께 자신이 이러한 유인가치의 우위가 있다는 인식을 유권자들에게 심어 왔다. 이들은 동시에 안보쟁점을 부각시켜 선거가 안보쟁점을 중심으로 치러지게 하고, 색깔론을 통해 중도에 가까운 상대 정당을 급진적 좌파정당으로 몰아갔다. 이 장에서는 이러한 전략이 어떻게 보수정당에게 유리한 다수를 형성시킬 수 있는가를 설명하고, 정당들이 각각 주장하는 유인가치들의 차이가 없다는 경험적 증거들을 제시하였다.

4장 및 5장에서는 〈그림 1.1〉이 보여준 인과적 관계들의 일부를 검증한다. 4장에서는 유권자들의 나이 또는 성별과 같은 개인적 특성들과 후천적 집단정체성이 이들의 이념성향 및 정책적 선호에 어떠한 영향을 미치는가를 분석한다(영향 Ⓐ). 이 장의 분석 결과는 계급균열이 견고하게 형성되지 않은 한국에서는 유권자의 경제적 지위가 이들의 이념에 중요한 영향을 미치지 않는다는 사실을 보여준다. 유권자들의 경제적 지위 대신, 거주지나 연령이 이들의 이념에 훨씬 더 유의미한 영향을 끼치는 것으로 밝혀졌다. 이 장의 분석은 세대 간 이념 차이가 유권자들의 자연연령 증가로 인한 보수화 때문에 형성되었다는 사실을 보여준다. 이 장은 또한 유권자의 이념형성에 대북쟁점이 복지쟁점보다 더 유의미한 영향을 미치며, 지역 및 세대 간 이념갈등은 2000년대 이후 큰 변화가 없었다는 결과를 보여준다.

5장에서는 유권자들의 개인적 특성(영향 Ⓑ), 위치쟁점에 대한 선호(영향 Ⓒ)와 유인가치의 일종인 지역주의(영향 Ⓓ)가 유권자들의 투표결정에 어떠한 영향을 미치는가를 분석한다. 이 장에서는 다음과 같은 사실들을 발견하였다. 첫째, 한국에서는 소득과 같은 경제적 요인이 투표결정에 유의미한 영향을 미치지 않는다. 둘째, 위치쟁점 선호(유권자 이념성향 및 정책적 선호)와 거주지 및 연령이 유권자 투표결정에 유의미한 영향을 미친다. 셋째, 세대 및 지역 간 이념성향 그리고 대북입장에 대한 차이가 이들 집단 간 정당지지 차이에 유의미한 영향을 미친다. 넷째, 지역투표 결과는 이념적 요소와 지역주의적 요소가 복합적으로 나타난 것이다. 다섯째, 복지정책보다 대북정책에 대한 태도가 유권자들의 투표결정에 더 중요하다. 여섯째, 영남에서의 지역주의 투표는 약화되고 있으나 호남 지역주의 투표에는 큰 변화가 없다. 일곱째, 반공세대가 보수정당을 지지하는 성향은 약간 증가하는 추세에 있다.

II부에서는 협애한 정당체제가 다양한 유인가치 중심의 선거경쟁에 어떠한 영향을 미치는가를 살펴본다. 6장에서는 한국의 협애한 정당체제가 지역주의 투표결정에 미치는 영향을 분석한다. 이 장에서는 유권자들이 정당 간의 입장 차를 작게 느낄수록 유인가치 투표를 한다는 공간모형의 분석결과를 제시하고, 이러한 결과를 지역주의 투표에 적용한다. 이 장에서는 지역주의 투표가 민주화 이후 갑작스럽게 등장하게 된 이유를 다음과 같이 설명한다. 기존의 성장주의 대 민주주의라는 대결구도가 사라지게 되면서, 민주화 이후 갑자기 비분극화 된 정당체제에서(ⓗ) 정치인들이 전략적으로 동원한 지역주의(ⓘ)가 정당 간의 입장 차를 거의 못 느끼는 유권자들의 투표결정에 중요한 요인으로 작동했기 때문이다. 이러한 설명에서는 지역주의 투표를 정책대결의 부재를 초래하는 독립변수가 아니라 정당 간의 입장 차가 선명하지 않기 때문에 초래되는 종속변수로 이해한다. 지역주의 투표를 이처럼 이해하면, 지역주의 투표를 해소하는 방안은 정당 간의 입장 차를 선명하게 하는 것이다. 즉 분극적인 정당체제는 지역주의 투표를 약화시킨다.

7장에서는 영호남의 이념성향 및 지역주의 투표에서 속인주의적 요소(출신지 효과)와 속지주의적인 요소(거주지 효과) 중 어떤 요소가 더 강한가를 분석하였다. 이 장의 분석은 영호남민의 이념성향에 대한 다음과 같은 결과를 얻었다. 영호남민의 이념에는 출신지 효과와 거주지 효과가 동시에 작동한다. 지역정당이 없는 비영호남지역에 거주하는 영호남민의 출신지의 이념은 유지된다(출신지 효과). 그러나 지역정당이 있는 지역으로 이주한 영호남민의 출신지 이념은 희석된다(거주지 효과). 이 장의 분석은 또한 지역주의 투표와 관련된 다음과 같은 결과를 얻었다. 영호남민의 지역주의 투표에는 출신지 및 거주지 효과가 동시에 작동하나 거주지 효과가 출신지 효과를 압도한다. 한국 유권자들은 지역정당이 있는 경쟁지역으로 이주하면, 거주지를 대표하는 지역정당에 투표하게 될 확률이 높다.

8장에서는 협애한 정당체계가 비소득기반 투표에 미치는 영향을 분석한다. 이 장의 공간모형 분석은 다음과 같은 이론적 예측을 도출한다. 첫째, 유권자들은 자신이 소속된 소득집단을 대변하는 정당보다 대변하지 않는 정당에 더 큰 유인가치를 느낄수록 소득기반 투표를 하지 않는다. 둘째, 유권자들이 정당 간의 입장 차를 크게 느끼지 않을수록, 유인가치가 비소득기반 투표를 촉진하는 정도가 강화된다. 8장의 경험분석은 이러한 이론적 예측을 뒷받침한다. 이러한 분석결과는 한국의 유권자들은 정당 간의 정책적 입장 차를 느끼기 어렵기 때문에 자신의 소득계급을 대변하지 않는 정당의 유인가치를 보고 비소득기반 투표를 한다는 사실을 의미한다. 8장의 경험분석은 또한 저소득층이 고소득층에 비해서 자신의 소득에 반하는 투표를 할 가능성이 높다는 결과를 산출한다. 저소득층은 정당 간의 이념적 입장 차를 덜 느끼고, 보수정당에게 더 큰 유인가치를 느끼기 때문에 저소득층을 대변하지 않는 보수정당을 지지하는 성향이 있다.

9장에서는 유권자들의 정당 입장 차에 대한 인식이 이들의 비 이념투표 가능성에 어떠한 영향을 미치는가를 분석한다(영향 Ⓓ). 이 장에서는 협애한 정당체제가 초래하는 불분명한 정당 간 입장 차가 유권자의 입장과 더 멀리 있는 정당에 투표하는 비이념 투표결정을 촉진한다는 공간모형 분석 결과를 제시한다. 이 장에서 제시한 이러한 분석결과는 선거경쟁에서 발생할 수 있는 여러 부정적인 결과들을 설명할 수 있는 이론적 근거를 제시한다. 정당 입장들이 비차별적일수록, 선거는 이념이나 정책대결이 아닌 후보들의 유인가치 경쟁으로 치러진다.

Ⅲ부에서는 선거심판의 기능이 한국에서 정상적으로 작동하는가를 살펴본다. 민주주의에 대한 최소주의자 입장에 의하면, 한 국가의 유권자들이 선거를 통해서 심판기능을 수행할 수 있는가는 그 국가의 민주주의가 정상적으로 작동하는가를 평가할 수 있는 중요한 근거가 된다. 10장에서는 경제성과라는 유인가치에 대한 회고적 평가가 한국유권자의 투표결정에 어떠한 영향을 미치는가를 분석한다(영향 Ⓔ). 10장의 집합자료 분석은 한국 유권자들은 현직정부의 객관적인 경제성과에 대한 심판을 하지 않는다는 사실을 보여준다. 이 장의 설문조사 분석은 또한 국가경제상황에 대한 주관적 회고가 유권자들의 투표결정에 영향을 미치나 이러한 영향력은 크지 않다는 사실을 보여주었다. 한국 유권자들은 국가경제에 대한 회고적 투표보다는 전망적 투표 성향을 더 강하게 보이는 것으로 분석되었다.

11장에서는 객관적인 경제상황과 이에 대한 주관적인 평가가 대통령 지지율에 영향을 미치는가를 분석하였다. 이 장에서는 또한 대통령에 대한 평가가 선거심판으로 귀결되는가를 분석하였다. 이 장의 분석결과는 대통령의 지지도는 객관적인 경제상황과 무관하다는 사실을 보여주었다. 뿐만 아니라, 대통령에 대한 부정적인 평가가 여당후보에 대한 지지하락으로 이루어지지 않는다는 사실을 보여주었다. 이 장의 분석결과는 유권자들의 평가가 대통령의 성과와 상관없이 이루어질 뿐만 아니라, 선거심판도 이러한 평가와 상관없이 이루어진다는 것을 의미한다. 이 장은 한국에서 선거심판이 효과적으로 이루어지지 않는 이유를 회고적 평가에 필요한 정치정보의 부재와 한국 유권자들의 맹목적인 전망투표로 설명한다. 이 장에서는 맹목적인 전망투표를 억제하기 위한 방안은 정당들이 선명한 정책대결을 하는 것이라는 주장을 한다. 정당들이 선명한 정책대결을 할 때, 유권자들은 어떤 정당이 자신에게 유리한 정책을 표방하는가에 대한 축적된 지식을 확보하게 된다. 이럴 경우, 유권자들은 휴리스틱(heuristic)을 통해 자신을 대변하는 정당에 투표하게 되고 이러한 정보의 지름길(informational shortcut)은 자신의 이해를 증진시키지 않는 정당을 심판할 능력을 증진시킨다.

12장에서는 불평등한 정치참여의 원인을 분석하였다(인과관계Ⓕ). 이 장에서의 미국 및 한국 사례분석은 정치정보가 경제·교육수준과 정치참여 사이의 인과적 고리라는 점을 보여주었다. 이 장의 분석은 소득수준과 교육수준이 높은 유권자들이 정치참여에 더 적극적인 이유는 이들이 더 많은 정치정보를 가지고 있기 때문이라는 사실을 보여주었다. 특히 고소득자와 고학력자들은 정당 간의 입장 차를 분명하게 인식하기 때문에 후보 간의 효용 차이를 더 크게 인식하고, 따라서 정치참여에 더 적극적이라는 사실을 발견하였다. 이 장의 발견은 한국 민주주의 작동과 관련된 중요한 함의를 제공한다. 고소득자와 고학력자가 정치에 더 적극적으로 참여하여 더 큰 영향력을 행사할 수 있다면, 동등한 영향력 가진 유권자들이 형성시킨 다수가 지배한다는 민주주의의 기본 원리가 작동하지 않는다는 것을 의미한다. 이러한 불평등한 정치참여를 억제하는 방법은 저소득층과 저학력층에게 효율적이고 저비용의 정치정보를 제공하는 것이다. 이러한 정치정보의 제공보다 더 근본적인 방안은 정당들이 선명한 정책대결을 하여 유권자들로 하여금 어떤 정당들이 자신의 이익을 대변하는가를 반복적으로 체득하게 하는 것이다. 이러한 경험은 고비용의 정치정보 습득을 위한 유권자들의 노력을 불필요하게 하고 유권자들이 휴리스틱을 통해 효율적인 정당선택을 할 수 있도록 도와줄 것이다.

결론에서는 이 책의 발견들을 근거로 시장거래화된 유인가치 중심의 선거경쟁을 억제시키 위한 이론적 해법을 제시한다. 이 책에서 제시한 이론적·경험적 발견의 함의는 정치정보 확보를 통한 정당 간의 입장 차에 대한 인식이 정치거래의 시장거래화를 억제하고 효과적인 선거심판 및 정치참여를 촉진시킨다는 것이다. 한국 유권자들은 좌파정당 대 우파정당, 영남정당 대 호남정당, 안보 및 경제활성화 능력이 있는 정당 대 능력이 없는 정당이라는 대립된 개념을 사용해서 정당경쟁 구도에 관한 휴리스틱을 형성시켰다. 이러한 실체 없는 휴리스틱을 정책적 입장 차이를 반영하는 휴리스틱으로 바꿀 필요가 있다. 정당들이 선명한 정책대결을 하면, 정당 간의 입장 차를 파악하는데 들어가는 정보수집 비용은 감소하게 된다. 정당들이 정책대결을 하게 되면 유권자들은 정책적 입장 차이를 근거로 휴리스틱을 형성하게 되고, 고비용의 정치정보를 수집하지 않고도 정책적 휴리스틱을 통해 자신들에게 더 유리한 정책을 취하는 정당에 투표할 수 있게 된다. 이럴 경우, 유권자들이 효과적인 선거심판을 할 수 있는 능력이 증가하고, 성공적인 선거심판 능력은 정치인들로 하여금 대리인으로서의 역할을 충실하게 수행할 동기를 부여할 것이다.

I

한국에서의 정치적 다수 형성과 선거경쟁의 구조

2장

민주주의 선거와 정치적 다수 형성: 제도주의 시각과 정치거래 이론

2.1. 서론

정치는 사회의 희소한 가치들을 “권위적으로” 배분하는 과정이며(Easton 1965), 민주주의에서 “권위”는 다수에서 온다. 시민들은 다수의 결정에 권위를 인정하기 때문에 다수에 속하지 않는 시민들도 다수의 결정을 존중하고 따른다. 이처럼 일반 시민들이 민주주의 선거결과를 수용하는 이유는 다수가 일관되게 선호하는 결과가 존재하고 이러한 결과가 사회에 최적하다고 믿기 때문일 것이다. 그러나 학자들이 이러한 일반 대중들의 믿음을 지지하는 것은 아니다. 노벨경제학상 수상자인 애로우(Arrow 1950)는 투표자들에게 세 개 이상의 서로 다른 대안이 제시될 때 어떠한 민주적인 투표제도도 다수가 일관되게 선호하는 결과를 초래할 수 없다는 사실을 증명하였다. 슘페터(Schumpeter 1942)는 민주주의에서 정치인들은 시민들의 입장을 대변하지 않으며 시민들은 정치인들을 심판하는 최소한의 역할만 할 수 있다고 주장하였다.

그렇다면 민주주의에서 다수는 어떻게 형성되는가? 집합적 의사결정에서 의사결정 참가자들이 “합리적인” 결정을 하기 위해서는 선택대상에 대한 선호가 분명해야 하고, 어떤 선택대상이 자신의 선호를 더 충족시키는가를 알 수 있어야 한다. 예컨대, 같이 식사를 하고 싶은 세 명의 동료가 메뉴를 결정할 때, 이들은 어떤 음식이 자신의 선호를 더 충족시키는가를 분명히 알 수 있다. 마찬가지로, 민주주의에서 유권자들이 정당 또는 후보에 대한 선호를 가지기 위해서는 누구의 정책이 자신에게 더 유리할 것인가를 판단할 수 있어야 한다. 그러나 일반 유권자들뿐만 아니라 정치지식이 많은 유권자들도 이러한 판단을 내리기는 어렵다. 이처럼 유권자들이 불분명한 정치적 선호를 가지고 있다면 민주주의에서 다수는 어떻게 형성되는가? 이 장은 대의민주주의에서의 정치경쟁에 대한 원리를 설명하는 이론을 제시하고 이를 통해 민주주의에서의 다수형성 과정을 설명한다.

이 장은 다음과 같이 구성되어 있다. 2.2절에서 민주주의 선거에 대한 이상주의적 시각과 현실주의적 시각을 비교 검토하고 민주주의 선거이론에서 정치심리학적 접근법과 합리적 선택 접근법의 유용성을 논의한다. 2.3절에서는 정치거래 이론이라는 제도주의적 시각을 제시하고, 정치와 경제의 구조적인 유사성과 차이점에 대해 논의한다. 2.4절에서는 정치의 시장거래화라는 개념을 제시하고 어떠한 조건에서 정치거래가 시장거래화 되는가를 논의한다. 2.5절에서는 정당들이 어떻게 자신에게 유리한 다수를 전략적으로 형성시킬 수 있는가를 설명하고, 시장거래화된 정치거래가 정치적 다수형성에 어떠한 영향을 미치는가를 설명한다.

2.2. 민주주의 선거와 정치적 다수

2.2.1. 민주주의 선거 이론: 이상주의적 시각 대 현실주의적 시각

에이큰과 바르텔즈(Achen and Bartels 2016)는 자신들의 시각을 "민주주의 집단이론"(group theory of democracy)이라 명명하고, 기존의 전통적인 시각인 "대중 민주주의"(populist democracy) 시각과 "최소주의"(minimalist) 시각을 비판하였다. 에이큰과 바르텔즈에 의하면, "대중 민주주의"(populist democracy) 시각은 정책적 선호를 가지고 있는 일반 유권자들이 자신들의 선호를 충족시킬 지도자를 선출하거나 자신들이 선호하는 바를 국민투표를 통해 직접 정책에 반영할 수 있다고 믿는다(Achen and Bartels 2016).

민주주의의 대표적인 특성은 시민의 선호에 대한 "지속적인 반응성"(the continuing responsiveness)이라는 달(Dahl 1971: 1)의 명제나, 민주주의는 "국민의, 국민에 의한, 국민을 위한" 것이라는 링컨의 명제는 인민주권론(popular sovereignty)에 기반을 둔 시각을 반영한 것이다. 이러한 이상주의적 시각과는 달리, 슘페터(Schumpeter 1942)는 "최소주의"(minimalist) 시각을 제시한다. 이 시각에 의하면, 민주주의 국가에서 국민이 통치하는 것은 아니며 대중들은 자신들을 통치할 정치인들을 선거를 통해 인정하거나 거부할 기회만을 갖게 된다. 슘페터의 시각을 이어받은 회고적 투표이론(retrospective theory of voting) 역시 자신의 신념을 관철시키는 대중들이 아닌 지도자의 국정운영 성과를 심판하는 유권자들을 가정한다.

에이큰과 바르텔즈는 일반인들이 매우 일관성 있는 관점을 갖고 있다는 대중민주주의 이론의 가정을 비판한다. 이러한 가정과는 달리 "대부분의 시민들은 정치에 대해 관심이 없고, 정치정보가 부족하며, 자신들의 일관된 정책적 선호를 '쟁점투표'를 통해 전달할 의지나 능력도 없다"(2016: 14).[1] 대부분의 유권자들은 중요한 정치적 쟁점에 대해 분명한 입장을 취하지 않으며, 이들의 정책적 선호가 정당선택을 결정하는 것이 아니라, 오히려 이들의 정당정체성이 정책적 선호를 결정한다. 에이큰과 바르텔즈에 의하면, 유권자들은 지지후보의 입장에 맞추어 자신의 입장을 조정하거나, 충분한 정보가 없을 경우 자신의 지지후보의 입장이 자신의 입장과 같을 것이라고 짐작한다.

뿐만 아니라, 회고적 투표이론이 가정하는 것처럼, 유권자들은 정치·경제·사회 등 많은 영역에 있어서 지도자에 대한 책임성을 명확히 판단할 능력이 없다(Achen and Bartels 2016). 이에 대한 증거로, 에이큰과 바르텔즈는 "대통령 전체 임기 동안의 경제적 성과야말로 유권자가 자신의 복지 향상에 대해 판단할 수 있는 객관적 근거"임에도 불구하고, 미국 유권

1 히빙과 테이스(Hibbing and Theiss 2002) 역시 미국의 일반 유권자는 정치에 관심을 가지게 되는 큰 사건이 발생하기 전에는 정치에 간여하기를 원치 않으며 일상적인 삶에 더 집중하기를 원한다는 사실을 발견하였다.

자들은 자신들의 소득향상에 대해서 근시안적인 태도를 취하거나, 선거 기간 동안 발생하는 단기적인 사건들에 의존하여 투표한다고 주장한다(2016: 15). 에이큰과 바르텔즈에 의하면, 이러한 투표행태는 유권자의 투표결정에서 이념과 정책이 별로 중요하지 않다는 사실을 뒷받침하는 증거이다. 에이큰과 바르텔즈는 선거란 유권자들조차도 곧 잊게 될 일관성도 없는 생각들에 기반한 가변적인 집합적 의사결정이다(2016: 16).

이러한 맥락에서, 에이큰과 바르텔즈는 대중 민주주의 이론이나 최소주의자들의 시각이 현실세계와는 다른 이상주의적 관점이라 주장한다. 에이큰과 바르텔즈의 현실주의적 시각은 집단정체성의 중요성을 역설한다. 에이큰과 바르텔즈에 의하면, 집단정체성은 감정적인 귀속감(emotional attachments)으로 이성적 사유를 초월하는 것이다(2016: 228). 미국에서 종교, 인종 그리고 낙태 정책들은 유권자와 정당의 정책적 계산보다는 사회적 정체성들에 의해 형성되었다. 에이큰과 바르텔즈는 사람들은 경제활동을 할 때와는 달리 정치활동을 할 때 합리적인 판단을 하지 않는다고 주장한다. 에이큰과 바르텔즈에 의하면, 정치적인 선택은 같은 상품을 비싸게 살 것인가 싸게 살 것인가를 결정하는 단순한 경제적인 선택과는 완전히 다른 것이다(2016: 216).

이러한 관점에서, 에이큰과 바르텔즈는 유권자들이 경제적인 효용을 추구한다는 합리적 선택이론의 가정을 비판한다. 이들은 특히 공간이론(spatial theory)의 모태가 된 다운스(Downs 1957)의 경제학적 사고를 비판한다. 다운스는 《민주주의 경제이론》에서 기념비적인 중위투표자 이론을 제시하였다. 이 이론은 유권자가 정책입장에 대한 완전한 정보를 가지고 있다는 가정 하에, 일차원적 공간에서 승리하기 위해 경쟁하는 두 정당이 중위투표자(median voters) 입장으로 수렴한다는 결론을 도출하였다. 그러나 다운스의 중위투표자 이론을 뒷받침하는 경험적인 사례는 어디에서도 발견되지 않는다.

에이큰과 바르텔즈는 다운스의 분석틀을 따르는 공간이론이 경험세계를 설명할 수 없을 뿐만 아니라, 유권자들에 대한 기본적인 이해 자체가 잘못되었다고 주장한다. 에이큰과 바르텔즈에 의하면, 공간이론은 유권자의 정치적 선호가 어떻게 형성되었는가를 설명하는 것이 아니라 이미 주어진 것으로 가정한다. 에이큰과 바르텔즈는 유권자들이 정책입장에 대해 잘 알고 있으며 이들의 정치적 선호가 경제적 이익에 의해 결정된다는 공간이론의 가정을 비판한다(2016: 225). 에이큰과 바르텔즈는 경험세계와는 "생경한"(foreign) 경제학적 생각은 현실을 설명하는데 유용성이 없다고 주장한다(2016: 216).

에이큰과 바르텔즈는 쟁점에 대한 입장을 정치분석의 출발점으로 삼는 공간이론 접근법에 문제를 제기한다(2016: 231). 에이큰과 바르텔즈에 의하면, 쟁점입장의 기원은 집단정체성이기 때문에 집단정체성이 분석의 출발이 되어야 한다. 에이큰과 바르텔즈에 의하면, 다양하고 복잡한 사회 정체성과 집단 귀속감이 개인의 정치적 충성심을 형성하고 이러한 정치적 충성심은 차례로 유권자의 정치적 선호와 쟁점입장을 형성한다. "종교, 국적, 성적 역할, 대중적인 과학 사상들, 정파적 충성, 다양한 직업적 가치, 음식에 대한 취향과 같이 삶에 있어서 중요한 문제들은 개인이 속한 가족과 그들의 문화 및 하위문화에 의해서 대부분의 개인에게 교육된다"(2016: 215). 이러한 집단이론의 관점으로부터 에이큰과 바르텔즈는 개인의 정책적 선호나 이념이 아닌 집단이나 정파적 충성심이 민주정치의 근본을 구성한다고 주장한다(2016: 17).

집단의 중요성을 강조하는 에이큰과 바르텔즈의 집단이론은 새로운 시각은 아니다. 1950년대부터 합리적 선택이론 시각에서 공간모형을 통해 선거경쟁을 분석하는 접근법이 부각되기 전에, 집단은 정치현상을 이해하는데 중요한 분석단위였다. 벤틀리(Bentley 1908)는 정치란 집단의 활동이라는 입장을 제시하면서 정치과정에서 중요한 단위는 독립된 세력이 아니라 이익집단이라고 보았다. 칼 마르크스(Karl Marx)는 "경제적 계급들은 자기들만의 하위문화를 생산해내며, 이 하위문화들이 각 계급의 구성원들의 신념과 가치관에 영향을 미치고, 이들이 자신의 계급을 지키기 위해 취하는 행동에도 영향을 미친다고 보았다"(Achen and Bartels 2016: 215).

에이큰과 바르텔즈의 공헌은 선거이론에서 등한시 되었던 집단의 중요성을 다시 부각시키고, 정치심리학적 접근법을 도입해서 자신들의 주장을 이론적으로 뒷받침하고 자신들의 주장에 대한 경험적 근거를 제시했다는 점에 놓여 있다.

유권자의 정치적 태도 형성에 이성적 계산이 아닌 감정과 집단정체성이 더 중요하다는 에이큰과 바르텔즈의 주장은 현실세계와 상당히 부합하는 것이다. 실제로 유권자들은 많은 정치정보가 없으며, 정확한 정책적 판단을 위해서는 막대한 비용이 수반된다. 따라서 유권자들은 복잡한 이성적 판단보다는 간편한 감성적 판단에 더 의존하는 경향이 있다. 뿐만 아니라, 인간은 자신의 생각과 다른 생각이 아무리 합리적이라고 할지라도, 이를 받아들이기보다는 거부하는 성향이 강하다. 유권자들은 소속집단이 지지하는 정책이나 후보를 먼저 선택한 후 이러한 선택이 틀린 것이라는 정보가 만연해도 이를 거부하고 자신의 선택을 정당화시킨다. 심리학의 인지부조화 이론은 인간의 이러한 심리를 잘 설명하고 있다. 유권자의 생각을 바꾸기 위해서는 이성적인 설득보다 감정을 움직이는 것이 더 효과적이다. 이러한 관점에서, 정치심리학적 접근법은 선거이론에서 주목해야 할 필요가 있다.

그럼에도 불구하고, 민주주의 선거이론에서 집단이론은 극복해야 할 한계들을 안고 있다. 이러한 한계들은 에이큰과 바르텔즈가 비판하는 합리적 선택이론에 의해 상당히 보완될 수 있다. 유권자는 온전히 감정적이지도 않고 이성적이지도 않다. 유권자의 정치적 선택에는 감정적인 요소와 이성적인 요소가 복합적으로 작동하며, 사안에 따라 감정적인 요소 또는 이성적인 요소가 더 큰 영향을 미친다. 유권자의 정치적 판단에는 집단이론이 강조하는 집단정체성과 합리적 선택이론이 가정하는 효용에 대한 계산이 동시에 작동한다. 정치적 사안이 유권자의 이해관계와 밀접하게 관련이 있고 이에 대한 충분한 정치정보가 주어질수록 이성적인 판단을 할 가능성이 높다. 다음 절에서는 집단이론이 극복해야 할 문제들에 대해서 구체적으로 살펴보고, 정치적 다수의 형성에 대한 설명을 위해 집단이론과 합리적 선택이론이 서로 어떻게 보완할 수 있는가를 논의한다.

2.2.2. 정치 심리학적 집단이론 대 합리적 선택 이론

컨버스(Converse 1964)는 정치적 신념체계(belief systems)는 피상적이고 일관성도 없다는 "무태도 이론"(non-attitude theory) 이론을 제시하였다(Zaller 1994). 《미국 유권자》(The American Voter)의 저자들 역시 일반인들이 복잡한 정치적 쟁점에 대해 안정적인 정치적 태도를 가지고 있지 않다는 사실을 발견하였다(Campbell et al. 1960). 이들은 동시에 유권자의 쟁점입장이 이들의 정당충성심과 집단정체성을 형성시키는 것이 아니라, 이와는 반대로 정당충성심과 집단정체성이 유권자의 정책적 선호를 형성한다는 정치심리학적 시각을 제시하였다(Achen and Bartels 2016). 그러나 정치심리학적 시각의 연구들이 제시하는 것처럼 유권자의 이념적 입장이나 정책적 선호가 가변적인가라는 질문을 던질 필요가 있다.

컨버스와 맥을 같이하는 정치심리학적 방법을 적용하는 잴러(Zaller 1994)는 컨버스(Converse 1964)의 무태도(non-attitude) 이론에 대한 대안을 제시하였다. 잴러는 설문조사에서 보고되는 응답자들의 불안정한 응답성향이 유권자들의 안정적인 정치적 태도가 없다는 것을 의미하는 것은 아니라는 주장을 한다. 잴러에 의하면, 다양한 무작위적 요인들(설문조사 문항의 단어선택, 순서, 설문조사 당시 현저했던 쟁점, 설문조사 당시의 주변 상황, 설문조사자의 인종이나 성별)이 설문응답 당시 응답자가 현저하게 떠올리는 고려사항에 영향을 미쳐 가변적인 응답을 초래한다. 잴러는 이러한 요인에 기인한 태도의 차이들은 무작위적으로 발생하는 것으로, 유권자들의 평균적인 태도는 가변적이지 않다고 주장한다. 유권자의 머릿속에 지배적으로 자리 잡고 있는 진보적 혹은 보수적 고려 사항들의 균형에 따라 유권자들의 평균적인 태도가 안정적으로 결정되며, 이러한 고려사항들의 변화가 유권자 태도의 체계적 변화를 야기하는 것이다.

설문조사에서 일반 유권자들의 정당 입장에 대한 평균적인 인식은 전문가들의 입장과 크게 다르지 않다. 정당들의 입장 차가 불분명한 한국의 경우에도, 설문 응답자들의 주요 정당 또는 대선 후보의 이념적 위치에 대한 인식은 편차가 심한 편은 아니며 평균에 상당히 수렴되어 있다. 유권자들은 복지정책이나 대북정책의 구체적인 내용을 알 수 없어도 어떤 정당이 복지 축소 또는 확대를 더 선호하는지, 북한에 더 온건한지 강경한지 파악할 수 있는 인지능력을 가지고 있다. 물론 유권자의 정당입장에 대한 태도는 정당의 선거 전략이나 선거 직전의 정치적 사건에 의해 변동하며, 이처럼 변동적인 유권자의 정치적 태도는 선거결과에 큰 영향을 미칠 수 있다. 그럼에도 불구하고, 유권자의 감정적인 측면과 집단정체성을 과대평가하여 이들의 인지적 능력을 과소평가해서는 안 될 것이다. 잴러(Zaller 1994) 역시 정서적인 영향보다 인지적 영향이 유권자의 태도형성에 더 중요하다는 사실을 보여주었다.

둘째, 집단이론은 집단의 정치적 정체성이 어떻게 형성되는가를 설명해야 한다. 에이큰과 바르텔즈는 유권자의 정책적 선호는 주어진 것이 아니라 집단정체성에 의해서 형성되는 것이기 때문에, 유권자 개인의 정책적 선호가 아닌 집단정체성이 분석의 출발점 되어야 한다고 주장한다. 유권자의 정치적 선호가 아닌 집단정체성이 정치현상 분석을 위한 독립변수가 되어야 한다는 것이다. 그러나 집단이론은 집단정체성이 어떻게 형성되며 변화하는가에 대한 설명을 제시해야 한다. 즉 집단정체성을 종속변수로 하는 연구들이 제시되어야 한다.

이러한 연구는 결국 집단 구성원들 개개인의 동기에 대한 분석에서 출발할 수밖에 없다. 예컨대, 호남민들이 영남민보다 더 진보적인 정치적 정체성을 가졌다면, 이러한 정체성이 왜 형성되었는가를 개인 수준에서 설명해야 한다. 예컨대, 광주 민주화 운동의 경험, 영호남 간 차별, 김대중이라는 정치 지도자의 영향, 영남민에 대한 경쟁의식, 영남 지지 정권에게 느낀 소외감 등 여러 요인들이 호남민 개개인의 정체성 형성에 영향을 미쳤을 것이다. 호남민의 진보적 정체성에 대한 이해는 결국 이러한 요인들이 어떻게 개개인의 사고방식과 정치정보 및 효용에 영향을 미쳐 집단적 정체성을 형성하게 되었는가에 대한 설명을 필요로 한다.

셋째, 집단이론은 동일한 집단 내부에서 유권자들의 선호의 차이가 왜 발생하는가를 설명해야 한다. 같은 집단 안에서도 유권자들의 선호에는 편차가 있다. 예컨대, 호남민들 중에서도 보수유권자들이, 영남민들 중에서도 진보유권자들이 다수 존재한다. 이러한 이유는 한 개인은 여러 집단들에 소속되어 있기 때문일 것이다. 예컨대, 영남의 명문가 출신의 서울대 졸업 정치인이 진보적인 정당정체성을 형성할 수 있다. 그렇다면 집안의 경제적 배경, 지역적 배경, 출신 학교와 같은 다양한 귀속집단 정체성들 중 어떠한 정체성이 이 사람의 정치적 선호를 결정했는가를 설명할 필요가 있다. 뿐만 아니라, 지속적으로 일관된 정치적 정체성을 유지했던 유권자도 때에 따라 이에 반하는 선택을 할 수도 있다. 예컨대, 지속적으로 진보적인 지역정당을 지지했던 호남 유권자들도 자신의 거주지역의 경제적 혜택을 약속하는 유력한 보수 정치인을 지지할 수도 있다. 이러한 사례들은 집단이론이 결국 서로 상충하는 집단정체성과 경제적 혜택이 유권자들의 정치적 선호에 어떻게 영향을 미치는가를 개인의 동기를 통해 설명해야 한다는 사실을 보여준다.

에이큰과 바르텔즈는 유권자들이 합리적 선택이론이 가정하는 바와 같이 장기적이고 최선의 합리적인 선택을 할 수 없다고 주장한다. 에이큰과 바르텔즈에 의하면, 민주당 정부가 공화당 정부에 비해서 국민들의 소득을 집권기간 동안 더 증가시키지만, 대통령 선거가 있는 해에는 공화당 정부가 전략적으로 경기부양을 통해 더 높은 수입 증가를 이끌어 낸다. 에이큰과 바르텔즈는 지속적이고 성공적인 경제성장을 달성한 민주당 정부를 지지하기보다는 단기적인 부양책에 반응하는 유권자들의 근시안적 행태는 유권자들이 합리적 선택을 할 수 없다는 사실을 보여주는 증거라고 주장한다. 그러나 이들이 제시한 사례는 오히려 이들이 제시한 집단정체성 이론과 모순되는 측면이 있다. 만약 민주당에 대한 강한 정당정체성을 가진 유권자들이 자신의 경제적 이익추구를 위해 공화당 후보를 지지했다면, 이러한 투표행태를 정체성 이론으로 어떻게 설명할 것인가?

에이큰과 바르텔즈의 합리적 선택이론에 대한 비판은 합리적 선택이론의 가정에 대한 오해에서 기인한다. 합리적 선택이론 비판자들은 합리적 선택이론의 가정, 즉 인간들은 경제적인 이익을 추구하며 이들은 최선의 선택을 한다는 가정이 비현실적이라고 비판한다. 그러나 합리적 선택이론은 이러한 가정을 하지 않는다. 합리적 선택이론에서 합리적 행위자란 자신의 효용(utility)을 극대화하는 행위자이다. "어떤 사람이 자신의 효용을 극대화하는 행동을 한다"는 의미는 단지 이 사람은 다양한 선택대상에서 가장 좋다고 믿는 것을 선택한다는 지극히 당연한 사실을 의미한다(Elster 1989: 22). 합리적 행위자는 또한 자신에게 경제적인 이익만을 추구하지 않으며 미학적인 가치, 사회 규범적인 가치, 소속 집단의 정체성에 부합하는 가치를 추구할 수도 있다. 자신이 속한 집단의 정체성에 따라 행동하는 것이 경제적 이익을 쫓아 행동하는 것보다 더 편하기 때문에 선호된다면, 집단의 정체성에 따라 행동하는 것이 더 합리적이다. 합리적인 행위자는 다른 사람에게 기쁨을 줄 수 있는 선택 즉 이타적인 선택을 할 수도 있다(Elster 1989: 23). 합리적 선택이론에서의 합리성이란 어떠한 기준에서 선택을 하건 행위자 개인의 선호의 순서와 부합하는 선택을 할 수 있는 보통 사람의 최소한의 능력을 의미하는 것이다.

합리적 선택이론에 대한 또 다른 오해는 합리적인 선택이론이 실수 없는 정교한 선택만을 하는 행위자들을 가정한다고 믿는 것이다. 합리적 선택이론은 합리적인 행위자가 자신의 목적을 달성하기 위해 최선의 방법을 찾기 위해 노력한다고 가정한다. 하지만 이는 합리적인 행위자가 언제나 틀림이 없는 선택을 한다는 뜻은 아니다(Elster 1989: 22). 이는 왜냐하면 "합리적인 행위자는 단지 자신이 최선의 방법이라고 믿는 선택을 하기 때문이다"(Elster 1989: 22). 합리적 행위자는 중요한 기회를 놓칠 수도 있고 실수를 저지를 수도 있다. 오히려 자신이 습득한 정보가 잘못된 방향을 제시한다면 실수를 하는 것이 합리적인 행위자이다(Elster 1989: 22). 합리적 행위자가 불확실한 상황에 직면했을 때 기대효용(expected utility)의 극대화를 추구한다. 여기에서 기대효용이란 "주관적인 확률" 또는 자신이 가지고 있는 정보에 근거한 자기 나름대로의 직감(informed hunch)에 의해 예측되는 효용을 의미한다(Elster 1985: 22). 합리적 선택이론에서는 실수가 없는 행위자를 완전정보를 가진 행위자라 부른다. 합리적 선택이론은 정치적 행위자가 완전정보를 가지고 있다는 보편적인 가정을 하지 않는다.

합리적 선택이론의 방법론적 개인주의(methodological individualism)는 정치현상 이해에 매우 유용한 시각을 제시한다. 방법론적 개인주의는 "모든 사회현상(이들의 구조와 변화)은 원칙적으로 개인들 즉, 이들의 특성, 목적, 믿음, 그리고 행동만으로도 설명할 수 있다는 원칙이다"(Elster 1985: 5). 엘스터에 의하면, 사회현상의 구성요소인 인간들의 동기를 설명하기 전에는 사회현상을 이해했다고 볼 수 없다. 예컨대, 자본주의 구조의 모순이 심화되면 사회주의 혁명이 일어난다는 구조주의적 마르크스주의 입장은 혁명에 참가하는 개인이 왜 집단행동에 참가하는가를 설명하기 어렵다. 개인들은 일반적으로 집단행동에 참가하는 것보다 타인이 획득한 집단행동 결과에 편승하는 것이 더 이익이므로, 집단행동에 참가하지 않는다. 따라서 구조나 집단이 초래하는 결과를 설명하기 위해서는 그 구성원인 개인의 동기를 통해 설명할 때 구조나 집단이 결과에 미치는 작동원리를 이해할 수 있게 된다.

방법론적 개인주의 접근법에서는 모든 집합적 사회현상은 개인의 목적활동으로 환원(reduction)시킬 때에만 설명이 되는 것으로 간주한다. 이러한 설명을 제시하지 않는 구조주의(structuralism), 기능주의(functionalism)와 같은 거시적인(holistic) 설명은 인과관계와 상관관계를 혼돈하는 경우가 많다. 이와 같은 위험은 "원인과 결과의 연속적인 연결고리(chain)"에 대한 이해를 추구할 때 줄어들 수 있다(Elster 1985: 5). 즉 "설명한다는 것은 작동기제를 밝혀내는 것, 즉 암상자(black box) 속에 숨어 있는 암나사와 숫나사(nuts and bolts), 그리고 톱니와 바퀴(cogs and wheels), 다시 말하면 총체적인 결과를 초래시킨 욕구와 믿음을 보여주는 것이다"(Elster 1985: 5).

합리적 선택이론의 이러한 방법론적 개인주의는 집단이론에도 적용될 필요가 있다. 집단이론은 집단정체성을 따르는 결정을 설명하는 데 유용하다. 인간이 어떠한 선택을 할 때는 선택대상이 제공할 효용에 대한 정보가 필요하다. 예컨대, 다른 두 종류의 사과를 선택할 때, 어떤 사과가 더 맛있는가에 대한 정확한 정보가 있으면, 선택은 분명해진다. 그러나 대부분의 선택에서 인간은 정확한 정보를 가지고 있지 않으며 정확한 정보를 얻기 위해 들어가는 비용은 상당하다. 인지 심리학자들은 사람들은 정보수집에 들어가는 비용을 줄이기 위해 다양한 방식의 정보의 지름길(informational shortcut), 또는 휴리스틱을 사용한다는 사실을 발견하였다.[2]

사람들은 특히 자신의 이해관계와 직접적인 관련이 없다고 생각되는 선택에서 정보의 내용보다는 정보의 출처를 중요시한다(Petty and Cacioppo 1986). 대부분의 사람들은 정치가 자신들의 삶과 직접적인 관련이 없다고 생각하며, 정치적 선택에서 정확한 판단을 위한 정보를 수집하는데 들어가는 비용은 막대하다. 따라서 사람들은 가장 신뢰할 수 있다고 생각하는 소속집단을 따라 정치적 정체성을 형성시킨다. 많은 사람들은 성장기에 부모, 스승, 친구, 선배, 친척, 이웃, 그 외의 소속 집단의 입장을 따라 정치적 정체성을 형성시킨다. 정치학자들은 시민들이 정보가 더 많은 친구, 친척, 이웃 또는 동료들로부터 단서(cue)를 얻는다는 사실을 발견하였다(Huckfeldt and Sprague 1995; Mutz 2006). 이처럼 주변의 단서에 의한 투표선택은 정보수집 비용을 줄일 수도 있고, 개인적 선택이 초래할 실수를 줄일 수도 있다.[3] 따라서 소속집단에 대한 심리적 귀속감의 근저에는 저비용의 안전한 선택을 하려는 합리성의 기제가 작동하고 있다.

집단정체성에 의한 정치적 선호를 정보수집 비용절감 및 실수회피 동기의 함수로 이해하면, 유권자들이 왜 때로 자신이 속한 집단정체성에 반하는 투표를 하는지 알 수 있다. 사람들은 정치적 선택이 자신의 이해관계와 직접적인 관련이 있다고 생각하고 자신이 얻은 정보의 내용이 어

2 휴리스틱은 시간이나 정보가 불충분하여 합리적인 판단을 할 수 없거나, 굳이 체계적이고 합리적인 판단을 할 필요가 없는 상황에서 신속하게 사용하는 어림짐작의 기술을 의미한다.

3 유권자들이 후보들과 정책들에 대한 구체적인 지식이 부족할지라도 휴리스틱을 사용해서 합리적인 선택을 할 수 있다고 주장한 연구들이 있다(Popkin 1991, Sniderman, Brody, Tetlock 1991; Page and Shapiro 1992). 그러나 에이큰과 바르텔즈는 휴리스틱을 통해 더 정확한 정보를 얻게 되는 것도 아니며. 정치정보가 없는 유권자들이 휴리스틱을 이용해 정치정보가 많은 유권자들과 유사한 입장을 취하게 되는 것도 아니라고 주장한다(Achen and Bartels 2016: 38).

느 정도 정확하다고 믿으면, 집단정체성에 반하는 정치적 선호를 형성시킬 수 있다. 사람들은 일상정치 상황에서는 정치에 관심을 가지지 않다가도, 파국적 사건과 같이 자신의 이해에 큰 영향을 미치는 사건을 경험하면, 이에 대한 정보를 수집하기 위해 자신의 시간을 투자하기 시작한다 (Hibbing and Theiss 2002; Atkeson and Maestas 2012). 자신이 수집한 정보를 통해 자신의 집단정체성에 따른 정치적 선택이 자신에 해가 된다고 생각하면, 집단정체성에 따른 선택을 바꾸게 된다. 예컨대 최순실 사태 이후, 상당수의 영남 유권자들이 자신들의 지역정체성에 반하는 입장으로 돌아선 이유도 유권자들의 합리적 선택으로 설명할 수 있다. 유권자들은 집단정체성을 맹목적으로 따르는 것이 아니다. 집단정체성을 따르는 이유도 합리적인 근거가 있는 것이다.

심리학의 인지부조화 이론도 개인의 정보와 효용의 함수로 설명할 수 있다. 사람들은 자신이 선택하거나 얻은 것은 좋다고 생각하고 자신이 선택하지 않거나 얻지 못한 것은 나쁘다고 정당화시킨다. 즉 사람들은 최선의 합리적 선택을 하기보다는 자신의 선택을 최선이라고 합리화시킨다. 그러나 사람들의 이러한 심리적 자기방어 기제 역시 정보수집 비용과 사안의 경중의 함수로 설명할 수 있다. 사람들은 사안이 자신의 이해에 밀접한 연관이 있다고 생각할수록, 정보수집에 충분한 비용을 부담하고 불리한 선택을 할 가능성은 줄어든다. 그러나 사안이 중요하지 않을수록, 선택을 위한 정보수집 비용을 부담하기 보다는 선택을 먼저하고 이를 정당화하는 것이 더 합리적일 수 있다. 중요하지 않은 사안에 대한 복잡하고 전략적인 선택이 오히려 더 큰 비용을 수반하는 사고를 요구하고 더 비합리적일 수 있다. 사회현상의 작동원리를 이해하기 위해서는, 인간의 선택이 비합리적이라는 가정에서 출발하기 보다는 비합리적인 것처럼 보이는 인간 행위의 원인을 개인의 효용에 대한 분석을 통해 밝힐 필요가 있다.

합리적 선택이론의 또 다른 유용성은 연역적으로 엄밀한 분석을 가능하게 하는 수리모형(formal model)같은 분석도구를 사용한다는 것이다. 에이큰과 바르텔즈가 비판한 바와 같이, 다운스의 중위투표자 이론에 부합하는 경험적 사례는 존재하지 않는다. 그러나 어떤 이론이 경험적인 세계를 잘 설명하지 못한다고 해도 그 이론이 쓸모가 없는 것이 아니다. 오히려 경험자료 관찰에 근거한 귀납적 연구는 이론적 타당성이 없음에도 불구하고 경험세계에 짜 맞춘 설명(post hoc explanation)을 제시할 수 있다. 이에 반해 다운스의 중위투표자 이론과 같은 연역적인 연구들은 가정들을 명시하고 이들로부터 논리적으로 결론을 도출하기 때문에, 이론이 경험세계와 부합하지 않는 경우 가정의 적실성을 검토해서 이론과 경험세계가 왜 부합하지 않는가를 역추적할 수 있다. 이러한 과정을 통해 기존 이론의 문제를 발견하고 대안 이론을 제시하여 이론의 발전을 꾀할 수 있다.

이론의 경험적 적실성은 이론을 도출하기 위해 사용된 가정들이 얼마나 현실과 부합하는가에 달려있다. 만약 에이큰과 바르텔즈의 주장대로 유권자들의 정치적 선호가 경제적 이익이 아닌 집단정체성에 의해서 결정된다고 하면, 이처럼 가정하면 되는 것이다.[4] 마찬가지로, 현실세계에서 유권자들이 정책입장에 대해 무지하다면, 이러한 현실을 반영하는 분석모형을 설정하면 되는 것이다. 수리모형은 경험세계의 복잡성 때문에 가려져 있는 작동원리를 발견하기 위해, 복잡하게 얽혀 있는 경험적 현상들을 공통적인 원리가 지배하는 변수로 단순화시키고 이들 변수들 간의 관계를 연역적으로 도출하기 위한 분석적 도구이다. 수리모형은 우리의 직관으로 도출하기 어려운 결론들을 도출하는 것을 도와준다. 수리모형은 모형을 설정하는 과정에서 우리의 주장에 어떠한 암묵적인 가정들이 필요한지 깨닫게 해준다. 뿐만 아니라, 수리모형은 가끔 우리의 직관과 다른 결론들을 도출하여, 우리의 직관이 연역적으로 정확한 결론을 도출하기 어렵다는 사실을 깨닫게 해준다.

선거경쟁 분석을 위한 일부 공간모형들은 정당 입장에 대한 완전정보를 가진 유권자들이 가장 선호하는 자신들의 정책입장을 가지고 있다고 가정한다. 이러한 가정에 근거한 모형이 현실과 부합하지 않는 결론을 도

4 예컨대, 문우진(Moon 2015)은 정당정체성이 후보들의 입장에 어떤 영향을 미치는가를 수리모형을 통해 분석하였다.

출한다면, 이는 이러한 가정들의 문제이지 합리적 선택이론의 방법론적 문제는 아니다. 수리모형은 더 정교한 설명을 위해 활용하는 하나의 도구일 뿐, 이론의 타당성은 연구자가 어떠한 가정을 사용했는가에 따라 결정된다. 만약 집단이론의 주장처럼, 유권자의 개인적 입장이 불안정하거나 집단정체성에 의해서 결정된다면, 이러한 집단이론의 가정들이 어떠한 결과를 도출하는가를 분석하면 되는 것이다. 즉 방법론적 개인주의를 기반으로 하는 수리모형은 집단이론을 엄밀하게 분석하기 위해 유용하게 활용될 수 있다.

집단이론과 합리적 선택이론은 서로 배타적인 입장을 취하기보다는 서로의 장점을 통해 서로의 단점을 보완할 수 있는 이론체계이다. 민주주의 이론과 선거경쟁 이론에서 집단이론이 다시 부상한 이유는 심리학의 발전에 따른 인간에 대한 이해증진이 집단이론의 설명력에 힘을 실어주었기 때문이다. 특히 인간의 정치적 선택에 있어서 완전정보를 가지고 경제적 이익을 추구한다는 일부 공간이론의 가정이 수정되어야 한다는 이론적·경험적 근거들을 집단이론이 제시하고 있다. 그러나 집단이론 역시 보완되어야 할 여러 한계들이 있으며 합리적 선택이론의 방법론적 개인주의와 수리모형의 연역적 설명방식은 집단이론의 한계를 극복할 수 있는 유익한 시각과 도구를 제공한다. 아래에서는 에이큰과 바르텔즈의 집단이론적 시각의 한계를 극복하기 위한 대안으로 민주주의에 대한 제도주의적 시각을 제시한다.

이 책의 제도주의적 시각은 이상주의자처럼 민주주의를 긍정적인 시각에서 바라보지도 않지만 현실주의자처럼 부정적인 시각으로 바라보지 않는다. 제도주의적 시각에서 바라보는 시민들은 자신의 효용과 상관없이 자신이 소속한 집단정체성을 수동적으로 받아들이는 것이 아니다. 이들에게는 자신의 이익과 가치와 직접적이고 중요한 관련이 없다고 믿는 정치적인 사안에 대해서는 규범이나 자신이 소속된 집단정체성을 따르는 것이 정치정보를 수집하는 것보다 더 효율적일 수 있다. 시민들은 자신의 이익과 가치를 크게 침해할 정도로 중대한 정치경제적 사건이 발생하는 경우, 이들은 관심을 가지기 시작하고, 비교적 정확한 정치정보를 습득하며, 안정된 태도를 형성한다.[5] 이러한 정치적 사건이 발생한 경우, 정당전략과 정치광고를 통해 이들의 태도를 바꾸기는 어렵다.

제도주의적 시각에서 정치는 행위자, 제도적 배열(institutional arrangement) 및 규범적 원리(normative principles)의 통합적 체계(integrated system)로 이해된다. 이 시각에 의하면, 인간의 모든 활동은 제도적인 제약(institutional constraints)에 의해 "묶여"(embedded) 있다는 입장을 따른다(Polanyi 1957). 즉 제도로부터 자유로운 시민들의 활동은 거의 존재하지 않는다. 선거제도와 입법제도의 영향을 받는 선거와 입법 같은 정치적인 행위는 물론이고, 일상생활의 모든 집합적인 의사결정은 의사결정 규칙의 지배를 받는다. 예컨대, 동료끼리 점심식사를 하기 위한 식당을 결정하는 일상적인 선택도 다수결이나 가위바위보와 같은 의사결정 규칙에 의해서 이루어진다. 순수한 경제활동처럼 보이는 과일 또는 휴대 전화기를 선택하는 행위도 사실 정치제도의 규제를 받지 않는 것은 없다. 상품들의 가격은 수요와 공급이라는 보이지 않는 손에 의해서만 결정되는 것이 아니다. 농산물과 관련된 무역협정, 외국인 노동자 고용정책, 상품판매 및 광고에 대한 규제, 대미·대중 외교정책 등 수많은 제도들이 소비자들이 살 수 있는 상품들과 이들의 가격에 영향을 미친다.

제도주의적 시각은 유권자의 정치적 태도는 불안정하고 변동적이라는 현실주의자 시각을 수용하면서도, 정치제도를 어떻게 설계하는가에 따라 이러한 불안정성과 변동성은 줄어들 수 있다는 시각을 견지한다. 다양한 정치제도들은 유권자의 정치정보를 향상시킬 수 있다. 정당의 이름은 하나의 상표가치(brand name)로서 정책에 대한 정보수집 비용을 줄여주는 정보의 지름길 역할을 한다. 따라서 유권자가 정당이름을 통해 정책입장을 쉽게 파악할 수 있도록 하는 정치제도는 유권자가 안정된 정책적 태도를 견지할 수 있도록 도와준다. 선거제도는 정당체제의 분극화 정도에 영

5 IMF 사태와 최순실 사태는 중대한 정치경제적 사건의 전형적인 사례이다.

향을 미친다. 정당체제가 분극화 될수록 정당들의 입장 차는 더 선명해지고 유권자의 선택은 분명해진다. 인물투표를 억제하는 선거제도는 정치광고가 유권자의 정책적 투표 결정을 변경시킬 가능성을 줄여준다.

제도주의적 시각에 의하면, 민주주의 국가의 시민들은 제도의 산물이면서도 생산자이다. 이들의 정치적 태도와 선택은 제도적으로 묶여있으면서도, 정치권력과 제도들이 자신의 이익과 가치가 심각하게 훼손하면, 정치참여를 통해 권력을 교체하려 하고 자신을 묶고 있는 제도의 속박을 벗어나려 한다. 그러나 시민들은 새로운 정치제도를 설계하거나 자신의 이익에 부합하는 제도를 구분할 정도의 정치정보를 가지고 있지 않다. 정치인들은 자신들에게 유리한 제도들을 광고하고 이러한 제도들이 국민들을 위한 제도라고 광고한다. 이러한 현실에 봉착해서 정치학자들의 역할은 대의민주주의 작동원리를 분석하고 대의민주주의 제도의 문제점들을 야기하는 원인들을 파악하고 이를 제도적으로 개선할 방향을 제시하는 것이다.

2.3. 정치거래 이론: 제도주의적 시각

에이큰과 바르텔즈가 비판한 다운스(Downs 1957)의 이론은 호텔링의 경제학적 모형을 정치경쟁에 적용한 것이다(Hotelling 1929). 호텔링은 일차원적 거리에서 두 가게가 가능한 많은 소비자를 유치하기 위해서 어떤 곳에 개점을 해야 하는가라는 질문을 제기하였다. 호텔링의 모형은 소비자들의 집과 가게와의 거리가 이들의 가게 선택에 유일한 영향을 미치며, 가게의 상품과 서비스에는 차이가 없다는 가정을 하였다. 이러한 가정에서, 호텔링은 두 가게는 소비자들의 중간에 위치한 곳에 가게를 열어야 한다는 결과를 도출하였다. 마찬가지로, 다운스는 경쟁하는 두 정당이 일차원적 정책공간에서 경쟁하는 경우 중위투표자 입장으로 수렴해야 한다는 결론을 도출하였다.

에이큰과 바르텔즈가 비판한 바와 같이, 정치에 경제학적 분석틀을 도입한 다운스의 모형은 현실과 부합하지 않는다. 그럼에도 불구하고, 정치와 경제는 상당한 구조적인 유사성이 있다. 정치와 경제는 모두 사회적인 가치를 배분하는 거래활동이다. 정치거래는 시장거래와 마찬가지로 생산자(정당이나 후보)와 구매자(유권자), 상품(정책이나 지역구 사업), 시장(선거), 광고(선거운동), 거래매체(표)를 포함한다. 뿐만 아니라, 구매제도와 광고제도가 시장거래를 규제하듯이, 선거법과 정치자금법이 정치거래를 규제한다.

정치와 경제의 이와 같은 구조적인 공통점에도 불구하고, 다운스가 간과한 정치와 경제를 구분 짓는 본질적인 차이가 있다. 정치는 경제와는 달리 집합적 의사결정이다. 정치시장의 소비자인 유권자들은 정치상품을 개인적으로 구입할 수가 없다. 정치상품을 구입하기 위한 거래매체인 표는 공동으로 지불되어야 하며, 가장 많은 표를 제시할 수 있는 집단이 소비할 상품을 선택할 권리를 확보한다. 시장거래에서 소비자는 자신이 원하는 상품만 소비하면 되지만, 정치거래에서는 소비자가 집단적으로 구매한 상품을 의무적으로 소비해야 한다. 시장거래에서는 원치 않는 상품을 구입했을 때 반품을 하거나 소비를 중단하면 되지만 정치거래에서는 원치 않는 상품도 소비해야 한다.

정치와 경제의 구매규칙의 차이는 집합적 의사결정과 관련된 비용을 정치거래에 발생시킨다. 만장일치를 제외한 모든 집합적 의사결정은 일부 구성원의 결정을 전체 구성원에 강제한다. 집합적 결정은 원치 않는 집합적 의사결정을 준수해야 하는 집단을 발생시킨다. 따라서 정치거래는 원하는 정책을 얻는데 실패한 유권자들이 원치 않는 정책을 따라야 하기 때문에 치러야하는 순응비용(conformity cost)을 발생시킨다.

이처럼 순응비용을 발생시키는 정치적 결정에는 권력(power)이 개입되게 된다. 권력이란 개인이나 집단이 자신의 뜻에 따를 수 있도록 타인 또는 타집단에게 행사할 수 있는 영향력을 의미한다. 일반적으로 권위주의 국가에서는 소수가 다수에게 권력을 행사하는 반면, 민주주의 국가에서는 다수가 소수에게 권력을 행사한다. 민주주의에서 다수가 소수를 강제할 수 있는 영향력을 행사하는 것이 받아들여지는 이유는 다수결 의사결정이 공평하다고 믿기 때문이다. 달리 말하면, 집합적 의사결정의 구성원은 자신이 다수 또는 소수에 속할 수 있는 기회가 동등하다고 믿는 것이다.[6] 즉 한 개인이 소수에 속하면 순응비용을 지불해야 하지만, 다수에 속하면 소수에게 자신의 뜻을 따르도록 할 수 있다는 믿음이 다수결 방식에 대한 제도적 정당성을 부여하는 것이다.

과거에는 사적인 영역으로 간주되었던 영역에 정부가 간여하게 되면서, 시민에게 순응비용을 부과하는 정치영역이 점차 확산되어 갔다. 피오리나에 의하면, 1950년대에는 "도룡뇽의 존재 때문에 개발업자가 습지를 메우지 못한다는 것은 터무니없는 생각이었다"(Fiorina et al. 2010: 192). 1950년대에는 정치가 "투표, 주택공급, 또는 고용과 같이 비중 있는 문제"를 중심으로 돌아갔다면, 지금의 시민들은 "공공장소에서 애완견을 훈련시키거나, 실외에서의 간접흡연으로부터 자유롭거나, 공공장소에서 모유를 수유할 권리들을 주장한다"(Fiorina et al. 2010: 192-193).

이처럼 일상생활에서 정치가 영향을 미치지 않는 영역이 거의 없기 때문에, 시민들은 불합리한 순응비용으로부터 자신들을 보호하기 위한 제도들을 창안하고 유지한다. 시장거래에서는 효율성의 원리가 규범적인 정당성을 확보한다. 반면 정치거래에서는 소수가 과다한 정치적 권한을 행사하여 다수에게 순응비용을 부과시키는 것을 방지하기 위해서, 모든 유권자는 동등한 정치적 권한을 행사해야 한다고 생각한다. 정치거래에서는 고소득자가 선호하는 정책을 구입해서 이를 저소득자에게 강요하는 것을 방지하기 위한 정치상품 구매규칙, 즉 평등한 투표권(equal franchise) 제도를 채택한다. 정치거래에서는 매표를 통한 불평등한 투표권

6 다수결 방식이 누구에게나 항상 형평성을 보장하는 방식은 아니다. 이는 왜냐하면 다수결 방식에 의해 항상 소수가 되는 집단들이 있을 수 있기 때문이다. 다수결에 비해, 오히려 제비뽑기 같은 의사결정 방식이 형평성을 더 보장한다. 그러나 제비뽑기의 무작위적인 결정은 다수결 결정에 비해 더 큰 위험을 수반하므로 대규모 집단의 의사결정에서 회피되는 경향이 있다. 국가통합을 위해 소수 주의 지지가 필요했던 미국의 경우, 양원제, 필리버스터와 같은 다양한 소수 보호 제도들을 마련하였다. 만약 다수결에 의해 항상 소수의 지위에 머무를 수밖에 없는 집단이 있다면, 민주주의의 다수결 제도는 소수를 보호하는 제도와 병행되어야 한다.

(구매력)이 허락되지 않는다.[7] 즉 형평성과 정경분리라는 규범적 원리가 정치거래의 구매규칙을 지배한다.

정치거래와 시장거래에서의 구매제도에 서로 다른 규범적 원리가 적용되듯이, 광고제도 역시 서로 다른 규범적 원리에 의해서 운영된다. 시장거래에서의 광고는 일정한 규제 하에서 허용된다. 미국의 연방통신위원회(Federal Trade Commission: FTC)의 규제위원회는 허위·과장 광고를 규제하고 특정 집단에 유해한 상품의 광고를 규제한다. 예컨대, 술 또는 담배의 TV 또는 라디오 광고를 금지한다. 정치거래에서의 광고규칙은 더 제한적이고 엄격하다. 정치거래에서는 광고내용뿐만 아니라, 광고비 조달방법 및 규모, 광고비 지출 규모 및 내역, 광고기간 등과 같은 다양한 내용들을 규제한다. 정치자금법이나 선거운동법 같은 정치광고 제도들은 후보들이 어느 정도의 정치자금을 어떻게 확보했는지, 이들이 정치자금을 어떤 용도로 얼마나 사용했는지, 정치광고를 어느 기간 동안 할 수 있는지를 규제한다.

시장거래에 비해 정치거래에서의 광고제도가 더 엄격한 이유는 광고제도가 기초하고 있는 규범적 원리가 두 종류의 시장에서 다르기 때문이다. 시장광고의 기본원리는 효율성이다. 광고가 공익을 침해하지 않는 한, 광고의 내용, 광고비의 조달방법, 광고비 지출규모는 이윤추구를 목표로 하는 판매자의 재량권에 맡겨둔다. 반면, 정치광고는 경제적 능력이 정치적 권한으로 전이되어서는 안 된다는 정경분리 원칙의 지배를 받는다. 이러한 규범적 원리 때문에 여러 국가들은 다양한 법적 조항들로 정치광고를 규제한다. 예컨대, 미국에서 정당 또는 후보를 위한 직접적 정치자금의 기부는 그 출처와 규모에 대해 법의 규제를 받는다. 영국은 정당의 지출규모를 제한하고 있으며, 프랑스는 기업의 정치자금 기부를 방지하고 있다.

7 물론 시장거래 역시 매점매석 방지법과 같은 제도적 규제를 받는다. 그러나 정상적인 시장에서 매점매석을 통해 다른 소비자에게 비용을 부담시키기에는 비용이 너무 크다. 따라서 시장거래에서는 일부 소비자의 상품구매가 다른 소비자에게 순응비용을 부과하기는 어렵다.

정치광고 제도의 두 축을 이루는 원리, 즉 평등한 정치적 권한과 표현의 자유는 때때로 충돌해 왔다. 두 원리들 중 어떤 원리에 더 큰 비중을 두는가에 따라, 국가들은 다른 정치광고 제도를 채택하였다. 1976년 미 대법원은 "버클리 대 발레오"(Buckley v. Valeo) 판결에서 후보의 선거자금 지출액수와 후보 자신을 위한 기부 액수를 제한한 것은 언론의 자유를 침해한다는 결정을 내렸다. 이후 미국 정치자금법의 무게중심은 표현의 자유 쪽으로 이동하게 되었다. 이러한 추세는 다른 선진국에서도 발견된다. 영국은 정당이 받는 기부금의 액수에 제한을 두지 않고, 호주와 독일은 기부금 수입 및 지출 규모에 제한을 두고 있지 않다. 이처럼 표현의 자유가 강조될수록, 정치광고는 시장거래에서의 상품광고와 유사해진다.

정치거래에서 순응비용의 발생은 정치제도를 뒷받침하는 규범적 원리를 제공할 뿐만 아니라, 시민들에게 정치활동의 동기를 부여한다. 호텔링의 모형에서 가게 주인은 상품을 팔고 소비자는 상품생산에 대해 관여하지 않고 소비만 한다. 이러한 시각을 접목한 전통적인 공간이론에서는, 유권자는 수동적으로 주어진 정책들 중 선호하는 정책을 선택하기만 한다. 그러나 이러한 시각은 집합적인 의사결정인 정치에서는 순응비용이 초래되고 다수가 소수에게 권력을 행사할 수 있다는 사실을 간과한 것이다. 유권자들은 수동적으로 정치상품을 소비하기보다는 순응비용을 피하기 위해 자신들이 선호하는 정책을 직접 생산하거나 적어도 정책결정에 영향을 미치려고 한다. 즉 집합적 의사결정인 정치거래가 초래하는 순응비용은 유권자들로 하여금 소극적인 정책소비자가 아닌 적극적인 정책생산자와 투자자로 활동하게 만든다. 그러나 일반시민들이 직접적으로 정책생산에 참여하면 막대한 거래비용을 치르게 된다. 이러한 비용을 줄이기 위해, 유권자들은 정당이라는 대리기관에 정책결정권을 위임한다. 유권자들은 대신 압력단체를 구성하거나 선거운동에 참여하고, 정치자금을 기부하여 자신의 대리인을 처벌하거나 보상한다.

시민과 정치인의 관계는 판매자와 구매자뿐만 아니라 주인과 대리인의 관계라는 시각은 정치인들이 기존의 공간이론과 본질적으로 다른 의

사결정 상황에 처하게 한다. 정치거래에서는 대리인(정치인)이 표를 극대화한다고 해서 주인(유권자)의 효용이 극대화되는 것은 아니다. 대리인의 궁극적인 목표는 주인과 일치하지 않는다. 후보는 관직을 얻었을 때 수반되는 다양한 이권을 얻기 위해서 선거에서 승리하려 하는 반면, 유권자는 자신들이 선호하는 정책을 얻으려 한다. 후보는 표를 극대화시키기 위해 온건한 입장을 취하게 되고, 이러한 입장은 주인이 선호하는 입장과 다를 수 있다. 이러한 딜레마에 봉착해서, 주인과 대리인은 자신들의 이해를 조정할 해법을 찾을 필요가 있다. 주인은 대리인에게 선거자원을 제공하고 대리인은 표를 더 얻기 위해 주인이 선호하는 정책에서 지나치게 멀어지기보다는 주인이 제공하는 자원을 이용해서 자신의 개인적 능력이나 장점과 같은 유인가치를 광고하거나 상대후보를 비방하여 표를 얻고자 한다.

이처럼 정치광고를 공간이론에 접목하는 시각은 유권자가 단지 투표만 한다고 가정하는 전통적인 공간이론과는 이론적으로 다른 것이다. 경험연구들은 후보가 유권자의 이념적인 투표결정을 바꾸려고 하는 노력, 즉 선거운동을 정치경쟁에서 가장 중요한 요소로 다루었다. 시장거래에서 광고가 상품의 가치를 높이듯이, 정치거래에서는 정치광고와 선거운동이 후보의 가치를 높인다. 전통적인 공간이론은 정치적 구매행위인 투표를 모형에 포함시켰으나, 정치광고를 위한 투자행위인 정치자금의 기부 및 선거운동의 중요성을 간과하였다.

〈그림 2.1〉은 위에서 논의한 정치거래 이론을 정리한 것이다. 〈그림 2.1〉에서 화살표들은 인과적 메커니즘이 어떻게 형성되는가를 보여준다. 정치거래에서 정당이 제시한 정책상품은 유권자들에게 의무적인 소비를 요구하고 따라서 이들은 순응비용을 치러야 한다(인과관계 ①). 시민들은 자신에게 부과될 순응비용 때문에 선거운동이나 선거자금 기부와 같은 정치활동 동기를 가진다(인과관계 ②). 후보는 정치활동가들이 제공한 내생적 자원을 이용해서 자신의 유인가치를 광고한다(인과관계 ③). 시민들은 자신에게 순응비용이 부당하게 부과되는 것을 방지하기 위해 평등한

〈그림 2.1〉 정치거래 이론

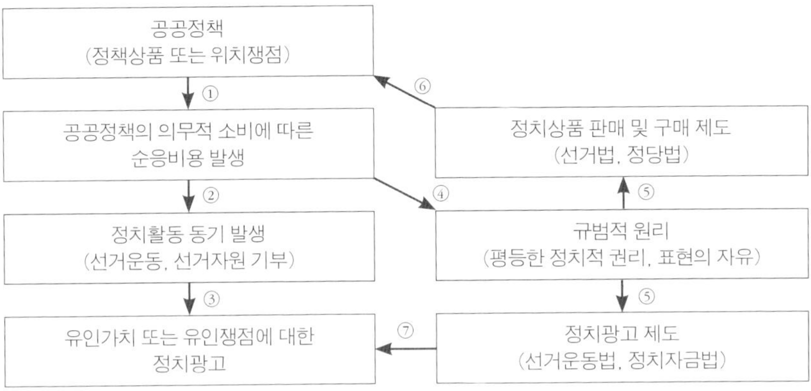

정치권한이라는 규범적 원리에 동의한다(인과관계 ④), 이러한 규범적 원리는 선거제도와 정치광고 제도를 창안하고 유지할 수 있는 정당성을 부여한다. 시민들은 이러한 규범적 원리에 근거해서 정치상품 구매제도(선거제도)와 광고제도를 받아들인다(인과관계 ⑤). 시민들은 이처럼 형성된 제도를 따라 자신이 원하는 상품(정책)을 판매(제시)하는 후보를 구매(선택)한다(인과관계 ⑥). 후보들은 이처럼 형성된 정치광고 제도의 틀 속에서 자신의 유인가치를 광고한다(인과관계 ⑦).

2.4. 정치거래의 시장거래화

시장거래와 정치거래에서 거래되는 상품은 중요한 차이가 있다. 시장거래에서 소비자들은 다양한 방법으로 상품들을 평가해보고 경험할 수 있다. 반면, 정치상품에 대한 경험적 평가는 불가능하고, 공약한 정치상품이 제공될 가능성은 불확실하다. 이와 같은 불확실성 때문에 정치상품의 가치를 평가하기 위한 정보수집 비용은 막대하다. 에이큰과 바르텔즈(Achen and Bartels 2016)가 지적한 바와 같이 유권자들은 정당들의 입장이 무엇인지 그리고 이들의 정책이 자신의 효용에 어떠한 영향을 미치는지 알기 어렵다.

정치상품에 대한 정보부족은 선거경쟁에 있어서 정치광고의 중요성을 부각시킨다. 유권자들이 자신이 선호하는 정책에 대한 안정적인 태도를 가지고 있고 어떤 정당들의 정책이 자신에게 더 유리한지 확실히 파악할 수 있다면, 정치광고의 효과는 미미할 것이다. 그러나 정당들이 제시하는 위치쟁점 입장(공공정책 입장)은 매우 복잡하고, 공공정책이 자신에게 어떠한 효용을 유발하는지 알기 위해서는 유권자들은 많은 시간과 노력을 들여야 한다. 반면 정당들이 광고하는 지역 및 국가경제 활성화 능력, 지역구 사업 제공 능력, 후보의 입법능력과 같은 유인가치들은 복잡하지 않다. 이러한 유인가치들의 진위파악을 위한 정보수집 역시 많은 비용을 수반하지만, 진위 여부를 떠나서 유인가치에 대한 판단은 매우 단순하게 이루어질 수 있다. 유권자들은 후보의 능력 유무만 주관적으로 판단하면 된다. 따라서 유인가치의 광고는 효과적으로 유권자들의 정책적 투표결정을 바꿀 수 있다.

정책상품(공공정책)과 유인상품(유인가치)은 유권자에게 다른 형태의 효용을 유발한다. 시장 소비자의 효용이 상품의 질 또는 양에 따라 단순하게(monotonically) 증가하는 것과 같이, 유인가치의 질 또는 양이 증가하면 이에 대한 효용이 단순 증가한다. 예컨대, 유권자가 대통령 후보의 경제활성화 능력이 뛰어나다고 믿을수록, 또는 지역정당이 더 많은 국가예산을 지역에 배정한다고 믿을수록, 또는 국회의원이 지역구 사업 혜택을 가져다준다고 믿을수록, 후보나 정당이 제공하는 유인상품에 대한 효용은 증가한다. 〈그림 2.2.1〉은 유인상품이 유권자의 효용에 어떻게 영향을 미치는가를 보여준다. 정책상품은 〈그림 2.2.2〉가 보여주는 것 같이 단봉형(single-peaked)의 효용을 유발시킨다. 정책상품에 대한 유권자의 효용은 유권자가 가장 선호하는 입장으로부터 후보의 입장이 멀어질수록 감소한다. 예를 들면, 조세정책이나 복지정책은 이와 같은 효용을 유발시킨다. 이 같은 정책상품에 대한 후보와 유권자들의 입장은 좌우 공간에 배열될 수 있다.

정책상품과 유인상품를 서로 구분 짓는 또 다른 기준은 두 상품에 대

〈그림 2.2〉 유인상품(유인가치)과 정책상품(공공정책)의 효용곡선

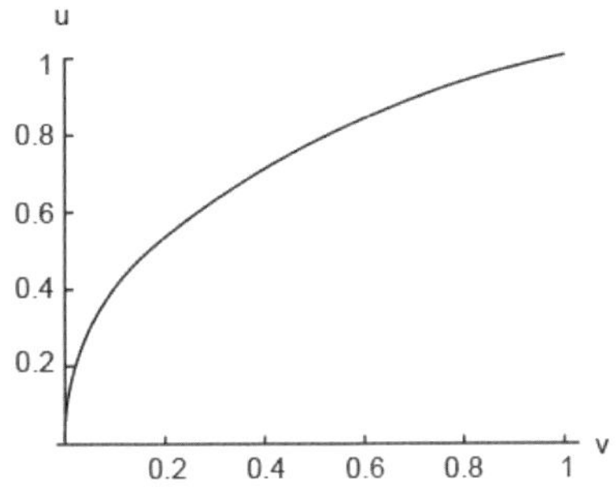

〈그림 2.2.1〉유인상품 효용곡선

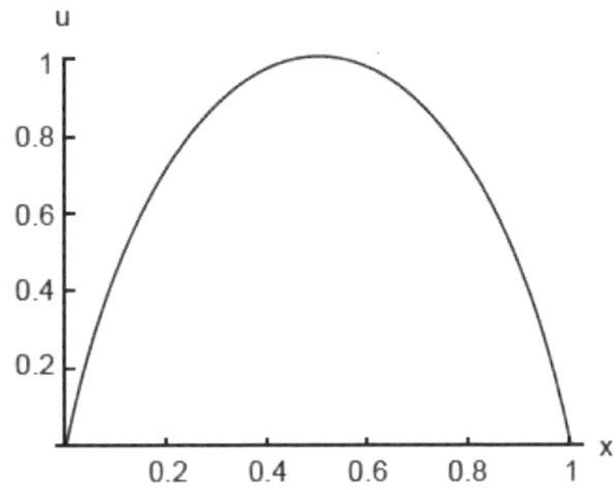

〈그림 2.2.2〉 정책상품 효용곡선

한 유권자의 선호가 어떻게 분포되어 있는가이다. 정책상품은 어떤 유권자에게는 혜택을 주고 다른 유권자들에게는 손해를 끼친다. 예를 들어, 부자증세를 통한 복지정책은 저소득층에 혜택을 주는 반면 부유층에게는 손해를 끼친다. 따라서 복지정책과 같은 정책상품에 대한 유권자의 선호는 좌우의 정책공간에서 골고루 배열된다. 이에 반해, 경제성장 또는 성공적인 대외정책과 같은 유인가치는 모든 유권자들에게 혜택을 줄 수 있다. 예컨대, 능력 있는 대통령이 국정운영을 잘해서 모든 유권자가 더 잘 살게 되면, 모든 유권자들은 유인가치로부터 혜택을 얻는다. 이와 같은 상품은 어느 누구에 손해를 끼치지 않고 모든 구성원이 더 큰 효용을 느끼는 파레토 우월한(Pareto superior) 결과를 초래한다.[8] 유권자들의 유인가치에 대한 선호는 좌우에 골고루 분포되는 것이 아니라 우월한 유인가치에 집중된다. 후보의 정책상품은 이에 반대하는 유권자를 소외시키는 반면, 유인가치는 어떠한 유권자도 소외시키지 않기 때문에 정치인들은 정책상품보다는 유인가치 광고에 집중한다.

파레토 우월한 유인가치는 이론적으로 존재할 수 있으나 현실정치에서는 거의 존재하지 않는다. 어떤 경제정책이 상당한 경제성장을 성취할 수 있다고 하더라도, 어떤 유권자는 이러한 경제정책으로 인해서 손해를

8 파레토 우월한 상태란 타인에 손해를 끼치지 않고 다른 행위자가 더 나아지는 상태를 의미한다.

볼 수도 있다. 예컨대, 기업에 대한 국가의 규제를 철폐하는 신자유주의 정책이 경제를 성장시킨다고 하더라도, 많은 실직자들이 발생할 수 있다. 설사 모든 사람들이 더 잘살게 되는 파레토 우월한 결과가 초래된다고 할지라도, 정책혜택이 모든 유권자에게 동등하게 돌아가지 않는다면 혜택을 상대적으로 적게 받은 사람은 상대적인 박탈감을 느끼게 된다.[9]

정책상품은 집합적인 구매를 통해 이루어지고 모든 유권자들은 자신이 원치 않아도 이들을 소비해야 한다. 유권자들은 특정한 복지정책과 경제정책을 표방하는 후보를 선택하고, 다수를 확보한 유권자들이 이러한 정책을 소비할 권리를 가진다. 이러한 정책상품에 대한 소비는 제도적인 절차에 의해 이루어진다. 이에 반해, 특정 지역 또는 집단을 위한 이권사업(pork-barrel) 또는 특혜와 같은 유인상품은 소수의 권력집단이 정치로비나 정치자금 지원을 통해 구입할 수 있다. 이러한 유인상품에 대한 소비는 사적인 절차에 의해 이루어지고, 유인상품에 대한 혜택은 자금을 지원한 집단들에 제한적으로 제공된다.[10] 예컨대, 특정 지역에 고급 실버타운을 건설해주는 지역구 사업, 특정 기업에 제공되는 개발 특혜와 같은 유인상품은 전체 유권자가 아닌 일부 소수집단이 재력을 통해 구매하고 소비한다.

이러한 유인가치들은 구매와 소비가 특정집단에 의해서 개별적으로 이루어진다는 점에서 시장상품과 유사하다. 정경유착으로 표현될 수 있는 이러한 불법적인 거래는 정치거래가 시장거래화 되었다는 사실을 의미한다. 대통령 측근 권력비리는 정치거래의 시장거래화 현상이 초래하는 전형적인 사례이다. 정치거래가 시장거래화되면, 사회경제적 유력 집단들이 시장거래에서와 같이 자신들이 원하는 정책상품을 구입한다. 정치거래의 시장거래화는 합법적인 영역에서도 이루어진다. 정치거래에서

9 상대적 박탈감 또는 선망(envy)이 정의로운 분배에 미치는 영향에 대한 논의는 롤즈(Rawls 1971) 참조.

10 정치적 자원분배 형태를 정책상품을 중심으로 공적으로 이루어지는 경우와 유인가치 중심으로 사적으로 이루어지는 경우로 구분한 연구로 Stokes et al.(2013) 참조. 이들은 전자를 강령적(programmatic distribution)이라 불렀고 후자를 비강령적(non-programmatic distribution)이라 불렀다.

의 광고규칙은 표현의 자유라는 원리 때문에 자본의 영향력을 허용한다. 만약 자본이 정치광고 자금지원을 통해 자신이 원하는 정당의 집권을 가능케 한다면, 자본은 자신이 원하는 정책을 구입할 수 있게 되어 정치거래는 시장거래화된다.

자본주의 선거에서 정치자금은 정치광고에 가장 중요한 요소이다. 정당이나 후보들이 효과적인 선거전략을 수립하기 위해서는 유권자의 선호에 대한 정보수집 및 이에 대한 분석을 위한 전문 인력이 필요하다. 수립된 선거전략을 실행하기 위해서는 막강한 인적·재정적 자원이 필요하다. 특히 언론을 통해 지속적으로 자신에게 유리한 정치정보를 확산시키는 것은 매우 중요하다(Rowbottom 2010). 이러한 모든 방법은 자본을 필요로 하며, 경제적으로 유력한 집단은 막대한 자본을 제공할 수 있다. 유권자들이 충분한 정치정보와 안정적인 정책적 선호를 가지고 있지 않다면, 경제적으로 유력한 소수들은 정치광고 자금지원을 통해 자신에게 유리한 정책을 구매할 수 있다. 정치거래가 이처럼 시장거래화되면 소수가 다수를 지배하게 된다.[11]

정치거래가 시장거래화되면 정당들의 정책입장에 어떤 결과가 초래되는가? 선거경쟁이 유인가치의 광고와 무관하게 정책중심으로 이루어진다면, 정당들은 중위유권자의 입장으로 수렴할 동기가 있다. 반면, 선거경쟁이 자본중심적으로 될수록, 유인쟁점의 정치광고가 더 효과적인 전략이 된다. 정당들은 더 많은 정치자원을 확보하기 위해 정치자금을 제공하는 집단들의 입장을 대변하게 된다.[12] 정치자원을 제공하는 유권자들이 일반 유권자들보다 더 보수적이면, 정당들은 일반 유권자의 입장으로 멀어지고 더 보수적인 입장을 대변하게 된다. 이러한 정당들의 우경화 현상은 보수적인 정당에게만 해당되는 것이 아니다. 보수정당뿐만 아니라 진

11 미국 정부의 정책은 일반 유권자들보다 부유층의 선호에 치우쳐 있다는 사실을 보여준 연구로 Gilen(2012) 참고.

12 미국 정치에 대한 유권자들의 인식이 이러한 주장을 경험적으로 뒷받침한다. 2008년 미국 선거연구조사(American National Election Studies) 응답자의 69%가 미국 정부가 소수의 거대이익집단을 위해 작동한다고 응답하였고 29% 만이 모든 사람의 이익을 대표한다고 응답하였다 (Achen and Bartels 2016).

보정당도 더 많은 정치자원을 제공하는 보수적인 유권자의 입장 쪽으로 이동하게 된다.[13] 이럴 경우, 소수의 재력가들이 다수의 일반유권자를 지배하게 되고, 다수는 소수를 위한 정책에 대한 순응비용을 치르게 된다.

정치거래의 시장거래화는 대의민주주의의 작동과 관련된 중요한 함의를 지닌다. 대의민주주의에서 유권자들이 다수의 결정을 따르는 이유는 모든 유권자들이 동등한 정치적 영향력을 행사한다는 규범적 원리를 수용하기 때문이다. 만약 정치자금의 10%를 제공하는 한 명의 유권자가 0.1%를 제공하는 100명의 유권자의 영향력과 동일하다면, 이는 평등한 투표권이라는 민주주의의 기본원리가 훼손되는 것이다. 즉 "돈의 힘"(power of money)은 "수의 힘"(power of numbers)과 동일한 효과를 가진다. 이는 불균등한 기부가 평등한 정치적 권리라는 원리를 훼손한다는 사실을 의미한다. 정치거래가 시장거래화되고 불균등한 기부가 심화될수록, 경제적인 지위가 정치적인 영향력으로 전이되게 된다. 정치거래가 시장거래화될수록, 정치거래에서도 경제적으로 유력한 유권자가 자신이 원하는 정책을 구입하게 된다.

정치거래 이론에서 강조되어야 할 내용은 정치와 경제는 본질적으로 서로 다른 행위가 아니라는 점이다. 정치와 경제는 이분법적인 개념이 아니라 연속적인 개념으로 이해해야 한다. 현실세계의 정치거래는 이론적으로 순수한 정치거래와 시장거래 사이에 놓여있다. 정치거래가 얼마나 시장거래화 되었는가는 시대와 국가에 따라 다르며, 정치거래가 시장거래화된 정도를 결정하는 중요한 요인들 중 하나는 정치제도이다. 동등한 투표권(equal franchise)이라는 제도가 도입되기 전에는 정치거래에서의 구매규칙(투표제도)은 상품에 대한 차별적인 구매력을 허용하는 시장거래 구매규칙과 유사하였다. 일부 국가에서는 납부세금에 따라 투표권에 차등을 두었다. 예컨대, 프러시아 왕 빌헬름 4세(Friedrich Wilhelm IV)가 1849 5월 30일 도입한 3계급 투표제도(Prussian three-class franchise system)는 세금

13 이러한 예측을 도출한 수리모형 분석결과는 문우진(2014) 참고.

납부액에 따라 구분된 세 계급에게 차별적인 투표권을 행사하도록 하였다. 세금 납부자의 4.7%에 해당하는 상위 계급은 82.6%에 해당하는 하위 계급의 17.5배에 해당하는 투표권을 행사할 수 있었다.[14] 벨기에에서는 1918년에 모든 남성들에게 보통선거권(universal suffrage)이 주어지기 전까지 납부세액에 따라 남성들은 1표에서 3표까지 행사할 수 있었다.

투표권자들에게 동등한 투표권을 허용한 경우에도 많은 서구의 신생 민주주의 국가들에서는 한동안 세금을 내는 유산계급들만 투표권을 행사할 수 있었다. 영국에서는 1928년 인민대표법(Representation of the People Act)이 모든 21세 이상의 여성에게 투표권을 확대하기 전까지 일정한 재산을 소유하지 않은 30세 미만의 여성들은 투표할 수 없었다. 프랑스에서는 남성 투표권의 재산에 따른 제한을 1848년에 철폐하였고, 여성에 대한 투표권은 1944년에 허용되었다. 미국의 경우, 1870년에 15번째 헌법 수정안에 의해서 모든 남성에게 보통선거권이 주어지기 이전의 식민지 시대에는 전체 인구의 6%에 해당하는 유산계급만 투표권을 행사할 수 있었다. 수정안이 통과된 이후에도 일부 주에서는 선거인 등록에 인두세(poll tax)를 매기거나 식자능력 시험을 통해 흑인과 무산 백인의 투표권을 제한하였다. 여성의 투표권은 1920년에 허용되었으며, 유색인종에 대한 제한들은 1965년의 투표권법(Voting Rights Act)의 제정과 함께 철폐되었다.

애커맨과 에이레스(Ackerman and Ayres 2002)는 평등한 투표권이 자유시장(liberal market)의 원리를 보호하기 위해서 허용되었다는 역설적인 시각을 제시했다. 이들은 민주주의와 자유시장의 원리가 서로 조화롭게 작동하도록 하기 위해 정치적 평등이 규범적 정당성을 얻게 되었다고 주장한다. 이들에 의하면, 개인들이 자신만의 이익을 추구하는 자유시장에서는 불평등한 결과가 불가피하게 초래된다. 이러한 바람직하지 않은 결과가 그나마 정당화될 수 있다면, 시장실패를 교정하기 위해 정치를 통해 고소득층으로부터 저소득층으로 부를 재분배하는 것이 가능할 때이다

14 https://en.wikipedia.org/wiki/Prussian_three-class_franchise (검색일 2016.07.30)

(Ackerman and Ayres 2002:12). 역설적으로 말하면, "시장에서 대자본을 정당화시킬 수 있는 필요조건은 … 정치를 대자본의 지배로부터의 분리시키는 것이다"(Ackerman and Ayres 2002:13). 즉, 사적인(경제적인) 영역과 공적인(정치적인) 영역의 어색한(awkward) 균형을 유지하기 위해서는 권력이 전자에서 후자로 전이되는 것을 방지하는 것이 필요했던 것이다.

보통선거권의 도입은 구매제도에 있어서 정치를 경제로부터 분리시킬 수 있었으나, 사회적·과학기술적 변화는 민주주의 정치를 대자본으로부터 완전히 분리시킬 수 없도록 만들었다. 동등한 정치적 영향력의 행사라는 원리는 정치광고에서는 적용되기 어려운 환경이 점차 조성되었다. 1950년대부터 시작된 교통수단 및 대중매체의 발전은 집단적 정체성을 약화시키고, 대중적 소통체계는 선거운동 방식을 변화시켰다. 이전의 전통적인 대중정당은 노동집약적인 가가호호 유세에 의지한 반면, 1950년대 이후 등장한 정당들은 자본집약적인 선거운동 방식을 채택하게 되었다(Katz and Mair 1995). 텔레비전의 등장으로 정당들은 비이념적인 유인가치들을 광고하기 위해 대규모의 정치자금에 의지하게 되었다. 선거에서 유권자들은 정책을 선택하기보다는 자신들의 지도자를 선택하게 되었다(Katz and Mair 1995: 8). 이러한 환경의 변화는 자본이 정치를 지배하기에 유리한 환경을 만들었다.

정치자금법과 선거운동법은 정치거래의 시장거래화에 직접적인 영향을 미친다. 미국에서는 자본이 정치에 영향을 미치는 것을 방지하기 위해, 선거자금 기부와 지출에 대한 규제(통제), 공적자금을 통한 선거운동(공적지원), 재무공표(정보공개)라는 세 제도적 처방이 도입되었다(Ackerman and Ayres 2002). 1907년 틸만 법(Tillman Act)을 통해 은행과 기업이 연방 선출직에 출마하는 모든 후보들에게 선거자금을 기부하는 것을 금지시킨 이후, 다양한 선거자금법이 제정되었다. 1971년 연방 선거운동법(The Federal Election Campaign Act: FECA)은 후보가 대중매체 선거광고에 지출할 수 있는 액수와 자신의 선거운동에 기부할 수 있는 액수를 제한하였다. 1974년 미 의회는 유권자가 한 후보와 정치활동위원회(PAC)에 기부할 수 있는 액수를 각각 $1,000와 $5,000로 제한하였다.

그러나 통제중심의 제도는 표현의 자유를 침해한다는 주장에 밀려 점점 효력을 상실하게 되었다. 후보들이 자신들을 충분히 알릴 기회기 부여되지 않으면, 유권자들을 올바른 선택을 할 수 없다는 인식이 확산되었다. 이미 잘 알려진 현직자에 비해 인지도가 낮은 도전자도 정치광고를 통해 자신을 알릴 기회가 주어져야 된다는 주장이 제시되었다. 1976년 "버클리 대 발레오"(Buckley v. Valeo) 판결 이후 미국에서의 정치광고는 표현의 자유를 점점 더 중시하게 되었고 이러한 추세는 다른 선진 국가에서도 발견된다. 표현의 자유에 입각한 선거제도들은 정치적 평등에 기초한 제도들을 대치시켜 나갔고 불균등한 선거자금 기부를 허용하게 되었다. 이처럼 자본의 정치적 영향에 대한 제도적 규제들이 해소되면서, 정치인들은 정책대결보다는 후보의 유인적 가치에 대한 광고에 집중하게 되었고, 정치는 불가피하게 자본의 지배를 받게 되었다.

선거제도는 정치거래의 시장거래화에 간접적인 영향을 미친다. 대의민주주의에서는 다양한 사회집단들이 대표기관(대통령, 정당, 국회의원 등)을 통해 자신들의 이익을 표출한다. 대표기관이 대변하는 집단의 규모가 작아질수록 집단 구성원의 이해는 동질적이다. 반면 대표집단의 크기가 커질수록, 집단 구성원의 이해는 이질적으로 된다. 집단의 크기가 커질수록 공공의 이익은 존재하기 어렵고, 대표기관이 모든 구성원의 이해를 충족시킬 수 없게 된다. 집단 구성원들도 자신들의 대표기관이 누구의 이익을 추구하는지 알기 어렵게 된다. 선거제도는 정당들이 대표하는 집단들의 크기에 영향을 미친다. 비례대표제가 산출하는 다당체제에서는 정당들이 비교적 작은 사회집단들(직능단체, 종교단체, 지역단체 등)을 대변한다. 반면, 단순다수제가 산출하는 양당체제에서는(Duverger 1959) 두 포괄정당들이 특정 사회집단을 대변하기 보다는 다양한 사회집단들의 이해를 대변해야 한다(Katz and Mair 1995; Kirchheimer 1966).

대표집단의 규모 차이는 정당전략에 영향을 미친다. 다당제에서는 정당들이 자신의 지지집단들을 대표하고, 정당 간 교섭과 타협을 통해 대표집단의 이익을 대변한다. 반면 양당제에서는 정당들이 폭넓은 지지집단들의 이익을 모두 대표할 수 없다. 따라서 다양한 집단들의 입장 중 선거경쟁에 가장 유리한 입장을 선택해야 한다. 이러한 선택은 이에 만족하지 않는 집단들의 지지변경을 초래할 수 있다. 따라서 정당은 지지자들을 소외시키지 않으면서 선거에 승리해야하는 딜레마에 빠지게 된다. 정당은 자신이 추구하는 정책에 대해 분명한 입장을 밝히면, 이 정책입장을 덜 선호하는 유권자들을 소외시킬 수 있다. 따라서 정당들은 자신의 정책입장을 분명하게 표방하기 보다는 유인가치를 이용해 가능한 한 많은 유권자의 표를 공략하는 전략을 구사한다.

양당제에서의 정당들은 포괄정당으로 변모한다. 포괄정당의 지상목표는 지지집단들의 이익을 대변하는 것이 아니라 선거에서 승리하는 것이다. 포괄정당은 선거승리를 위해 유인가치를 가공생산하고 이를 광고한다. 포괄정당은 가능한 한 많은 유권자들을 확보하기 위해 온건한 입장을 취하고, 이에 따라 정당체제는 협애화된다. 정당체제가 협애화되면 유권자들은 어떤 정당이 자신에게 더 큰 정책적인 혜택을 제공하는가를 파악하기 어렵게 된다. 유권자들의 정당정체성은 약화되고, 이들의 투표결정에 유인가치가 더 중요해진다. 유인가치의 실체파악에 필요한 정치정보가 없는 대부분의 유권자들은 정당들의 유인가치 광고에 쉽게 흔들리고, 선거결과는 어떤 정당이 유인가치를 효과적으로 가공하고 광고하는가에 따라 결정된다.

단순다수 선거제도는 인물중심의 선거경쟁을 촉진한다(Carey and Shugart 1995). 유권자는 일반적으로 후보의 정책입장이 본인에게 어떠한 효용을 가져다 줄 것인가를 정확하게 이해하기 어렵다. 유권자가 후보들의 정책들을 꼼꼼히 따져보고 법적으로 이해하기 위해서는, 매우 많은 시간과 비용을 부담해야 된다. 이에 반해, 후보들의 개인적 신상이나 특성, 혈연, 학연과 같은 유인가치들은 유권자에게 큰 비용을 부담시키지 않는다. 선거경쟁이 인물대결로 치러지는 선거제도에서는 유권자가 유인가치들을 근거로 투표할 가능성이 증가한다.

정당들이 정책대결을 하는 국가에서는 유권자가 자신의 투표결정에 필요한 정보를 정당이라는 하나의 브랜드 네임을 통해 얻을 수 있다. 이러한 국가에서는 유권자는 어떤 정당이 자신에게 정책적인 이익을 가져다주는가를 정당이름을 통해 파악할 수 있다. 따라서 유권자는 정책적 판단을 위한 정보수집에 큰 비용을 들이지 않고 휴리스틱을 통해 정치정보 수집에 들어가는 비용을 절감할 수 있다(Cox and McCubbins 1993). 정당들이 정책대결을 하는 국가에서 정당투표를 촉진하는 선거제도를 채택하면, 정치거래의 시장거래화는 억제된다.

정부형태 역시 정치거래의 시장거래화와 관련이 있다. 의회제(내각책임제)에서는 지역 및 직능 집단들이 자신의 이익을 대변하는 정당에게 권한을 위임한다. 대통령제에서는 국민 전체가 대통령에 권한을 위임하고, 대통령은 "국민의 뜻"을 대변해야 한다. 그러나 국민들의 선호는 이질적이고 모든 국민이 선호하는 입장은 존재하기 어렵다. 따라서 대통령은 모든 국민이 선호하는 유인가치를 가공하고 자신의 능력을 광고해야 한다. 뿐만 아니라, 대통령은 조직체인 정당과는 달리 인격체이기 때문에 유권자들은 대통령에 대한 개인적 호감을 대통령 능력에 대한 평가에 개입시킨다. 선거결과는 대통령 후보들이 얼마나 개인적인 유인가치들을 효과적으로 개발하고 광고하는가에 따라 달라진다. 따라서 대통령제는 의회제에 비해서 정치거래를 시장거래화시킨다.[15]

2.5. 정치광고와 정치적 다수 형성

정치거래가 시장거래화되면, 정치광고를 효과적으로 할 수 있는 정당

15 정치거래의 시장거래화가 의회제보다 대통령제에서 더 촉진된다는 주장을 의회제가 대통령제보다 보편적으로 더 우월하다는 주장으로 받아들여서는 안 된다. 정치제도는 다양한 측면에서 비교되어야 하며, 한 측면에서 우월한 제도는 다른 측면에서 열등할 수 있다. 대통령제는 의회제가 가지고 있지 않은 다양한 이점이 있으며, 한 국가의 제도 선택은 그 국가의 특성과 조응하는가를 분석할 필요가 있다. 정당들의 대표역할이 효과적으로 작동하지 않고 있는 한국에서 의회제를 채택하면 대통령제의 장점인 제도적 견제기능을 잃게 된다. 그렇다고 다당의회제를 통해 정당 간의 견제를 추구하면, 수많은 인물정당들과 소지역주의정당들이 당리당략에 따라 이합집산하는 불안정한 정당체제가 형성될 것이다. 한국의 현실과 부합하는 정부형태에 대한 자세한 논의는 필자가 집필 중인《한국 정치제도의 작동원리와 제도개혁 방안》참고.

들은 전략적으로 자신에게 유리한 다수를 형성시킬 수 있다. 이 절에서는 정당들이 어떻게 자신에게 유리한 다수를 형성시킬 수 있는가를 다음과 같은 예시를 통해 설명한다. 세 명의 유권자의 표를 얻기 위해 경쟁하는 진보정당 L과 보수정당 R을 가정해보자. 두 정당은 이차원적 위치쟁점에서 자신들의 입장을 제시한다. 경제적 차원에서 보수정당과 진보정당은 각각 자유 시장경제와 국가의 시장개입을 옹호한다. 사회적 차원에서 보수정당과 진보정당은 각각 태아의 권리(pro-life)와 여성의 선택권(pro-choice)을 옹호한다. 유권자들은 두 정당의 위치쟁점 입장에 대한 선호 및 이들이 광고하는 유인가치에 따라 투표한다. 이때 유권자들의 경제정책과 사회정책에 대한 선호는 합리적 선택이론의 가정처럼 경제적 이익에 의해 결정된다고 가정해도 무방하고 집단이론의 가정처럼 소속집단의 정치적 정체성에 의해 결정된다고 가정해도 무방하다.

다음은 유권자 선호 및 정당입장이 어떻게 분포되어 있는가를 살펴보

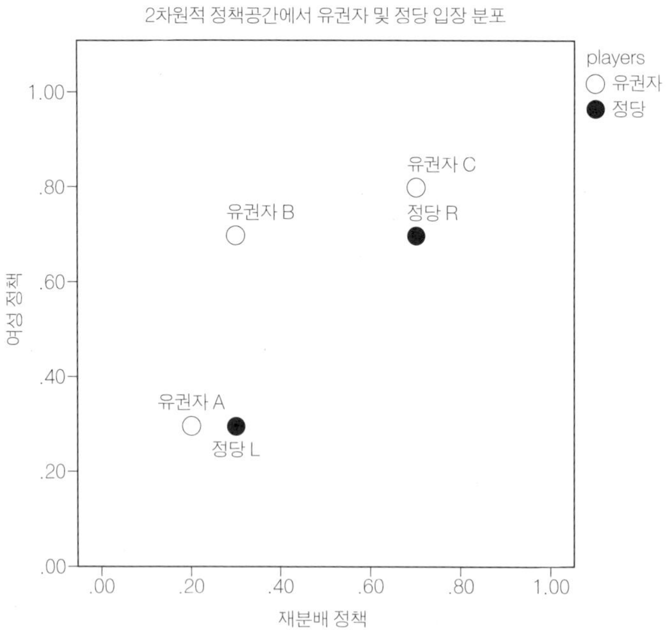

〈그림 2.3〉 2차원공간에서 유권자 입장 분포와 정당 입장 분포

자. 첫째, 세 유권자들의 경제정책에 대한 선호는 이들의 소속된 소득집단 정체성에 따라서 결정되고, 여성정책에 대한 선호는 성별에 의해 결정된다고 가정하자. 둘째, 세 유권자 중 두 명은 저소득층이고 두 명은 남성이라 가정하자. 셋째, 가난한 여성 유권자 A는 경제정책과 여성정책 모두 진보적인 입장을 선호하고, 가난한 남성 유권자 B는 경제정책에서는 진보적인 입장을 여성정책에서는 보수적인 입장을 선호한다. 부유한 남성 유권자 C는 경제정책과 여성정책 모두 보수적인 입장을 선호한다.

〈그림 2.3〉은 이러한 가정들을 충족시키는 예를 보여준다. 이러한 예는 두 정책차원이 어느 정도 중첩된 미국 현실정치에서 민주당과 공화당의 경쟁구도를 반영한 것이다. 〈그림 2.3〉에서 정당 L은 두 정책차원 모두에서 유권자 A와 가깝고, 정당 R은 보수적 유권자 C와 가깝다. 유권자 B는 경제적 차원에서는 정당 L과 가까우나 사회적 차원에서는 정당 R과 가깝다. 유권자 B의 입장과 정당 L과의 2차원적 거리는 정당 R과의 거리와 같다.

이러한 예에서 정당들은 어떻게 자신에게 유리한 다수를 형성시킬 수 있을까? 서구의 선진 민주주의 국가에서는 계급균열이 강하게 형성되었고, 대부분의 국가에서 계급균열을 따라 형성된 정당들이 소득재분배 정책을 중심으로 경쟁한다(Huber and Inglehart 1995). 따라서 먼저 정당들이 소득재분배 정책을 중심으로 경쟁하는 경우를 준거(reference) 사례로 삼고, 이 사례에서 어떠한 다수가 형성되는가를 살펴본다. 다음은 정당전략이 정치적 다수형성에 어떠한 영향을 미치는가를 설명한다. 마지막으로 정당들의 입장 차이(정당체제의 분극화 정도)가 정당 전략의 효과에 어떠한 영향을 미치는가를 살펴본다.

2.5.1. 유리한 쟁점부각 전략

만약 정당들이 경제적 차원에서 경쟁하고 유권자들은 계급투표를 한다면, 이들은 소득재분배 정책에 대한 자신의 입장과 정당들의 입장과의 거리를 기준으로 투표한다. 이럴 경우, 유권자들의 여성정책에 대한 선호가 이들의 효용에 영향을 미치지 않으므로, 가난한 남성과 여성의 선거연합이 가능하다. 따라서 저소득 여성 A와 저소득 남성 B가 다수를 형성하여 정당 L을 지지하고, 이들이 다수를 형성한다. 즉 선거연합은 유권자들의 경제적 지위에 따라 형성된다. 다음은 정당 R이 전통적인 가치수호 및 태아의 권리보호라는 프레임을 통해 낙태문제를 선거경쟁에서 유일한 쟁점으로 부각시키는 데 성공했다고 가정하자. 이럴 경우, 가난한 남성인 B와 부유한 남성인 C가 다수를 형성하여 정당 R을 지지한다. 이럴 경우, 선거는 성대결로 치러지게 되며 남성들이 연합하여 다수를 형성한다.

위의 예는 가장 현저한 쟁점에서 다수를 형성한 집단이 선거결과에서 다수의 지위를 확보할 가능성이 높다는 사실을 보여준다. 이는 달리 말하면 한 정당은 자신의 입장을 다수가 지지하는 쟁점을 집중적으로 부각시키면 자신에게 유리한 다수를 형성시킬 수 있다는 사실을 의미한다. 이러한 사실은 시민사회에서의 객관적인 선호들이 다수로 반영되는 것이 아니라 정치인들이 다수를 형성시킬 수 있다는 것을 의미한다. 이러한 다수형성은 정당들이 자신에 유리한 쟁점을 부각시키기 위한 정치광고를 얼마나 효과적으로 할 수 있는가에 달려 있다.

2.5.2. 유인가치 광고전략

정당들은 또한 유인가치 광고를 통해 사회균열이 형성시킨 다수를 변경시킬 수 있다. 유인가치 공략은 유리한 위치쟁점을 부각하는 전략보다 더 효과적인 전략이다. 위치쟁점에서 한 정당이 진보적인 입장을 취하면 보수적인 유권자를 잃게 되고 보수적인 입장을 취하면 진보적인 유권자를 잃게 된다. 예컨대, 경제정책 차원에서 다수 유권자들이 진보정당의 복지정책 입장을 선호한다고 하더라도, 복지정책을 현저하게 부각시키는 전략은 복지정책을 반대하는 유권자를 소외시킨다. 따라서 안전한 다수가 확보되어 있지 않을 경우, 위치쟁점을 부각시키는 전략은 위험할 수 있다. 이러한 위험을 회피하기 위해, 정치인들은 정책입장을 선명하게 제시하기보다는 이보다 안전한 유인가치 광고에 집중한다. 유인가치는 모든 유권자들이 선호하는 쟁점이므로, 유인가치 공략은 표의 손실을 초래하지 않는다. 예컨대, 후보가 경제성장 능력을 홍보하는 전략을 구사할 경우, 모든 유권자들이 경제성장을 원하므로 일부 유권자의 표를 잃을 염려가 없다. 문제는 얼마나 효과적으로 유인가치를 광고하는가에 달려있다.

유인가치는 정당의 경제발전 능력 외에도 지역정당의 지역혜택 제공 능력, 국회의원 후보의 지역구 사업 능력과 같이 유권자에게 경제적인 혜택을 가져다줄 수 있는 능력을 포함한다. 이러한 능력은 유권자들이 후보의 유인가치로부터 느끼는 경제적 효용을 증가시킨다. 그러나 유인가치가 반드시 경제적인 효용을 제공할 수 있는 능력만 포함하는 것은 아니다. 예컨대, 후보와 유권자 사이의 혈연·학연·지연과 같은 정서적인 유대감 역시 후보의 유인가치로 작동할 수 있다. 이러한 유대감은 후보에게 느끼는 심리적인 효용을 충족시킨다.

문제의 핵심은 정치인들이 유인가치를 개발하여 효과적으로 광고하면, 이러한 유인가치가 경제적인 효용이 되었건 심리적인 효용이 되었건 유권자들의 효용을 증가시킬 수 있다는 것이다. 이러한 유인가치의 실체가 존재하는가는 중요하지 않다. 대부분의 유권자들은 후보의 능력과 도덕성 같은 유인가치를 정확하게 평가할 정도의 정치정보를 가지고 있지 않다. 후보들이 광고하는 국정운영 능력, 경제개발 능력은 검증하기 어렵다. 뿐만 아니라, 후보들이 이러한 능력을 가지고 있다고 하더라도, 이들을 둘러싸고 있는 정치적·제도적 환경은 이러한 능력을 발휘할 수 없게 만들 수도 있다. 일반 유권자들은 이러한 환경들이 후보의 능력을 어떻게 제한하는지 잘 알지 못한다. 따라서 후보들은 자신의 유인가치를 실체 이상으로 포장한다. 정치거래가 시장거래화될수록 정책대결을 하는 것보다 유권자들이 반응할 만한 유인가치를 개발하고 광고하는 전략과 상대후보를 비난하는 흑색선전 전략이 효과를 발휘하게 된다. 선거결과가 이처럼 실체 없는 유인가치에 의해 결정된다면, 민주주의의 원리가 심각하게 훼손된다. 이럴 경우, 유권자들이 유인가치에 대한 실체 없는 믿음에 근거해서 자신에게 정책적인 해를 끼칠 정당에게 투표할 가능성이 높아진다.

2.5.3. 정당입장에 대한 유권자 인식변경 전략

위에서는 정당입장에 대한 유권자들의 인식이 고정적이라는 가정을 하였다. 그러나 유권자들은 정당의 정책입장에 대한 충분한 정보를 가지고 있지 않으므로, 정당들은 정치광고를 통해 자신의 입장과 상대의 입장에 대한 유권자 인식을 바꿀 수도 있다. 〈그림 2.3〉에서 한 정당이 다수를 확보하기 위해 필요한 유권자는 중앙에 있는 유권자 B이다. 따라서 자신의 정책입장을 온건한 입장처럼 광고하거나 상대 정당의 입장을 급진적인 입장처럼 광고하면, 유권자 B의 지지를 통해 다수를 확보할 수 있다. 정당들은 이러한 전략을 자주 구사한다. 미국 정치에서 가장 현저한 쟁점 중에 하나는 조세정책이다. 공화당은 민주당이 부자들뿐만 아니라 중산층의 세금까지 올릴 것이라 주장한다. 반면 민주당은 공화당이 부자들과 기업만의 이익을 대변한다고 주장한다. 선거의 승패에 중산층의 지지가 매우 중요하기 때문에, 이러한 선거 전략을 통해 상대 정당을 중산층으로부터 멀리 떼어 놓으려 한다.

2.5.4. 위치쟁점의 유인쟁점화 전략

정당들은 자신의 정책입장을 명확히 하면 이에 반대하는 유권자들의 표를 잃을 수 있고, 급진적인 정책을 취하면 온건한 유권자의 표를 잃을 수 있다. 그러나 정당이 자신의 정책입장에 대해 지나치게 모호하거나 온건한 입장을 취하면, 급진적인 지지자들의 표를 잃을 수 있다. 이러한 딜레마에 봉착해서 정당들은 자신의 정책입장을 선명하게 유지하면서도 지지자들과 비지지자들의 표를 동시에 확보할 수 있는 전략을 구사한다. 이러한 전략은 위치쟁점을 유인쟁점으로 전환시키는 것이다. 진보정당과 보수정당들은 각각 자신들의 경제정책이 경제를 발전시킨다는 주장을 하면서 전형적인 위치쟁점에 해당하는 경제정책을 유인가치로 포장한다.

1930년대 경제 대공황에 직면한 미국의 루즈벨트(Roosevelt) 민주당 정부는 케인지언(Keynesian) 경제이념을 근거로 국가의 적극적 시장개입 및 복지정책 확대를 표방하였다. 1970년대에 발생한 석유파동과 인플레이션으로 민주당 정권이 케인지언 경제이념과 같이 몰락하게 되면서, 공화당의 레이건(Reagan)이 집권하게 되었다. 레이건은 국영기업 민영화, 기업이나 부자들에 대한 감세정책을 포함하는 국가의 시장개입 축소를 지향하는 신자유주의 경제이념을 내세웠다. 민주당의 케인지언 정책이나 공화당의 신자유주의 정책은 전형적인 위치쟁점이다. 그럼에도 불구하고, 정당들은 자신들의 정책들이 경제성장을 이끈다는 주장을 통해 이러한 위치쟁점을 유인쟁점으로 포장시킨다. 미국의 레이건 대통령과 영국의 대처(Thatcher) 수상은 신자유주의 정책이 투자를 촉진시키고 일자리를 확산시켜 결국 모든 국민들에게 혜택이 돌아간다는 낙수효과를 주창하면서, 전형적인 위치쟁점을 유인쟁점으로 포장하였다.

2.5.5. 정치광고의 효과

유권자들이 유인가치에 민감할수록, 유권자의 정책적 투표결정은 쉽게 흔들린다. 후보의 이미지에 민감하게 반응하는 유권자는 자신의 입장과 가까운 정책을 표방하는 후보라도 후보의 이미지가 맘에 안 들면 상대후보를 지지할 수도 있다. 반면 유권자들이 정책투표를 하면, 후보의 이미지나 능력에 대한 광고는 큰 효과를 보지 못한다. 정당들의 정책적 입장차 역시 정치광고의 효과에 영향을 미친다(Moon 2004). 정당들의 입장 차가 줄어들수록 유인가치와 정치광고의 효과는 커진다. 극단적인 예로 정당들이 정책적인 입장 차가 전혀 없다면, 선거는 유인가치와 이에 대한 광고에 의해서만 결정된다. 정당들의 정책적 입장 차가 선명해 질수록 유권자들은 어떤 정당의 정책이 더 큰 효용을 가져다 줄 것인가를 분명하게 인식하게 된다. 후보 간의 유인가치의 차이가 정책적 효용 차이를 상쇄할 정도로 클 경우에만 유권자들은 정책투표 결정을 바꾸게 된다. 이는 분극적 정당체제를 가진 서구에 비해서 협애한 정당체제를 가진 미국과 같은 국가에서 정치광고의 효과가 더 클 것이라는 사실을 의미한다. 이는 달리 말하면 협애한 정당체제를 가진 국가에서의 정치거래는 시장거래화될

가능성이 크다는 사실을 의미한다.[16]

2.6. 현실주의 시각에 대한 대안: 제도주의적 시각

에이큰과 바르텔즈의 현실주의 시각은 이상주의자들이 생각하는 것처럼 미국의 민주주의가 정상적으로 작동하지 않는다는 사실을 보여주었다. 이들이 민주주의의 모태라 여겨지는 미국 민주주의에 대해 이러한 시각을 제시했다는 사실은 민주주의에 대한 회의적인 시각을 고취할 수 있다. 그러나 미국 민주주의의 경험을 일반화시킬 필요는 없다. 다수의 학자들은 미국의 민주주의가 예외적(exceptional)이라는 사실을 지적하였다(Jouet 2017; Lechner 2017; Lipset 1996). 립셋(Lipset 1996)은 ① 물질적으로 풍요한 경제적 환경과 ② 자유, 평등주의, 개인주의, 대중주의(populism), 자유방임(laisser faire)라는 5가지 신조(creed)가 지배하는 이념적 환경 및 ③ 양당체제의 정치적 환경은 미국에서의 사회주의 정당의 정착을 어렵게 했다고 주장했다.

사회주의 정당이 없는 미국의 정당체제는 선진 민주주의 국가들 중 가장 비분극화 되어있다. 다음 장에서 더 자세히 살펴보겠지만, 공화당과 민주당의 정책적 입장 차이는 서구민주주의 국가들의 진보정당과 보수정당의 입장 차이에 비하면 크지 않은 편이다. 이처럼 협애한 정당체제에서는 유권자들은 정당들이 제공하는 정책적 혜택에 큰 차이를 느끼지 못하고, 유인가치 광고에 의해서 투표결정을 바꾸기 쉽다. 게다가 정책대결이 아닌 인물경쟁을 주로 하는 단순다수 선거제도에서는 유권자들이 후보의 유인가치에 따라 정책적 투표결정을 바꿀 수 있다. 이처럼 협애한 정당체제와 단순다수 선거제도가 평등의 원리보다 표현의 자유를 강조하는 미국의 정치자금법과 조합하면, 정치거래의 시장거래화를 극대화시키는 제도가 만들어진다.

16 이 책의 III부에서는 이러한 예측을 다양한 방식으로 검증한다.

뿐만 아니라, 미국의 대통령제 정부형태는 유권자들로 하여금 정책에 대한 책임소재 파악을 어렵게 한다. 행정부와 입법부, 상원과 하원, 연방정부와 주정부가 서로 독립적인 미국의 극단적인 권력분산형 정부형태에서는 정책결과에 대한 책임소재를 파악하기 어렵다. 이처럼 거부권행사자들이 많은 제도에서 법을 통과시키는 방법은 의원자율성을 허용하여 초당적인 입법을 촉진하는 것이다(문우진 2014). 그러나 초당적인 입법은 책임정치를 더 약화시키고 유권자들의 정책적 투표 결정을 어렵게 한다. 따라서 에이큰과 바르텔즈가 우려하는 민주주의의 비정상적인 작동이라는 문제는 보편적인 문제라기보다 입법적 효율성보다 견제의 원리를 중시하는 미국의 정치제도의 문제일 수 있다.

문제는 어떠한 제도가 민주주의의 정상적인 작동에 더 유리한가이다.[17] 이 책에서 주장하는 민주주의의 정상적인 작동의 조건들은 다음과 같다. 첫째, 정당들이 선명한 정책대결을 하는 정당체제를 형성해야 한다. 둘째, 유권자들이 자신을 대변하는 정당이 어떤 정당인가를 쉽고 정확하게 파악할 수 있도록 해야 한다. 이를 위해 정당들은 자신들의 정책적 상표가치(brand name)를 제공하여 유권자들이 정치정보를 손쉽게 얻을 수 있어야 한다. 셋째, 정당들이 책임정치를 구현할 수 있을 정도의 효율적인 정치제도를 통해 유권자들이 여당의 국정운영을 심판할 수 있도록 해야 한다. 넷째, 정치거래의 시장거래화를 억제해야 한다. 이러한 조건들이 충족되면, 에이큰과 바르텔즈가 회의적인 시각으로 바라본 민주주의의 문제점들을 해소할 수 있을 것이다.

민주주의의 정상적인 작동의 조건들을 실현하는 제도적 방법을 논하기 전에[18] 이 책에서는 한국 민주주의가 정상적으로 작동하는가 그리고 그렇지 않다면 그 이유는 무엇인가라는 질문에 답하려 한다. 이러한 질문들에 답하기 위해, 이 장에서는 제도주의적 시각에서 정치거래 이론이라

17 레이파트(Lijphart 1994)는 다수제 모형보다 비례대표 모형이 여러 측면에서 더 바람직한 결과를 산출한다고 주장하였다. 파웰(Powell 2000)은 비례대표 시각을 반영하는 정치제도가 다수대표 시각을 반영하는 정치제도보다 시민들의 선호를 더 잘 반영한다는 사실을 발견하였다.
18 이러한 논의는 필자의 《한국 정치제도의 작동원리와 제도개혁 방안》 참고.

명명한 민주주의 이론을 제시하였다. 이 이론에 의하면 정치와 경제는 모두 거래행위이라는 점에서 유사하나, 이들을 구분 짓는 차이는 시장상품과 정치상품에 대한 구매제도와 광고제도의 차이이다. 정치와 경제가 이처럼 다른 규칙에 의해서 작동하는 이유는 시민들이 정치와 경제에 다른 규범적 원리가 적용되어야 한다고 믿기 때문이다. 대다수의 시민들은 정치는 평등의 원리가, 경제는 효율성의 원리가 지배해야 한다고 믿는다. 정치에서는 평등의 원리에 의해서 시민들에게 동등한 구매권을 부여하는 구매규칙을 채택한다. 그러나 정치에서의 광고규칙은 표현의 자유라는 원리 때문에 불균등한 광고비 조달 및 사용을 허용한다. 따라서 정치와 경제는 완전히 다른 원리에 의해서 작동하는 것은 아니며, 현실세계에서는 정치제도에 따라 정치거래가 시장거래화될 수 있다.

정치시장에서의 소비자인 유권자들은 정치상품에 대한 충분한 정보가 없고, 이들의 정치상품에 대한 선호 및 구매결정은 불안정하다. 효과적인 정치광고는 이처럼 불충분한 정치정보 및 불안정한 정치적 태도를 가진 유권자들의 투표결정을 쉽게 바꿀 수 있다. 정당들은 다양한 정치광고 전략을 통해 자신에게 유리한 다수를 형성한다. 정치거래가 시장거래화될수록, 정치광고에 필요한 인적·물적 자원을 더 많이 제공할 수 있는 집단들이 자신에게 유리한 정치상품을 구매할 수 있다. 이럴 경우, 수의 힘이 아니라 돈의 힘이 정치거래를 지배하게 되고 소수가 다수를 지배할 수 있게 된다. 즉 대의민주주의에 규범적인 정당성을 부여하는 "다수의 권위적 지배"라는 기본적인 작동원리가 훼손된다.

이 장에서는 정치거래가 시장거래화된 국가에서 정당들이 어떻게 자신에게 유리한 다수를 형성시킬 수 있는가 그리고 정치제도가 정치거래의 시장거래화에 어떠한 영향을 미치는가에 대해 논의하였다. 다음 장에서는 한국의 선거경쟁에 영향을 미치는 사회구조적 요인과 제도적 요인들을 설명하고, 이러한 구조적·제도적 환경에서 정당들이 어떠한 전략을 통해 자신에게 유리한 다수를 형성시키는가를 설명한다.

3장

선거경쟁과 정치적 다수 형성: 사회균열, 선거제도, 정당전략

3.1. 서론

1장에서는 유권자들의 투표결정 및 다수형성에 대한 이론적 모형을 제시하였다. 이 모형에 의하면, 사회균열 및 정당체제와 같은 구조적 요인들은 유권자들의 집단정체성 및 정치적 선호를 형성시키는 정치사회적 기초를 제공한다. 정당들의 전략이나 정치적 사건들은 이러한 정치사회적 기초를 기반으로 형성된 유권자들의 선호를 변경시킨다. 이 장에서는 한국에서의 사회균열과 이에 따라 형성된 정당체제가 한국에서의 선거경쟁 및 다수 형성에 어떤 영향을 미쳤는가를 설명한다.

이 장에서는 다음과 같은 주장에 대한 경험적 증거들을 제시한다. 첫째, 한국에서는 약하게 형성된 계급균열을 남북균열이 가로지르는 2차원적 사회균열이 형성되었다. 둘째, 이러한 균열구조는 서구의 계급균열이 형성시킨 분극적인 정당체제의 형성을 억제하였다. 셋째, 주로 보수정당과 중도정당으로 구성된 협애한 한국의 정당체제에서는 국가안보 능력과 국가 및 지역 경제발전 능력이라는 유인가치를 중심으로 선거가 치러져왔다. 넷째, 이러한 협애한 정당체제와 유인가치 중심의 선거경쟁은 보수정당들에 유리한 다수를 형성시키는데 기여하였다. 다섯째, 한국 정당들이 표를 얻기 위해 내세우는 국가 및 지역 경제발전 능력과 같은 유인가치들은 진보정당과 보수정당 간에 큰 차이가 없다.

이 장은 다음과 같이 구성되어 있다. 3.2절에서는 한국에서의 사회균열 형성과정을 역사적으로 서술하고, 한국에서 특징적으로 형성된 사회균열이 왜 협애한 정당체제를 만들었는가를 설명한다. 3.3절에서는 한국 정당체제의 협애성에 대한 경험적 증거를 제시한다. 3.4절에서는 협애한 정당체제가 유인가치 중심의 선거경쟁을 어떻게 촉진하였는가를 역사적으로 고찰한다. 3.5절에서는 한국의 선거경쟁에서 정당들이 유리한 다수를 형성시키기 위해 구사하는 전략들에 대해 설명한다. 3.6절에서는 한국의 선거경쟁이 왜 보수정당에게 유리하게 전개되어왔는가를 설명하고 이에 대한 경험적 근거들을 제시한다. 3.7절에서는 국가안보 능력, 국가 및 지역 경제발전 능력과 같은 유인가치들이 보수정당과 진보정당 사이에 실제로 차이가 있는가를 살펴본다. 3.8절에서는 유인가치 중심의 선거경쟁이 한국 민주주의에 어떠한 함의를 가지고 있는가에 대해 논의한다.

3.2. 한국에서의 사회균열

민주화 이후 한국에서의 정치갈등을 분석한 학자들은 지역주의 및 세대 간 갈등을 한국의 정치균열 구조를 구성하는 중요한 두 요소라고 보았다. 지역주의를 연구하는 일부 학자들은 호남과 영남, 또는 호남과 반호남의 지역갈등이 계급적, 이념적 갈등을 반영하는 것이라는 시각을 제시하였다(김만흠 1997; 최장집 1991). 최영진(2001)은 고조된 지역대결 의식이 거꾸로 이념균열을 포섭하여 지역균열과 이념균열이 중첩되었다는 주장을 하였다. 강원택(2003)은 한국에서의 이념갈등은 서구와 달리 계급 간의 갈등이 아닌 세대 간의 갈등을 통해 나타나고 있다고 주장했다. 16대 대선에서 젊은 세대, 특히 '86세대'가 적극적으로 정치에 참여하면서, 다수의 연구들은 세대를 정치갈등의 중요한 변수로 주목하였다(강원택 2003; 김주찬·윤성이 2003; 노환희 등 2013; 이내영 2002; 이내영·정한울. 2013; 허석재 2014).

그렇다면 지역주의와 세대 간 정치 갈등을 사회균열로 볼 수 있는가? 이러한 질문에 대한 답을 위해 1장에서 소개한 사회균열의 고전적 개념을 구체적으로 다시 살펴보고 한국에서의 정치적 갈등이 이러한 개념과 부합하는가를 살펴볼 필요가 있다. 립셋과 로칸(Lipset and Rokkan 1967)에 의하면, 사회균열은 지역, 세대와 같이 유권자의 정치적 선호에 영향을 미치는 변수 이상의 것이다. 립셋과 로칸은 서구사회의 정당체제는 "사회균열"에 의해 구조화되었고 안정적으로 지속되어 왔다고 주장하면서, 사회균열에 의한 정치적 갈등이 이념화되면서 자집단('we' group)에 대한 정체성과 타집단('they' group)에 대한 배타적 거부감이 강해진다고 주장하였다(1967:10).

이러한 개념정의에 의하면, 사회균열은 단순한 정치적 선호의 차이 이상의 것으로, 경쟁집단 간의 배타적 거부감이 이념수준으로 발전한 것이다. 이에 더해, 바톨리니와 마이어(Bartolini and Mair 1990)는 사회적 분열(social division)이 사회균열이 되기 위해서는 규범적 요소를 내포하고 정당체제로 제도화되어야 한다고 주장하였다. 이러한 예로, 계급균열에 의해 형성된 노동계급과 중산계급 간의 갈등은 경제적 평등 대 시장효율성이라는 대립적 규범을 중심으로 좌우 정치세력이 경쟁하는 정당체제로 제도화 되었다. 따라서 대립하는 두 집단들 사이에 정치적 선호가 다르다는 사실만으로 두 집단 간에 정치적 균열이 존재한다고 말하기 어렵다.

한국에서 집단 간 정치적 선호 차이를 사회균열로 해석하기 위해서는 다음과 같은 조건을 충족시켜야 한다. 첫째, 지역·세대·계층 갈등이 균열의 형태가 되기 위해서는 영남과 호남, 청년과 노년, 사회계층 사이에 상호배타적인 이념적 정체성이 존재해야 한다. 둘째, 갈등세력들을 대표하는 정당들은 자신들의 대표활동에 대한 규범적 정당성을 제시해야 한다. 예컨대, 보수정당이 영남이나 노년세대를 대표한다면, 이러한 대표활동에 대한 규범적 정당성을 제시해야 한다. 셋째, 대표활동은 정당들의 정강과 정책을 통해 제도화 되어야 한다. 예컨대, 진보정당이 호남이나 청년세대를 대변한다면, 이들을 위한 정책들을 제도적으로 마련해야 한다.

한국에서의 지역갈등은 첫 번째 조건을 어느 정도 충족시킨다. 5장에서 자세히 살펴보겠지만, 영호남 간의 지역갈등은 지역적인 요소뿐만 아니라 이념적인 요소를 담고 있다. 영호남 지역갈등의 이념적 요소는 박정희 정권의 호남 차별 정책 및 전두환 군부의 광주학살을 경험한 호남민들의 반권위주의 정체성(최장집 1991)과 선거승리를 위한 영남에서의 지역감정 조장 및 영남의 지역적 패권을 지키기 위한 영남민들의 보수적인 정체성에 의해서 구성된다(황태연 1996). 이러한 정치적 경험들 때문에 진보적인 호남민과 보수적인 영남민 사이에는 어느 정도 상호배타적인 이념적 정체성이 존재한다. 그러나 한국에서의 지역갈등은 사회균열이 되기 위한 두 번째 조건과 세 번째 조건을 충족시키지 못한다. 특정 정당이 지역주의를 부추기거나 특정 세대를 지원하는 정책을 표방하면 규범적 정당성을 확보하기 어렵다. 뿐만 아니라, 한국 정당들이 제도적인 장치를 통해 지역 및 세대 간 차별정책을 표방해왔다고 보기 어렵다.

그렇다면, 한국에서는 어떠한 사회균열이 형성되었는가? 한국에서도 계급균열이 형성되기는 했으나, 대부분의 서구 민주주의 국가에서처럼 깊고 견고하게 형성되지 않았다.[1] 계급균열이 강하게 형성된 서구에서는 유권자들의 계급적·경제적 지위와 재분배정책에 대한 선호와의 상관관계는 비교적 강한 편이다(Evans 1999; Evans and Tilley 2012). 경제적 약자에 속하는 계급 또는 집단들은 국가의 시장개입을 선호하는 반면, 경제적인 강자에 속하는 집단들은 자유 시장경쟁 체제를 선호한다. 그러나 계급균열이 매우 약한 한국의 경우, 유권자들의 계급적·경제적 지위가 이념형성과 투표결정에 미치는 영향이 크지 않은 편이며, 심지어 저소득층이 보수정당을 지지하는 "계급배반" 투표가 관찰되기도 한다(강원택 2013).

이처럼 한국에서 계급균열이 깊게 형성될 수 없었던 이유는 일본 식민통치 이후 냉전으로 이어지는 역사적 상황과 한국의 지정학적 위치가 결

1 후버와 잉글하트(Huber and Inglehart 1995)는 42개국에서 가장 현저한 이슈에 대한 전문가 설문조사를 한 결과, 대부분의 국가에서 진보와 보수를 가르는 경제적 이슈가 가장 현저하다는 사실을 보여주었다. 이에 반해, 한국, 일본, 대만을 포함하는 동북아시아 국가들은 서구나 남미 국가들에 비해서 경제적 이슈가 현저하지 않은 편이다.

합된 결과로 볼 수 있다. 한국사회에서의 계급균열은 일본 식민통치 기간부터 형성되었다. 노동단체들은 1919년 3·1운동 이후 전국 각지에서 광범위하게 조직되었다. 30여 개에 불과했던 전국 노동조합 수가 1928년에는 500개에 육박할 정도로 증가하였고, 이 시기에 노동운동은 사회주의자들이 주도하였다(박찬승 2013: 275). 1931년의 파업건수는 200여건에 달해 1920년대 초의 파업건수의 네 배에 이르렀다(박찬승 2013: 275). 농민운동 역시 1924년 조선노농총동맹이 결성되고 사회주의 사상의 영향을 받으면서 투쟁적으로 변모해갔다(박찬승 2013: 278). 1925년 11건에 불과했던 소작쟁의 관련 사건은 1930년에 92건으로 증가했다. 1930년대 초 일제의 노동 및 농민운동에 대한 탄압이 심해지자 혁명적인 노동·농민 운동이 전개되었고, 사회주의자들은 이를 토대로 1925년에 결성된 조선공산당(조공)을 재건하고자 하였다. 1931년부터 5년 동안 70건에 이르는 혁명적 노동조합운동 관련사건에서 1,759명이 연루되었다(박찬승 2013: 276). 혁명적 농민조합운동 역시 1930년대 전반에 확산되어, 이 운동으로 검거된 농민이 1만 5천에서 2만 명에 달하였다(박찬승 2013: 280).

일본 식민통치 직후의 한국사회는 경제적으로 깊은 균열이 형성되었다는 점에서는 유럽사회와 유사한 점이 있었다. 일본 식민통치가 끝나갈 무렵, 이미 조직된 수많은 자발적인 노동자, 농민 조직들이 건국준비위원회의 기초를 형성한 인민위원회들을 조직하였다. 이를 토대로 1945년 8월 15일에 여운형은 좌우 정치세력을 포괄한 건국준비위원회(건준)를 조직하였다. 건준은 일본 경찰조직을 밀어내고 치안대, 보안대 등의 이름으로 145곳에서 조직되어, 전국 대부분의 군 단위까지 영향력을 행사할 정도였다(박찬승 2013: 320). 건준이 지나치게 좌익진보세력으로 조직되자 민족주의계 인사들은 이에 반발하여 탈퇴하였으며, 부위원장 안재홍이 9월 1일 조선국민당을 창당하였다. 9월 6일 조선공산당은 좌파들을 중심으로 건준을 개편하여 조선인민공화국(인공)을 선포하였고, 9월 8일에 조선 사람도 스스로 통치할 수 있다는 것을 미군정에게 보여주기 위해 내각 명단을 발표하였다(Cumings 1981).

1945년 9월 8일, 38선 이남을 점령한 미군은 군정을 실시하여 노동자들의 다양한 사회적 활동을 억압하고 인민위원회와 인공을 해체하면서 좌익계 정치세력의 무력화를 추구해나갔다. 미군정 하에서 조선공산당은 9월 11일 박헌영을 중심으로 재조직되어 노동자, 농민, 청년, 여성 등 다양한 계층들을 대표하는 전국적 대중조직을 결성하여 대중적인 영향력을 형성해 나갔다. 노동자들은 9월 하순부터 사회주의자들과 연대하여 1945년 11월 5일 전국적 단일노동조합인 조선노동조합전국평의회(전평)를 조직했다. 전평에 1,194 노동조합과 20만여 명의 노동자들이 소속되었다(최장집 1991). 이에 대응해 미군정은 9월 16일에 결성되었던 한민당에게 우호적인 입장을 취하면서 우익 세력 육성을 적극적으로 꾀하였다. 한민당은 분명한 정당강령을 갖춘 정당이라기보다 일부 우익세력이 인공에 맞서기 위해 조직한 정당이었다(Cumings 1981: 96).

후일 이승만이 10월 16일에 귀국하여 미군정의 적극적인 지원을 얻어 독립촉성중앙협의회(독촉)를 조직하였다. 처음에는 좌우세력을 망라했던 독촉은 점차 한민당과 친일파 세력을 중심으로 이승만을 위한 정치조직으로 축소되었다. 조선공산당은 지나치게 비타협적인 태도를 취하여 정국을 주도하지 못하자, 여운형이 11월 12일에 중도좌파 성향의 조선인민당(인민당)을 결성하였다. 11월 23일에 귀국한 김구를 중심으로 한 임시정부 요인들은 한국독립당을 조직하였다. 1946년 2월에는 중국 옌안에서 활동하던 조선독립연맹이 중도좌파적인 남조선신민당(신민당)을 결성하였다. 1946년 11월에 조공, 인민당, 신민당은 남조선노동당(남로당)이라는 대중정당으로 합당하였다(박찬승 2013: 324). 해방 직후의 한국의 사회와 정당체제는 안정되지는 않았지만 이처럼 좌우의 스펙트럼에서 분극화되어 있었다.

그러나 미군정의 좌익 탄압정책에 의해 이러한 균열구조가 와해되기 시작했다. 미군정의 원래의 목표는 반민주주의적이고 반동(reactionary)적인 일제 잔존세력을 청산하고, 자본주의 경제질서를 따르는 정치체제를 확립하는 것이었다. 그러나 소련이 북한을 장악하게 되면서, 미군정은 한국에 반공산주의 정권을 설립하는 것에 더 역점을 두었다(Cumings 1981). 하지(John Hodge) 중장은 인공의 활동은 불법적이고 인공 조직원들은 공공의 적이라고 선언하였다. 미군정은 한민당과 그 밖의 우파 조직들을 한국에서 유일하게 정당한 정치세력으로 승인하였다. 미군정 통치를 위해 일제에 봉사한 경찰, 군인, 관료 세력들을 충원하였다.

전평은 미군정의 표적이 되었다. 12월 8일에 하지 중장은 훈령 34호를 발동하여 파업을 금지시키고 국가 노동조정위원회를 설립하였다. 이 훈령에 따라 산업노동자나 이들 대표는 노동조정위원회위원이 될 수 없었고, 기업가, 전문가, 고용인들이 대부분 위원회의 회원을 구성하였다(Cumings 1981). 전평의 회원 수는 점점 줄어들었고, 1946년 3월에 조직된 우익 노동조합인 대한노동총연맹(노총)의 조합원수는 4만여 명에 이르렀다(Choi 1993:18). 이러한 미국의 좌익 탄압정책은 좌파세력이 미약한 한국 정당체제의 시발점이 되었고, 이후 한국전쟁과 권위주의 정권의 통치는 좌우 정당이 균등하게 경쟁하는 분극적인 정당체제(polarized party system)의 형성을 불가능하게 하였다.

한국전쟁은 좌파정당이 존재하지 않는 협애한 정당체제를 고착화한 역사적인 사건이었다. 한국전쟁의 여파로 군인과 경찰세력은 권력을 확대해 나갈 수 있었으며, 반공주의가 권위주의 정권의 지배이념으로 자리잡을 수 있게 되었다. 이승만 정권이 1960년에 무너졌을 때, 우파 정당들에 대응할 수 있는 정치세력은 존재하지 않았다. 이후 쿠데타로 정권을 장악한 박정희는 북한을 상대로 경제적·군사적 우월성을 유지하기 위해 민주주의와 경제적인 평등은 희생될 수도 있다는 반공 성장주의 이데올로기를 내세우며 자신의 권위주의적인 경제정책을 정당화하였다. 미국이 원조한 자원 및 국가개발 계획의 혜택은 상호적인 후원관계를 구축한 군인, 관료, 재벌들에게 돌아갔다.

박정희 정권은 노동세력들이 정치화되는 것을 미연에 방지하기 위한 제도적 장치들을 마련하였다. 1963년 4월 17일에 노동조합의 정치활동을 금하는 노동조합법을 제정하였다. 이 법의 12조는 노동조합은 정당이나 후보를 지지하거나 반대하는 어떠한 행동도 할 수 없도록 명시하였다. 이 법은 또한 노동조합이 정당이나 후보에게 어떠한 정치자금도 기부하지 못하도록 하였다. 1979년에 쿠데타로 정권을 장악한 전두환 역시 노동조합을 정치세력으로부터 차단하려 하였다. 전두환은 정권을 장악하자 곧바로 국가비상위원회를 설립하고 노동법을 개정하여 제3자가 노사분규에 개입하지 못하도록 하였다. 차기 대통령인 노태우 역시 1989년 12월 30일에 노동조합이 정치활동에 참가하거나 정치자금을 기부하는 것을 금하는 기존 노동법을 지지하였다. 이러한 환경에서는 노동조합을 포함한 좌파세력을 대변하는 정당을 설립하는 것은 물론, 기존 정당이 이들의 이해를 대변하거나 노동조합이 입법 절차에 영향을 미칠 여지가 없었다.

서구 민주주의 국가에서는 진보·보수정당들이 각각 자신들을 지지하는 계급과 계층을 대변하기 위해 정책대결을 펼치는 반면, 한국의 권위주의 체제에서는 노동조합과 야당을 연계할 수 있는 제도적 근거가 존재하지 않았다. 야당은 정권반대 세력들을 대변하는 진보적인 정책을 통해 이들을 규합하기보다는, 권위주의 지배에 대한 정치적인 비판에 자신의 활동을 제한했다. 따라서 전후 권위주의 정권 하에서는 서구에서 발견되는 계급균열이 형성될 수 없었다. 소득재분배 정책을 중심으로 좌우정당들이 경쟁하는 서구의 정당체제 대신, 반공주의 및 성장주의를 표방하는 독재세력과 민주주의 및 민중주의를 표방하는 반독재 세력이 서로 경쟁하는 정당체제가 형성되었다(최장집 1989:172).

민주화 이후, 이러한 성장주의 대 민주주의라는 균열 축이 사라지면서, 새로운 균열 축을 중심으로 정당체제가 형성될 조건이 마련되었다. 그러나 남북대치 상황에서 좌파 정치세력이 형성될 수 없었고, 서구에서 계급 탈노선를 촉진시켰던 근대화 과정이 한국에서도 진행되었기 때문에 한국의 정당체제가 서구와 같이 계급균열을 중심으로 재편되는 것은 불가능하였다. 1987년에 민주화가 이루어진 이후에도, 정당들은 자신들과 이익집단을 연결해 줄 제도적인 장치를 가지고 있지 않았다. 민주화 이전 권위주의 세력과 민주주의 세력들이 하향식으로 조직한 정당들이 민주화 이후 서로 다른 계급적·계층적 집단들을 대변하는 상향식 조직으로 변모하기에는 계급적 기반이 미약하였다. 정당들은 이익집단을 대변하는 정책을 수립할 능력을 상실한 채 유력한 정치지도자들 간의 권력투쟁의 수단으로 남아있었다.

김영삼 정권 초기에는 노동조합의 정치활동을 제한하는 개정안을 통과시켰다. 공직선거 및 선거부정방지법의 87조는 노동조합을 포함한 각종 단체는 정당과 후보를 지지하거나 반대하지 못하도록 규정하였다. 그러나 1997년 3월 13일 김영삼 정권 말기에 와서야 노동조합의 정치활동을 금하는 노동조합법이 개정되었다. 1999년 11월 25일에 헌법재판소는 노동조합의 정치자금 기부를 금지하는 법이 위헌이라는 결정을 내렸다. 김영삼 정권 말기까지 유지되었던 제도적인 제한 때문에, 민주화 이후에도 정당과 이익집단들과의 조직적인 연계가 구축되지 못했고, 정당들은 정책적인 차별성을 견지하지 못했다. 민주화 이후의 정치적 균열은 민주화 이전의 정치적 균열과 구조적으로 크게 달라지지 않았다. 특정 이익집단들과 정책적 연계 고리가 약한 정치인들은 자신의 이해관계에 따라 탈당과 당적변경을 일삼고, 창당, 분당, 합당은 빈번한 현상이 되어버렸다. 이러한 한국 정당체제의 불안정성을 관찰한 김병국은 한국정당들은 제도화의 모든 측면(이념적 차별성, 조직적 연계, 제도적 안정성)에서 낮은 점수를 기록하는 간부정당(cadre parties)로 볼 수 있다고 주장하였다(Kim 2000).

민주화 이후 진보정당과 보수정당이 내세운 재분배 정책, 노동정책, 재벌정책들은 유권자들이 뚜렷한 차별성을 느낄 정도로 분명하지 않았다. 주요 보수정당과 진보정당이 각각 유권자들의 계급적·경제적 입장을 대변한다고 느끼기에는 이들의 경제정책들이 비차별적이었다. 게다가 깊게 형성되지 못한 계급균열을 대북입장을 둘러싸고 형성된 남북분열이 가로지르고, 영호남 지역에서는 유권자들의 지역적 귀속감이 이들의 계급적 귀속감을 지배하였다. 선거경쟁에서는 정당들의 차별적인 재분배 정책보다는 대북안보 문제 및 지역주의가 더 현저한 쟁점으로 부각되었다. 정책대결이 부재한 이런 환경에서는 후보의 유인가치를 중심으로 전개되는 인물대결이 선거승패에 중요한 변수로 작동하게 되었다.

2000년대에 들어와 노동세력으로부터 제도적인 제한을 걷어내자, 한국 정당체제의 변화가 시작되었다. 2000년 1월 30일, 16대 총선 직전 노동조합이 지지하는 민주노동당(민노당)이 조직되었다. 선거결과는 성공적이지 못했으나(1.2% 득표), 민노당은 점차 지지 세력을 확대해 나가서 2004년에는 주요 좌파 정당으로 자리잡게 되었다. 새로운 선거제도를 도입한 17대 총선에서 민노당은 공무원 노조, 교직원 노조, 언론 노조를 포함하는 다양한 노동조합의 지지에 힘입어 창당된 지 4년 만에 12.9%의 득표를 기록하였다. 그러나 이러한 진보세력의 지지를 기반으로 민노당이 경쟁력 있는 정책정당으로 거듭나기 까지는 여러 제도적 제약에 부딪혀야 했다. 17대 총선에서 도입한 1인 2표제는 민노당이 8석의 비례대표 의석을 차지할 수 있게 하였으나, 소선거구 의석 243석 중 민노당 후보는 2석을 확보하는데 그쳤다.[2]

한국의 선거제도는 좌파정당이 자신들에 대한 지지자들의 규모와 비례하는 의석을 얻을 수 없게 하였다. 한국은 소선거구 단순다수제(plurality)와 전국구 비례대표제를 혼용하는 병립형 선거제도(parallel voting system)를 채택했으나 소선거구 의석이 5/6 정도를 차지하므로 사실상 단순다수제나 다름이 없다. 뒤베르제의 법칙(Duverger's law)에 의하면, 단순다수제는 양당제를 창출하는 경향이 있다. 군소정당이 큰 정당에 흡수되는 기계적 효과(mechanical effect)와 유권자들이 사표를 방지하기 위해 전략적 투표를 하는 심리적 효과(psychological effect)에 의해서 양당제가 창출될 가능성이 높다(Duverger 1959). 이러한 제도적 효과 때문에 지역구에서 좌파정당 후보는 창원이나 울산 같은 노동자 밀집지역 외에서는 승리가 거의 불가능했고, 대선에서도 좌파정당 후보는 진보정당 후보에 전략적 양보를 하는 상황이 반복되었다.

---

2 단순다수 소선거구제도에서 군소정당 후보를 지지하는 유권자도 군소정당과 가까운 당선 가능성이 있는 정당후보에게 투표하므로 군소정당 후보들이 당선될 가능성은 희박하다.

뿐만 아니라, 민노당과 좌파세력들은 당의 노선에 대한 입장 차이로 일원적인 결속력을 보여주지 못했다. 적극적으로 제도권 진보정당 운동을 펼치던 민중·민주 세력과 '비판적 지지'라는 입장을 표방하는 민족해방 세력이 서로 갈등을 거듭하다가, 북한에 대한 입장 차이 때문에 민중·민주 세력이 탈당하여 진보신당을 창당하였다. 이후 2011년 초부터 민주노동당, 진보신당, 사회당을 중심으로 시작한 진보대통합 운동의 결실로 통합진보당이 창당되었다. 진보대통합 논의 중, 사회당이 먼저 이탈하고, 대신 국민참여당이 진보대통합 논의에 합류하였다. 이러한 과정에서, 국민참여당에 비판적인 진보신당 역시 진보대통합에서 이탈했으나, 진보신당 탈당파(심상정, 노회찬)가 잔류하여 통합진보당의 한 축이 되었다. 이후 민주노동당계 일부와 국민참여당계, 진보신당 탈당파가 이탈하여 정의당을 창당했고, 통합진보당은 2014년에 헌법재판소가 8:1의 의견으로 강제 해산되었다.

민주화 이전 권위주의 세력이 반공 이데올로기와 성장주의를 통해 민주화 세력을 견제했듯이, 민주화 이후 보수정당들 역시 경제성장을 최상의 가치로 표방하였다. 보수정당들은 또한 권위주의 정권의 반공이데올로기의 연장선 속에서 색깔론을 꾸준히 확대시켰다. 민주화 이후에도 민주화 이전과 크게 다를 바 없는 성장주의 및 안보 프레임을 활용하는 보수정당과 이들과 맞서는 진보정당들이 서로 경쟁하는 정당체제가 형성되었다. 정당들이 자신의 지지 세력을 대변하기 위해 정책대결을 하는 서구국가들과는 달리, 한국에서는 진보와 보수를 표방하는 정치엘리트들이 서로 정권쟁취를 목표로 경쟁하는 구도가 지속되었다,

이 절의 논의를 정리하면, 한국에서는 서구 민주주의 국가에서 발견되는 소득재분배 정책을 중심으로 형성된 진보 대 보수라는 분극적인 정당체제가 형성되지 못했다. 미군정 및 군사정권의 좌파세력 억압정책, 반공 및 성장 이데올로기, 노동조합의 정치활동을 금지한 다양한 제도적 장치들 때문에 서구에서 발견되는 좌파 정치세력이 형성될 수 없었다. 이러한 역사적·정치적·제도적 환경 때문에 민주화 이전의 한국 정당들은 성장주

의와 반권위주의가 서로 경쟁하는 균열 축을 따라서 배열되었다. 민주화 이후, 이러한 균열 축은 보수정당과 진보정당이 소득재분배 정책 및 복지 정책을 중심으로 경쟁하는 전통적인 좌우 균열 축으로 대치되지 못하였다. 민주화 이전과 마찬가지로 신자유주의 경제이념 및 색깔론을 앞세운 경제적, 사회적, 지역적 기득권 세력들과 이에 맞서는 비기득권 엘리트 세력들이 경쟁하는 보수-진보의 균열 축이 형성되었다.

3.3. 한국의 정당체제와 선거제도

3.3.1. 한국 정당체제의 협애성: 비교분석

3.2절에서는 한국에서는 서구에서 형성된 깊은 계급균열이 형성되지 못했고 좌파 정당이 없는 협애한 정당체제가 형성되었다고 주장하였다. 이 절에서는 한국 정당체제의 분극화 정도를 측정하고 이를 다른 국가들과 비교한다. 기존연구들은 정당들의 입장을 측정하기 위해 정당강령 분석,[3] 일반 유권자 여론조사,[4] 전문가 설문조사[5] 방법들을 사용했다. 이 방법들 중 정당강령을 사용해서 정당입장을 측정하는 방법은 권위주의 시대의 정당들이 충분히 제도화되지 않았고 정책정당으로 보기에는 무리가 따르므로 적합하지 않다. 현실적으로 가능한 방법은 정당의 입장에 대한 유권자들의 인식을 측정하는 것이다. 그러나 정당의 입장에 대한 설문조사는 권위주의 시대는 물론 민주화 이후에도 상당 기간 동안 수행되지 않았다. 따라서 유권자들의 정당입장에 대한 설문조사 자료의 확보가 어려운 기간에는 전문가 설문조사를 차선책으로 이용해서 정당입장을 측정하였다. 이 설문조사는 정당체계가 안정화되기 시작한 7대 국회부터 2004년 당시의 국회인 17대 국회까지의 정당 입장들을 측정하였다. 17대 국회부터는 일반 유권자 설문조사 자료를 확보할 수 있어서, 전문가와 유권자

3 Budge, Robertson, and Hearl (1987) Budge et al. (2001) 참고.

4 Huber (1989) 참고.

5 Castle and Mair (1984), Laver and Hunt (1992), Warwick (1994), Huber and Inglehart (1995) 참고.

설문조사 결과를 비교할 수 있었다. 18대부터 20대 국회까지의 정당입장들은 유권자 설문조사 결과를 활용하였다.

전문가 설문조사는 연구 목적에 따라 두 종류의 설문 디자인을 사용할 수 있다. 만약 연구의 목표가 정당 입장들에 대한 횡단적 국가 간 비교 및 종단적 시기 별 비교라면, 비교 가능한 특정 균열 축을 연구자가 제시할 필요가 있다. 이러한 경우, 특정 균열 축이 여러 국가들과 여러 시기의 정당들의 입장을 비교하는 공통분모가 된다. 정당을 배열하는 데 가장 보편적인 축은 시장경제에 대한 국가 개입 정도를 나타내는 좌우 스펙트럼이다. 반면, 국가 및 시기마다 다른 균열 축의 내용을 파악하는 것이 연구의 목표라면, 응답자 스스로 중요한 균열 축을 선택하는 개방형 설문조사가 적합하다.

후버와 잉글하트(Huber and Inglehart 1994)는 개방형 설문조사를 통해 42개 국가들의 전문가들을 대상으로 자신의 국가에서 어떤 쟁점이 가장 현저한가라는 질문에 응답하도록 하였다. 1993년부터 행해진 설문조사에서 각국의 전문가들은 대부분 자신의 국가에서 경제적 계급갈등이 가장 현저한 쟁점이라 응답하였다.[6] 일부 구공산주의 국가들(리투아니아, 에스토니아, 루마니아, 러시아)과 포르투갈, 대만 및 일본을 제외하면, 모든 국가에서 가장 현저한 쟁점은 경제적 계급갈등이라고 응답하였다.[7] 선진 민주주의 국가의 대부분의 국가에서 두 번째로 현저한 쟁점은 권위주의 대 민주주의 쟁점이라고 답하였다. 한국의 경우, 46%의 응답자들이 경제적 계급갈등이 가장 현저하다고 답했으며, 31%는 권위주의 대 민주주의 쟁점이라고 답하였다.

이 설문조사는 또한 전문가들로 하여금 자신의 국가 정당들의 위치를 0점(진보)에서 10점(보수) 사이에서 측정하도록 하였다. 후버와 잉글하트

6 경제적인 쟁점은 선거경쟁뿐만 아니라 입법생산에서도 가장 현저한 쟁점이다. 1789년 이후 미국 의회에서 표결에 붙여진 1,600만 개의 법안들을 분석한 풀과 로젠탈(Poole and Howard 1984, 1997)은 의원들의 법안투표 결정의 80% 이상이 보수-진보의 경제적인 차원에서 이뤄졌다는 사실을 발견하였다.

7 다수의 대만 전문가들은 양안관계, 다수의 일본 전문가들은 고립주의 대 팽창주의 균열이 현저하다고 응답하였다.

〈그림 3.1〉 42개국 정당체제

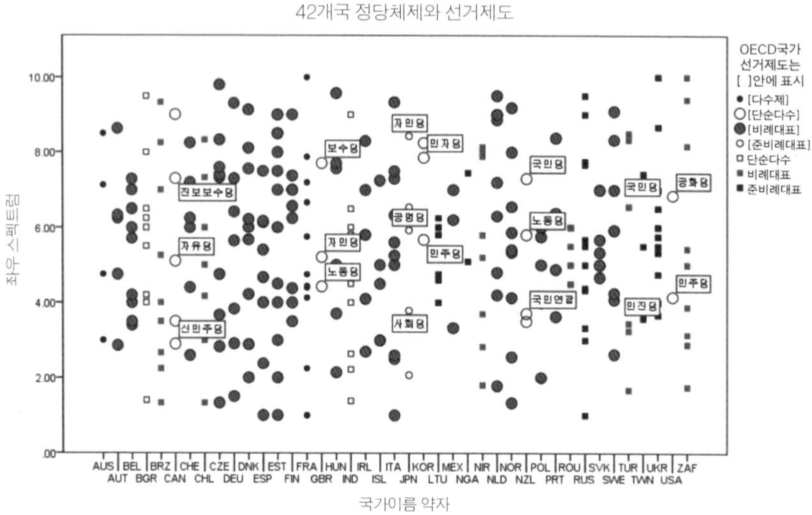

출처: Huber and Inglehart (1995)

의 설문이 한국에서는 14대 국회 기간에 수행되었으므로, 전문가들은 민자당, 민주당, 통일국민당, 새정치당에 대한 입장을 측정하였다. 7인의 전문가가 민자당의 위치를 제시하였고 1석을 얻은 새정치당의 위치는 3명만 측정하였다. 전문가들은 네 정당을 새정치당(3.67), 민주당(5.67), 민자당(7.86), 통일국민당(8.25)순으로 좌에서 우에 배열하였다. 전문가들 응답의 표준편차는 1 정도에 불과해서 이들의 응답은 상당히 일치하였다.

〈그림 3.1〉은 42개국의 정당들의 위치를 보여준다. 〈그림 3.1〉은 1석을 얻은 새정치당과 14대 국회 이후 사라진 통일국민당을 제외하고 주요 두 정당만 고려하면 한국의 정당체제가 42개국들 중 가장 협애하다는 사실을 보여준다. 한국의 정당체제는 사회주의 정당이 없는 미국이나 한국처럼 냉전의 영향으로 좌파정당이 형성되기 어려웠던 대만보다도 더 협애하게 측정되었다. 미국의 민주당과 공화당의 입장은 각각 4.15와 6.85로 두 정당의 입장 차는 2.70으로 평가되었다. 대만의 민진당과 국민당은 각각 3.58과 7.42로 두 정당의 입장 차는 3.84로 측정되었다. 한국의 민자당과 민주당의 입장 차는 2.19에 불과했다. 한국의 정당체제는 또한 유일

하게 좌파 주요정당이 존재하지 않았다. 전문가들은 민주당을 5.67로 측정하여 우측에 치우친 중도정당으로 인식하였다.

3.2절에서 자세히 서술한 바와 같이, 한국에서는 견고한 계급균열이 형성되지 않았고 서구와 같은 주요 좌파 계급정당이 형성되지 않았다. 한국의 주류 진보정당은 시민사회의 계급적·계층적 이해들을 대변하는 집단이라기보다 기득권 세력에 반대하는 정치엘리트 집단이라 볼 수 있다. 이러한 특성을 가진 한국의 진보정당은 서구의 진보정당과 비교하면 중도정당에 가깝다. 〈그림 3.1〉이 종합적으로 보여주는 바는 1993년 당시 한국은 유일하게 좌파 정당이 존재하지 않는 가장 협애한 정당체제를 가진 국가이었다는 사실이다.

3.3.2 선거제도와 정당체제

그렇다면 한국에서는 왜 이처럼 독특한 정당체제가 형성되었는가? 전술한 바와 같이, 협애한 정당체제 형성의 첫 번째 요인은 계급균열이 부재한 한국의 사회균열 구조이고, 두 번째 요인은 권위주의 정권의 제도적·비제도적 방법을 통한 좌파세력의 정치화 억제전략이다. 세 번째 요인은 선거제도이다. 레이파트(Lijphart 1994)는 선거제도를 다수제-단순다수제, 준비례대표제, 비례대표제로 분류하였다. 〈그림 3.1〉은 42개 국가들의 선거제도를 이러한 분류법에 의해서 표시하였다. 〈그림 3.1〉은 단순다수 선거제도를 채택하고 있는 주요 OECD 국가들[캐나다(CAN), 영국(GBR), 뉴질랜드(NZL), 미국(USA))]과 준비례대표제를 채택한 일본(JPN)과 대만(TWN)의 주요 정당들의 입장을 보여준다.

〈그림 3.1〉은 대부분의 단순다수제를 채택한 OECD 국가들은 비례대표제를 채택한 국가들에 비해서 정당체제가 상대적으로 온건하다는 사실을 보여준다. 단순다수 선거제도는 양당체제를 창출하는 경향이 있고, 양당체제에서 정당들은 선거승리를 위해 중앙으로 수렴하려는 구심적 동기(centrifugal incentive)가 강하다(Downs 1957; Cox 1990). 따라서 단순다수제를 채택한 국가들의 정당체제는 비례대표제에 비해 온건할 가능성이 더

높다. 한국의 선거제도는 단순다수제와 비례대표제를 조합한 병립형 준비례대표 선거제도이나 비례대표 의석이 1/6밖에 안 되므로 사실상 단순다수제나 다름이 없다. 이러한 선거제도는 군소정당의 의회진입을 억제하여 군소 좌파정당의 의석확보를 어렵게 한다. 단순다수제에서는 중도우파 정당이 선거경쟁력이 더 높으며, 비례대표제에서는 중도좌파 정당들이 정부를 형성할 가능성이 높다(Iverson and Soskice 2006; 문우진 2011a).

〈그림 3.2〉는 1대 총선부터 20대 총선까지의 실효 선거정당의 수(effective number of elective parties: ENEP)와 실효 의회정당의 수(effective number of parliamentary parties: ENPP)의 변화를 보여준다.[8] 민주화 이후 한국의 ENEP와 ENPP의 평균값은 각각 3.26, 2.40이다. 파웰(Powell 2000)이 분석한 23개 국가들 중 주로 양당제 국가들로 구성된 다수제 모형국가들의 ENEP와 ENPP의 평균값들이 각각 3.30, 2.40이고, 주로 다당제 국가들로

〈그림 3.2〉 한국 정당체제 (실효 정당의 수)

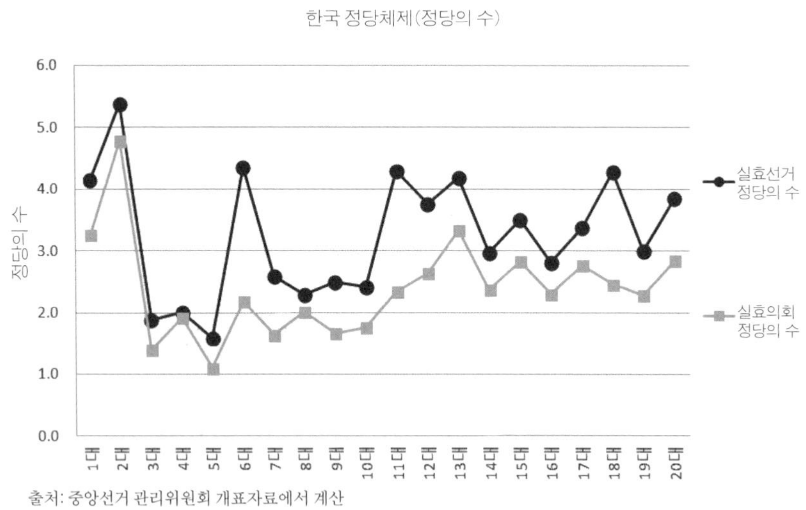

출처: 중앙선거 관리위원회 개표자료에서 계산

8 한 국가의 정당체제는 실효 선거정당의 수와 실효 의회정당의 수로 측정될 수 있다(Lijphart 1994). 이 지수들은 정당의 수를 계산할 때 각 정당이 총 득표율(총 의석률)에서 차지하는 상대적 크기를 감안하여 계산한 정당의 수를 의미한다. 이 지수는 각 정당의 득표율(의석률)을 비중으로 이용하여 정당 수의 비중평균을 계산한다. 이 방법은 작은 정당은 작은 비중을, 큰 정당은 큰 비중을 주어 정당의 수를 계산하게 된다.

구성된 비례제 모형국가의 평균값들이 각각 5.00, 4.46이었다. 따라서 한국의 정당체제는 양당제 국가들의 정당체제와 가깝다고 할 수 있다. 앞에서 서술한 바와 같이, 양당제 국가들은 협애한 정당체제를 형성할 가능성이 높고, 유인가치 중심의 선거경쟁이 초래될 가능성이 높다. 한국은 단순다수 선거제도와 협애한 정당체제를 가진 국가이다. 이러한 정치체제에서는 정치거래가 시장거래화될 가능성이 높다.

3.3.3 한국 정당체제의 통시적 변화

〈그림 3.1〉이 보여준 한국의 정당체제는 14대 국회의 정당들로 구성된 것이다. 그렇다면 14대 국회 전후의 정당체제는 14대 국회와 어떤 차이가 있을까? 이에 답하기 위해, 후버와 잉글하트(Huber and Inglehart 1995)의 개방형 설문조사를 수행하였다.[9] 한국정치 전문가들에게 설문지를 보내 7대 국회 이후 10% 이상의 국회의석을 얻은 주요 정당들의 입장을 0점에서 10점 사이에서 측정하도록 하였다. 이들이 설문지에서 제시된 좌우 스펙트럼을 선택하여 측정하거나, 좌우 스펙트럼에 동의하지 않으면 민주주의 대 권위주의, 진보 대 보수, 자본 대 노동, 복지국가 대 자유시장이라는 네 균열 축을 제시하고 이로부터 선택하도록 하였다. 이러한 네 균열 축에도 동의하지 않는 경우, 응답자 자신이 중요하다고 생각하는 균열 축을 직접 써 넣도록 지시하였다.

한국과 미국의 정치학과 교수들의 명단을 이용해서 93명의 한국 정당 전문가를 추출하였다. 이메일로 설문지를 보냈으나 목표로 한 20개 이상의 응답을 얻을 수 없었다. 익명성을 보장하지 않는 이메일 방법 때문에 응답을 거부했을 경우를 대비해서, 우편으로도 설문지를 보냈다. 2개월 후에 회수한 총 19부의 응답지는 두 종류로 나뉘어졌다. 소수(6명)의 학자들은 민주화 전후의 정당들의 입장을 전통적인 좌우 스펙트럼에 배열하였으나[10] 대부분(13명)의 학자는 민주화 이전은 민주주의 대 권위주의의

9 이 설문조사는 2003년에 수행되었기 때문에 17대 국회까지의 자료만 포함한다.

10 세 명의 학자는 좌우 스펙트럼을 선택한 이유가 이 균열 축이 적합해서라기보다 정당들의

〈표 3.1〉 7대-17대 국회 주요 정당입장에 대한 전문가 인식

국회	정당	좌우			민주화 이전: 민주 대 권위 민주화 이후: 진보 대 보수		
		응답평균	응답범위	응답표준편차	응답평균	응답범위	응답표준편차
7대	공화	8.833	7-10	1.169	8.000	6-9	1.291
	신민	7.500	5-9	1.378	4.308	3-5	0.855
8대	공화	8.833	7-10	1.169	8.462	6-9	1.050
	신민	7.500	5-9	1.378	3.769	2-5	1.166
9대	공화	8.833	7-10	1.169	8.846	6-10	1.345
	신민	7.333	5-8	1.211	3.846	2-6	1.214
10대	공화	9.000	7-10	1.265	8.846	6-10	1.214
	신민	7.333	5-9	1.366	3.538	1-6	1.450
11대	민주정의	9.000	7-10	1.265	8.846	5-10	1.676
	민주한국	8.167	6-9	1.169	5.154	2-7	1.281
12대	민주정의	9.000	7-10	1.265	8.385	6-10	1.044
	신한민주	6.833	4-8	1.602	3.308	1-5	1.251
	민주한국	8.000	6-9	1.095	5.500	5-7	0.674
13대	민주정의	8.667	7-10	1.033	8.000	6-10	1.279
	통일민주	7.500	5-8	1.225	4.667	2-6	1.303
	평화민주	6.833	4-9	1.602	4.000	2-5	0.953
	신민공화	8.833	8-10	0.753	7.250	5-10	1.658
14대	민주자유	8.833	7-10	1.169	7.500	6-9	0.798
	민주	6.833	4-8	1.472	4.500	3-7	1.243
	통일국민	8.833	7-10	1.169	6.667	6-8	0.778
15대	신한국	8.667	7-10	1.211	7.500	6-9	0.798
	국민회의	7.000	5-8	1.095	4.333	3-6	0.888
	자민련	9.000	4-8	0.894	7.583	2-6	1.379
	통합민주	6.500	8-10	1.378	4.750	6-10	1.422
16대	새천년	6.500	4-8	1.378	4.583	3-6	0.793
	한나라	8.667	7-10	1.211	7.667	6-9	0.888
	자민련	9.000	8-10	0.894	7.833	6-10	1.267
17대	열린우리	5.000	3-6	1.414	3.667	1-5	1.231
	한나라	8.333	7-10	1.506	7.500	6-9	0.798
	새천년	6.833	5-8	1.169	5.167	3-7	1.337
	자민련	8.833	8-10	0.983	7.417	5-10	1.621
	민주노동	3.167	1-5	1.472	2.417	0-4	1.240

축이, 민주화 이후는 진보 대 보수의 축이 가장 중요한 균열 축이라는 의견을 제시했다.

〈표 3.1〉은 7대에서 17대 국회에서 의석을 10% 이상 확보한 주요 정당입장들의 입장을 전문가들이 10점 척도에서 측정한 것이다. 작은 수준

상호비교를 위해서 선택했다는 입장을 제시했다.

의 표준편차는 응답자들의 의견이 상당히 일치한다는 것을 보여준다. 좌우 스펙트럼에서 측정된 각 정당 입장에 대한 전문가 응답들의 표준편차의 최솟값은 0.753이었고 최댓값은 1.602이었다. 이는 전문가들이 정당들에 대한 의견차이가 평균적으로 1점 정도밖에 안 된다는 사실을 의미한다. 민주화 이전은 민주주의 대 권위주의 스펙트럼에서, 민주화 이후는 진보 대 보수의 스펙트럼에서 측정된 각 정당 입장에 대한 응답 표준편차는 0.674에서 1.676에 이르렀다. 민주화 이전과 이후 모두를 좌우 스펙트럼에서 측정한 정당입장 지표와, 민주화 이전과 이후를 구분해서 측정한 정당입장 지표의 상관관계는 0.844에 이르러 두 종류의 지표가 서로 강하게 상관되어 있는 것으로 분석되었다.

〈표 3.1〉의 14대 국회 당시 정당들의 입장을 후버와 잉글하트(Huber and Inglehart 1995)의 조사결과와 비교해보면, 민자당과 민주당의 입장에 대한 일정한 패턴이 나타났다. 후버와 잉글하트 조사결과는 두 정당의 입장을 〈표 3.1〉이 보여준 좌우 스펙트럼에서의 정당입장보다 약간 더 진보적으로 측정하였고 진보-보수 스펙트럼에서의 정당입장보다는 약간 더 보수적으로 측정하였다. 민자당의 경우, 후버와 잉글하트 조사에서 7.86으로 측정되었고, 이 글의 설문조사에서는 좌우 스펙트럼과 진보-보수 스펙트럼에서 각각 8.83과 7.50으로 측정되었다. 민주당의 경우, 전자에서는 5.67로 측정되었고, 이 글에서는 두 스펙트럼에서 각각 6.83과 4.50으로 측정되었다. 통일국민당의 경우, 두 정당의 측정결과와 반대의 패턴을 보여주었다. 후버와 잉글하트 조사결과(8.25)에 비해 좌우 스펙트럼에서는 더 보수적으로(8.33), 진보-보수 스펙트럼에서는 더 진보적으로(6.67) 측정되었다. 두 연구 결과의 미세한 차이는 후버와 잉글하트 조사에서 일부 학자는 정당들의 입장을 좌우 스펙트럼에서 측정하고 다른 학자들은 진보-보수 스펙트럼에서 측정했기 때문으로 추측된다. 좌우 스펙트럼에서 측정된 값과 진보-보수 스펙트럼에서 측정된 값의 평균을 구하면 후버와 잉글하트 조사의 측정값과 거의 일치하였다.

17대 총선부터는 여론조사 자료를 확보할 수 있기 때문에 유권자들이 정당들의 입장을 어떻게 인식하는가를 측정할 수 있다. 〈표 3.2〉는 이러한 측정결과를 요약한 것이다. 〈표 3.1〉과 〈표 3.2〉는 모두 17대 국회 당시의 정당입장들에 대한 측정결과를 포함하고 있다. 이 두 결과를 비교하면, 전문가와 유권자의 인식이 크게 다르지 않다는 사실을 알 수 있다. 이러한 결과는 에이큰과 바르텔즈(Achen and Bartels 2016)가 우려한 것보다 평균 유권자들은 정당입장을 비교적 잘 인식하고 있다는 사실을 의미한다. 같은 10점 척도에서 전문가들과 유권자들은 열린우리당 입장을 각각 3.667과 3.723으로 인식하였다. 전문가들과 유권자들은 각각 한나라당의 입장을 7.500과 7.332로 인식하였다. 전문가들이 일반유권자에 비해 정당 입장 차를 조금 더 크게 인식하였으나 이러한 차이는 무시할 정도의 수준이었다. 전문가들은 한나라, 자민련, 새천년민주당, 열린우리당, 민주노동당 순으로 보수적이라 생각했고, 유권자들의 인식도 이러한 시각

〈표 3.2〉 17대-20대 국회 주요 정당입장에 대한 유권자 인식

국회	정당	응답평균	응답범위	응답표준편차	응답자수
17대	열린우리	3.723	0-10	2.285	1287
	한나라	7.332	0-10	2.301	1307
	새천년	6.250	0-10	2.318	1247
	자민련	7.161	0-10	2.587	1184
	민노	3.231	0-10	2.489	1209
	국민통합	5.396	0-10	2.287	888
18대	한나라	7.380	0-10	2.277	879
	통합민주	4.220	0-10	2.252	836
	자유선진	6.240	0-10	2.567	765
	민노	3.250	0-10	2.292	812
	창조한국	4.370	0-10	1.980	732
	친박연대	6.940	0-10	2.210	811
	진보신당	3.240	0-10	2.210	706
19대	새누리	7.650	0-10	2.132	864
	민주통합	3.740	0-10	2.164	826
	자유선진	5.800	0-10	2.372	760
	통합진보	3.050	0-10	2.107	774
20대	새누리	7.530	0-10	1.559	1172
	더불어민주	3.820	0-10	1.886	1172
	국민의당	4.100	0-10	1.592	1165
	정의	3.640	0-10	1.802	1128

출처: 제 17대-20대 국회의원선거 유권자 의식조사 자료

과 일치하였다. 유권자 인식은 전문가 인식에 비해 더 큰 내부적인 편차를 보여주었다. 17대 국회의 주요 정당입장에 대한 전문가 인식의 표준편차 평균은 1.245이었으나, 유권자 인식의 표준편차 평균은 2.396이었다. 유권자 인식의 편차가 전문가 인식의 편차보다 두 배가량 더 컸으나, 그럼에도 불구하고 10점 척도에서 편차가 2.394라는 사실은 대부분의 유권자들이 비교적 비슷한 인식을 가지고 있다는 것을 의미한다.

〈그림 3.3〉은 좌우 스펙트럼에서 정당들의 입장을 보여준다. 〈그림 3.3〉에서 원으로 표시된 정당들은 국회에서의 의석수가 가장 많은 두 정당들이다. 원이 검게 채워진 정당은 여당을 의미한다. 〈그림 3.3〉은 중도정당으로 평가된 17대 국회의 열린우리당을 제외하고 한국의 주요 두 정당은 모두 우파정당이었다는 사실을 보여준다. 권위주의 시대의 집권당은 9점 정도에 해당하는 극우정당이었던 반면, 이에 대항하는 야당들도 좌우 스펙트럼에서는 7~8점 사이의 우파정당이라는 사실을 보여준다. 〈그림 3.3〉은 16대 및 17대 국회에는 집권당이 극우정당에서 중도적인

〈그림 3.3〉 좌우 스펙트럼에서 7대-17대 국회 한국 정당체제

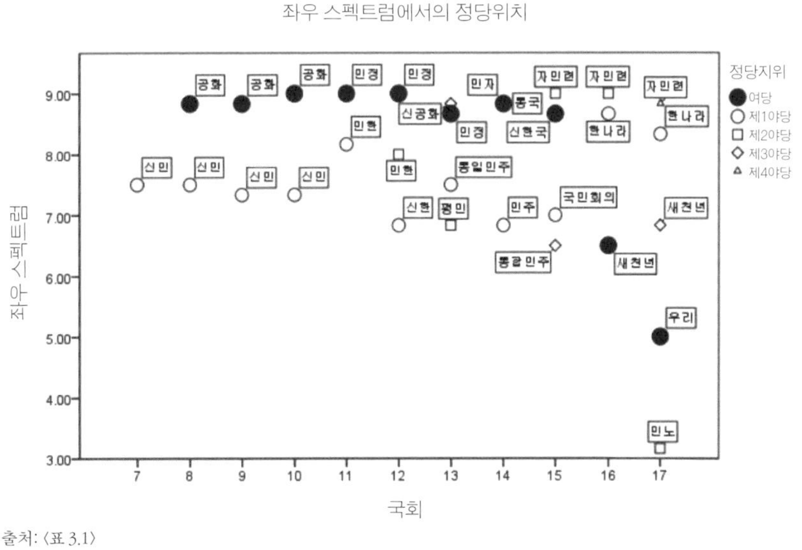

출처: 〈표 3.1〉

정당으로 바뀌었다는 사실을 보여준다. 〈그림 3.3〉은 12대 국회까지의 정당체제는 좌우 스펙트럼에서 매우 협애하다는 사실을 보여준다. 민주화 이전 좌우 스펙트럼에서의 정당입장들의 표준편차는 0.79에 불과했다. 이는 권위주의 시대에 집권당뿐만 아니라 야당도 지속적으로 우파적인 입장을 취했기 때문이다.

그러나 민주화 이후에는 극우정당과 경쟁하는 상대 정당들이 점차 중도적인 입장으로 이동하기 시작했다. 민주화 이후, 정당입장들의 표준편차는 1.58로 증가했다. 이는 좌우 스펙트럼에서 정당들이 좀 더 이념적으로 다양화 되었다는 것을 의미한다. 17대 총선에서는 좌파정당인 민주노동당이 역사상 최초로 10%이상의 정당지지를 얻어서 제 2야당이 되었다. 그러나 민주노동당의 의석은 10석(3.3%)에 불과하여 원내교섭단체의 지위를 확보하는데 실패하였다. 전문가들은 17대 국회 당시 열린우리당의 입장을 5점으로 측정하여 좌우에 치우치지 않은 중도정당으로 평가하였다. 〈그림 3.3〉은 주요 좌파정당이 존재하지 않는 정당체제가 17대 국회까지 지속되었다는 사실을 보여준다.

〈그림 3.4〉는 선거 당시 가장 현저한(salient) 균열 축에 따라 정당들의 입장이 어떻게 배열되었는가를 보여준다.[11] 민주화 이전에는 민주주의 대 권위주의의 갈등이, 민주화 이후에는 보수와 진보의 갈등이 가장 현저한 균열 축을 형성시켰다. 민주주의 이전의 집권당의 입장들은 평균 8.56으로 권위주의 입장 쪽으로 치우쳐 있다. 반면 제1야당 입장들의 평균은 3.99로 민주주의 입장 쪽으로 약간 치우쳐 있었다. 집권당들과 제1야당들의 평균 입장 차는 4.58로 10점 척도의 45.8%에 달하였다. 그러나 민주화 이후 집권당들과 제1야당들의 평균입장 차는 2.69로 10점 척도의 26.9%에 불과하였다. 민주화 이전의 정당 입장들의 표준편차는 2.35이었으나 민주화 이후 1.62로 대폭 줄어들었다.

〈그림 3.4〉가 보여준 진보-보수 스펙트럼에서 측정된 정당위치를 근

11 16대까지는 전문가 인식 자료를 17대부터는 유권자 인식 자료를 사용했다. 〈표 2.1〉과 〈표 2.2〉의 17대 국회 정당들의 인식 비교에서 보여주듯이 두 집단의 인식에는 거의 차이가 없었다.

〈그림 3.4〉 선거 당시 현저한 균열 축에서의 정당 위치

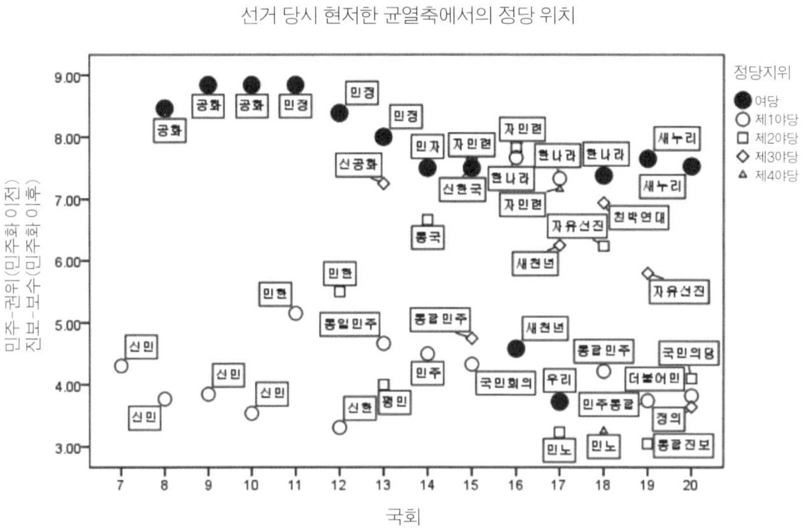

출처: 〈표 3.2〉

거로 17대 국회 이후 좌우 스펙트럼에서의 정당 위치를 유추할 수 있다. 〈그림 3.4〉는 17대 이후 주요 진보정당들인 18대 국회의 통합민주당, 19대 국회의 민주통합당이 17대 국회의 열린우리당보다 약간 더 보수적이었고, 20대 국회의 더민주당의 이념은 열린우리당과 거의 비슷하다는 사실을 보여준다. 열린우리당이 좌우 스펙트럼에서 중도입장인 5.0에 위치했다는 사실을 감안하면, 통합민주당, 민주통합당, 더민주당의 좌우 스펙트럼에서의 입장은 중도이거나 이보다는 더 우파적이라는 사실을 유추할 수 있다. 이는 한국에서는 역사상 주요 정당이 좌파인 적은 한 번도 없었다는 사실을 의미한다. 〈그림 3.3〉과 〈그림 3.4〉가 종합적으로 보여주는 바는 한국의 정당체제는 좌우 정당들이 대등하게 경쟁하는 서구의 대칭적인 정당체제와는 다르다는 것이다. 한국에서는 우파정당과 중도정당만 존재하는 비대칭적이고 협애한 정당체제가 지속되어 왔다.

〈그림 3.5〉는 선거 당시 가장 현저한 균열 축에서 정당체제가 분극화된 정도를 국회별로 보여준다. 아래의 선은 정당 입장들의 표준편차의 변

〈그림 3.5〉 한국 정당체제 분극화 정도의 변화

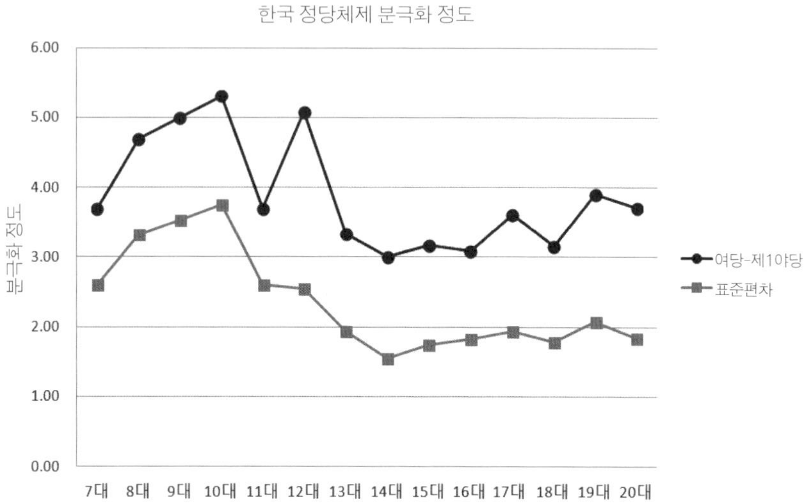

출처: 〈표 3.1〉과 〈3.2〉

화를 보여주고, 위의 선은 여당과 제1야당과의 입장 차의 변화를 보여준다. 〈그림 3.5〉는 민주화 이후 13대 국회부터 한국의 정당체제가 비분극화 되었다는 사실을 보여준다. 특히 13대 국회에서 16대 국회까지의 정당체제가 가장 협애하다는 사실을 관찰할 수 있다. 17대 국회부터 정당체제가 점점 분극화되는 경향이 있으나 이러한 분극화 추세는 약하고, 민주화 이전과 민주화 이후를 비교하면 민주화 이후의 정당체제가 평균적으로 더 협애하다는 사실을 확인할 수 있다.

민주화 이전 여당과 제1야당의 입장 차이 평균은 4.58이었으나 민주화 이후 3.32로 줄어들었다. 뿐만 아니라, 주요정당 입장들의 표준편차는 민주화 이전에 3.06이었으나 민주화 이후 1.84로 감소하였다. 〈그림 3.5〉가 보여주듯이, 민주화 이전에는 유권자들이 반공 성장주의를 표방하는 여당과 권위주의에 맞선 야당의 입장 차를 선명하게 느꼈을 것이다. 그러나 민주화 이후, 권위주의 대 민주주의의 대립구도가 사라지면서, 진보-보수정당들의 입장 차는 모호하게 되었다. 6장에서 자세히 살펴보겠지만, 민주화 이후 정당체제가 갑작스럽게 협애화되면서 한국의 유권자들은 정당 간의 이념적 입장 차를 덜 느끼게 되었다. 지역주의가 민주화 이후 갑자기 부상한 이유는 민주화 이후 갑자기 협애해진 정당체제에서 지역적 혜택에 대한 기대나 지역정체성이 유권자의 투표결정에 더 중요하게 작동할 수 있었기 때문이다.[12]

3.4. 유인가치 중심의 선거경쟁: 역사적 고찰

선거경쟁이 유인가치를 중심으로 치러질 가능성은 정당 간의 입장 차가 불분명할수록 높아진다. 경쟁하는 정당이 비슷한 정책을 제시할수록, 유권자는 정당들이 제시하는 정책 간에 효용차이를 덜 느끼게 된다.[13] 따라서 유권자의 투표결정은 정당들이 광고하는 유인가치 때문에 얻게 될 것이라고 믿는 효용에 의해 좌우된다. 만약 경쟁하는 정당들의 입장 차이가 없어지면, 유권자의 투표결정과 선거결과는 유인가치에 대한 믿음에 의해서만 결정된다. 즉 유인가치의 효과는 위치쟁점에서의 정당들의 입장 차에 의해서 영향을 받는다.

3.3절에서 살펴본 바와 같이, 6·25전쟁 및 남북분단의 상황에서 권위주의 정권을 경험한 한국에서는 경쟁력 있는 좌파정당이 형성되기가 어려웠다. 이러한 역사적 환경 때문에 한국에서의 정당경쟁은 보수정당 간 또는 중도정당과 보수정당의 경쟁으로 제한되었다. 따라서 정당 간의 이념 차이가 불분명한 한국에서는 유인가치가 선거경쟁의 중요한 변수로 작동해왔다. 여당이 유인가치를 얼마나 성공적으로 개발하는가는 민주화 이후 여당의 선거승패뿐만 아니라 군사정권의 체제유지와도 직접적으로 연결되어 있었다.

쿠데타로 정권을 장악한 박정희는 자신의 쿠데타에 정당성을 부여하기 위해 기성 정치권의 부패척결이라는 가치를 표방하였다. 부패척결 이후 권력이양을 약속했던 박정희 대통령은 재집권의 명분으로 경제성장

12 정당체제의 분극화 정도와 지역주의 투표와의 관계에 대한 경험분석은 6장 참조.

13 이러한 주장을 뒷받침하는 이론적인 모형은 6장 참조.

론과 안보 이데올로기라는 유인가치를 개발하였다. 경제정책은 수혜자와 피해자를 생산하는 위치쟁점임에도 불구하고, "잘살아보세"라는 새마을운동 캠페인을 통해 모든 국민이 잘살게 될 수 있다는 희망을 불어넣었다. 안보 이데올로기는 국민의 안전한 삶을 위해 권위주의적 통치가 불가피하다는 주장에 대한 정당성을 제공하였다. 여당의 경제성장론과 안보 이데올로기에 맞서 야당은 민주주의라는 유인가치로 대항하였다. 많은 유권자들의 투표결정은 경제성장과 안보가 가져다주는 효용과 민주주의에서 비롯되는 자유로운 삶이 가져다주는 효용에 대한 판단에 의해서 좌우되었다.

박정희 정부가 표방한 경제성장론은 경제성장의 지속과 경제성장 혜택의 공평한 배분이라는 두 가지 조건을 충족시킬 때 유지될 수 있었다. 그러나 1960년대 후반부터 1970년대 초까지 치솟는 인플레이션, 국제수지의 지속적 악화 및 경기침체는 이러한 조건을 충족시키기 어렵게 만들었다. 또한 국제적인 데탕트 기조에 따른 남북 간의 긴장완화는 남북관계의 지속적인 긴장을 필요로 하는 반공 이데올로기의 명분을 약화시켰다. 군사정권의 두 가지 유인가치(안보 및 경제성장 능력)에 대한 효용의 감소는 1971년 7대 대선에서 김대중 후보에 대한 강력한 지지로 연결되었다. 군사정권의 유인가치를 가공 생산하는 이념적 기반이 되었던 경제성장론과 안보 이데올로기의 효용상실은 군사정권 통치에 대한 정당성을 약화시켰고 결국 유신이라는 초법적인 강압정치를 초래하였다.

1979년 유신체제가 무너지고 쿠데타로 정권을 장악한 전두환은 박정희 정부의 경제성장론과 안보 이데올로기 유산을 정권유지를 위한 유인가치로 재생산 하였다. 그러나 박정희 정권 후반에 약화된 안보 이데올로기는 전두환 정권에서 유인가치로서의 효력을 크게 발휘하지 못하였다. 경제성장론의 유인가치로서의 효과 역시 전두환 정부정책에 의해 점점 약화되었다. 1980년대 들어 정부의 자율화 및 민영화 정책, 부실기업 정리를 통한 대기업에 대한 집중적인 지원은 대기업의 자본축적을 강화시켰고, 노동운동에 대한 탄압 및 경제개방은 서민 및 농촌경제를 더욱 악화시켰다. 그 결과 자본가와 근로자·농민 간의 사회적 갈등은 더욱 심화되었고, 1985에서 1987년 사이의 3저(저유가·저금리·저달러)호황에서 성취한 고도성장의 결실이 국민에게 골고루 돌아가지 못했다. 이러한 결과는 박정희 정권 때와 마찬가지로 경제성장으로 인해 모든 국민이 잘 살게 된다는 환상을 깨뜨려 경제성장론의 유인가치로서의 효용은 상실되었다. 경제성장 결과의 편향된 분배에서 비롯된 국민들의 상대적인 박탈감은 6월 민주화 운동의 도화선이 되었다.

군사정권에서의 경제성장 대 민주주의라는 가치대결은 1987년 민주화 직후 선거경쟁에서 급속히 사라지게 되었다. 이념적으로 큰 차이가 없는 중도정당과 우파정당들은 지역주의라는 새로운 유인가치를 생산하였다. 민주화 이전의 정당들은 자신들이 경제성장 또는 민주주의를 통해 모든 국민을 잘살게 해주겠다고 약속한 반면, 민주화 이후 정당들은 자신들을 지지하는 지역민들에게 지역적인 혜택을 약속하였다. 위치쟁점상의 정당 간 이념 차이를 별로 느끼지 않는 유권자들의 투표결정에는 지역발전에 대한 기대감이 중요한 변수로 작용하였다.

1997년 김영삼 정부가 초래한 IMF 사태는 민주화 이후 최초의 정권교체를 초래할 정도의 파국적 사건이었다.[14] IMF 사태는 일반인들에게 감당하기 어려운 경제적인 고통을 안겨다 주었으며, 이러한 경험으로 인해 국가 지도자의 경제정책 수행능력이 유권자의 투표결정에 중요한 변수로 부각되었다. IMF 사태의 충격은 15대 대통령 선거에서 안보 이데올로기가 큰 위력을 발휘할 수 없도록 하였다. 13대 및 14대 대통령 선거에서 김대중 후보를 공략했던 색깔론은 IMF사태를 경험한 유권자의 투표결정을 바꿀 수 있을 정도의 효력을 발휘하지 못했다. 그러나 김영삼 정권이 외환위기라는 전대미문의 국가적 위기를 초래했음에도 김대중 후보는 이회창 후보와 이인제 후보의 후보 분열이 아니었으면 승리를 장담할 수 없었다. 김대중 후보가 호남 출신이라는 한계와 진보정당의 국정운영 능력

14 파국적 사건의 특징에 대한 설명은 1장 참조.

에 대한 불신 때문에, 여당의 결정적인 국정운영 실패에도 불구하고 김대중 후보는 압도적인 승리를 할 수 없었다. 김대중 정부의 햇볕정책과 2000년 6월의 남북정상회담은 북한에 대한 국민들의 인식을 변화시켜 북풍이 선거경쟁에 미치는 영향을 한동안 약화시켰다. 김대중 대통령은 경제회복을 성공적으로 성취하였으나 대통령 자녀 및 측근들이 비리에 연루되면서 깨끗한 정치에 대한 국민적 요구가 분출되었다.

이러한 정치적 환경에서, 낡은 정치 청산 및 반칙 없는 사회라는 가치를 표방한 노무현 후보와 부정부패 척결을 기치로 내건 이회창 후보 모두 지도자의 도덕성을 16대 대선에서의 유인가치로 내세웠다. 2002년 16대 대통령 선거에서는 금융위기를 극복한 김대중 대통령의 성과가 측근들의 부정부패로 퇴색되어 경제발전 성과가 중요한 유인가치로 부각되지 못했으나, 이회창 후보 자녀의 병역비리 연루 및 노무현 후보와 정몽준 후보의 단일화에 힘입어 노무현 후보가 당선되었다. 노무현 정부는 5년 평균 4.42%의 나쁘지 않은 경제성장을 기록했음에도 불구하고, 부동산 가격의 급격한 상승으로 인한 서민들의 상대적 박탈감, 카드대란이 초래한 가계부채의 급증, 신용위축으로 인한 내수시장의 급격한 축소 때문에 국민들의 지지를 신속하게 상실하였다. 뿐만 아니라, 노무현 대통령의 보수언론에 대한 비타협적인 태도는 이들의 전방위적 비판을 촉진시켰다. 보수언론과 정치세력들은 노무현 정권을 아마추어리즘이라는 프레임을 통해 공격하고, 진보정권은 곧 경제무능력이라는 등식을 가공하였다.

2007년 17대 대선에서 이명박 후보는 경제성장이라는 유인가치를 유권자의 투표결정에 다시 끌어들이는데 성공하였다. 성공한 경영인이라는 개인적 경력과 서울 시장으로서 시정 경험은 이명박 후보가 경제 활성화를 성공적으로 수행할 것이라는 기대를 유권자들에게 심어주었다. 이에 더해 박정희 대통령을 떠올리게 하는 이미지를 창출하는 캠페인 전략을 구사하였다. 동시에 이명박 캠프는 국민의 정부와 참여정부의 10년 동안의 집권기간을 일본의 10년 동안의 장기침체에 빗대기 위해 “잃어버린 10년”이라는 캐치프레이즈를 확산시켰다, 이명박 후보는 BBK 주가조작 사건에 연루되었다는 의혹을 받았으나, 경제악화의 탓을 여당의 경제정책으로 돌리고 준비된 경제대통령 후보라는 이미지로 이러한 약점을 극복하였다.[15] 이명박 후보는 부자감세를 통한 투자확대 및 경제성장이라는 미국의 신자유주의 경제이론을 표방하였다. 그러나 이명박 후보는 신자유주의 경제정책의 이념적인 편향성을 노출시키지 않고, 신자유주의 경제정책을 경제성장이라는 유인가치로 가공하는데 성공하였다. 정동영 후보는 경제무능력 정당의 후보라는 부정적인 유인가치를 확산시키고, 자신은 경제활성화의 적임자라는 긍정적인 유인가치를 유권자들에게 효과적으로 각인시킬 수 있었던 이명박 후보는 17대 대선에서 무난하게 승리할 수 있었다.

이명박 대통령은 자신의 공약인 한반도 대운하 사업이 국민들의 반대에 부딪히자 4대강 사업을 추진하였다. 그러나 2년 만에 졸속으로 시행된 4대강 사업은 막대한 재정부담과 부채증가라는 부작용도 가져왔다. 사업에 참여한 건설회사들이 담합 등 부정행위로 과다한 이익을 챙겼다는 사실이 발견되었고, 보 건설에 대한 부실이 발견되는 등 4대강 사업 전반에서 부정과 부실이 드러나면서 문제가 되었다. 2011년 이후 한나라당에서는 친이계가 몰락하면서 친박계가 당권을 쥐게 되었다. 2012년 19대 총선 직전 불거진 민간인 사찰 문제로 당시 야당이었던 민주통합당이 우세를 점할 것으로 예측되었다. 그러나 박근혜 전대표를 비상대책 위원장을 추대한 한나라당은 당명을 새누리당으로 바꾸고 상징 색도 파란색에서 빨간색으로 바꾸었다. 이처럼 이명박 지우기에 성공한 새누리당은 과반 의석을 확보하여 국민들의 심판을 비켜갈 수 있었다.

19대 총선을 승리로 이끈 박근혜 비대위원장은 새누리당을 장악하고 유력한 대통령 후보로 부상하였다. 정치인 이명박에게는 경제능력이라

---

15 BBK 주가 조작 사건은 김경준이 1999년에 설립한 회사인 BBK를 통해 주가 조작으로 수백억 원의 차익을 남기고 이 돈을 횡령한 사건이라고 알려져 있다. 김경준은 이명박이 BBK의 실제 소유주이며 자신도 피해자라고 주장하고 있으며, 이명박 후보는 자신도 김경준에게 사기를 당했다고 주장했다. 이 사건을 수사한 검찰과 특검은 김경준과 그 가족들의 범행인 것으로 결론 내렸다.

는 유인가치를 가공 생산했듯이, 정치인 박근혜에게는 원칙과 정직이라는 유인가치를 가공생산 하였다.[16] 18대 대선에서 박근혜 후보는 이명박 정부의 실정과 금융위기가 초래한 소득불평등의 문제를 비켜가기 위해 진보정당 정책들을 선점하였다. '경제민주화 실현', '일자리 창출', 그리고 '한국형 복지의 확립'을 3대 핵심공약으로 제시하였다. 이와 동시에, 국민행복, 기술혁신, 창조경제와 같은 추상적인 유인가치들을 내세우면서 대통령에 당선되었다. 박정희 향수를 지우지 못한 노년층들은 박근혜 대통령에게서 박정희 시대의 경제발전을 기대했다. 2016년 20대 총선에서 새누리당 공천파동이 발발하기 전까지만 해도, 새누리당은 내부적으로 국회선진화법을 개정할 수 있는 180석을 얻을 수 있다고 기대했다.[17] 유시민 전 보건복지부 장관이 "대통령이 나라를 팔아먹어도 35%는 지지할 것"이라고 말할 정도로 박근혜 대통령과 새누리당에 대한 지지는 견고하였다.[18]

최순실 사태는 이처럼 견고했던 보수정당 중심의 정당체제를 무너뜨린 파국적 사건으로 평가할 수 있다. 대통령 연설문이 최순실에게 유출되었다는 JTBC의 의혹 보도에 대해, 2016년 10월 24일에 박근혜 대통령은 개헌 논의로 화제를 돌리며 정국전환을 시도했다. 이 날 저녁, JTBC가 최순실 태블릿 PC 입수 사실을 밝히며 중대한 국가기밀이 최순실에게 사전 유출되었음을 폭로하면서, 최순실 사태가 단순한 권력형 비리가 아닌 초유의 국정농단 사건이라는 사실이 밝혀지게 되었다. 박근혜 대통령의 반복적인 거짓 담화는 대통령이 원칙 있고 정직한 정치인이라 믿었던 지지자들마저 대통령에게 덧씌워진 유인가치들의 실체를 깨닫게 만들었다.

16 2011년 한 인터뷰에서 안철수 당시 서울대 과학기술융합대학원장이 박근혜 의원을 서울대 과학기술융합대학원장이 "원칙있는 좋은 정치인"이라고 평할 정도로 박근혜 의원에는 원칙이라는 수식어가 따라다녔다. http://news.joins.com/article/6154169 (검색일 2015.05.20).

17 한 빅데이터 분석 전문가는 20대 총선에서 새누리당이 180석 이상을 얻을 가능성이 80%가 넘는다고 예측하였다. http://news.khan.co.kr/kh_news/khan_art_view.html?artid=201601152059445 (검색일 2016.01.25).

18 http://news.khan.co.kr/kh_news/khan_art_view.html?artid=201601052309265 (검색일 2016.01.25).

국민들은 점차 최순실 사태의 본질은 대통령, 새누리당, 정치검찰, 보수언론, 정경유착 재벌기업을 포함하는 적폐세력들 간의 공생관계가 초래한 구조적인 사건이라는 사실을 알게 되었다. 2016년 10월 29일부터 매주 토요일 서울 및 전국에서 평화적인 촛불집회에 참가하여 박근혜의 퇴진을 외쳤다. 2016년 12월 3일에 열린 6차 집회에서는 역대 촛불집회 사상 최다 인원인 232만 명이 모였고, 2017년 4월 29일의 23번째 집회까지 계속되었다.

6차 촛불집회 이후 6일 째인 12월 9일에 국회에서는 찬성 234표, 반대 56표, 기권 2표, 무효 7표로 박근혜 대통령 탄핵소추안이 국회에서 압도적으로 가결되었다. 12월 27일에는 29명의 새누리당 국회의원이 탈당하면서 먼저 탈당했던 의원 한 명을 합쳐 바른정당을 창당하였다. 2017년 2월 13일에는 새누리당은 당명을 자유한국당으로 개명하였다. 2017년 3월 10일, 헌법재판소는 재판관 전원일치로 박근혜 대통령 탄핵 소추안을 인용하여 박근혜는 대통령직에서 파면되었다. 최순실 사태는 한국 정당체제의 지형을 송두리째 바꾸어 놓았다. 최순실 사태 이전까지 보수정당들은 진보정당들에 비해서 민주화 이후 거의 전 기간 동안 더 높은 지지를 얻을 정도로 한국 유권자들은 보수 쪽으로 기울어져 있었다. 그러나 대선 기간 동안 더불어민주당, 국민의당 및 정의당을 포함하는 중도 및 진보정당들의 지지율은 65% 전후를 기록한 반면, 자유한국당과 바른정당을 포함한 보수정당들의 지지율은 15% 전후를 기록하였다.

이러한 새로운 정당체제의 지형에서 치러진 2017년 5월 9일 대통령 선거에서 문재인 후보가 대통령으로 당선되었다. 새누리당과 바른정당은 사드 배치 문제를 집중적으로 공략하면서 색깔론을 동원하였으나 파국적 사건인 최순실 사태의 여파를 뒤집을 수는 없었다. 보수정당들의 실체를 알게 된 국민들을 상대로 보수정당들의 유인가치 공략 전략들은 효력을 발휘할 수 없게 되었다. 문재인 후보 입장에서도 보수정당들의 전략들에 대한 방어책을 대비하고 있었다. 이미 20대 총선 당시 "문제는 경제다, 정답은 정권교체"라는 총선 슬로건을 통해 진보는 경제 무능세력이라는 새누리당의 공격을 미연에 차단시켰다.[19] 대선에서는 "준비된 대통령"이라는 슬로건을 통해 참여정부 당시 경험했던 아마추어리즘 공략에 대비하였다. 보수정당이 "가짜 안보세력"이라는 슬로건을 통해 색깔론을 차단하려 하였다. 문재인 캠프에서의 이러한 대비전략은 최순실 사태라는 초유의 파국적 사건 덕분에 효력을 발생할 수 있었다. 최순실 사태는 민주화 이후의 선거에서 안보 및 경제능력이라는 프레임을 통해 우위를 점해왔던 보수정당들의 유인가치 선거 경쟁력을 약화시켰다.

전술한 논의를 정리하면, 민주화 이후의 한국에서의 선거경쟁은 정책대결보다는 주로 유인가치 대결에 집중되었다. 분단상황의 환경에서 자본과 보수언론의 지지를 받는 보수정당은 유인가치 대결에서 대부분 우위를 점할 수 있었다. 이러한 유인가치 선거경쟁의 역학관계는 한국에서 소수의 기득권 세력들이 어떻게 다수를 지배할 수 있는가를 설명한다. 최순실 사태를 통해 실체를 깨닫게 된 국민의 80% 이상이 반대하는 세력이 총선에서 투표자 다수의 지지를 얻을 수 있었다는 사실은 민주주의 선거경쟁에서 실체 없는 유인가치의 광고를 통해 소수가 다수를 지배할 수도 있다는 것을 보여준다. 한국에서는 보수세력들이 이처럼 유인가치 경쟁을 통해 다수의 지지를 얻을 수 있었다면, 유인가치 경쟁에서 열세에 놓여있는 진보정당들은 보수정권들이 초래한 IMF 사태나 최순실 사태와 같은 파국적 사건에 편승해서 다수의 지지를 얻을 수 있었다.

최순실 사태 이후, 보수정당들이 점해왔던 유인가치 선거 경쟁력은 상당히 약화되었다. 그러나 분단상황에서 보수언론이 지배하는 한국 선거경쟁의 지형은 보수정당에 구조적으로 유리하게 기울어져 있다. 따라서 보수정당들은 안보능력과 관련된 유인가치에서 유리한 위치를 점할 수밖에 없다. IMF 사태라는 파국적 사태를 통해 정권교체를 이루어낸 진보정권에 대한 기대는 오래가지 않았다. 보수언론을 통한 진보정권에 대한 집중적인 공략과 보수정당들의 안보 및 경제 능력에 대한 유인가치의 광

19 http://news.joins.com/article/19795411 (검색일 2016.3.30).

고는 어렵지 않게 보수정당의 부활을 이끌어낼 수 있었다.

이처럼 기울어진 선거경쟁의 지형을 정상화하는 현실적인 해법은 진보정당이 정의실현과 같은 추상적인 유인가치의 광고를 뛰어넘어 경제활성화 능력이나 안보능력에 있어서 보수정당보다 능력이 실제로 더 있다는 사실을 보여주는 것이다. 그러나 진보정당이 보수정당보다 경제활성화 및 안보능력이 일반적으로 더 우월한가라는 문제는 차치하고, 경제 및 안보문제는 정부의 노력만으로 달성될 수 있는 것은 아니다. 정부의 노력과 상관없이 세계경제, 강대국 관계, 북한의 상황과 같은 외부적 요인들은 국가경제나 안보에 지대한 영향을 미친다. 유권자들은 정부의 노력 및 성과와 외부의 영향을 구분하기 어렵다. 에이큰과 바르텔즈(Achen and Bartels 2016)가 지적했듯이, 국민들은 국가의 능력과 무관한 문제도 국가 탓으로 돌린다.

따라서 유인가치의 실체 못지않게 유리한 유인가치를 가공하고 효과적으로 광고할 수 있는 능력이 선거승리에 중요한 영향을 미친다. 정치경쟁의 시장거래화가 보수정당에 더 유리한 유인가치 광고능력의 환경을 제공한다면, 이러한 구조적인 문제를 해결하는 방법은 유권자들의 유인가치 투표 동기를 억제하는 것이다. 정당들이 선명한 정책대결을 하면, 유권자의 투표결정에 유인가치가 미치는 영향이 상쇄된다. 따라서 정치거래의 시장거래화 및 유인가치 중심의 선거경쟁을 억제하는 방안은 정당들의 정책대결 동기를 강화하는 것이다.

3.5. 한국에서의 다수형성과 정당전략: 이론적 논의와 경험적 근거

3.4절에서는 유인가치 선거경쟁에 대한 역사적 고찰을 통해 한국의 보수정당들이 어떻게 다수를 형성해왔는가를 서술하였다. 3.5절에서는 다수형성을 위한 정당전략에 대한 이론적인 논의를 전개하고 이에 대한 경험적 근거를 제시한다. 한국의 선거경쟁을 특징짓는 중요한 변수들은 약한 계급균열을 가로 지르는 남북균열, 이러한 균열을 따라 배열된 정당

〈그림 3.6〉 한국 선거경쟁에서 유권자 입장 분포와 정당 입장 분포

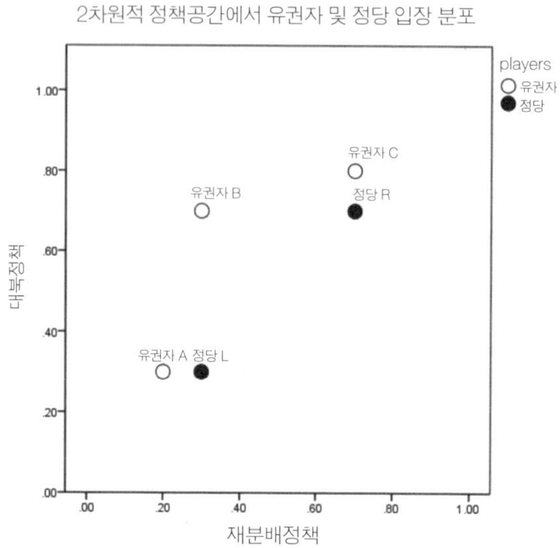

들이 전략적으로 부각시키는 정치쟁점, 협애한 정당체제가 촉진하는 지역주의 투표 및 유인가치 중심의 선거경쟁이다. 이러한 요인들이 다수의 형성에 어떻게 영향을 미치는가를 살펴보기 위해, 2장 2.5절에서 제시한 미국의 2차원적 선거경쟁 구도와 상응하는 한국에서의 선거경쟁 구도를 생각해보자.

세 유권자들이 가장 선호하는 입장들과 두 정당의 입장이 소득분배 정책차원과 대북안보 정책차원으로 구성된 2차원적 공간에 배열되어 있는 경우를 생각해보자. 세 유권자들 중 두 명은 저소득층이고 두 명은 노년층이라 가정하자. 유권자들의 경제정책에 대한 선호는 이들의 경제적 지위에 따라서 결정되고, 대북정책에 대한 선호는 나이에 의해 결정된다고 가정하자. 가난한 청년층 유권자 A는 경제정책과 대북정책 모두 진보적인 입장을 선호하고, 부자인 노년층 유권자 C는 두 정책 모두 보수적인 입장을 선호한다. 가난한 노년층 유권자 B는 경제정책에서는 진보적인 입장을 대북정책에서는 보수적인 입장을 취한다.

이러한 가정들을 충족시키는 예로, 〈그림 3.6〉이 보여주는 예를 살펴

보자. 〈그림 3.6〉은 경제정책 차원과 대북정책 차원에서 정당의 입장과 유권자 선호들이 서로 상관되어 있는 모습을 보여준다. 이러한 예는 두 정책차원이 어느 정도 중첩된 한국의 현실정치의 모습을 반영한 것이다. 〈그림 3.6〉에서 진보정당 L은 진보유권자 A와 가깝고 보수정당 R은 보수유권자 C와 가깝다. 유권자 B는 경제정책 차원에서는 정당 L과 가까우나 대북정책 차원에서는 정당 R과 가깝다. 유권자 B의 입장과 정당 L과의 거리는 정당 R과의 거리와 같다. 이러한 상황에서 어떤 유권자들이 다수에 속할까? 이 질문에 답하기 위해, 아래에서는 재분배 경제정책을 중심으로 경쟁하는 경우를 준거사례로 살펴보고, 정당들의 전략에 따라 준거사례의 결과가 어떻게 달라지는가를 살펴본다.

3.5.1. 유리한 쟁점부각 전략

정당들이 재분배 경제정책을 중심으로 경쟁하는 경우, 유권자는 재분배 정책에 대한 자신의 입장과 정당의 입장 간의 거리를 기준으로 투표한다. 소득재분배 정책차원에서 진보정당 L과 가까운 유권자 A와 B가 정당 L을 지지하고 보수정당 R과 가까운 유권자 C는 정당 R을 지지한다. 즉 선거에서 대북 안보쟁점이 전혀 부각되지 않을 경우, 유권자들은 소득수준에 따라 선거연합을 한다. 소득수준이 낮은 청년층과 노년층이 선거연합을 하고 진보정당이 다수를 확보한다. 그러나 안보쟁점이 유일한 쟁점으로 부각되는 경우, 유권자 B와 C가 다수를 형성하여 보수정당 R을 지지한다. 이럴 경우, 나이가 많은 저소득층 유권자와 고소득 유권자가 연합한다.

이러한 사례는 보수정당들이 거의 지속적으로 다수를 확보해온 한국 정치 상황을 반영한다. 권위주의 정권은 반공 이데올로기의 교육을 통해, 민주화 이후 보수정권과 보수언론들은 색깔론의 확산을 통해, 대북안보 쟁점을 부각시켜왔다. 보수정권은 정권유지나 선거승리에 불리한 상황에 처할 경우, 적극적으로 대북안보 쟁점을 부각시켜 쟁점을 전환시키는 전략을 구사하였다. 예컨대, 권위주의 정권에서는 수십 건의 간첩조작 사건을 통해 정권에 비판적인 여론형성을 차단하려 했다.[20] 민주화 이후, 15대 대선 당시 이회창 후보의 지지율을 올리기 위해 청와대 행정관을 포함한 3인이 총풍을 기획하였다.[21] 박근혜 정권에서는 18대 대선 당시 국정원 댓글 조작 사건으로 국정원에 대한 여론이 악화되자 이를 돌파하기 위해 유우성 간첩 조작사건을 터뜨렸다.[22]

안보쟁점이 효과적인 이유는 이 쟁점이 실체가 있는 사회균열에 기초하고 있기 때문이다. 2.2절에서 논의했듯이, 한국에서는 계급균열보다 더 깊은 남북균열이 형성되었다. 이처럼 남북분열이 계급균열보다 깊게 형성된 이유는 재분배 쟁점은 더 잘살고 못사는 문제인 반면 안보쟁점은 죽고 사는 문제이기 때문이다.[23] 한국전쟁을 경험한 세대에게는 안보쟁점은 어떠한 쟁점보다 이들의 정치적 선호를 형성시키는데 가장 중요한 역할을 할 수밖에 없다. 따라서 전쟁세대들에게 색깔론은 위력적인 정치광고 재료로 사용될 수 있는 것이다. 반면 전쟁을 경험하지 않은 세대들에게 색깔론은 상대적으로 위력이 약하다. 그럼에도 불구하고, 한국이 분단 상황에 있는 한 색깔론은 보수정당이 지속적으로 활용할 수 있는 광고전략이다. 북한의 핵 실험 같은 정치적 사건은 안보쟁점을 선거에서 부각시킬 수 있는 유용한 재료를 제공한다. 보수정당은 색깔론을 통해 안보쟁점에서 보수적인 입장을 취하는 유권자들을 형성시키고, 안보쟁점을 부각시킬수록 자신들에 유리한 다수가 형성된다.

유권자들의 선호가 자신에게 유리하게 형성되어 있는 쟁점이 없는 경

20 무죄로 밝혀진 민주화 이전의 간첩조작 사건만 30여 건이 넘는다. 자세한 내용은 김광진 등(2016) 참고.

21 총풍사건은 1997년 대선 당시 한나라당 이회창 후보의 지지율을 높이기 위해 청와대 행정관을 비롯한 3인이 북한의 아시아태평양 평화위원회 참사 박충을 만나 휴전선에서 무력시위를 해달라고 요청한 사건이다. 2000년 11월 총풍사건 관련자들은 국가보안법 위반죄 등 실형 선고를 받았다.

22 유우성 간첩 조작사건은 국정원이 탈북자 출신 서울특별시 공무원 유우성의 여동생 유가려를 체포하여 2012년 10월부터 6개월 동안 감금하고 이 기간 동안 고문과 회유를 한 사건이다.

23 힙스(Hibbs 2000)는 더 잘살고 못사는 문제인 경제쟁점과 죽고 사는 문제인 안보쟁점에 의한 투표를 각각 "밥과 평화" 투표(bread and peace voting)로 정의하고, 미국에서도 소득증가와 한국전쟁과 베트남전쟁에서의 사상자의 수가 미국 대선결과를 결정하는 가장 중요한 변수라는 사실을 발견하였다.

우, 정당들은 새로운 쟁점형성을 통해 자신에게 유리한 다수를 형성시킬 수도 있다. 유권자들은 추상적인 쟁점에 대해서 잘 이해하지 못하고 명확한 선호를 가지고 있지 않다. 정당들은 일단 자신이 선택한 쟁점을 부각시키고, 이에 대한 여론을 양분시키고[24] 정치광고 및 언론을 통해 이 쟁점에서 자신들의 입장을 지지하는 다수의 유권자들을 확보해 나갈 수 있다. 19대 대선을 앞두고 개헌 가능성이 없음에도 불구하고 더민주당을 제외한 정당들과 유력한 정치인들이 개헌쟁점을 형성시키고 부각시키는 것은 이러한 전략의 일환으로 볼 수 있다. 이들 군소 정치세력들은 개헌에 대한 입장을 중심으로 유권자들이 양분되고 개헌쟁점이 부각될수록, 선거를 자신들에게 유리하게 이끌어 갈 수 있다.

3.5.2. 유인가치 광고전략

어떤 국가에서나 정당이나 후보들이 광고하는 전형적인 유인가치는 능력이다. 대선 후보들은 자신의 국정운영 능력, 경제성장 능력, 안보능력, 외교능력을 광고하고 총선후보는 지역구 사업능력과 의정활동 능력을 광고한다. 유인가치가 반드시 경제적 이익을 제공할 수 있는 능력만 포함하는 것은 아니다. 한국 유권자들은 정책투표를 하기보다는 후보의 학력 및 배경, 카리스마, 이미지, 도덕성, 후보와의 혈연, 학연, 지연, 후보들이 내세우는 국정운영 능력과 같은 비이념적인 유인가치들을 보고 투표를 한다. 따라서 이러한 유인가치들을 효과적으로 광고할수록 선거결과를 유리하게 이끌 수 있다. 노무현 대통령은 도덕적이고 서민적인 이미지를, 이명박 대통령은 경제성장을 이끌 수 있는 사업가의 이미지를, 박근혜 대통령은 청렴하고 원칙 있는 정치인의 이미지를 내세웠다.

한국 정당들은 또한 지역주의를 유인쟁점으로 부각시켰다. 지역주의는 지역적인 요소와 이념적인 요소를 담고 있다.[25] 영호남 유권자들이 자

---

24 잴러(Zaller 1994)는 유권자들의 태도가 비슷하게 갈라져 있는 쟁점을 분극적 쟁점(polarization issues)라고 불렀다.

25 이에 대한 자세한 설명은 6장 참조.

신의 지역정당을 지지하는 이유들 중 하나는 자신의 지역정당이 이들의 이념과 더 가깝기 때문이다. 따라서 영호남 간의 이념적 갈등은 위치쟁점으로 이해될 수 있다. 그러나 많은 영호남 유권자들은 지역정체성이나 지역적인 혜택에 대한 기대감과 같은 지역적 요소 때문에 지역정당을 지지한다. 이럴 경우, 지역적 정체성이나 지역적 혜택에 대한 기대는 유인가치로 이해될 수 있다. 지역주의를 유인가치로 보는 시각은 생소할 수 있다. 그러나 위치쟁점과 유인가치의 본질적인 차이를 살펴보면 지역주의는 전형적인 유인가치라는 사실을 알 수 있다.

2장에서 설명한 바와 같이 위치쟁점에 대한 효용은 단봉형이고 유인가치에 대한 효용은 단순 증가한다. 예컨대, 소득재분배 정책과 같은 위치쟁점에 대한 유권자의 효용은 이 유권자가 가장 선호하는 정책에서 멀어질수록 효용이 줄어드는 단봉형의 모습을 지닌다. 그러나 지역정당이 제공하는 지역적 혜택에 대한 선호는 이러한 단봉형 선호를 가지고 있지 않다. 지역을 좌우 공간에서 호남, 강원, 충청, 영남으로 배열한다면, 호남을 가장 선호하고 충청을 강원보다 더 선호하는 유권자들은 단봉형 선호를 가지지 않는다. 따라서 지역주의는 유권자의 특성에 따라 좌우의 스펙트럼에 배열하는 것이 불가능하다.[26] 위치쟁점과는 달리 유인가치에 대한 유권자들의 선호는 좌우에 분포되는 것이 아니라 한 입장에 집중된다(Stokes 1963). 예컨대, 지역적 혜택에 대한 유권자 선호를 배열할 경우, 유권자들은 자신 지역에 대한 혜택이 많을수록 더 좋아한다. 따라서 모든 유권자들의 선호는 자기 지역에 최대한의 혜택을 주는 입장에 집중된다.

지역주의는 지역적 혜택이 제공하는 경제적 효용뿐만 아니라 다양한 심리적 효용을 제공한다. 유권자들은 경제적 혜택을 입기 위해서 뿐만 아니라 다양하고 복합적인 심리적인 이유에서 자신의 지역정당을 지지한

26 서로 정치적으로 대립하는 호남 유권자와 영남 유권자를 좌우의 스펙트럼에 배열할 수 있기 때문에 지역주의를 위치쟁점이라고 주장하는 입장이 있다. 지역주의를 위치쟁점으로 이해하면, 호남을 가장 선호하는 유권자의 효용이 좌우 공간에 배치된 다른 지역들의 순서에 상응해서(강원, 충청, 영남 순서대로) 변한다는 비현실적인 가정을 필요로 한다. 반면, 조세정책 같은 위치쟁점의 경우, 유권자의 계급적 경제적 지위에 따라 세율에 대한 선호를 이론적으로 배열하는 것이 가능하다.

다. 지역민은 자신의 지역정당을 지지해야 한다는 맹목적인 지역정체성, 상대지역에 대한 반감, 경계의식, 상대적 박탈감, 과거의 정치적 사건에 대한 기억, 지역출신 정치 지도자에 대한 존경심, 자신 지역의 패권적 지위를 상대지역에 빼앗길 수 있다는 위한 불안감, 지역정당 지지에 대한 합리화 또는 심리적 강화 등 많은 요인들이 유권자들의 심리적 효용에 영향을 미친다.

이러한 유인가치들은 유권자의 이념적·정책적 투표결정을 바꿀 수도 있다. 예컨대 진보적 유권자가 진보정당의 재분배 정책이 제공할 혜택보다 보수정당에 기대하는 지역적 혜택이 더 크다고 생각하면 보수정당을 지지할 것이다. 정당들이 약속하는 지역적 혜택이 실제로 제공된다면, 이 유권자는 자신에게 유리한 선택을 한 것이다. 그러나 정당들이 약속하는 지역적 혜택이 제공되지 않는다면, 이 유권자는 자신에게 정책적으로 손해를 가져다주는 정당에 투표한 것이다. 마찬가지 이유에서, 보수적인 유권자가 진보정당 후보와의 혈연·학연·지연이 자신에게 경제적인 혜택을 가져다주리라는 막연한 기대감에 이 후보를 지지했다면, 이 유권자는 정책적으로 자신에게 손해를 끼칠 후보에게 투표한 것이다. 대부분의 유권자들은 정당이나 후보들의 유인가치에 대한 충분한 정보를 가지고 있지 않으며, 정당이나 후보들이 제시하는 유인가치는 과장되었거나 실체가 없을 가능성이 높다. 따라서 유권자들이 정책적 선호에 반하는 유인가치 투표를 하게 되면 자신에게 해를 끼칠 후보를 지지할 가능성이 있다.

3.5.3. 정당입장에 대한 유권자 인식 변경 전략

정당들은 자신이 표방하는 정책을 실제보다 온건하게 보이려 노력한다. 예컨대, 보수정당은 자신의 친자본적인 입장을 숨기고, 진보정당은 증세라는 표현을 회피한다. 보수정당과 진보정당 모두 국민을 위하거나 중산층을 대변한다는 주장을 한다. 이와 동시에, 정당들은 상대 정당의 입장을 극단적인 것처럼 보이려고 하는 전략을 구사한다. 한국의 선거경쟁에서 색깔론은 이러한 전략을 대표하는 보수정당의 전형적인 전략이다. 보수정당들은 상대 정당을 급진적인 종북세력으로 몰아간다. 그러나 3.3절에서 살펴보았듯이, 한국의 정당체제는 서구 정당체제들에 비해 분극화된 정도가 심하지 않고 주요 정당이 좌파인 적은 한 번도 없었다. 민주당과 같은 정당은 서구의 좌파정당들에 비하면 중도정당으로 분류되어야 한다.

종북(從北)이라는 개념의 사전적 의미는 "주체사상과 같은 북한의 체제를 흠모하고 이를 따르는 것"이다.[27] 대부분의 공산주의 국가들과 전체주의 국가들이 붕괴하고 민주주의 국가로 전환하고 있다는 사실이 보여주듯이, 민주주의가 공산주의보다 우월하다는 사실은 이미 역사적 실험을 통해 증명된 사실이다. 더군다나 북한은 공산주의 국가라기보다는 권력을 세습하는 전체주의 왕정국가와 흡사하다. 이러한 현실을 자각하지 못하고 북한을 따르는 국민이나 정파는 없을 것이다. 그럼에도 불구하고, 보수정당들이 색깔론을 동원해 여론을 분열시키고 반대 정당들을 종북세력으로 몰고 가는 것은 하나의 선거 전략이다.

3.5.4. 위치쟁점의 유인쟁점화 전략

정당들은 자신들이 표방하는 경제정책이 위치쟁점이라는 사실을 은폐하고 이를 유인쟁점처럼 보이도록 포장한다. 보수정당은 경제자유화 정책이 낙수효과를 통해 경제성장을 초래한다고 주장하고, 진보정당 역시 자신들의 시장개입 정책이 분수효과를 통해 경제성장을 초래한다고 주장한다. 이러한 정책들은 각각 보수와 진보를 대표하는 전형적인 위치쟁점임에도 불구하고 이러한 사실은 가능한 은폐하려 한다. 1980년대 초반 미국의 레이건(Reagan) 대통령과 영국의 대처(Thatcher) 수상이 친자본적 정책들을 신자유주의 경제이념으로 포장했듯이, 이명박 후보 역시 자신의 친재벌적 감세정책을 낙수효과를 통한 경제성장론으로 미화시켜 위치쟁점을 유인쟁점화시켰다.

27 네이버 사전. http://dic.naver.com/ (검색일 2016.06.20)

이러한 위치쟁점의 유인쟁점화 전략은 대북안보 쟁점에도 적용된다. 안보쟁점은 소득재분배 쟁점과 마찬가지로 전형적인 위치쟁점이다. 북한을 상대로 보수정당들은 경제적·군사적 압박을 선호하고 진보정당들은 대화의 필요성을 주장한다. 안보쟁점에서 진보와 보수의 차이는 종북이냐 반북이냐의 문제가 아니라 북한의 핵개발과 군사적 위협을 억제하기 위해서 채찍과 당근 중 어떤 방법을 더 효과적으로 생각하는가의 문제이다. 그럼에도 불구하고, 보수와 진보의 입장 차를 전략적인 입장 차가 아닌 애국 대 종북 문제로 대비시키는 것은 보수의 대북 강경책을 안보능력이라는 유인가치로 포장하기 위한 것이다.

3.5.5. 정치광고의 효과

한국의 정치적 환경은 효과적인 정치광고가 가능한 조건들을 가지고 있다. 정당의 정책적 입장 차를 파악하고 이를 근거로 투표할 수 있는 유권자는 많지 않다. 어떤 정당의 정책입장이 더 큰 혜택을 제공하는가를 계산하기 위해서는 매우 높은 수준의 법적·경제적·정치적 지식을 필요로 한다. 유권자들은 이러한 지식을 확보하기 위해 자신의 시간과 노력을 들이기보다는 후보의 학력, 경력, 이미지, 인상과 같은 유인가치를 보고 판단한다. 한국의 유권자는 후보의 이러한 특징들과 후보와의 혈연·학연·지연에 민감하다. 정당 간의 정책적인 입장 차이가 적을수록 유인가치가 유권자의 투표결정에 미치는 영향은 커진다. 만약 경쟁하는 정당이 정책적으로 아무런 차이가 없다면, 유권자들은 유인가치만 보고 투표할 수밖에 없다. 3.3절에서 살펴보았듯이, 한국의 정당체제는 매우 협애하다. 주요 진보정당과 보수정당 사이에 입장 차이가 있다고 하더라도, 이들은 자신의 입장을 선명하게 제시하기보다는 유인가치의 광고에 더 집중한다. 따라서 한국 정당들은 유인가치 선거경쟁을 통해 유권자들의 정책적 투표결정을 바꿀 가능성이 높다.

3.6 한국에서의 정치적 다수 형성: 경험적 근거

3.6.1. 유리한 쟁점

3.5절에서는 정당들의 선거 전략에 대한 이론적 주장들을 제기했다. 이 절에서는 이들에 대한 경험적 근거를 제시한다. "20대 총선 유권자 의식조사" 자료는 다른 선거자료들에 비해서 세밀한 척도로 측정된 다양한 변수들을 제공한다.[28] 따라서 이 자료를 중심으로 경험적 근거를 제시하고 다른 선거자료들도 관련 변수들을 포함하고 있는 경우 20대 총선 자료와 이들 자료들의 관찰결과를 함께 보고한다.

〈그림 3.6〉에서 가정한 대북안보 쟁점과 소득재분배 쟁점에서의 유권자들의 입장이 현실세계에서 어떻게 분포되어 있는가를 살펴보자. 20대 총선 유권자 의식조사는 대북안보 쟁점에 대한 유권자들의 입장을 "상황에 관계없이 인도적 대북 지원은 지속되어야 한다"라는 문항으로 측정하였다. 소득재분배 쟁점에 대한 유권자 입장은 "경제성장보다는 복지에 더욱 힘을 기울여야 한다"라는 문항을 통해 측정하였다. 응답자들은 전

〈그림 3.7〉 대북안보 쟁점과 소득재분배 쟁점에 대한 유권자들의 입장 분포

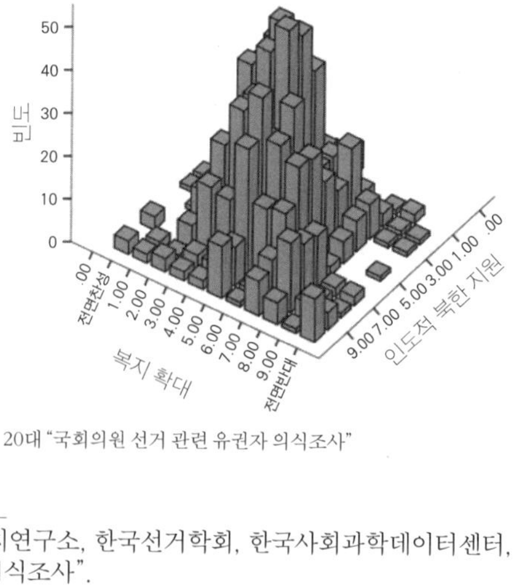

출처: 20대 "국회의원 선거 관련 유권자 의식조사"

28 서강대 현대정치연구소, 한국선거학회, 한국사회과학데이터센터, 2016, 20대 "국회의원 선거 관련 유권자 의식조사".

적인 반대를 의미하는 0점과 전적인 찬성을 의미하는 10은 사이의 점수를 선택하여 자신의 입장을 표시하였다. 이 자료를 이용해서, 전적인 찬성은 0점으로 전적인 반대는 10점으로 전환시켜 높은 숫자가 보수적인 입장을 나타내도록 하였다.

〈그림 3.7〉은 20대 총선 직후 대북안보 쟁점과 소득재분배 쟁점에서 유권자들이 어떻게 분포되어 있는가를 보여준다. 〈그림 3.7〉은 유권자들의 입장이 종 모양으로 분포되어 있다는 모습을 보여준다. 〈그림 3.7〉은 또한 두 쟁점에서 유권자들의 입장이 어느 정도 중첩되었다는 사실을 보여준다. 대북안보 쟁점에서 보수적인 유권자는 소득재분배 쟁점에서도 보수적이라는 사실을 관찰할 수 있다. 복지확대에 찬성하면서 북한지원을 반대하는 유권자들(좌측 구석)과 복지확대를 반대하면서 북한지원은 찬성하는 유권자들(우측 구석)은 비교적 많지 않았다.

〈표 3.3〉은 〈그림 3.7〉에서 보여준 유권자들의 입장이 두 쟁점에서 각각 어떻게 분포되었는가를 보여준다. 20대 총선 당시 유권자들의 두 쟁점에 대한 입장이 비대칭적으로 분포되었다는 사실을 보여준다. 복지쟁점의 경우, 진보적 입장의 유권자들이 보수적 입장의 유권자보다 12.4% 더 많았고, 대북지원 쟁점의 경우 보수유권자가 진보유권자보다 7.5%가 더 많았다. 이러한 유권자들의 분포는 〈그림 3.6〉이 보여준 모습과 유사하다. 〈그림 3.6〉에서 소득재분배 쟁점에서는 진보적 입장을 취하는 유권자들(유권자 A와 B)이 다수를 형성했고 대북안보 쟁점에서는 보수적 입장을 취하는 유권자들(유권자 B와 C)이 다수를 형성했다. 이와 같은 경우, 진보정당은 소득재분배 쟁점을, 보수정당은 대북안보 쟁점을 부각시켜야 한다. 〈표 3.3〉은 한국의 보수정당이 대북안보 쟁점을 부각시키는 이유를

〈표 3.3〉 20대 총선에서 복지확대 및 인도적 대북지원에 대한 태도

입장(척도)	찬성(진보입장) 0-4	중립(중도입장) 5	반대(보수입장) 6-10	보수가 진보보다 많은 정도
복지확대	45.1%	22.2%	32.7%	-12.4%
대북지원	38.5%	15.5%	46.0%	7.5%

출처: 20대 "국회의원 선거 관련 유권자 의식조사"

〈그림 3.8〉 16대 대선 이후 유권자들의 안보정책과 복지정책 태도

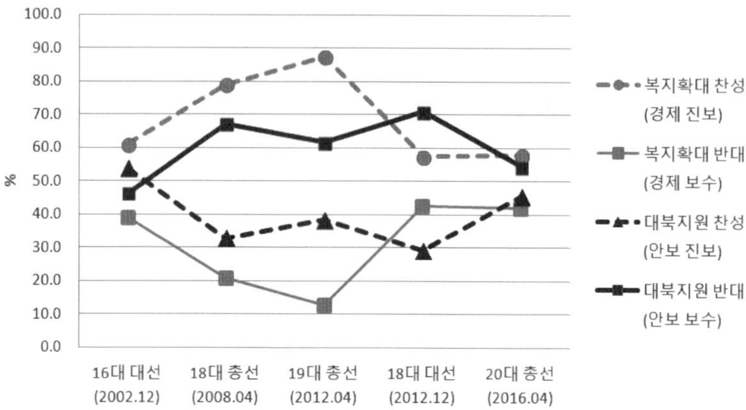

출처: 18대-20대 "국회의원 선거 관련 유권자 의식조사" 및 16대, 18대 "대통령 선거관련 유권자 의식조사"

보여준다.

20대 총선 유권자 의식조사 이전의 조사 자료들 중 17대 총선과 17대 대선 설문조사를 제외한 설문조사들은 복지확대 및 대북지원에 대한 태도를 측정하였다.[29] 〈그림 3.8〉은 16대 대선 이후 유권자들의 두 쟁점에 대한 태도의 변화를 보여준다.[30] 짙은 색 선은 대북정책 태도를, 옅은 색 선은 복지정책 태도를 나타낸다. 실선은 보수유권자들의 비율을, 점선은 진보유권자들의 비율을 나타낸다. 〈그림 3.8〉은 복지쟁점에서 진보적인 태도를 취하는 유권자들이 보수적인 태도를 취하는 유권자들보다 더 많다는 사실을 보여준다. 이에 반해, 16대 대선을 제외하고 안보쟁점에서는 보수적인 태도를 취하는 유권자들이 진보적인 태도를 취하는 유권자들보다 더 많았다. 노무현 대통령이 당선된 16대 대선 당시 한국 유권자들의 두 정책에 대한 입장 차이가 가장 작았으나 그 이후 입장 차이가 벌어

29 19대 총선 설문조사는 대북안보 입장 대신 세금인상을 통한 국방예산의 축소 또는 확대 지지 여부를 물었다. 국방예산 확대(축소)를 지지한 유권자는 강경(온건)한 대북안보 입장으로 취급하였다.

30 유권자 정책입장을 4점 척도로 측정한 16대 대선 및 18대 대선 설문조사는 중간 입장이 없이 강한 찬성, 약한 찬성, 약한 반대, 강한 반대 입장만 보기에 포함시켰다. 이에 반해 18대 총선 및 19대 총선 설문조사는 중간 입장을 포함한 5점 척도로 측정하였다. 따라서 18대 총선 및 19대 총선 설문조사에서 중간 입장을 취한 유권자들을 제외하고 찬성과 반대 입장을 표명한 유권자들만을 대상으로 찬성과 반대의 비율을 계산하였다.

〈그림 3.9〉 두 쟁점에 대한 유권자 입장 분포와 투표결정

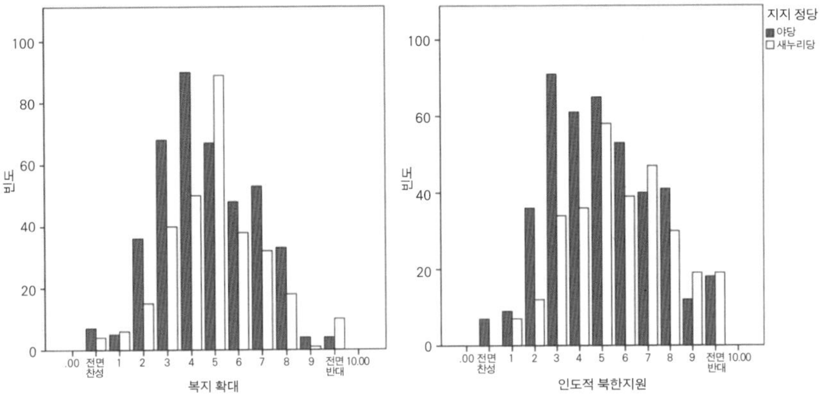

출처: 20대 "국회의원 선거관련 유권자 의식조사"

졌다가 20대 총선에서 다시 작아졌다.[31] 〈그림 3.8〉은 보수정당에게 유리한 다수는 대북안보 쟁점에서 형성되었고 진보정당에게 유리한 다수는 복지쟁점에서 형성되었다는 사실을 보여준다.

다음은 두 쟁점에 대한 유권자들의 입장이 20대 총선에서의 투표결정에 어떤 영향을 미쳤는가를 살펴보았다. 〈그림 3.9〉는 〈그림 3.8〉에서 보여준 2차원적 유권자 분포를 복지쟁점과 대북안보 쟁점에서의 분포로 나누어 보여준다. 〈그림 3.9〉는 복지쟁점에서는 진보 유권자들이, 안보쟁점에서는 보수 유권자들보다 더 많다는 사실을 보여준다. 복지쟁점에서는 3에서 4 사이에 위치한 온건진보 유권자들이 7에서 8사이에 위치한 온건보수 유권자들보다 많았다. 반면, 안보쟁점에서는 8에서 10사이에 위치한 급진보수 유권자들이 많았다.

〈그림 3.9〉는 또한 유권자들이 각 쟁점에 대한 입장에 따라 어떠한 투표결정을 했는가를 보여준다. 짙은 색 막대는 진보적인 야당(더민주당, 국민의 당, 정의당)을 지지한 유권자들을 나타내고, 흰색 막대는 새누리당을 지지한 유권자들을 나타낸다. 〈그림 3.9〉는 유권자들이 정책에 의해서만 투표를 하지 않는다는 사실을 보여준다. 복지쟁점 또는 안보쟁점에서 진

31 유권자들의 이념성향 변화에 대한 논의는 4장 참조.

보(보수)적인 입장을 취하는 유권자들 중 상당 부분이 보수(진보)적인 정당에 투표하였다. 20대 총선은 새누리당의 공천파동으로 야당들이 16년 만에 다수를 차지한 선거이었다. 〈그림 3.9〉는 이러한 정치적 상황을 반영한 결과이다. 대부분의 정책입장에서 야당 지지자들이 여당 지지자들보다 더 많은 것으로 나타났다.

그럼에도 불구하고, 〈그림 3.9〉는 유권자 정책입장이 투표결정에 유의미한 영향을 미친다는 사실을 보여준다. 여당보다 야당을 더 지지하는 비율(회색 막대와 흰색 막대 길이의 차이)이 보수적 정책입장을 가진 유권자들보다 진보적 정책입장을 가진 유권자들에게서 더 높게 관찰되었다. 〈그림 3.9〉는 또한 유권자 투표행태가 쟁점에 따라 유의미한 차이가 있다는 사실을 보여준다. 복지쟁점에서는 진보적인 입장을 취하는 유권자뿐만 아니라 보수적인 입장을 취하는 유권자들도 압도적으로 야당을 지지하였다. 이에 비해, 안보쟁점에서 보수적인 입장을 가진 유권자들의 이탈은 심하지 않았다. 안보쟁점에 대한 입장이 7, 9, 10에 해당하는 보수유권자들은 공천파동에도 불구하고 새누리당을 더 지지하였다. 이러한 관찰결과는 안보쟁점이 복지쟁점보다 유권자들의 투표결정을 더 분명하게 결정한다는 사실을 의미한다.

3.6.2. 정당입장 인식

20대 총선 유권자 의식조사는 유일하게 복지쟁점과 안보쟁점에 대한 유권자들의 입장뿐만 아니라 정당들이 어떠한 입장을 취하는가에 대한 인식을 조사하였다. 〈그림 3.10〉은 복지쟁점과 안보쟁점에 대한 유권자들 자신의 평균입장과 정당입장에 대한 평균인식을 보여준다. 〈그림 3.10〉은 흥미로운 사실들을 보여준다. 첫째, 유권자들은 복지쟁점에서는 정당 간 입장 차가 크지 않다고 인식하는 반면, 안보쟁점에서는 큰 입장 차를 느꼈다. 유권자들의 이러한 인식은 이들의 투표결정에서 안보쟁점이 중요하게 작동하는 이유를 설명한다. 유권자들은 복지쟁점에서는 정당들의 입장 차이가 거의 없다고 생각하므로, 정당들의 복지정책 차이가 초래

〈그림 3.10〉 20대 총선 당시 유권자 평균 입장 및 정당 정책입장 인식

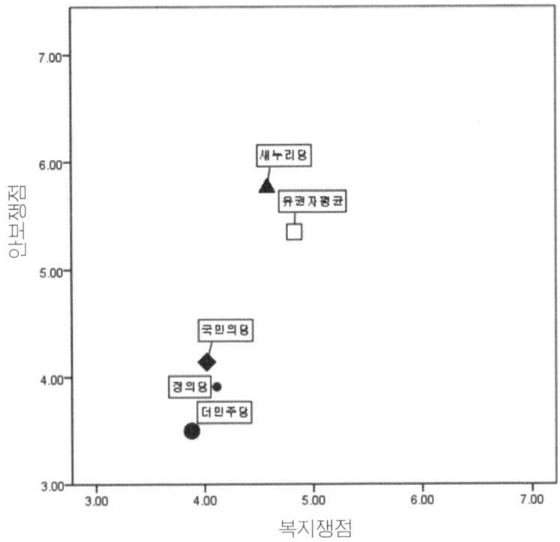

출처: 20대 "국회의원 선거 관련 유권자 의식조사"

할 효용의 차이가 크지 않다고 생각한다. 반면 유권자들은 안보쟁점에서 보수정당과 진보정당의 입장 차를 더 크게 인식하므로, 안보정책 차이가 초래할 효용의 차이를 더 크게 느낀다. 따라서 이들의 투표결정에서 안보쟁점이 더 중요한 요인으로 작동한다.

〈그림 3.10〉은 안보쟁점에서는 새누리당이 유권자 평균보다 더 보수적이고 세 야당은 더 진보적이라는 통념과 일치하는 결과를 보여준다. 그러나 유권자들은 복지쟁점에서는 진보적인 정당들뿐만 아니라 새누리당도 복지쟁점에서 자신들보다 더 진보적이라고 인식했다. 뿐만 아니라, 유권자들은 두 쟁점 모두에서 자신들과 가장 가까운 정당이 새누리당이라고 인식하였고, 두 정책적 차원 모두에서 가장 급진적인 정당이 더민주당이라고 인식했다.[32] 이러한 유권자들의 인식은 〈표 3.2〉가 보여준 정당들의 이념성향에 대한 유권자들의 인식과 상당히 다른 것이다. 유권자들은 진보-보수의 스펙트럼에서 정의당(3.64), 더민주당(3.82), 국민의당(4.10),

32 〈그림 3.10〉이 보여준 바와 같이 20대 총선에서 유권자들이 새누리당을 정책적으로 가장 가깝게 느꼈음에도 불구하고 새누리당이 패배한 원인이 공천파동과 같은 비정책적인 이유 때문이라는 사실을 알 수 있다.

새누리당(7.53) 순으로 배열했다. 응답자의 평균이념은 5.16으로 국민의당과 가장 가까웠다. 유권자들의 정당의 이념성향에 대한 인식과 정책입장에 대한 인식이 이처럼 다른 이유는 유권자들이 정당들의 정책입장에 대한 충분한 정보를 가지고 있지 않고, 새누리당이 유권자들로 하여금 새누리당에 정책적 친밀감을 느끼도록 하는데 성공했기 때문으로 보인다. 자신의 입장은 온건하게 포장하고 상대 정당은 급진적으로 몰아가는 정치광고 전략을 새누리당이 효과적으로 구사한 결과로 보인다.

3.6.3. 유권자의 유인가치 인식

1) 지역주의

민주화 이후, 지역주의는 한국의 선거경쟁에 있어서 중요한 유인가치로 대두되었다. 정당과 후보들은 지역 표를 얻기 위해, 지역개발 및 기반시설 확충, 관공서 유치, 정부예산 배분과 같은 지역적 혜택을 약속하거나 지역정체성에 호소하고 지역감정을 조장하기도 한다. 이러한 전략은 유권자들의 이념적 투표결정에 상당한 영향을 미친다. 〈그림 3.11〉은 17대 총선 이후 6차례의 선거에서 유권자들이 이념과 거주지에 따라 어떻게 투표했는가를 보여준다. 유권자의 이념은 진보(0)에서 보수(10)사이에 분포되어 있다. 흰색 막대는 보수정당 후보를 지지한 유권자들을, 짙은색 막대는 진보정당 후보를 지지한 유권자들을 나타낸다.

〈그림 3.11〉은 영남과 비영호남 지역은 보수 유권자의 비율이 높고 호남은 진보 유권자들의 비율이 높다는 사실을 보여준다. 먼저 비영호남 지역의 유권자들의 투표 행태를 관찰하면, 이들은 영호남 유권자들에 비해 비교적 이념투표를 한다는 사실을 보여준다. 0점과 4점 사이에 있는 진보 유권자들이 보수정당 후보보다 진보정당 후보를 지지할 가능성(짙은 색 막대가 흰색 막대보다 긴 정도)이 2배 이상 높았고, 6점과 10점 사이에 있는 보수 유권자들이 진보정당 후보보다 보수정당 후보를 지지할 가능성(흰색 막대가 짙은 색 막대보다 긴 정도)이 3배 이상 높았다. 이는 비영호남 지역

의 경우 보수 유권자들이 진보 유권자들보다 이념투표를 할 가능성이 높다는 사실을 의미한다. 이처럼 진보 유권자에 비해 보수 유권자가 자신의 이념에 부합하는 정당을 지지할 확률이 더 높은 이유는 보수 유권자들의 결속력이 더 강하거나 보수정당 후보에 더 큰 유인가치를 느끼기 때문이다.

〈그림 3.11〉 이념과 지역에 따른 유권자 투표결정

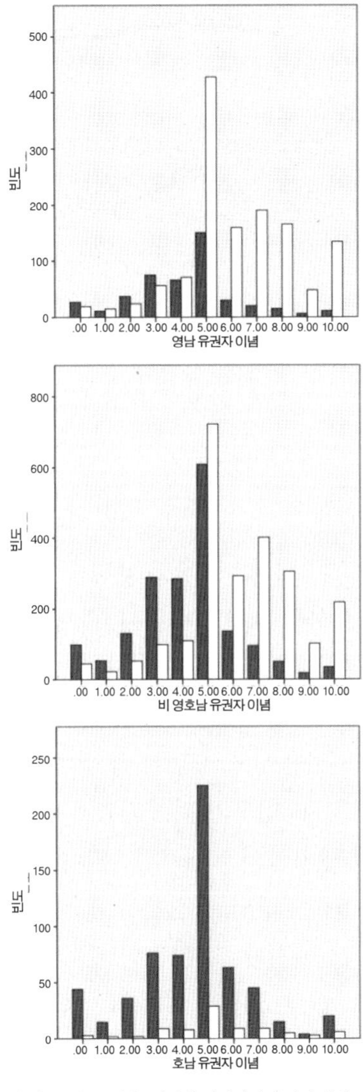

출처: 18대-20대 "국회의원 선거관련 유권자 의식조사" 및 16대-18대 "대통령 선거관련 유권자 의식조사"

〈그림 3.11〉은 비영호남 유권자들에 비해 영호남 유권자들은 이념투표를 할 가능성이 낮다는 사실을 보여준다. 〈그림 3.11〉은 영남에서는 0점과 4점 사이에 있는 진보 유권자들의 흰색 막대와 짙은 색 막대의 길이에 큰 차이가 없다는 사실을 보여준다. 이는 영남의 진보 유권자들도 상당 부분(흰색 막대)이 보수적인 영남 지역정당 후보를 지지했다는 것을 의미한다. 호남에서의 지역주의 투표는 영남보다 더 강하게 나타났다. 6점과 10점 사이에 있는 보수 유권자들의 경우, 보수적인 영남정당 후보보다 진보적인 호남정당 후보를 훨씬 더 많이 지지했다는 사실을 볼 수 있다. 이처럼 지역주의는 유권자들의 이념적 투표결정을 바꿀 수 있도록 만든다. 지역주의 투표를 하는 유권자들은 자신의 지역정당이 더 큰 경제적·심리적 효용을 가져다준다고 생각하면, 자신의 이념과 상관없이 자신의 지역정당에 투표

〈그림 3.12〉 전국 유권(투표)자들 중 영호남 유권(투표)자들이 차지하는 비율

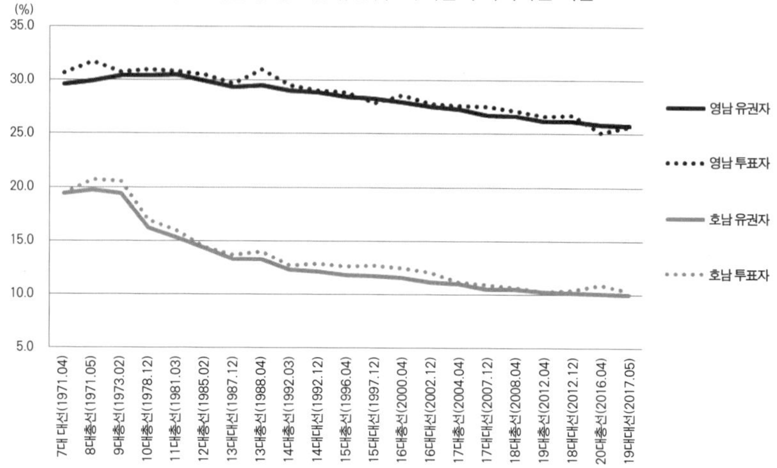

출처: 중앙선거관리 위원회

한다.

〈그림 3.11〉은 호남민들이 영남민보다 지역주의 투표 성향이 강하다는 사실을 보여주었다. 그렇다면 지역주의는 호남 지지 정당에게 더 유리한 결과를 초래하는가? 〈그림 3.12〉는 박정희 후보와 김대중 후보가 경합한 7대 대통령 선거부터 19대 대선까지 영호남 유권(투표)자들이 전체 유권(투표)자들에 차지하는 비율의 변화를 보여준다. 이 기간 동안 수도권에 인구가 집중되면서 영호남 유권자의 비율은 줄어들었으나, 호남 유권자들의 비율이 더 많이 감소했다는 사실을 볼 수 있다. 5대 대선 당시에는 영남 유권자들이 호남 유권자들보다 1.53배 더 많았으나 19대 대선에서는 2.56배 더 많았다. 두 지역에서의 투표자의 비율 역시 비슷하게 나타났다. 따라서 영남정당이 지역주의 투표로부터 얻을 수 있는 잠재적 혜택은 호남정당이 얻는 혜택보다 2.5배 정도 더 크다는 사실을 알 수 있다.

〈그림 3.13〉은 지역정당 전국 지지자들 중 지역거주자들이 차지하는 비율의 변화를 보여준다. 영남정당 후보를 지지한 전국 유권자들 중 영남 거주자들이 차지하는 비율은 평균적으로 37.8% 정도 되는 것으로 나타

〈그림 3.13〉 지역정당(후보) 전국 지지자에서 지역 지지자가 차지하는 비율 변화

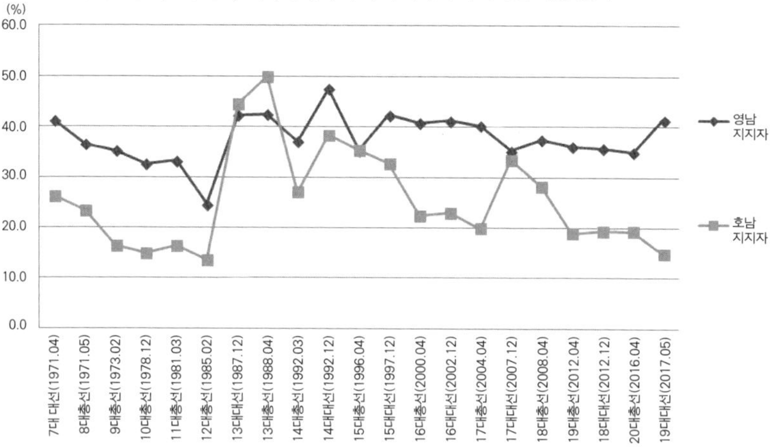

출처: 중앙선거관리 위원회

났다. 이에 반해, 호남정당 후보를 지지한 전국 유권자들 중 호남거주자들이 차지하는 비율은 평균적으로 25.6% 정도 되는 것으로 나타났다. 민주화 직후, 노태우 후보와 3김 후보가 경쟁한 13대 대선에서 김대중 후보는 전체 투표자의 24.3%를 얻었으나 호남투표자의 86.2%를 얻었고, 4개월 후 치러진 13대 총선에서 평민당은 전국과 호남에서 각각 19.3%와 69.1%를 득표하였다. 이러한 전국득표와 지역득표의 격차 때문에 두 선거에서는 호남에서 얻은 득표가 전국의 40%를 상회하였다. 이 두 선거를 제외하면, 전국의 호남정당 후보 지지자들 중 23.8%가 호남거주 지지자였다.

전체 지지자들 중 지역 지지자들 차지하는 비율은 지역정당 지지의 지역집중도를 나타낸다. 이 수치가 높을수록 지역정당이 특정지역에서 집중된 지지를 얻었다는 사실을 의미한다. 이 수치가 증가할수록, 한 정당의 선거승패를 지역민이 결정할 가능성이 증가한다. 영남 지지 후보들 중 영남민들의 지지가 가장 집중된 후보는 김영삼 후보였고, 전국적인 지지를 얻은 후보는 이명박 후보였다. 호남 지지 후보들 중 호남민들의 지지가 가장 집중된 후보는 김대중 후보였고, 전국적인 지지를 얻은 후보는

문재인 후보였다.

지지의 지역집중도는 특정 지역의 전략적 중요성을 의미한다. 〈그림 3.12〉가 보여주듯 영남 유권자는 전체 유권자의 25%정도에 불과하지만, 이들의 영남정당 지지가 전국 지지에서 차지하는 비중은 35%를 넘어선다. 호남 유권자는 전체 유권자의 10% 정도에 불과하지만, 이들의 호남정당 지지가 전국 지지에서 차지하는 비중은 23%를 넘어선다. 지역정당 전국 지지자들에서 영남 유권자가 차지하는 비중이 호남 유권자가 차지하는 비중보다 더 크다는 사실은 지역주의 전략이 영남 정당에 더 유리하게 작동한다는 사실을 의미한다. 이는 달리 말하면 지역주의를 동원하면 영남의 지역정당이 선거에서 더 유리하다는 것을 의미한다.[33]

2) 국정운영 능력에 대한 인식

한국의 정당과 후보들은 자신의 국정 운영 능력을 유인가치로 이용해 가능한 많은 유권자들의 표를 확보하려 한다. 한국에서는 진보정당들보다 보수정당들이 더 효과적으로 자신들의 국정운영 능력이 뛰어나다는 인식을 유권자들에게 지속적으로 심어왔다. 이러한 사실은 국회의원 선거 유권자 의식조사 연구들을 통해서 확인할 수 있다. 이 설문조사들은 18대 총선부터 유권자들에게 정당들의 문제해결 능력을 묻는 문항을 포함시켰다. 18대 총선 의식조사에서는 한국의 가장 중요한 정치적 문제가 무엇인가를 주관식으로 묻고 어떤 정당이 이를 가장 잘 해결할 수 있는가를 물었다. 19대 총선 의식조사에서는 우리사회가 가장 시급하게 해결해야 할 과제를 보기에서 고르도록 하고, 어떤 정당이 이를 가장 잘 해결할 수 있는가를 물었다. 20대 총선 의식조사에서는 중요한 네 쟁점에서 어떤 정당이 문제를 가장 잘 해결할 수 있는가를 물었다.

〈표 3.4〉는 세 설문조사에서 조사된 정당들의 문제해결 능력에 대한

33 실제로 7대 대통령 선거에서 김대중 후보의 등장에 위협을 느낀 박정희 후보 추종 세력들은 영남에서 지역주의를 조장하기 시작했고 지속적으로 지역주의를 부추기는 전략을 구사했다. 이러한 사례들은 6장 참조.

〈표 3.4〉 유권자들의 정당 유인가치 인식

18대 총선 설문조사			
우리나라가 직면한 가장 중요한 정치적 문제를 가장 잘 해결할 정당			
한나라당	통합민주당	친박연대	민주노동당
55.7% (37.5%)	19.3% (25.2%)	6.0% (13.2%)	5.1% (5.7%)
19대 총선 설문조사			
우리사회가 가장 시급하게 해결해야 할 과제			
경제성장	복지확대	정치개혁	교육
40.7%	22.8%	15.5%	7.6%
우리사회가 가장 시급하게 해결해야 할 과제를 가장 잘 해결할 정당			
새누리당	민주통합당	통합진보당	자유선진당
51.8% (42.8%)	36.4% (36.5%)	9.3% (10.3%)	1.2 (3.2%)
20대 총선 설문조사			
남북관계를 가장 잘 해결할 정당			
새누리당	더민주당	국민의당	정의당
43.8% (33.6%)	39.9% (25.5%)	15.1% (26.7%)	1.2% (7.2%)
경제활성화를 가장 잘 해결할 정당			
새누리당	더민주당	국민의당	정의당
43.7%	32.8%	22.1%	1.4%
경제양극화 해소를 가장 잘 해결할 정당			
새누리당	더민주당	국민의당	정의당
33.7%	40.6%	22.6%	3.0%
국방 · 안보를 가장 잘 해결할 정당			
새누리당	더민주당	국민의당	정의당
53.1%	33.1%	12.6%	1.1%

출처: 18대-20대 "국회의원 선거관련 유권자 의식조사"
참고: 각 칸의 수치는 의사표명을 안 하거나 모름에 해당하는 자료들을 제외시키고 정당을 선택한 응답들을 대상으로 다시 계산한 비율임. 괄호 안의 수치는 정당득표율

유권자들의 다음과 같은 인식을 보여준다. 첫째, 응답자들은 보수여당이 문제해결 능력이 더 우월하다고 생각하였다. 특히 국방안보에 대한 능력은 진보정당보다 보수정당이 훨씬 더 능력이 있다고 인식하였다. 진보정당의 능력을 더 높게 평가한 쟁점은 유인가치라기보다 위치쟁점에 더 가까운 경제양극화 해소능력이었다. 둘째, 보수정당과 진보정당 능력에 대한 응답자들의 인식 차이는 이들 정당의 득표율 차이보다 컸다. 셋째, 보수정당 능력에 대한 긍정적인 평가는 점차 줄어들었다. 그럼에도 불구하

고, 20대 총선 설문조사에서 50%를 상회하는 응답자들이 진보정당보다 보수정당이 국방·안보 문제를 더 잘 해결할 수 있다고 인식하였다.

〈표 3.4〉의 결과는 18대 총선에서 20대 총선까지 보수여당은 경제성장 능력 및 안보능력과 같은 유인가치의 이점을 누렸다는 사실을 보여준다. 이러한 보수정당이 누리는 유인가치의 이점은 오랜 세월을 두고 형성된 것이다. 한국의 보수정당들은 프레임 경쟁에서 경제성장 및 안보능력이라는 유인쟁점을 선점해왔다. 3.4장에서 살펴봤듯이, 권위주의 정권은 성장주의를 통해 경제성장 능력을, 반공이데올로기를 통해 안보능력을 자신의 유인가치로 내세워왔다. 민주화 이후, 보수정권은 신자유주의 이데올로기와 색깔론을 통해 경제성장 및 안보능력은 보수정당이 우월하다는 인식을 유권자들에게 심어왔다. 이에 대응해서, 진보정당들은 도덕성, 평등, 정의라는 규범적인 유인가치를 내세워왔다.

그러나 도덕성과 같은 규범적 유인가치는 경제성장 능력 또는 안보능력에 비해 유인가치로서의 효과가 작다. 이는 왜냐하면 유권자들은 추상적인 규범적 가치보다 먹고사는 현실적인 문제에 더 민감하게 반응하기 때문이다. 민주주의나 정의실현 같은 추상적인 가치를 현실적인 문제로 느끼게 하는 최순실 사태와 같은 파국적인 부정부패 사건이 터지지 않는 한, 유권자들에게 먹고사는 문제에 더 관심이 많다. 뿐만 아니라, 정당들의 유인쟁점 경쟁에서 보수정당은 자신의 유인가치를 더 효과적으로 광고할 수 있는 능력을 가지고 있다. 자본주의에서의 정치광고는 막강한 자본력을 필요로 한다. 여론조사 분석 및 효과적인 정치광고 제작에 필요한 전문가 집단의 고용, 유인가치 광고에 필요한 인력조달 및 조직운영은 막대한 자본을 필요로 한다. 따라서 대기업, 기득권 집단과 보수언론의 지원을 받는 보수정당들은 광고능력에 있어서 우위를 점할 수밖에 없다.

3.7. 한국 정당의 유인가치 실체

한국에서의 선거경쟁은 서구와 같이 재분배 정책을 중심으로 전개되는 것이 아니라 안보능력, 경제성장, 지역적 혜택 제공이라는 유인가치를 중심으로 전개된다. 보수정당들은 물론이고 주요 진보정당도 선명한 재분배 정책을 제시하기 보다는 이러한 유인가치 광고에 집중한다. 선거 때마다 정당들은 자신의 지지계층을 대변하는 선명한 정책을 제시하기보다는 국가안보를 튼튼히 하고 국가경제와 지역경제를 살린다는 주장을 되풀이한다. 한국의 주요 정당들이 이처럼 유인가치 중심의 선거경쟁을 하는 이유는 표를 의식한 선거 전략이기도 하지만, 이들의 재분배 정책에 큰 차이가 없기 때문이기도 하다. 전술한 바와 같이, 한국의 주요 진보정당은 사실 계급적·계층적 이해를 대변하는 계급정당이 아니라 기득권 세력에 반대하는 정치엘리트로 구성된 중도정당이라 볼 수 있다. 따라서 이들은 서구 수준의 진보적인 재분배 정책을 추구할 강한 동기를 가지고 있지 않다. 우파정당과 중도정당이 경쟁하는 협애한 정당체제에서는 유권자들이 정당 간의 정책적 입장 차를 인식하기 힘들기 때문에 선거는 유인가치 중심으로 치러질 가능성이 높다.

한국이 정책대결 없는 유인가치 중심의 선거경쟁을 한다는 사실은 정권의 재정지출 내역에 반영된다. 일반적으로 진보정당들은 복지확대를, 보수정당들은 국방강화를 추구한다. 그러나 비차별적 정책입장을 가진 한국정당들은 정책대결을 하지 않으므로, 정권교체에 따른 재정지출 내역의 큰 변동은 관찰되지 않는다. 〈그림 3.14〉는 정부 공공 지출비 대비 사회보장비 및 국방비 지출비율을 한국, 미국, OECD 국가들 간에 비교한 것이다. 검은 색 선들은 한국, 어두운 색 선들은 미국, 밝은 색 선들은 OECD 국가 평균을 나타낸다. 한국을 나타내는 두 선에서 점선으로 표시된 부분은 진보정권에서의 지출비율을 나타낸다.

〈그림 3.14〉는 세 국가 집단 중 한국의 사회보장지출 비율이 가장 낮고 OECD 국가들의 국방지출 비율이 가장 낮다는 것을 보여준다. 2014년 한국의 사회보장지출 비율은 30개 OECD 국가들 중 최하위인 19.4%를 기록했다. OECD 국가들의 평균 사회보장지출 비율이 36.3%인 점을 감안하면, 한국에서의 사회보장지출 비율은 OECD 국가평균의 절반 정도

〈그림 3.14〉 정부공공 지출에서 사회보장비 및 국방비 지출이 차지하는 비율

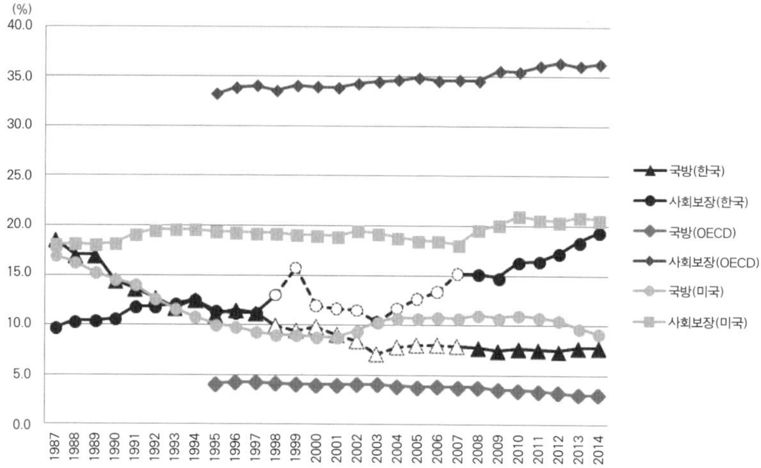

출처: OECD (2017). https://data.oecd.org/ (검색일 2017.04.04)

에 불과했다. 사회보장지출 비율이 20.7%에 불과한 미국은 하위 2위를 기록하였다. 반면 정부지출의 9.23%를 국방비로 사용한 미국은 국방지출 비율에서 1위를 기록하였다. 한국은 이스라엘에 이어서 3위를 기록하였다. 사회보장지출 비율은 2007년 이후 세 국가 집단 모두 증가하는 것을 관찰할 수 있다. 한국의 사회보장지출 비율이 가장 빨리 증가하고 있지만 2014년까지도 최하위에 머물렀다. 국방비의 경우, OECD 국가들의 비율은 감소하고 있고 미국은 2011년부터 감소하는 추세임에 비해, 한국은 이전과 비슷한 수준을 유지하고 있다.

〈그림 3.14〉는 한국에서의 재정지출 내역이 미국과 유사하고 OECD 국가들과 매우 다르다는 사실을 보여준다. 이러한 관찰결과는 한국과 미국의 정당체제가 매우 유사하다는 〈그림 3.1〉의 결과와 부합한다. 〈그림 3.1〉은 한국과 미국의 정당체제는 매우 협애하다는 사실을 보여주었다. 〈그림 3.1〉은 한국은 주요 우파정당과 대등하게 경쟁할 수 있는 좌파정당이 존재하지 않으며, 한국의 주요 정당들의 입장 차는 크게 다르지 않다는 사실을 보여주었다. 〈그림 3.1〉은 또한 미국의 민주당 역시 서구의 좌파정당들보다 훨씬 온건한 입장이라는 사실을 보여주었다. 〈그림 3.1〉이

보여준 내용은 한국과 미국에서의 복지지출 비율이 왜 OECD국가의 최하위에 해당되는가를 설명한다. 두 국가 모두 유력한 좌파정당이 없으며, 이러한 좌파정당의 부재는 낮은 수준의 복지지출로 이어졌을 가능성이 높다.[34]

〈그림 3.14〉는 또한 한국 정권의 변화에 따른 재정지출의 변화를 보여준다. 〈그림 3.14〉는 보수정권과 진보정권의 재정지출에 큰 차이가 없다는 사실을 보여준다. 사회보장지출의 경우, 국민의 정부에서는 1999년까지 급격히 증가했다가 2002년에 이전 정부 수준으로 다시 감소하였다. 참여정부에서는 사회보장지출이 꾸준히 증가하였으나 이러한 증가추세는 차기 보수정권에서도 발견되었다. 국방지출의 경우, 국민의 정부에서 국방비가 꾸준히 감소하다가 참여정부부터는 비슷한 수준을 계속 유지하였다. 참여정부 이후 보수정권에서 국방비지출 비율이 증가하지는 않았다. 이러한 관찰결과는 진보정권이라고 해서 복지확대를 위해 안보를 소홀히 하는 것도 아니고, 보수정권이라고 해서 안보를 위해 복지를 축소시키는 것도 아니라는 사실을 의미한다. 〈그림 3.14〉가 보여준 결과를 요약하면, 민주화 이후 역대 정부에서 보수정당들이 진보정당보다 안보에 더 집중한다거나 진보정당이 보수정당보다 경제적 약자를 더 배려할 것이라는 믿음을 뒷받침할 정도로 차별적인 재정지출이 이루어지지 않았다는 것이다.

〈그림 3.15〉는 1987년 이후 무기 수입액의 변화를 보여준다. 〈그림 3.15〉는 보수정권이 진보정권보다 더 많은 무기를 수입한 것은 아니라는 사실을 보여준다. 노태우 정부와 김영삼 정부에서는 임기 전반에 무기수입이 증가했다가 후반에는 감소했다. 김대중 정부는 무기수입을 지속적으로 감소시켰으나 노무현 정부는 지속적으로 증가시켰다. 이명박 정부

34 많은 경험연구들은 좌파정부가 강할수록 복지지출이 증가한다는 사실을 발견하였다(Cameron 1978; Castles 1982; Esping-Andersen 1990; Garret 1998; Hibbs 1977; Hicks 1999; Korpi 1983; Swank 1988). 일부 연구들은 이러한 사실을 뒷받침하지 않는 결과를 발견하기도 하거나(Pampel and Williamson 1988), 1970년대 중반부터 정부의 정파성과 복지지출과의 관계가 약화되었다는 사실을 발견하였다(Huber and Stephen 2001; Pierson 1996).

〈그림 3.15〉 정권에 따른 무기 수입액의 변화 (단위: 1990년 기준 백만 달러)

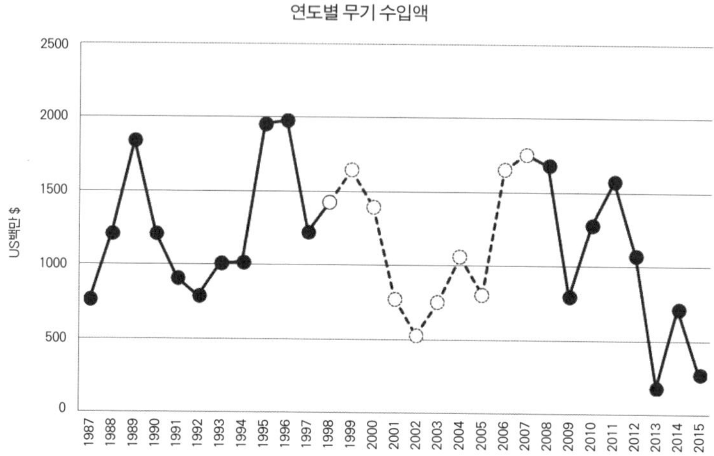

출처: Stockholm international peace research institute
https://www.sipri.org/databases (검색일 2017.04.04)

〈그림 3.16〉 거시경제 성과의 변화

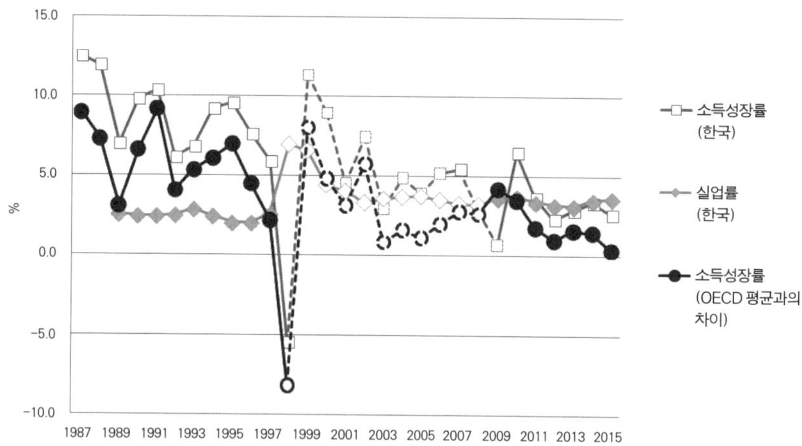

출처: OECD (2017). https://data.oecd.org/ (검색일 2017.04.04)

에서는 무기수입이 감소했다가 증가한 반면, 박근혜 정부에서는 지속적으로 감소했다. 연평균 무기 수입액에 대한 정부별 순위를 보면, 김영삼 정부(14.4억 달러), 이명박 정부(12.8억 달러), 노무현 정부(12.0억 달러), 김대중 정부(11.5억 달러), 노태우 정부(11.2억 달러), 박근혜 정부(3.9억 달러) 순으로 나타났다. 진보정권과 보수정권의 무기수입액 평균은 각각 11.8억 달러와 11.3억 달러로, 진보정권이 보수정권보다 오히려 무기수입을 더 많이 했으나 이러한 차이는 무시할 정도였다. 보수정권이 진보정권보다 안보에 더 집중한다는 경험적 근거가 무기수입액의 차이에서는 관찰되지 않았다.

〈그림 3.16〉은 거시경제 성과의 정권별 차이를 보여준다. 어두운 색으로 표시된 소득성장률의 변화를 관찰하면, 국민소득(GDP) 성장률은 점점 하락하고 있다는 것을 볼 수 있다. IMF 사태를 촉발시킨 김영삼 정부 집권기간에 1998년을 포함시켜 소득성장률의 정권별 평균을 계산해 보면, 진보정권이 보수정권보다 미세하게 더 높은 소득성장률을 기록했다(6.07% 대 5.81%).[35] 소득성장률의 하락추세가 OECD 국가들의 하락추세를 반영한 것일 수도 있기 때문에 한국이 OECD 국가 평균에 비해 얼마나 더 성장했는가를 측정했다. 〈그림 3.16〉에서 검은 선은 OECD 국가 대비 한국의 상대적 소득성장률 역시 점차 하락하고 있다는 사실을 보여준다. 한국이 OECD에 가입하기 전 개발도상국이었을 때는 OECD 국가들보다 상당히 높은 성장률을 기록했다. 그러나 IMF 사태가 발발한 직후 1998년에는 -5%를 넘는 마이너스 성장을 했다가 IMF를 극복한 국민의 정부에서는 예전의 성장률을 회복했다. 1996년 OECD 가입 이후 한국의 경제가 어느 수준에 도달한 이후부터는 점차 OECD 경제성장률에 수렴하고 있다. 2015년 한국의 소득성장률은 OECD 국가평균과 거의 차이가 나지 않았다. 결론적으로 〈그림 3.16〉은 정권의 이념과 거시적 경제발전 성과는 무관하다는 사실을 보여준다.

다음은 정당들의 주장처럼 이들의 집권이 지역경제에 영향을 미치는가를 살펴보자. 〈그림 3.17〉은 수도권 일인당 생산액 대비 지역민 일인당 생산액의 비율의 변화를 보여준 것이다. 1987년에 영남민의 일인당 생산

35 각 정부에서의 소득성장률은 다음과 같다. 노태우 정부: 9.06%, 김영삼 정부: 5.61%, 김대중 정부 8.05%, 노무현 정부: 4.48%, 이명박 정부: 3.20%, 박근혜 정부: 2.95%

〈그림 3.17〉 수도권 대비 지역민 일인당 생산비율의 변화

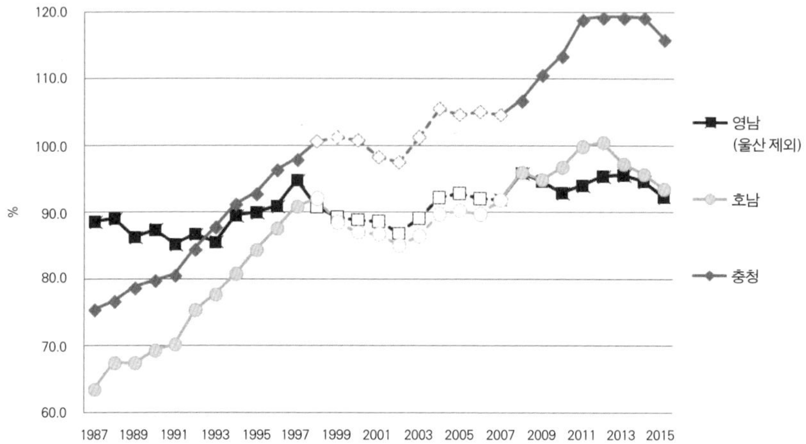

출처: 한국은행, 국민계정 http://kosis.kr (검색일 2017.04.06)

액은 수도권 일인당 88.6%에 달한 반면, 호남민은 63.5%에 불과했다. 그러나 영남민의 일인당 생산액은 가장 느리게 증가했고, 충청민의 생산액이 가장 빠르게 증가했다. 영남민과 호남민의 일인당 생산액 격차는 점점 감소하다가 김영삼 정부 말기에 거의 차이가 없어졌다. 김대중 정부부터는 호남민의 일인당 생산액의 급격한 상승세가 꺾여 노무현 정부까지 수도권 대비 90% 정도의 비율을 유지했다. 이명박 정부에서는 오히려 호남민의 일인당 생산액이 영남민의 생산액을 추월했다가 박근혜 정부에서 비슷한 수준으로 다시 하락하였다. 이에 반해, 충청민의 일인당 생산액은 김대중 정부부터 수도권 지역민의 생산액과 같은 수준에 도달한 이후 노무현 정부부터는 이를 뛰어넘기 시작했다. 〈그림 3.17〉의 자료를 종합하면, 충청민의 일인당 생산액은 모든 정부에서 가장 빠르게 증가한 반면, 영남민과 호남민의 생산액은 각각 영남정권과 호남정권에서 가장 느리게 증가하였다. 〈그림 3.17〉은 지역정당이 정권을 잡으면 이들 지역의 생산이 촉진되는 것이 아니라 오히려 다른 지역 생산이 촉진되어 왔다는 사실을 보여준다.

〈그림 3.18〉은 수도권 일인당 소득액 대비 지역민 일인당 소득액의 비

〈그림 3.18〉 수도권 대비 지역민 일인당 소득비율의 변화

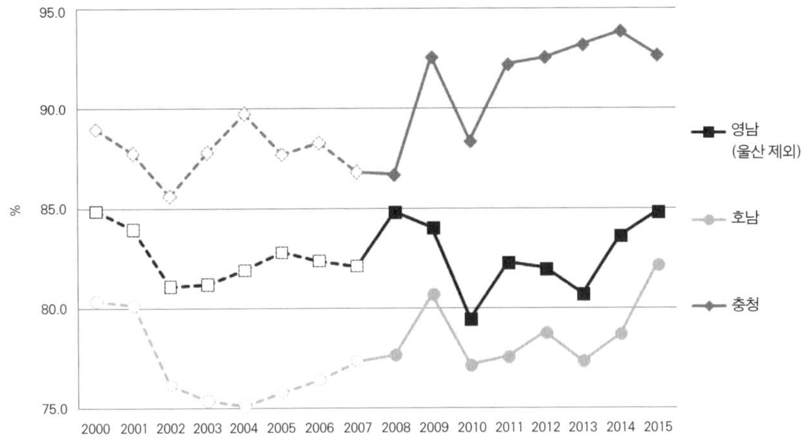

출처: 한국은행, 국민계정 http://kosis.kr (검색일 2017.04.06)
참고: 2000년 이전의 소득 자료는 수집되지 않았음

율의 변화를 보여준 것이다. 〈그림 3.17〉과 〈그림 3.18〉을 비교해보면, 수도권보다 일인당 생산액이 더 높다고 일인당 소득액도 더 높은 것은 아니라는 사실을 알 수 있다. 세 지역민 모두 일인당 소득액은 수도권 지역민보다 더 낮았다.[36] 세 지역민들 중 충청민의 소득이 가장 높았고 호남민의 소득이 가장 낮았다. 소득의 변화를 정권별로 살펴보면, 김대중 정부 말에는 세 지역민의 수도권 대비 소득은 모두 감소하였다. 노무현 정부에서는 충청민 소득이 가장 먼저 반등했고 호남민의 소득이 가장 늦게 증가했다. 이명박 정부에서는 세 지역민의 소득이 등락을 반복하다가, 박근혜 정부에서는 점차 증가하였다. 〈그림 3.18〉은 영남(호남)정권에서 영남(호남)민의 소득이 다른 지역보다 더 많이 증가하지 않았다는 사실을 보여준다.

〈그림 3.19〉는 수도권 대비 지역민 일인당 생산 및 소득비율의 변화를 정권별로 보여준 것이다. 〈그림 3.19〉는 수도권 대비 충청민의 일인당 생산이 가장 가파르게 증가했다는 사실을 보여준다. 영남민의 일인당 생산

36 이러한 이유는 수도권 부동산 가격 상승으로 인해 수도권 지역민의 소득이 더 빨리 증가했고 및 수도권 사업가들이 하는 지방 사업에서 지역민들이 생산을 맡기 때문으로 추측된다.

〈그림 3.19〉 수도권 대비 지역민 일인당 생산 및 소득 비율의 정권별 변화

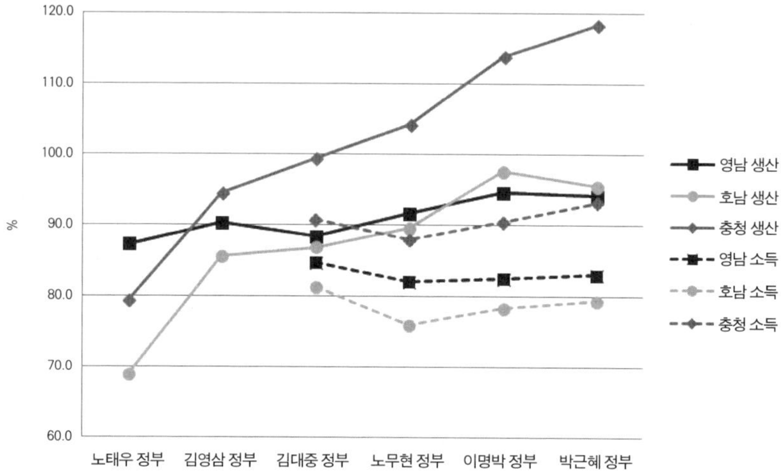

출처: 한국은행, 국민계정 http://kosis.kr (검색일 2017.04.06)

은 크게 변하지 않았다. 세 지역민의 일인당 생산액이 수도권에 비해 더 증가했다고 해서, 이들의 일인당 소득액이 수도권보다 더 증가한 것은 아니다. 오히려 노무현 정부에서 세 지역민들의 수도권 대비 상대소득은 큰 폭으로 하락했다가 이명박 정부부터 다시 상승했으나 영호남민의 소득은 김대중 정부의 수준에 못 미치고 있다. 이 두 지역민의 소득은 수도권 소득의 80% 정도에 머무르고 있다. 수도권 소득에 비해 호남민들의 소득은 노무현 정부에서 가장 많이 감소하였고 영남민들의 소득은 이명박 정부나 박근혜 정부에서 더 상승하지 않았다. 〈그림 3.19〉는 지역정당의 집권과 지역경제 발전은 무관하다는 사실을 결론적으로 보여준다.

3.8. 결론

일반적으로 유권자들의 투표결정은 사회균열 및 정당체제와 같은 구조적 요인, 유권자들의 개인적 특성과 소속집단의 정체성, 정당들의 전략들

과 같은 변수들에 의해 영향을 받는다. 이 장에서는 한국에서 사회균열이 어떻게 형성되었고, 이러한 사회균열에 의해 형성된 정당체제에서 선거경쟁이 어떻게 전개되는가를 살펴보았다. 한국에서는 약하게 형성된 계급균열을 남북균열이 가로지르고, 이러한 균열구조는 서구에서 발견되는 재분배 정책 중심의 분극적인 정당체제가 형성되기 어렵게 만들었다. 분단 상황이 초래한 우파와 중도정당으로 구성된 협애한 정당체제에서는 국가안보 능력, 국가 및 지역 경제발전 능력이라는 유인가치 중심으로 선거가 치러져왔다. 특히 보수정당들은 이러한 유인가치를 선점하고 자신들이 이러한 능력에 우위가 있다는 인식을 심어 왔다. 동시에 안보쟁점을 부각시켜 선거가 안보쟁점을 중심으로 치러지게 하고, 색깔론을 통해 중도에 가까운 진보정당을 좌파라는 인식을 확산시켜 왔다. 이 장에서는 이러한 전략이 어떻게 보수정당에게 유리한 다수를 형성시킬 수 있는가를 설명하였다. 마지막으로 한국 선거경쟁의 주요 쟁점인 국가안보 능력, 국가 및 지역 경제발전 능력과 같은 유인가치들은 실체가 없다는 사실을 보여주는 경험적 증거들을 제시하였다.

민주주의가 정상적으로 작동하기 위해서는 정당들이 실체가 있는 정책들을 제시하고, 유권자들은 이를 근거로 자신에게 정책적 이익을 제공할 정당을 지지할 수 있어야 한다. 정당들은 자신의 정책에 대한 공약이행 및 국정운영 성과에 따른 책임을 지고 선거를 통해서 심판받는 것이 민주주의의 정상적인 모습이다. 그러나 유권자들은 정치에 관심이 있거나 충분한 정치정보를 가지고 있지 않다. 유권자들은 정당들의 정책입장을 잘 모르며 정당들의 유인가치에 대한 과대광고와 허위광고에 쉽게 현혹된다. 이럴 경우, 효과적인 정당전략을 구사하고 정치광고에 자원을 제공할 수 있는 소수세력들이 자신에 유리한 다수를 형성하고 다수를 지배하게 된다. 한국 선거경쟁에서 현저한 유인가치들이 대부분 실체가 없다는 사실은 한국의 민주주의가 얼마나 비정상적으로 작동해왔는가를 보여준다. 선거경쟁이 이처럼 실체 없는 유인가치를 중심으로 전개되면, 정치정보가 부족한 유권자일수록 자신에게 정책적으로 손해를 끼칠 정당에게 투표할 가능성이 높다. 특히 교육수준과 소득수준이 낮은 유권자들은 정치정보가 더 부족하며, 이들은 자신의 이익에 반하는 투표결정을 할 가능성이 높다.[37]

선거경쟁이 실체 없는 유인가치를 중심으로 전개되는 한국 민주주의의 현실은 민주주의 선거결과의 합리성을 믿는 이상주의적 시각이나 선거의 심판기능을 믿는 최소주의적 시각과 부합하지 않는 사례이다. 그러나 한국 민주주의를 현실주의자의 비관적인 시각에서 바라볼 필요는 없다. 이 책이 제시한 제도주의적 시각에서는 한국에서의 정치경쟁이 실체 없는 유인가치를 중심으로 작동하도록 하는 원인들을 파악하면 제도적 해법을 통해 문제점들을 개선시킬 수 있다고 믿는다. 시민들은 항상 불안정한 정치적 선호를 가지고 정당들의 유인가치 광고에 정치적 선호를 바꾸는 것은 아니다. 예컨대, 국가적으로 중요한 정치경제적 사건이 발생하면 시민들은 정치에 관심을 가지게 되고 분명하고 안정적인 정치적 태도를 형성시킨다. 최순실 사태 이후 보수정당에 대한 지지율 폭락은 한국 유권자들의 보수정당 유인가치의 실체에 대한 인식에 큰 변화를 가져왔음을 의미한다. 최순실 사태는 민주주의 이후 형성된 보수중심의 정당체제를 와해시킬 정도로 보수세력에 대한 부정적인 선호를 형성시켰다. 이러한 선호는 색깔론이나 지역주의와 같은 실체 없는 유인가치에 흔들리지 않고 박근혜 대통령 탄핵과 19대 대선까지 견고하게 유지되었다.

정치적 사건보다 더 안정적이고 지속적으로 유권자들의 정치적 선호에 영향을 미치는 것은 정당체제이다. 한국 유권자들이 유인가치에 민감하게 반응하는 것은 정당체제의 협애성 때문이다. 정당 간의 정책적 입장에 대해 큰 차이를 느끼지 못하는 유권자들의 투표결정은 유인가치에 흔들릴 수밖에 없다. 정당 간의 정책적 입장 차이가 분명할수록 유권자들은 유인가치에 의해 자신들의 정책적 투표결정을 바꾸지 않는다. 따라서 민주주의의 정상적인 작동의 전제조건은 유권자들이 자신에게 정책적 혜

37 이러한 주장에 대한 경험적 근거는 12장 참조.

택을 줄 수 있는 정당에 투표할 수 있도록 정당들이 선명한 정책을 제시하는 것이다. 이럴 경우, 유권자들은 투표결정에 필요한 정치정보 습득에 들어가는 비용을 줄일 수 있게 되고, 이들이 정확하고 안정된 투표결정을 하게 될 가능성은 높아진다. 이 책의 제도주의적 시각은 정당들이 선명한 정책대결을 하고 유권자들은 자신에게 정책적 혜택을 줄 수 있는 정당에 투표할 수 있도록 하는 제도적 방안을 찾는 것이 한국 민주주의의 정상적인 작동을 위한 가장 핵심적인 해결책이라 믿는다.[38]

38 이러한 제도적 방안에 대한 논의는 필자가 집필 중인《한국 정치제도의 작동원리와 제도개혁 방안》참고.

4장

유권자 이념성향의 구조와 변화: 지역, 세대 및 정책적 선호

4.1. 서론

1장에서는 민주주의 선거에서 다수가 어떻게 형성되는가를 설명하는 이론적 모형을 제시하였다. 이 모형에 의하면, 유권자들의 선천적 특성, 후천적 정체성, 사회균열, 정당체제, 정치적 사건, 정당전략이 유권자의 이념성향 및 위치쟁점에 대한 선호에 영향을 미치고, 유권자들의 이념과 정책적 선호는 차례로 이들의 투표결정에 영향을 미쳐 다수가 형성된다. 3장에서는 한국에서의 정치경쟁의 특징 및 다수형성의 원리를 설명하기 위해 이 모형을 적용하였다. 3장에서는 여러 변수들 중 특히 구조적 변수(사회균열과 정당체제)와 정치적 변수(정당전략)가 유권자의 이념형성과 투표결정에 미치는 영향을 설명하였다.

이 장에서는 1장의 모형에서 제시된 유권자들의 개인적 특성들, 특히 이들의 소속집단이 가지고 있는 이념적 정체성이 유권자들의 주관적 이념에 어떠한 영향을 미치는가를 분석한다. 3장의 설명에 의하면, 한국에서는 계급균열에 비해 남북균열이 더 깊게 형성되었다. 이러한 사회균열 구조는 소득재분배 문제보다 대북입장이 정치경쟁에서 더 현저한 쟁점으로 부각되는 결과를 초래하였다. 이러한 정치경쟁 구도는 차례로 계급 또는 소득집단 간이 아닌 세대 또는 지역 간의 이념갈등이 전개되는 한국의 독특한 갈등구조를 형성시켰다. 대부분의 선진 민주주의 국가에서 발견되는 재분배 정책을 둘러싸고 전개되는 이념갈등은 반공세대와 이후 세대 간의 갈등으로 대체되고, 햇빛정책을 지지하는 호남과 이에 맞서는 영남의 갈등으로 대체되었다.

이 장은 다음과 같은 질문들을 분석한다. 한국에서의 이념갈등은 경제적 차원과 대북입장 차원 중 어떤 차원에서 더 현저하게 전개되는가? 유권자의 경제적 지위, 세대, 지역 중 어떠한 변수가 이들의 이념형성에 유의미한 영향을 미치는가? 세대 및 지역 간 이념 차이는 실제로 존재하며, 존재한다면 얼마나 심각한가? 세대 및 지역 간 이념 차이가 이들 갈등집단 간의 상호 배타적 의식을 반영한 것인가 아니면 정책적 선호 차이를 반영하는 것인가? 한국에서의 이념갈등의 구조는 변화하고 있는가? 이러한 질문들에 답하기 위해, 이 장에서 15대 대선에서 20대 총선에 이르기까지의 설문조사 자료들을 통합한 자료를 분석한다.

이 장은 아래와 같이 구성되어 있다. 4.2절에서는 한국선거에서의 이념갈등에 대한 선행연구들을 검토한다. 4.3절에서는 한국 유권자의 이념성향의 구조와 변화를 분석한다. 이 절에서는 지역 및 세대 간 이념갈등이 통시적으로 어떻게 변해왔는가를 분석한다. 4.4절에서는 다중회귀 분석을 이용해서 유권자의 이념에 어떠한 변수들이 영향을 미치는가를 분석한다. 이 절에서는 특히 정책변수가 유권자 이념성향에 미치는 영향을 분석한다. 이 절에서는 또한 지역 및 세대 간 이념 차이에 추세적인 변화가 있는가를 분석한다. 결론에서는 이 장의 분석결과를 요약하고 이 장의 발견이 제시하는 시사점에 대해서 논의한다.

4.2. 선행연구

한국에서 이념갈등이 심화되기 전, 국내의 경험연구들은 주로 지역갈등의 원인에 대한 분석을 수행하였다(김만흠 1994, 1997; 문용직 1992; 손호철 1996; 이갑윤 1998, 2002; 이남영 1998; 조기숙 1996, 2000; 최영진 1999; 최장집

1989, 1991, 1998; 황태연 1996).[1] 이들 연구들 중 일부 학자들은 호남과 영남, 또는 호남과 반호남의 지역주의가 지역민들 간의 갈등의 결과가 아니라 이념적 갈등의 반영이라는 입장을 제시하였다(최장집 1991; 김만흠 1994). 후속 지역주의 연구들은 지역주의가 순수하게 지역적인 것인가 아니면 이념적인 것인가라는 문제를 분석하였다(강원택 2003; 백준기 등 2003; 문우진 2009a; 이갑윤 2002).

그러나 경험연구들은 일치하는 결과를 제시하지 않았다. 이갑윤(2002)은 한국선거연구회에서 2000년 4월에 실시한 유권자 의식조사 자료를 분석한 결과 호남이 영남보다 진보적이지만 "구체적인 가치관을 다루는 설문에서는 지역별 차이가 거의 나타나고 있지 않다"고 주장한다(2002, 162). 강원택(2003) 역시 지역균열과 이념균열이 중첩되지 않았다는 입장을 제시하였다. 반면, 백준기 등(2004)은 2002년 8월에 실시된 여론조사를 분석한 결과 지역주의와 이념균열이 "상당히 중첩되어" 있다는 사실을 발견하였다. 문우진(2009a) 역시 16대 총선 자료 분석을 통해 지역주의와 이념균열이 서로 중첩되어 있으며, 이러한 결과는 17대 총선자료 분석을 통해서도 확인되었다.

16대 대선 이후 지역주의가 약화되면서 학자들은 이념갈등에 주의를 기울이기 시작했다. 경험연구들은 한국 유권자의 진보-보수 이념은 경제적 차원에서 형성되지 않았다는 사실을 보여주었다(김무경·이갑윤 2005; 박경미 등 2012). 최준영·조진만(2005)은 유권자의 이념이 2004년 17대 총선에서의 투표결정에 영향을 미쳤다는 사실을 발견했다. 문우진(2009a)은 17대 총선에서 유권자의 이념과 지지정당 이념과의 거리가 투표결정에 영향을 미친다는 사실을 발견했다. 이갑윤·이현우(2008)는 2002년 16대 대선에서는 이념투표가 의미가 없었으나, 2007년 17대 대선에서는 영향을 미쳤다는 사실을 발견했다. 안용흔(2013)은 2012년 18대 대선에서 유권자의 이념성향이 후보지지에 영향을 미쳤다는 분석결과를 제시했다.

---

1 기존 지역주의 연구에 대한 자세한 문헌 검토는 6장 참고.

이에 반해, 황아란(2008)과 이재철(2008)은 17대 대선에서 유권자의 이념이 투표선택에 영향을 미치지 않는다는 결과를 제시했다. 이내영·허석재(2010)는 유권자들이 자신이 지지한 후보에 대해 이념적 친밀감을 느끼는 '투사효과'가 있다는 사실을 보여주었다.

최근 연구들은 유권자들의 이념과 정당의 이념의 근접성(proximity)과 방향성(direction)이 미치는 상대적 영향을 분석하였다. 지병근(Jhee 2006)은 17대 대선에서 유권자들은 이념적 거리의 근접성보다는 이념적으로 같은 방향에 있는 후보를 지지했다는 사실을 발견했다. 이내영(2009)은 17대 총선에 비해 18대 총선에서 유권자의 주관적 이념 및 유권자 이념과 지지정당 이념의 방향성의 영향은 약화되었으나, 유권자의 이념과 경쟁정당들의 이념들과의 상대적 근접성의 영향은 유지되었다는 사실을 발견했다. 이에 반해, 이지호(2009)는 민주화 이후 정당의 위치는 이들을 지지한 유권자들의 이념분포와 동일한 방향에 있다는 사실을 발견했다. 김성연·정효명(2014)은 19대 총선에서 유권자의 이념이 보수적일수록 보수적인 정당후보를 지지한다는 결과를 제시했다. 이에 반해, 장승진(2012)은 19대 총선에서 후보와 유권자의 이념적 거리는 유권자의 지역구 후보 및 정당 투표에 영향을 미치지 않는다고 주장하였다.

강원택(2003)은 한국에서도 이념갈등이 표출되고 있지만, 서구와는 달리 계급 간의 갈등이 아닌 세대 간의 갈등을 통해 나타나고 있다고 주장하였다. 2002년 16대 대선에서 젊은 세대가 적극적으로 정치에 참여하면서 다수의 연구들은 세대를 중요한 변수로 주목하였다(강원택 2003; 김주찬 · 윤성이 2003; 노환희 등 2013; 허석재 2014). 일부 연구들은 세대 대신 연령에 따른 이념성향 및 정당지지 차이를 분석하였다. 이 연구들은 17대 총선부터 연령이 유권자의 투표결정에 유의미한 영향을 미친다는 사실을 발견했다. 문우진(Moon 2005)은 2000년 16대 총선에서는 연령이 정당선택에 유의미한 영향을 미치지 않았다는 사실을 발견했으나, 17대 총선에서는 유의미한 영향을 미친다는 결과를 얻었다(문우진 2009a). 다른 연구들도 17대 총선과 17대 대선에서 연령이 정당선택에 유의미한 영향을 미친다는 사실을 발견하였다(이내영 2009; 이갑윤 · 이현우 2008). 안용흔(2013)은 2012년 18대 대선에서도 유권자의 연령세대가 투표결정에 유의미한 영향을 미친다는 사실을 발견했다. 김성연·정효명(2014) 역시 19대 총선에서도 나이가 많은 유권자가 보수적인 정당 후보를 지지할 확률이 높다고 분석했다. 다른 연구들 역시 연령에 따른 정치적 태도나 이념성향, 정당지지 및 정책선호를 분석하였다(강원택 2003; 김욱 2006; 박원호 2012; 이내영 2002; 최준영·조진만 2005).

연령효과를 분석하는 연구들은 정치적 사건의 영향력보다는 자연연령의 증가에 따른 유권자의 생물학적·사회학적 성숙과정이 초래하는 정치적 선호의 변화에 초점을 맞춘다. 이 연구들은 유권자들이 나이가 들수록 보수화되고 보수적인 정당을 지지한다고 가정한다. 이에 반해, 한 세대가 공유하는 가치와 태도의 중요성을 강조하는 연구들은 정치적 사건에 따른 코호트(cohort) 세대를 분류하고 코호트 효과를 분석하였다. 정진민·황아란(1999)은 전체세대를 전전세대(1950년생 이전), 민주세대(1950-62년), 신세대(1962년 이후)로 구분하고 세대효과(generation effect)의 영향력을 분석하고자 하였다. 후속연구들 역시 다양한 세대 개념을 제시하면서, 세대가 이념성향이나 정당지지에 미치는 영향을 분석하였다(김형준 2006; 박명호 2009; 어수영 2006; 노환희 등 2013). 이들 연구들은 2007년 17대 대선과 2008년 총선에서 세대갈등이 약화되었지만 19대 총선과 18대 대선에 다시 강화되었다는 사실을 관찰하였다(강원택 2010; 이내영 2011).

그러나 전술한 연구들은 다른 세대들의 이념을 형성시킨 요인들을 구분하지 않았다는 한계를 가지고 있다. 세대 간의 이념 차이는 자연연령의 증가에 따른 심리적 성향의 변화(연령효과)를 반영한다. 사람들은 나이가 들수록 모험을 회피하려 하고 급격한 변화가 일어나는 것을 싫어한다. 안정을 추구하는 이러한 심리적 성향이 정치에 대한 태도로 반영된다. 나이가 들수록 변화를 추구하는 진보적인 정당보다는 현행상태를 유지하려고 하는 보수정당을 지지한다. 이와 동시에, 이념이 형성되는 중요한 시기에 경험한 정치적 사건은 세대들의 이념 차이를 형성시킨다(코호트효과). 사람들이 젊었을 때 경험한 중요한 사건들은 이들의 이념을 형성시킨다. 젊었을 때 동일한 정치적 사건들을 경험한 세대를 코호트라고 부른다. 예컨대, 성장기에 전쟁을 경험한 세대들은 반공이념이 형성되고, 민주화 운동을 겪은 세대는 진보적 이념이 형성된다.

뿐만 아니라, 세대들의 이념 차이에는 "관찰 시점의 정치적 상황이나 사건, 사회적 분위기"에 기인하는 "기간효과"(period effect)가 섞여 있을 수 있다(노환희 등 2013: 119). 예컨대, 선거 당시 보수정당이 연루된 부정부패 사건이 일어나면 진보적인 이념이 형성되고 북한의 도발이 발생하면 보수적인 이념이 형성된다. 코호트효과와 연령효과의 독립적인 영향력을 분석하는 연구에서 노환희 등(2013)은 각 세대의 특성을 세대평균과 비교하는 방법을 통해 기간효과를 통제하였다. 이내영·정한울(2013)은 더 나아가 코호트효과와 연령효과의 독립적인 효과뿐만 아니라 두 효과들의 상호작용 효과를 분석하였다.

전술한 연구들은 한국에서의 이념갈등 분석에 중요한 공헌을 하였으나, 한국 유권자들의 이념에 대한 횡단적(cross-sectional) 차이와 종단적(longitudinal) 변화에 대한 심도 있는 분석은 아직 제시되지 않았다. 한국에서 지역 및 세대 간 이념 차이가 존재한다면, 이러한 이념 차이가 왜 발생하는가? 그리고 이념갈등은 어떻게 변화하고 있는가? 아래에서는 이러한 분석을 수행한다.

4.3. 한국 유권자의 이념성향: 이론적 모형

이 절에서는 1장의 다수형성 모형 및 3장의 한국 사회균열에 대한 논의를 기초로 검증 가능한 가설들을 도출한다. 3장의 논의에 의하면, 지정학적으로 냉전의 중심지였던 한국에서는 서구와 같이 깊은 계급균열이 형성되지 못하였고 남북관계에 균열이 이를 깊게 가로지르게 되었다. 계급균열이 깊게 형성되지 않은 한국에서는 유권자들의 계급적·경제적 지위보다는 남북균열을 따라 형성된 남북관계에 대한 입장이 유권자들의 이념형성에 더 큰 영향을 미쳤다. 유권자들의 이념성향 및 남북관계에 대한 태도는 세대와 지역에 따라 다르게 형성되었다. 전쟁세대나 반공세대는 민주화세대나 신세대에 비해 보수적인 이념이 더 강하게 형성되었다. 광주 민주화 운동을 경험한 호남민은 진보적인 이념을 형성시켰고(최장집 1991), 호남민의 김대중 대통령에 대한 지지는 햇빛정책을 지지하는 정책적 선호를 형성시켰다. 따라서 한국에서는 계급균열을 따라 형성되는 계급 또는 소득집단 간 갈등에 비해 남북균열을 따라 형성된 지역 및 세대 갈등이 더 현저하게 나타났고, 이들의 투표결정 역시 지역별 및 세대별로 다르게 나타났다. 〈그림 4.1〉은 이러한 논의를 기초로 한국 유권자 이념형성 및 투표결정 메커니즘을 정리한 것이다.

〈그림 4.1〉은 유권자들의 나이 및 성별과 같은 선천적인 특성, 계급균열, 남북균열, 사회균열과 정치적 사건에 의해 형성된 지역별·세대별 집단정체성이 유권자들 개개인의 이념성향에 영향을 미치는 과정을 보여준다. 이 장에서는 유권자의 선천적 특징과 소속집단들의 이념적 정체성

〈그림 4.1〉 이념형성 및 투표결정 모형

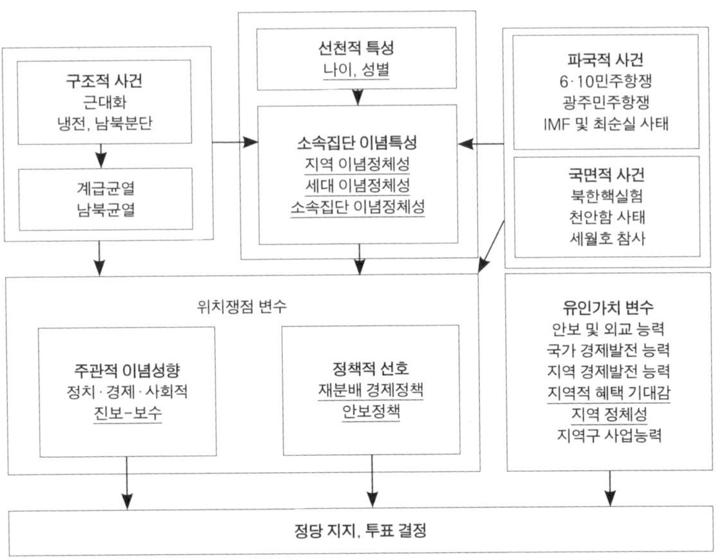

이 유권자 개개인의 이념형성에 미치는 영향을 분석하고, 5장에서는 위치쟁점 변수들과 유인가치 변수들이 유권자들의 투표결정에 미치는 영향을 분석한다. 유권자 이념형성 요인들에 대한 분석에 앞서 4.4절에서 유권자들의 이념성향이 지역별 세대별로 어떻게 다르고 어떻게 변화해 왔는가를 관찰한다.

4.4 지역별, 세대별 이념성향의 차이와 변화

한국에서의 이념갈등 변화의 양태를 종단적으로 분석하기위해, 한국사회과학 데이터센터가 제공하는 16대부터 20대까지의 "국회의원 선거에 대한 국민 의식조사"와 15대부터 19대까지의 "대통령선거 관련 유권자 의식조사" 및 동아시아연구원이 제공하는 17대와 18대 대선 패널데이터 자료를 통합하였다. 서로 다른 설문조사 자료들을 통합하는 과정은 해결해야 할 문제들을 가지고 있다. 첫째, 설문조사마다 포함시킨 문항들이 서로 다르고, 종속변수인 유권자 이념성향은 일부 선거(특히 초기 선거) 설문조사에서는 얻을 수 없었다. 뿐만 아니라, 동일한 변수(학력, 소득수준, 직업, 이념, 정책적 선호)를 측정하기 위한 척도가 설문조사마다 다르기 때문에, 원래의 자료로는 통시적인 비교가 불가능했다. 예컨대, 유권자의 이념은 15대 및 16대 대선 설문조사에서는 5점 척도(1점에서 5점)로, 16대 총선 설문조사에서는 3점 척도(1점에서 3점)로 측정되었고, 17대~19대 대선과 17-20대 총선에서는 11점 척도(0점에서 10점)로 측정되었다.

설문조사 간 통시적인 비교를 위해서 유권자 이념성향을 선형적 변환과정(linear transformation)을 통해 표준화시켰다. 각 관찰 값에서 최솟값을 뺀 값들의 최댓값이 10이 되도록 하는 계수를 곱하여, 이념성향을 0점에서 10점 사이의 값으로 표준화시켰다. 예컨대, 유권자 이념을 1점에서 5점으로 측정한 경우, 최소값은 1이므로 각 유권자 이념에서 1을 빼면 유권자의 이념은 0점에서 4점으로 치환된다. 여기에서 최대값인 4점을 10점으로 전환시킬 수 있는 계수는 2.5가 된다. 이러한 과정은 1, 2, 3, 4, 5

점을 각각 0, 2.5, 5, 7.5, 10점으로 전환시킨다. 이러한 과정을 거쳐 15대 및 16대 대선 설문조사와 16대 총선 설문조사에서 측정한 유권자 이념을 0점에서 10점 사이의 11점 척도로 전환시켰다.

4.4.1. 지역별 이념 차이 및 변화

〈그림 4.2〉는 전국평균, 영남민, 호남민, 비영호남민의 이념성향의 차이와 변화를 보여준다. 〈그림 4.2〉는 다음과 같은 사실을 보여준다. 첫째, 세 집단들 중 영남민들은 전국평균보다 더 보수적이고 호남민들은 더 진보적이다. 영호남민 간에 이념 차이가 없다는 연구들(강원택 2003; 이갑윤 2002)의 분석결과는 15대 대선에만 해당된다. 둘째, 비영호남민의 이념은 전국평균과 비슷하다. 셋째, 영남민의 이념은 전국평균 이념과 비슷하게 변해온 반면 호남민의 이념은 상대적으로 변동이 심한 편이다. 넷째, 유권자 이념과 당선된 대통령의 이념은 밀접하게 연관되어 있었다. 김대중, 노무현, 문재인 대통령이 당선되었을 당시 전국 유권자들의 평균이념은 각각 5.1, 4.6, 4.8이었던 반면, 이명박 대통령과 박근혜 대통령이 당선되었을 당시의 평균이념은 5.2와 5.6이었다.

〈그림 4.2〉 거주지별 이념 차이와 변화

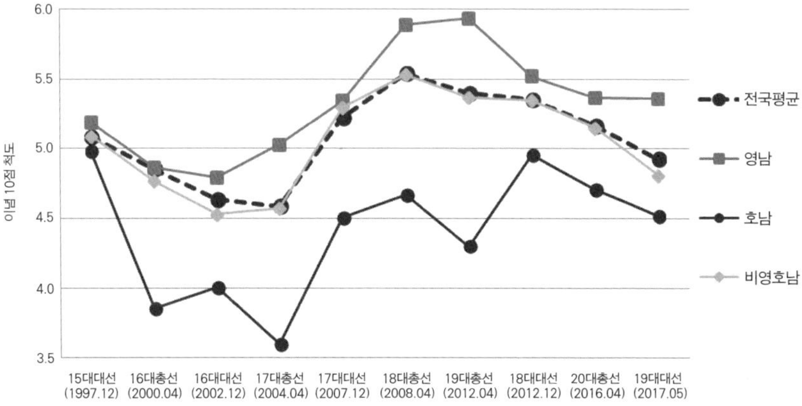

출처: 16대-20대 "국회의원 선거에 대한 국민 의식조사"와 15대-19대 "대통령선거 관련 유권자 의식조사", 17대-18대 "대선 패널데이터 자료". 이하 그림 출처 동일.

〈그림 4.3〉 지역 간 이념 차이의 변화

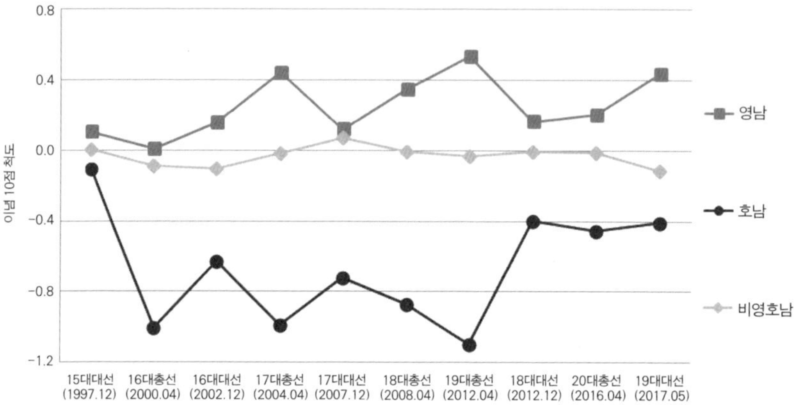

〈그림 4.3〉은 세 지역민들이 전국평균보다 상대적으로 더 보수적인 정도를 보여준다. 〈그림 4.3〉의 선들은 각 지역민의 이념성향에서 전국평균값을 뺀 값들로 그려졌다. 〈그림 4.3〉에서 0보다 큰 사례는 전국평균보다 더 보수적인 경우를, 작은 사례는 더 진보적인 경우를 의미한다. 〈그림 4.3〉은 다음과 같은 사실을 보여준다. 첫째, 영남민은 16대 총선을 제외하고 전국평균보다 항상 더 보수적이었고, 호남민이 전국평균보다 더 보수적이었던 적은 한 번도 없었다. 둘째, 15대 대선 이후 영호남민의 이념 차이는 상당히 벌어졌다가 18대 대선 이후 다시 좁아졌다. 셋째, 영호남민의 이념 차이는 대선에서 좁아졌다가 대선 이후의 총선에서 다시 벌어지는 과정이 반복되었다. 즉 영호남민의 이념 차이는 추세적이라기보다 주기적으로 변하는 경향이 있다. 이러한 이유는 대통령 당선 이후 영남민은 보수적으로 결집하고 호남민들은 진보적으로 결집하기 때문인 것으로 해석된다.

4.4.2. 세대별 이념 차이 및 변화

세대별 이념성향 분석은 세대를 구분하는 객관적인 근거가 없기 때문에 세대를 어떻게 구분하는가에 따라 연구결과가 달라질 수 있다. 따라서 세대를 주관적으로 구분하기보다 유권자의 연령을 10년 단위로 구분해서 세대를 구분하기도 한다. 그러나 이처럼 구분된 연령세대는 어떤 시기부터 10년씩 세대를 구분해야 하는가라는 문제에 봉착하므로 이 방법 역시 자의적인 판단에 의존할 수밖에 없다. 이러한 연령세대 구분법은 또한 특정 연령층에 발생한 정치적 사건의 영향력 즉 코호트효과를 포착하기 어렵다. 여기에서는 먼저 가장 폭넓은 연령층에 대한 세대구분을 한 노환희 등(2013)의 일곱 세대 구분방식을 이용한다. 노환희 등(2013)은 1988년에서 1993년생을 촛불세대로, 1979년에서 1987년생을 월드컵세대로, 1970년에서 1978년생을 IMF세대로, 1960년에서 1969년생을 86세대로, 1952년에서 1959년생을 유신세대로, 1942년에서 1951년생을 전후 산업화세대로, 1942년생 이전을 전쟁세대로 구분하였다. 이 장이 사용하는 "제20대 국회의원 총선거 관련 유권자 정치의식조사" 자료는 노환희 등(2013)의 연구가 포함하지 않은 1994년에서 1997년생의 유권자들을 포함하고 있어서, 1994년에서 1997년생을 촛불세대에 포함시켰다.

〈그림 4.4〉는 15대 대선 이후 일곱 세대들의 이념이 어떻게 변했는가를 보여준다. 〈그림 4.4〉에서 전국 평균선의 등락은 선거 당시 발생한 사건들이 모든 세대들의 이념에 미치는 평균적인 효과, 즉 기간효과를 나타낸다. 기간효과는 상가효과(additive effect)와 상호작용 효과(interaction effect)로 구성되어 있다. 예컨대, 진보정당이 국정운영에 실패하면 이에 실망한 세대들은 공통적으로 보수화되는 경향이 있다. 이처럼 모든 유권자들을 공통적으로 보수화시키거나 진보화시키는 효과가 상가효과이다. 그러나 같은 정치적인 상황에도 특정 세대는 더 보수(진보)화될 수도 있고 덜 보수(진보)화될 수도 있다. 예컨대, 보수정당의 악재가 초래하는 탈보수화 정도는 세대별로 다르게 나타난다. 정치상황이나 사건에 대해 반응하는 정도가 세대별로 다를 경우, 정치상황과 특정 코호트가 상호작용하는 효과가 발생한다.

〈그림 4.4〉에서 개별선의 등락은 주로 연령효과와 기간효과를 반영한 결과이다. 예컨대, 산업화 세대의 이념 선이 16대 총선 이후 급하게 우상

〈그림 4.4〉 세대별 이념 차이와 변화 (기간효과 포함)

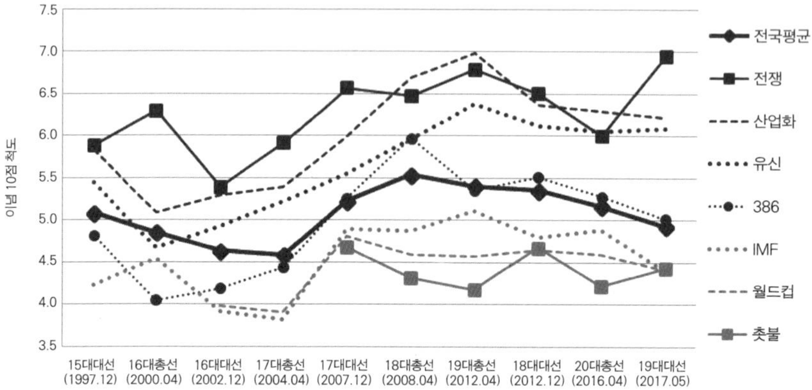

향 되었던 이유는 산업화 세대가 연령상승에 따라 보수화되었고 다른 세대들과 마찬가지로 진보적인 참여정부에 실망했기 때문일 것이다. 〈그림 4.4〉는 또한 모든 세대가 산업화 세대처럼 급격한 보수화 성향을 경험하지는 않았다는 사실을 보여준다. 이는 각 세대들이 선거 당시의 정치적 상황에 다르게 반응했다는 사실을 의미한다. 예컨대, 86세대는 산업화 세대처럼 연령상승을 경험하고 동일한 기간효과를 경험했음에도 불구하고, 86세대의 이념 선은 산업화 세대의 이념 선과는 다른 패턴을 보여준다. 산업화 세대의 보수화는 19대 총선까지 지속된 반면, 86세대는 18대 총선까지 보수화되었다가 그 이후 지속적으로 탈보수화되어 전국 평균과 거의 비슷한 이념을 취하고 있다. 전쟁세대는 19대 대선 당시 전국적인 진보화 추세에도 불구하고 급격하게 보수화되었다는 사실을 보여준다. 이는 박근혜 대통령 탄핵으로 전쟁세대들이 결집하는 현상을 반영한 결과로 보인다.

〈그림 4.4〉에서 개별 선들 간의 격차는 주로 코호트효과와 연령효과 때문에 발생한다. 예컨대, 젊은 시절에 전쟁을 겪은 전쟁세대는 다른 세대보다 더 보수적인 이념을 형성시켰고 민주화 운동을 경험한 86세대는 더 진보적인 이념을 형성시켰다. 이러한 정치적 경험의 차이가 초래하는

코호트효과는 전쟁세대의 이념 선을 위쪽(보수적인 방향)으로 평행이동시킬 것이다. 이와 동시에, 전쟁세대는 86세대보다 연령이 높으므로 연령상승이 초래하는 연령효과는 전쟁세대의 이념 선을 위쪽으로 더욱 이동시킬 것이다. 이러한 두 가지 효과에 더해, 전술한 기간효과와 코호트효과의 상호작용이 작동하면, 이념선의 기울기가 변하게 된다. 예컨대, 86세대가 진보정권의 실정에 더 관용적이고 보수정권의 실정에 더 크게 실망한다면, 86세대의 이념 선은 진보정권에서는 덜 빠르게 상승하고 보수정권에서는 더 빠르게 하락할 것이다.

〈그림 4.4〉에서 어둡게 표시된 노년 3세대의 이념 선들과 밝게 표시된 젊은 3세대의 이념 선들은 각각 전국 평균선 위와 아래에 놓여 있다. 이러한 세대 선들의 격차는 노년 3세대와 젊은 3세대가 경험한 정치적 사건들의 차이(코호트효과)와 연령 차이(연령효과) 때문에 발생한 것이다. 〈그림 4.4〉는 또한 이념 선들의 기울기가 서로 다르다는 사실을 보여준다. 상위 세 노년세대들은 노무현 대통령 당선 전후부터 이미 보수화되어 상당기간 동안 보수화가 진행되었으나, 젊은 두 세대들은 이명박 대통령의 임기 초부터 이미 탈보수화가 진행되었다. 세대 간 이념선의 이러한 기울기 차이는 기간효과와 코호트효과의 상호작용 때문에 발생한 것이다.

〈그림 4.5〉 세대별 이념 보수화 추세 (기간 상가효과 제거)

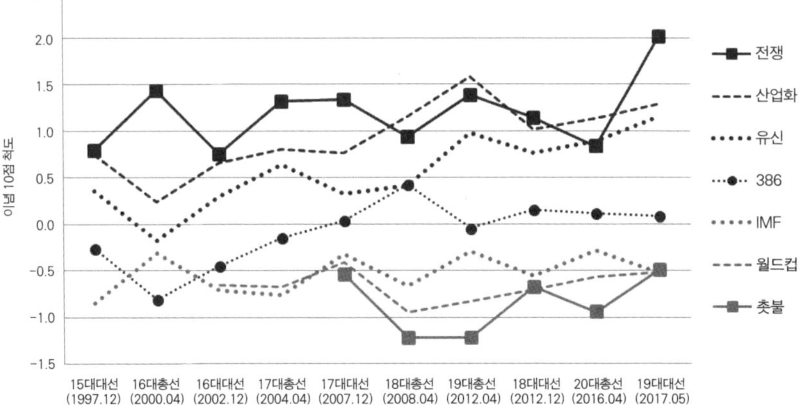

선거 당시의 정치적인 상황은 전국 유권자들에게 평균적으로 동등한 기간 상가효과를 발휘한다. 전국 유권자들의 이념은 모든 세대가 경험한 정치적 사건에 의해 평균적으로 형성되므로, 각 세대의 이념에서 전국평균 이념을 빼면 상가효과를 제거할 수 있다. 그러나 세대 이념에서 상가효과를 제거해도 코호트효과와 기간효과의 상호작용 효과는 남아 있다. 〈그림 4.5〉는 〈그림 4.4〉에서 상가효과를 제거한 것이다. 〈그림 4.5〉에서 이념선의 추세적인 증가는 연령효과를 반영한 것이다. 예컨대, 산업화, 유신, 86세대의 이념 선은 일정기간 우상향되었다는 사실을 관찰할 수 있다. 이러한 현상은 이들 세대들의 연령상승으로 인한 보수화 때문에 발생한다. 반면 젊은 두 세대들의 이념 선은 우상향되어 있지 않다. 이러한 이유는 연령상승이 초래하는 보수화 효과가 투표권을 새로 얻은 젊은 세대의 유입으로 상쇄되기 때문이다. 〈그림 4.5〉는 전쟁세대들은 연령상승으로 인한 보수화를 경험하지 않았다는 사실을 보여준다. 〈그림 4.5〉에서 관찰되는 선거에 따른 이념선의 등락은 상호작용 효과를 반영한 결과이다. 〈그림 4.5〉는 전쟁세대를 제외한 보수적인 두 노년세대는 16대 대선 이후 19대 총선까지 지속적으로 보수화된 반면, 진보적인 86세대는 19대

〈그림 4.6〉 세대 구성 비율 변화

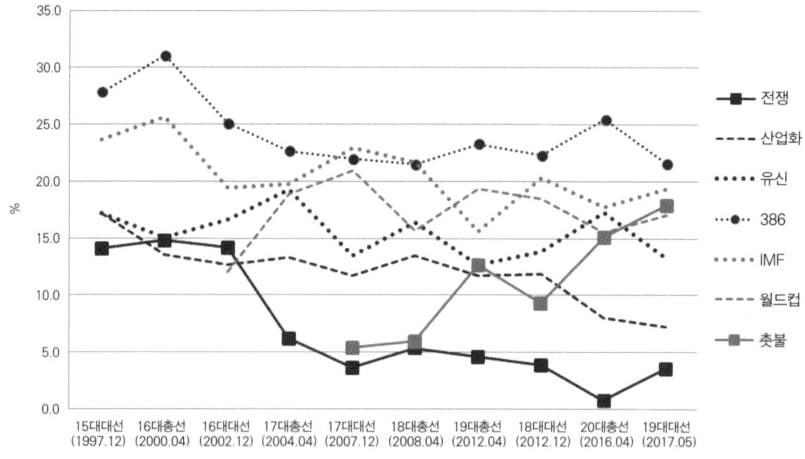

총선에서 탈보수화되었다는 사실을 보여준다.

〈그림 4.6〉은 세대 구성비율의 변화를 보여준다. 〈그림 4.6〉은 베이비붐 세대인 86세대가 가장 높은 비율을 유지하고 있다는 것을 보여준다. 상위 세 노년 세대의 인구비율은 점차 줄어들고 있다. 특히 전쟁세대는 점점 줄어들어 19대 대선 당시 전체 유권자의 3.6% 정도만 차지하게 되었다. 이에 반해 19세가 되면서 투표권을 얻게 된 유권자들의 유입으로 촛불세대는 급격하게 증가하고 있다. 진보적인 청년 유권자의 증가는 전체 유권자의 평균적인 이념성향을 진보화시키는 효과가 있다. 그러나 기존 유권자들의 연령증가로 인한 보수화는 이러한 진보화 효과를 상쇄하는 효과를 가지고 있다. 따라서 대립하는 두 효과의 균형이 어디로 기우는가에 따라 선거결과가 달라질 수 있다.

다음은 유권자들의 이념형성에 더 직접적이고 안정적인 영향을 미쳤을 정치적 사건에 따라 노환희 등(2013)이 제시한 일곱 세대들을 세 세대로 재분류하였다. 성장기에 반공교육을 받은 전쟁·산업화·유신세대는 반공세대(1959년생 이전)로 통합하였다. 다음은 성장기에 민주화 과정을 경험했거나 관찰한 86세대와 IMF세대를 민주화세대(1960-1977년생)로 통합하였다. 마지막으로 반공이념으로부터 자유롭고 민주화 과정을 겪지

〈그림 4.7〉 반공, 민주화, 신세대의 이념 차이와 변화

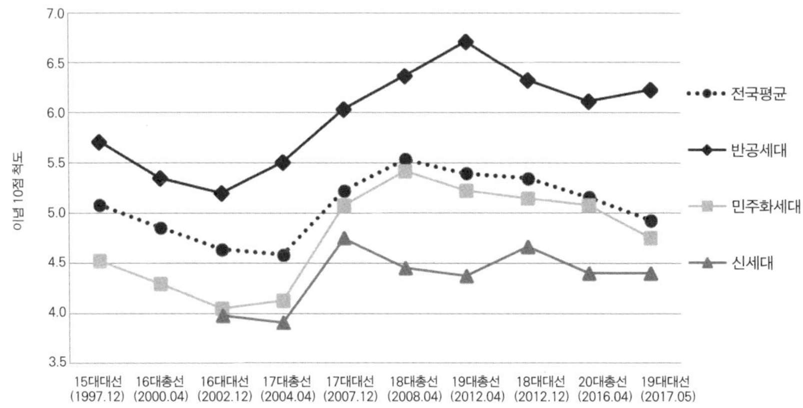

않은 월드컵세대와 촛불 세대를 신세대(1978년생 이후)로 통합하였다.

〈그림 4.7〉은 15대 대선 이후 세 세대의 이념성향이 어떻게 변했는가를 보여준다. 이들 세대들 중 민주화세대가 전국 유권자들의 평균적인 이념을 가장 잘 반영한다는 사실을 관찰할 수 있다. 새로 투표권을 얻은 젊은 유권자들이 유입된 신세대의 이념은 전국적인 추세와 가장 다르게 변하였다. 〈그림 4.7〉은 반공세대의 이념보수화가 가장 먼저 시작해서 가장 오랫동안 지속되었다는 사실을 보여준다. 반공세대의 보수화는 노무현 대통령 임기 중간부터 이미 시작되어 이명박 대통령 임기 후반까지 지속되었다. 이들은 18대 대선과 20대 총선 당시 잠깐 탈보수화되었다가 19대 대선에서 급격하게 재보수화되었다. 민주화세대의 경우, 노무현 대통령 임기 말부터 급속하게 보수화되었다가 이명박 대통령 임기 말에 탈보수화되었다. 신세대는 이명박 대통령 당선 시에만 보수화되었다가 임기 중반에 곧바로 탈보수화되었다. 참여정부에서의 탈진보화는 반공세대에서 가장 빠르게 시작된 반면, 이명박 정부에서의 탈보수화는 신세대에서 가장 빠르게 시작되었다. 이러한 관찰결과는 유권자들은 자신이 반대하는 정당과는 이념을 동조화시키는 것을 거부하면서 지지정당과는 이념을 동조화시키려는 경향이 있기 때문으로 해석된다(Zaller 1994).

〈그림 4.8〉 반공, 민주화, 신세대의 이념 보수화 추세 (기간 상가효과 제거)

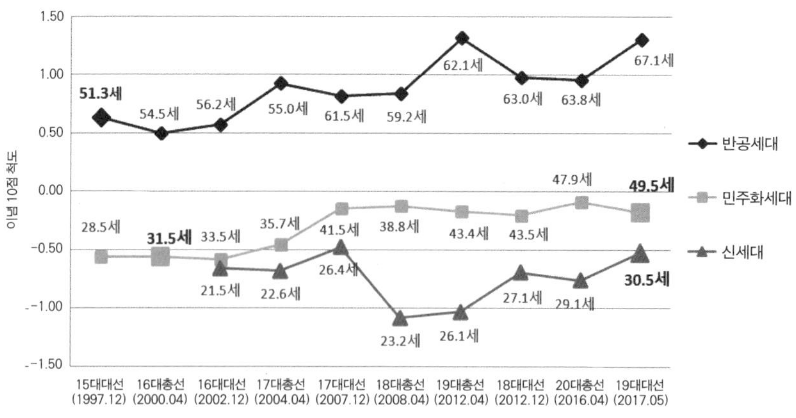

〈그림 4.8〉의 이념 선들은 〈그림 4.7〉의 각 세대의 이념에서 전국평균 이념(기간 상가효과)을 뺀 값으로 그려진 것이다. 〈그림 4.8〉에서 이념 선들의 격차는 코호트효과, 연령효과 및 기간효과와 코호트효과의 상호작용 때문에 발생한다. 우상향된 이념 선은 연령효과가 작동하고 있다는 사실을 보여준다. 〈그림 4.8〉은 반공세대와 민주화세대 모두 연령상승으로 인한 보수화가 진행되었다는 사실을 보여준다. 이러한 연령효과로부터 독립적인 코호트효과를 파악하기 위해서는 코호트들의 연령을 통제하고 이들의 이념을 비교할 필요가 있다. 〈그림 4.8〉은 선거 당시의 정치적 상황을 나타내는 기간 상가효과를 통제한 결과이므로, 연령효과만 통제하면 코호트효과를 분석할 수 있다.[2] 서로 다른 코호트들 중 비슷한 연령의 유권자 이념을 비교하면 연령효과를 통제하고 남은 코호트효과를 측정할 수 있다.

이러한 비교를 위해, 〈그림 4.8〉은 세 코호트들의 선거 당시 평균 연령을 표시하였다. 예컨대, 반공세대의 15대 대선 당시 평균나이는 51.3세이었고 19대 대선 당시 민주화세대는 49.5세이었다. 〈그림 4.8〉은 50세 정도 되었을 때의 반공세대가 비슷한 나이 때의 민주화세대보다 더 보수적이라는 사실을 알 수 있다. 이는 같은 나이라도 반공세대와 민주화세대는 이들이 겪은 정치적 경험 때문에 다른 이념을 형성했다는 것을 의미한다. 16대 총선 당시의 30대 초반 민주화세대와 19대 대선 당시의 30대 초반 신세대를 비교해보면, 두 세대 모두 비슷한 정도로 진보적인 것으로 관찰되었다. 16대 총선 당시 민주화세대는 13년 전 민주항쟁을 경험했고 19대 대선 당시 신세대들은 9년 전 광우병 촛불집회와 3년 전 세월호 참사를 경험하였다. 민주화세대와 신세대가 젊은 시절에 경험한 정치적 경험은 이들의 이념 진보화에 비슷한 영향을 미친 것으로 추측된다. 〈그림 4.8〉이 보여준 결과를 종합하면, 다른 세대들과 차별화 될 정도의 코호트효과는 반공세대에서 발견되었고, 민주화세대와 신세대가 겪은 코호트

2 물론 코호트와 선거 당시 정치적 상황의 상호작용을 통제하지 않았으므로 기간효과를 완전하게 통제했다고 볼 수 없다. 이러한 분석은 다중회귀 분석에서 가능하다.

효과는 이들의 이념에 거의 비슷한 영향을 미친 것으로 분석되었다.

4.5. 유권자 이념성향 분석

4.5.1. 분석모형과 변수측정

4.3절에서는 한국 유권자 이념형성에 대한 이론적 모형을 제시하였다. 서구에서는 계급균열이 계급 간 또는 소득집단 간의 이념 차이를 형성시킨다. 그러나 계급균열이 약하게 형성된 한국에서는 이념갈등이 계급이나 소득집단보다는 주로 세대와 지역을 통해 나타난다. 4.4절에서 살펴보았듯이, 한국전쟁을 경험하고 반공교육을 받은 반공세대들은 다른 세대들에 비해서 보수적인 이념을 형성시켰다. 광주 민주화 운동을 경험한 호남민들은 권위주의에 저항하는 진보이념을 형성시켰을 가능성이 높은 반면 권위주의 정권에서 패권적인 지위를 누려온 영남민들은 패권주의적 보수이념을 형성시켰을 가능성이 높다. 4.4절에서 관찰한 지역별·세대별 이념 차이는 이러한 이론적 설명을 뒷받침한다.

4.4절의 관찰결과들은 다른 변수들을 통제하지 않은 것이다. 예컨대, 반공세대가 다른 세대보다 더 보수적인 이유는 이들의 나이가 많아서일 수도 있다. 따라서 반공세대가 보수적이라면 이러한 이유가 이들이 젊었을 때 경험한 정치적 사건들 때문인지 아니면 연령상승으로 인한 보수화 때문인지를 구분해야 한다. 마찬가지로 호남민이 다른 지역민들보다 더 진보적인 이유는 이들의 소득수준이 타 지역민들에 비해서 더 낮아서일 수도 있다. 따라서 유권자들의 연령, 소득수준 등을 통제한 모형을 통해, 거주지와 세대가 미치는 독립적인 영향력을 추정할 필요가 있다. 따라서 아래의 회귀분석 모형을 통해 유권자 이념성향에 미치는 영향들을 추정하였다.

$$\text{이념성향} = a + b_1\text{영남거주} + b_2\text{호남거주} + b_3\text{반공세대} + b_4\text{신세대} + b_5\text{연령} + b_6\text{대북지원반대} + b_7\text{복지확대반대} + b_8\text{소득수준} + b_9\text{교육수준}$$

$$+b_{10}\text{성별}+b_{11}\text{도시규모}+b_{12}\text{이전 선거 보수후보지지}+b_i\sum_{i=13}^{n}X_i+e$$

종속변수와 독립변수들은 다음과 같이 측정하였다. 종속변수인 유권자 이념성향은 좌(0)에서 우(10) 사이에 11점 척도로 측정하였다. 반공세대와 신세대를 모형에 포함시켜 이들의 이념성향이 각각 다른 세대와 어떻게 다른가를 분석하였다. 유권자들이 반공세대에 해당하면 1을, 해당하지 않으면 0을 할당하였다. 마찬가지로 신세대에 해당하면 1을, 해당하지 않으면 0을 할당하였다. 연령변수는 설문조사 자료가 제시한 유권자의 나이를 이용하였다.

유권자들의 복지정책과 대북지원에 대한 입장은 다음과 같이 측정하였다. 이 글이 사용한 설문조사들은 18대 총선과 16대 대선부터 유권자들이 복지정책과 대북지원에 반대하는 정도를 측정하였다. 이들 설문조사들의 측정척도가 일치하지 않으므로, 각 설문조사 당시의 유권자의 입장의 측정 값을 z값으로 치환하였다.[3] 이 두 변수의 숫자가 커질수록, 복지확대 및 대북지원에 반대하는 보수적인 입장을 의미한다. 다음은 유권자의 거주지를 통제하였다. 영남(호남) 변수의 경우, 영남(호남) 거주자는 1, 타지역 거주자는 0이 할당되었다. 유권자의 학력수준과 소득수준은 설문조사에 따라 다른 척도로 측정되었기 때문에, 설문조사에 답한 학력수준과 소득수준을 z값으로 치환하였다. 거주지 규모를 측정하기 위해 대도시는 1, 중소도시는 2, 시골은 3을 할당하였다.

위 통계모형에서 유권자 이념과 정책적 선호는 상호적 인과관계(reciprocal causation)에 놓여있을 가능성이 있다. 독립변수가 종속변수에 영향을 미칠 뿐만 아니라 종속변수가 독립변수에 영향을 미치면 내생성 문제(endogeneity problem)가 발생한다. 일반적으로 유권자의 정책적 선호는 이들의 이념형성에 영향을 미친다. 그러나 유권자의 이념이 유권자의 정

3 z값은 각 관찰 값이 평균으로부터 떨어져 있는 정도를 1 표준편차에 대비해서 나타낸 값이다. 예컨대, 한 관찰 값이 평균으로부터 2표준편차만큼 떨어져 있으면, 이 관찰 값의 z값은 2가 된다.

책적 선호에 영향을 미칠 수도 있다. 심리학의 인지부조화 이론에 의하면, 사람들은 어떤 선택을 했을 때 자신의 선택을 합리화시키려는 심리를 가지고 있다. 마찬가지로, 유권자들은 자신의 선택이 옳다고 정당화시키기 위해 자신이 선택한 후보의 이념과 자신의 이념을 동조화시키는 경향이 있다(Beasely and Joslyn 2001; Conover and Feldman 1989; Howell 1986; Rahn et al. 1994). 이처럼 유권자 이념은 자신이 어떤 후보를 선택했는가에 따라 달라진다. 따라서 후보의 이념이 이들의 정책적 선호에 미치는 영향을 통제하기 위해서 유권자들이 이전 선거에서 어떤 후보를 선택했는가를 통제하였다. 이전 선거에서 보수정당 후보를 선택했으면 1을, 진보정당 후보를 선택했으면 0을 할당하였다. 이전 대선에서 어떤 후보를 선택했는가라는 항목을 포함시키지 않은 19대 총선 설문조사 자료의 경우, 이전 총선에서 투표한 정당을 이용해서 이 변수를 측정했다.

마지막으로, 선거 당시 정치적 사건이 발생시키는 기간효과를 통제하기 위해 각 선거를 나타내는 가변수를 모형에 포함시켰다. 예컨대, 15대 대선과 16대 총선에서는 각각 IMF사태와 노무현 대통령 탄핵 때문에 유권자들이 진보화되었을 가능성이 있다. 17대 대선에서는 참여정부에 대한 실망이 유권자들을 보수화시켰을 가능성이 있고, 20대 총선과 19대 대선에서는 각각 새누리당 공천파동과 최순실 사태가 유권자들을 진보화시켰을 수 있다. 이러한 정치적 사건들을 각 선거에 해당하는 가변수를 사용해서 통제한다. 위 수식에서 X_k는 각 개별 선거를 나타내는 이분형 변수들이다. 각 선거에 해당하는 경우 1을, 해당하지 않는 경우 0을 할당했다. 17대 대선이 준거범주로 사용되었으므로, 각 선거변수의 회귀계수는 17대 대선 당시 유권자 이념에 비해 해당선거에서의 유권자 이념성향이 얼마나 더 진보적(보수적)인가를 나타낸다.

위 수식의 모형을 분석하기 전에, 정책선호 변수를 포함하지 않은 모형(모형 1)과 포함한 모형(모형 2)을 분석하였다. 모형 1의 지역변수들의 영향력이 모형 2에서 현저하게 줄어든다면, 모형 1에서 추정한 지역변수들의 영향력은 이들 변수의 독립적인 영향력뿐만 아니라 지역 간 정책적 선호의 차이를 포함한 것이다. 지역 변수들의 영향력이 두 모형 사이에 큰 차이가 없다면 지역 간의 이념 차이는 정책적 선호와 독립적으로 형성되었을 가능성이 높다. 마찬가지로, 모형 1의 세대변수들의 영향력이 모형 2에서 줄어든다면 모형 1이 추정한 세대변수들의 영향력은 세대 간 정책적 선호의 차이를 포함한 것이다.

모형 1과 모형 2에서는 연령이 통제되지 않았으므로 두 모형에서 추정된 세대변수의 영향력은 연령효과가 섞여 있는 것이다. 모형 3에서는 연령과 세대를 서로 통제하여 서로로부터 독립적인 연령효과와 코호트 효과를 추정하였다. 모형 3에서 세대변수의 영향력이 유의미하게 나온다면, 이러한 결과는 유권자들의 나이와는 별개로 이들이 경험한 정치적인 사건들이 이들이 이념에 영향을 미쳤다는 사실을 의미한다. 예컨대, 15대 대선 당시 평균 50세 정도인 반공세대는 19대 대선 당시 평균 50세 정도인 민주화세대보다 더 보수적이라는 사실을 의미한다. 마찬가지로 모형 3에서 연령변수의 영향력이 유의미하게 나온다면, 이러한 결과는 유권자들의 정치적인 경험과는 별개로 이들의 나이가 이념에 영향을 미쳤다는 사실을 의미한다. 예컨대, 19대 대선 당시 60세와 70세 유권자는 모두 같은 반공세대임에도 불구하고 후자가 더 보수적이라는 사실을 의미한다. 모형 2에서 추정한 세대변수의 영향력이 모형 3에서 줄어든다면, 모형 2에서 추정한 세대변수의 영향력에 연령의 효과가 섞여 있다는 것을 의미한다. 즉 모형 2에서 코호트효과를 나타내는 세대변수의 영향력은 과대추정된 것이다.

다음은 대북정책 및 복지정책에 대한 선호가 지역별·세대별로 다른가를 아래의 회귀분석 모형을 통해 검증하였다. 아래 모형의 독립변수들은 모두 이념성향을 분석하는 모형에 포함된 변수들과 같은 방법으로 측정되었다.

$$\text{대북(복지)정책입장} = a + b_1\text{영남거주} + b_2\text{호남거주} + b_3\text{반공세대} + b_4\text{신세대} + b_5\text{연령} + b_6\text{소득} + b_7\text{학력} + b_8\text{성별} + b_9\text{도시규모} + b_{10}\text{이전선거 보수후보지지} + b_i\sum_{i=11}^{n} X_i + e$$

4.5.2. 분석 결과

〈표 4.1〉은 유권자 이념성향에 미치는 변수들의 영향력을 추정한 결과를 보여준다. 모형 1의 분석결과에 의하면, 지역변수들과 세대변수들이 모두 유의수준 1% 미만에서 유의미한 영향력을 가지고 있는 것으로 나타났다. 다른 지역민들에 비해서 영남민은 더 보수적이고 호남민은 더 진보적인 것으로 나타났다. 반공세대와 신세대는 각각 다른 세대에 비해 더 보수적이고 진보적인 것으로 나타났다. 특히 반공세대의 영향력은 모형 1의 변수들 중 통계적으로 가장 유의미하였다. 〈표 4.1〉은 유권자들의 이

〈표 4.1〉 지역, 세대 및 정책입장이 유권자 이념에 미치는 영향[4]

모형	모형 1			모형 2			모형 3		
종속변수	이념성향								
독립변수	b (s.e.)	beta (t값)	유의 수준	b (s.e.)	beta (t값)	유의 수준	b (s.e.)	beta (t값)	유의 수준
영남 거주	.188 (.055)	.034 (3.396)	.001 **	.104 (.061)	.020 (1.699)	.089	.111 (.061)	.022 (1.809)	.070
호남 거주	-.697 (.077)	-.092 (-9.014)	.000 ***	-.514 (.088)	-.072 (-5.886)	.000 ***	-.514 (.087)	-.072 (-5.900)	.000 ***
반공 세대	.964 (.057)	.193 (17.000)	.000 ***	.895 (.065)	.188 (13.800)	.000 ***	.337 (.103)	.071 (3.284)	.001 **
신세대	-.492 (.074)	-.072 (-6.696)	.000 ***	-.446 (.074)	-.077 (-6.020)	.000 ***	-.003 (.097)	-.001 (-.033)	.973
연령							.032 (.005)	.194 (7.013)	.000 ***
대북지원 반대				.274 (.027)	.121 (10.133)	.000 ***	.268 (.027)	.118 (9.936)	.000 ***
복지확대 반대				.131 (.026)	.058 (4.969)	.000 ***	.137 (.026)	.061 (5.183)	.000 ***
소득	.043 (.027)	.017 (1.588)	.112	.073 (.029)	.032 (2.511)	.012 *	.087 (.029)	.038 (3.012)	.003 **
학력	-.111 (.030)	-.046 (-3.741)	.000 ***	-.083 (.032)	-.036 (-2.572)	.010 *	-.039 (.033)	-.017 (-1.210)	.226
성별 (여성)	.033 (.048)	.007 (.688)	.491	.042 (.054)	.009 (.773)	.439	.059 (.054)	.013 (1.104)	.270
도시규모 (시골)	.013 (.032)	.004 (.404)	.686	.004 (.038)	.001 (.111)	.912	.009 (.038)	.003 (.246)	.806
이전선거 지지후보	.143 (.020)	.092 (7.129)	.000 ***	.081 (.019)	.065 (4.211)	.000 ***	.086 (.019)	.068 (4.445)	.000 ***
N	9418			6426			6426		
R2 (수정 R2)	.105 (.103)			.135 (.133)			.141 (.139)		

*: p<.05; **: p<.01; ***: p<.001

4 공간제약 때문에 선거 당시의 정치적 사건을 나타내는 가변수 효과에 대한 분석결과를 보고하지 않았다.

념과 경제적 지위는 서로 무관하지만 유권자들의 교육수준이 높을수록 더 진보적이라는 사실을 보여준다. 〈표 4.1〉은 또한 이전 선거에서 보수적인 정당후보를 지지한 유권자는 더 보수적이라는 사실을 보여준다.

모형 2의 분석결과는 두 정책에 대한 선호가 이념에 미치는 영향이 모두 유의미하다는 사실을 보여준다. 대북정책에 대한 선호는 복지정책에 대한 선호에 비해 두 배 이상 유의미하였다. 이러한 결과는 한국에서는 계급균열보다 남북균열이 더 견고하게 형성되었다는 3장의 주장을 뒷받침하는 결과이다. 모형 1의 결과와 모형 2의 결과를 비교해보면, 모형 1에서 유의미했던 영남거주 변수의 영향력이 모형 2에서 사라졌다. 이러한 결과는 영남민들의 보수적인 이념이 이들의 정책적 선호와 밀접한 관련이 있다는 것을 의미한다. 모형 1에서의 호남거주 변수의 통계적 유의미성은 모형 2에서 34.7% 정도 감소하였다(t값의 감소 비율). 이러한 결과는 호남민들의 진보적인 이념이 이들의 정책적 선호와 상당한 관련이 있다는 것을 의미한다. 그러나 두 정책에 대한 선호는 유권자 이념에 대한 설명력을 크게 증가시키지는 않았다. 모형 1의 설명력은 10.5%이었으나 모형 2의 설명력은 3% 포인트 증가한 13.5%이었다. 이는 유권자들의 정책적 선호가 이들의 이념형성에 영향을 미침에도 불구하고 유권자 이념의 많은 부분을 설명할 수는 없다는 것을 의미한다.

연령변수를 통제한 모형 3에서 세대변수의 영향력은 모형 1과 모형 2의 결과에 비해 현저하게 감소하였다. 연령을 통제한 후 신세대는 다른 세대보다 더 진보적이 아닌 것으로 나타났다. 반공세대는 다른 세대보다 더 보수적이기는 하나, 반공세대 변수의 통계적 유의미성은 76.2%나 감소하였다. 이에 반해, 연령은 모형 3에서 이념에 가장 유의미한 영향을 미치는 변수로 추정되었다. 이는 세대변수 영향력의 상당 부분이 연령효과 때문에 발생했다는 사실을 의미한다. 특히 신세대가 진보적인 이유는 이들이 겪은 정치적인 경험 때문이라기보다는 이들이 젊기 때문에 진보적이라는 사실을 의미한다. 반공세대의 영향력은 유의수준 1% 미만에서 유의미한 것으로 추정되었다. 이러한 결과는 반공세대의 보수성에는 이

〈표 4.2〉 지역, 세대와 연령이 정책적 선호에 미치는 영향

모형	모형 4			모형 5		
종속변수	대북지원 반대			복지확대 반대		
독립변수	b (s.e.)	beta (t값)	유의수준	b (s.e.)	beta (t값)	유의수준
반공세대	.000 (.047)	.000 (.005)	.996	.015 (.048)	.007 (.315)	.753
신세대	-.055 (.044)	-.021 (-1.233)	.218	-.117 (.046)	-.045 (-2.576)	.010 *
영남거주	.106 (.028)	.047 (3.787)	.000 ***	.031 (.028)	.014 (1.099)	.272
호남거주	-.377 (.040)	-.119 (-9.543)	.000 ***	-.115 (.041)	-.036 (-2.847)	.004 **
연령	.005 (.002)	.069 (2.430)	.015 *	-.004 (.002)	-.048 (-1.664)	.096
소득	.002 (.013)	.002 (.153)	.878	.001 (.013)	.001 (.077)	.938
학력	-.022 (.015)	-.021 (-1.447)	.148	-.021 (.015)	-.021 (-1.376)	.169
성별 (여성)	.171 (.024)	.086 (6.996)	.000 ***	.090 (.025)	.045 (3.612)	.000 ***
도시규모 (시골)	-.001 (.017)	.000 (-.033)	.974	.029 (.017)	.023 (1.694)	.090
이전선거 보수지지	.026 (.009)	.047 (2.964)	.003 **	.014 (.009)	.024 (1.495)	.135
N	6733			6771		
R^2 (수정 R^2)	.037 (.035)			.006 (.004)		

들이 경험한 전쟁과 반공 이데올로기가 초래한 코호트효과가 유의미하게 존재한다는 사실을 의미한다. 그럼에도 불구하고, 반공세대의 이념에는 코호트효과보다 연령효과가 훨씬 크게 작동하고 있다는 사실을 보여준다. 연령을 추가한 모형 3은 모형 2의 설명력을 6% 포인트 증가시키는 것으로 나타났다.

〈표 4.2〉는 지역별·세대별 정책적 선호차이가 복지정책에 비해 대북정책에서 더 크게 나타난다는 사실을 보여준다. 〈표 4.2〉는 대북정책에 대한 선호는 지역별로 유의미한 차이가 있는 반면, 세대별로 유의미한 차이는 없다는 사실을 보여준다. 영남민은 다른 지역민에 비해 인도적 대북지원을 더 반대하고 호남민은 덜 반대하는 것으로 나타났다. 연령을 통제한 후, 반공세대가 다른 세대보다 대북지원을 더 반대하는 것도 아니고 신세대가 다른 세대보다 더 찬성하는 것도 아닌 것으로 나타났다. 이에

반해 연령의 효과는 유의미한 것으로 나타났다. 나이가 많을수록 대북지원 확대를 반대하는 것으로 나타났다. 〈표 4.2〉는 또한 호남민과 신세대의 복지정책에 대한 선호는 다른 집단들의 선호와 유의미한 차이를 보인다는 점을 보여준다. 호남민과 신세대는 다른 집단에 비해 복지확대를 더 원하는 것으로 나타났다.

다음은 지역 및 세대 간 이념갈등에 추세적인 변화가 있는가를 분석하였다. 이러한 분석을 위해, 지역변수와 세대변수가 이념에 미치는 영향력이 시간의 흐름에 따라 어떠한 변화가 있었는가를 추정하였다. 위 모형은 15대 대선부터 20대 총선까지 이념갈등에 어떠한 변화가 있었는가를 분석했으므로, 15대 대선으로부터 몇 개월이나 소요되었는가를 측정하였다. 지역 간 이념갈등의 추세적인 변화는 지역변수와 소요기간의 상호작용 효과를 통해 추정할 수 있다. 이러한 상호작용 효과는 지역과 소요기간을 곱한 상호작용 변수를 통해 추정할 수 있다. 세대 간 이념갈등의 추세적인 변화 역시 마찬가지 방법으로 세대와 소요기간을 곱한 상호작용 변수의 영향력을 추정하였다.

이 글은 두 종류의 상호작용 모형을 분석하였다. 첫 번째 모형(모형 6)에서는 유권자들의 대북정책 및 복지정책에 대한 입장을 생략하였고, 두 번째 모형(모형 7)에서는 이 변수들을 포함시켰다. 각 모형들은 장단점이 있다. 모형 6은 정책변수를 통제하지 않았으므로 지역변수들과 세대변수들의 영향력이 과대추정될 수 있는 반면, 유권자의 이념 변화를 긴 기간(19년)동안 분석할 수 있는 이점이 있다. 이에 반해, 모형 7은 정책변수를 통제할 수 있다는 이점이 있으나 유권자들의 정책적인 입장을 묻는 문항들이 16대와 17대 총선 및 15대 대선 설문조사에 포함되지 않았으므로 이 선거들은 두 번째 모형분석에서 제외된다.

〈표 4.3〉은 두 상호작용 모형의 분석결과를 보여준다. 모형 6에서 영남민, 호남민, 반공세대, 민주화세대 변수의 회귀계수는 소요기간이 0인 경우(15대 대선 당시), 이들 집단과 다른 집단의 이념이 어떻게 다른가를 나타낸다. 모형 6의 상호작용 변수들의 회귀계수는 15대 대선 이후 시간의

〈표 4.3〉 거주지와 세대가 유권자 이념에 미치는 영향의 통시적 변화

모형	모형 6			모형 7		
종속변수	이념성향					
독립변수	b (s.e.)	beta (t값)	유의 수준	b (s.e.)	beta (t값)	유의 수준
대북지원 반대				.271 (.027)	.119 (10.020)	.000 ***
복지확대 반대				.139 (.026)	.062 (5.252)	.000 ***
영남거주	.109 (.114)	.020 (.956)	.339	-.133 (.164)	-.026 (-.812)	.417
호남거주	-.639 (.159)	-.084 (-4.007)	.000 ***	-.558 (.245)	-.078 (-2.275)	.023 *
반공세대	.516 (.249)	.103 (2.075)	.038 *	-.028 (.285)	-.006 (-.100)	.921
신세대	.174 (.215)	.036 (.810)	.418	-.184 (.229)	-.041 (-.806)	.420
연령	.035 (.004)	.197 (9.051)	.000 ***	.032 (.005)	.196 (7.002)	.000 ***
소득	.060 (.027)	.024 (2.233)	.026 *	.089 (.029)	.039 (3.061)	.002 **
학력	-.054 (.030)	-.022 (-1.792)	.073	-.038 (.033)	-.017 (-1.180)	.238
성별 (여성)	.053 (.048)	.011 (1.100)	.271	.057 (.054)	.013 (1.059)	.290
도시규모 (시골)	.015 (.032)	.005 (.480)	.631	.010 (.038)	.003 (.251)	.801
이전선거 보수지지	.151 (.021)	.098 (7.107)	.000 ***	.071 (.021)	.056 (3.331)	.001 **
소요기간 (개월)	.026 (.018)	.057 (1.448)	.148	.061 (.020)	.124 (3.007)	.003 **
영남거주 영향변화	.009 (.010)	.018 (.835)	.404	.021 (.013)	.053 (1.620)	.105
호남거주 영향변화	-.006 (.014)	-.008 (-.383)	.701	.003 (.019)	.006 (.180)	.857
반공세대 영향변화	-.013 (.018)	-.030 (-.755)	.450	.029 (.019)	.078 (1.561)	.119
신세대 영향변화	-.013 (.017)	-.031 (-.738)	.461	.014 (.017)	.041 (.812)	.417
N		9418			6426	
R^2 (수정 R^2)		.113 (.111)			.142 (.139)	

경과에 따라 영호남 지역민과 두 세대가 보수화 되는 정도를 측정한다. 모형 7에서 이들 변수의 회귀계수 역시 소요기간이 0인 경우(16대 대선 당시), 영호남민과 반공세대 및 신세대의 이념과 다른 집단의 이념이 어떻게 다른가를 나타낸다. 모형 7의 상호작용 변수들의 회귀계수는 16대 대선 이후 시간이 경과하면서 이들 집단이 보수화되는 정도를 나타낸다. 〈표 4.3〉의 분석결과는 〈표 4.1〉과 〈표 4.2〉의 분석결과와 마찬가지로 호

남거주, 연령, 이전 선거 지지 후보 변수들의 영향력이 견고하게 유지된다는 사실을 보여준다. 정책변수를 포함시켰을 때 지역변수와 세대변수가 약화되었던 〈표 4.1〉의 결과는 〈표 4.3〉에서도 관찰된다. 상호작용 변수들을 관찰하면 지역별·세대별 이념의 유의미한 추세적 변화는 관찰되지 않았다. 영남민이나 호남민이 더 보수화되거나 진보화되지도 않았고, 전쟁세대나 민주화세대가 더 보수화되지도 않았다. 〈표 3〉의 결과를 요약하면, 2000년대 이후 지역 간·세대 간 이념갈등은 더 심화되지도 완화되지도 않았다.

4.6. 결론과 전망

15대 대선 이후 통합자료 분석은 이 장의 서론에서 제기한 다음과 같은 질문들에 대한 답을 제공한다. 첫째, 한국에서의 이념갈등은 경제적 차원과 대북관계 차원 중 어떤 차원에서 더 현저하게 전개되는가? 복지쟁점과 대북쟁점 중 유권자의 이념성향에 더 유의미한 영향을 미치는 쟁점은 대북쟁점이다. 둘째, 유권자의 경제적 지위, 세대, 지역 중 어떠한 변수가 이들의 이념형성에 유의미한 영향을 미치는가? 한국 유권자는 수입수준이 높을수록 보수적이나, 수입수준이 이념성향에 미치는 영향은 지역이나 연령이 미치는 영향에 비해 훨씬 약하다. 한국 유권자는 지역 및 세대 간 이념 차이를 보인다. 영남민과 호남민은 각각 타지역민보다 더 보수적이고 진보적이다. 반공세대가 다른 세대보다 더 보수적이다. 이러한 세대 간 이념 차이는 세대효과 때문에 발생하기도 했지만, 대부분 연령효과 때문에 발생했다. 셋째, 한국에서의 이념갈등의 구조는 변화하고 있는가? 2000년대 이후 지역 및 세대 간 이념갈등은 더 심화되지도 완화되지도 않았다. 영호남 간 이념갈등은 대선에서 약화되었다가 다음 총선에서 다시 강화되는 주기적 변화를 반복하였다. 세대 간 이념갈등은 참여정부 당시는 반공세대가 가장 먼저 보수화된 반면, 이명박 정부 당시는 신세대가 가장 먼저 탈보수화되었다.

이 장의 발견은 한국에서의 이념갈등과 관련된 몇 가지 시사점을 던진다. 지역 및 세대 간 이념갈등은 지역 및 세대 간의 상호배타적 갈등이라기보다 정책적 선호의 차이를 어느 정도 반영한 것이다. 따라서 이들 집단 간 이념갈등은 이들 집단이 지지하는 정당의 정책입장과 연동해서 변화할 가능성이 높다. 이 장의 발견은 또한 지역 및 세대 간 이념갈등 구조 변화의 가능성에 대한 몇 가지 시사점을 제시한다. 집단 간의 이념갈등은 정책적인 요소를 담고 있으므로, 정당들이 어떤 정책을 중심으로 경쟁하는가에 따라 이념갈등의 양태가 변할 수도 있다. 반공세대의 인구감소 및 신세대의 인구증가는 선거쟁점으로서의 대북정책의 유용성을 약화시킬 수도 있다. 동시에 청년실업의 증가로 인해, 비정규직 전환, 최저임금 인상, 고용창출과 관련된 복지쟁점이 신세대 유권자들의 이념형성에 큰 영향을 미칠 수도 있다. 이러한 가능성에도 불구하고, 한국에서의 계급균열의 부재 및 정당들의 비차별적 정책입장 때문에, 복지정책이 유권자의 이념 재편성을 초래할 정도의 현저한 쟁점으로 부각될 가능성은 아직까지는 낮아 보인다. 따라서 대북관계가 얼마나 지속적으로 현저한 선거쟁점으로 작동할 수 있는가에 따라 이념갈등의 향방이 결정될 것으로 전망된다.

5장

유권자 투표결정의 구조와 변화: 위치쟁점 투표와 유인가치 투표

5.1. 서론

4장에서는 유권자들의 이념성향 형성 및 투표결정에 대한 이론적 모형(〈그림 4.1〉)을 제시하였고, 이 모형이 제시한 변수들 중 지역과 세대가 유권자 이념에 어떠한 영향을 미치는가를 추정하였다. 5장에서는 유권자의 개인적 특성과 소득수준, 위치쟁점 입장, 정당의 유인가치에 대한 믿음이 이들의 투표결정에 어떠한 영향을 미치는가를 분석한다. 이 장의 분석에 포함된 위치쟁점 변수들은 유권자들의 이념성향 및 대북정책과 재분배 정책에 대한 선호이고. 유인가치 변수는 정당의 지역기반과 유권자 거주지 일치여부이다.

유권자들이 자신이 소속된 집단을 따라 특정정당에 투표를 한다면, 이러한 이유는 소속집단의 위치쟁점 입장 때문에 그럴 수도 있고 소속집단이 지지하는 정당의 유인가치 때문에 그럴 수도 있다. 예컨대, 영남 유권자들이 영남정당을 지지하는 이유는 영남민들이 보수적이어서 그럴 수도 있고 영남정당에 심리적인 연대감을 느끼거나 지역적 혜택을 기대하기 때문에 그럴 수도 있다. 마찬가지로, 세대 간 정당지지 성향의 차이는 위치쟁점에 대한 세대 간 입장 차 때문에 기인했을 수도 있고, 유인가치에 대한 세대 간 믿음 차이 때문에 초래되었을 수도 있다. 예컨대, 노년세대가 보수정당을 지지하는 이유는 노년세대가 보수적이어서 그럴 수도 있고, 노년세대가 보수정당을 더 신뢰하거나 호감을 느껴서 일수도 있다.

유권자들의 투표결정은 이처럼 위치쟁점과 유인가치가 가져다주는 효용을 복합적으로 생각해서 이루어진다. 유권자가 어떤 정당에 이념적인 동질성과 유인가치의 이점을 느끼면, 이 유권자는 이 정당에 투표한다. 그러나 자신의 입장과 이념적으로 멀리 떨어져있는 정당이 더 많은 유인가치를 제공할 경우, 이 유권자는 자신의 이념에 반하는 투표결정을 할 수 있다. 예컨대, 진보적인 유권자라도 자신 지역을 대표하는 보수정당이 타지역을 대표하는 진보정당보다 더 큰 지역적 혜택을 제공한다고 생각하면, 보수정당에 투표할 수 있다. 또는 보수적인 유권자라도 자신의 지역을 대표하는 진보정당에게 지역적 정체성을 느낀다면, 진보정당에 투표할 수 있다. 따라서 유권자들의 투표결정을 이해하기 위해서는 정당의 위치쟁점 입장과 유인가치가 각각 유권자의 투표결정에 어느 정도의 독립적인 영향력을 가지고 있는가를 분석해야 한다.

이 장은 이러한 분석을 수행한다. 이 장은 다음과 같이 구성되어 있다. 5.2절에서는 유권자들의 정당지지에 대한 선행연구들을 검토한다. 5.3절에서는 유권자들의 투표결정에 대한 간단한 수리모형을 제시한다. 5.4절에서는 지역 및 세대 간 이념갈등과 정당지지와의 관계를 통시적으로 관찰한다. 5.5절에서는 유권자의 투표결정에 이념, 지역 및 세대가 어떠한 영향을 미치는가를 분석한다. 결론에서는 분석결과들을 요약하고 이들의 시사점에 대해서 논의한다.

5.2. 선행연구

다수 연구들은 한국 유권자들의 계급적·소득적 지위는 이들의 투표결정에 큰 영향을 미치지 못하는 것으로 분석하였다(강원택 1998, 2003; 김재한 1999; 이갑윤 1998). 최근의 경험연구들은 소득수준으로 측정된 계층이 유권자의 투표결정에 미치는 영향을 분석을 시도했지만, 소득수준이 유의미한 영향력을 미친다는 결과를 얻지 못했다(이재철 2008; 안용흔 2013; 이용마 2014; 장승진 2013a; 전병유 · 신진욱 2014; 한귀영 2013; 황아란 2008; Moon 2005). 일부 연구들은 저소득층이나 노동자 계층이 오히려 보수적인 정당을 지지하는 "계급배반 투표" 성향을 발견하였다(강원택 2013; 전병유 · 신진욱 2014; 한귀영 2013). 전병유·신진욱(2014)과 한귀영(2013)이 대선 당시 발생한 다양한 정치변수들로 계급 배반투표를 설명하려 한 반면, 강원택(2013)은 유권자들의 연령이 계급배반 투표와 관련이 있다고 주장하였다. 이갑윤 등(2013)은 2007년 대선에는 재산이 많은 유권자가 이명박 후보를 지지할 가능성이 높았으나 2008년 총선에서 한나라당을 지지할 가능성이 높지는 않다는 사실을 발견하였다.

이에 반해, 다른 연구들은 한국에서 계급투표의 가능성을 발견하기도 하였다(신광영 2004; 손낙구 2010; 장승진 2013a). 손낙구(2010)는 한국 유권자는 재산에 따라 계층투표를 한다고 주장하였다. 장승진(2013a)은 유권자의 주관적 계층의식이 2012년 총선과 대선에서의 투표결정에 영향을 미쳤다는 사실을 발견했다. 김성모·이현우(2015)와 윤광일(2012)은 소득수준 높을수록 박근혜 후보에 더 높은 호감을 가지고 있다는 결과를 제시하였다. 윤광일(2012)은 또한 고소득자가 박근혜 후보뿐 아니라 문재인 후보와 안철수 후보에 대한 호감도 역시 높다는 사실을 발견하였다.

유권자의 경제적 지위의 영향력을 분석한 연구들과 달리, 일부 연구들은 계층균열의 가능성을 탐색하였다. 일부 연구들은 민주노동당의 지지자들에 대한 분석을 통해 노동자보다 고학력, 화이트칼라층이 민주노동당을 더 지지한다는 사실을 발견했다(강원택 2004; 안순철 · 가상준 2006). 정철희(2002)는 사회문화 전문가와 기술전문가로 구성된 신중간계급 및 자영업과 전통적 전문직 종사자들이 민주주의 공고화에 기여하는 경향이 있다고 분석했다. 장승진(2013a)은 2012년 총선과 대선에서 직업과 가계소득은 보수정당 지지에 영향을 미치지 않았지만, 하위계층과 중하위계층은 다른 계층에 비해 보수정당을 지지할 확률이 낮다는 사실을 발견하였다. 이용마(2014)는 1997년 이후 네 번의 대선에서 직업, 소득 학력 등을 종합해 분류한 네 계층 중에서 상층과 신중산층은 각각 보수성향과 진보성향 후보에게 투표할 가능성이 높다는 사실을 발견했다.

다른 연구들은 정책선호가 유권자의 이념성향과 투표결정에 미치는 영향력을 분석하였다. 이들 연구들은 대부분 남북문제가 유권자 투표결정에 가장 중요한 영향을 미친다는 사실을 발견하였다. 진영재·김민옥(2007)은 2002년 대선과 2004년 총선 당시 국가보안법 문제와 대북지원 문제가 유권자에 투표결정에 가장 중요한 영향을 미친다는 사실에 동의하면서, 분배문제와 고교평균화 문제에 대한 입장이 진보정당 지지와 상관되어 있다는 사실을 발견했다. 송근원(2007)은 2002년 대선에서 대북지원 쟁점이 투표결정에 가장 큰 영향을 미쳤으며, 여성참여, 보안법, 호주제 쟁점 순으로 영향을 미쳤다고 분석했다. 지병근(Jhee 2006)은 2006 대선에서 유권자의 햇볕정책에 대한 입장이 노무현 대통령 지지에 긍정적인 영향을 미쳤다고 분석했다. 장승진(2013b)은 제18대 대선에서 경제민주화 쟁점이 유권자의 투표결정에 유의미한 영향을 미쳤다는 결과를 제시했다. 지병근(2013b)은 제18대 대선에서 유권자의 정책 우선순위가 투표결정과 관련되어 있다는 사실을 발견했다.

전술한 연구들이 유권자의 정책입장이 투표결정에 어떤 영향을 미쳤는가를 분석한 반면, 김성연 등(2013)은 유권자가 선호하는 정책입장과 이들이 인식하는 후보의 입장과의 거리가 투표결정에 미치는 영향을 분석하였다. 김성연 등(2013)은 19대 총선 직전 설문조사 자료를 분석한 결과, 응답자들은 일자리, 환경, 조세쟁점에 대해서는 문재인 후보의 입장이, 대북쟁점에 대해서는 박근혜 후보의 입장이 자신들의 입장과 가장 가깝다고 인식한다는 사실을 관찰하였다.[1] 이들은 유권자가 인식하는 박근혜 후보의 대북, 일자리, 조세쟁점에 대한 입장이 자신의 입장과 가깝다고 생각할수록 박근혜 후보를 지지할 확률이 높다는 사실을 발견했다. 김성연·정효명(2014)은 19대 총선 당시 유권자들이 일자리, 환경, 세금, 대

1 20대 총선에서는 유권자들이 복지쟁점과 안보쟁점 모두에서 새누리당과 더 가깝다고 인식하였다. 〈그림 3.10〉 참조.

북쟁점 모두에 대해서 민주당의 입장이 새누리당 입장보다 자신들과 더 가깝다고 인식한다는 사실을 관찰했다. 이들은 또한 유권자의 네 쟁점에서의 자신들의 입장과 이들이 인식하는 새누리당의 입장이 가까울수록 새누리당을 지지할 확률이 높다는 사실을 발견했다.

김성연(2016)은 18대 대선에서 박근혜와 문재인 후보 모두 재벌 규제, 대북 정책, 분배 정책에 대한 입장이 유권자의 입장과 가깝다고 인식되었을 때 지지를 얻을 확률이 높다는 사실을 발견했다. 김성연(2016)은 특히 정책선호와 이념을 통제하면 나이는 후보 선택에 더 이상 유의미한 영향을 미치는 않는다는 사실을 발견했다. 이러한 결과는 기존 연구가 발견했던 세대균열이 사실 유권자의 이념 및 정책선호가 나이와 혼재되어 과대추정되었을 가능성을 시사한다. 그러나 이내영·허석재(2010)는 이러한 연구들이 내생성 문제(endogeneity problem)를 범할 가능성을 지적했다.[2] 이들은 유권자들이 지지하는 후보의 이념을 자신의 주관적 이념과 가깝다고 평가하는 '투사효과'의 존재를 17대 대선 패널데이터를 이용해서 검증하였다.

전통적인 경제투표 연구는 대통령의 경제성과(유인가치)에 대한 회고적 평가 여부를 분석한 반면(Erikson 1990; Fiorina 1981; Kiewiet 1983; Kramer 1971; Lewis-Beck and Rice 1992; Tufte 1978), 다른 연구는 위치쟁점상에서의 경제투표 가능성을 분석하였다(Nadeau et al. 2008; Nadeau 2010). 이들에 의하면, 고위험 자산을 가진 유권자는 자유시장을 옹호하는 정당을 선호하는 반면, 저위험 자산을 소유한 유권자는 국가보호를 선호하는 정당을 지지한다. 따라서 유권자들의 경제정책에 대한 입장은 진보-보수의 정책차원에 배열할 수 있고 이러한 차원에서 경제투표는 유인가치 투표가 아니라 위치쟁점 투표로 이해해야 한다는 것이다. 나도 등(Nadeau et al. 2008)은 이러한 경제투표를 자산 경제투표(patrimonial economic voting)라 명명했다.[3] 강우

2 유권자의 정책선호와 후보지지와의 관계는 상호적 인과관계일 가능성이 높다. 이러한 내생성 문제에 대한 자세한 내용은 4장 4.5절 참조.

3 경제정책에 대한 투표결정은 전통적인 의미의 경제투표와 구분해서 경제정책 투표로 부르는 것이 적합하다.

진(2013)은 18대 대선에서 경제성장에 대한 유권자의 정책선호와 유권자가 인식하는 새누리당의 경제성장 정책입장이 일치하면 박근혜 후보에게 투표할 확률이 높다는 사실을 발견했다. 강우진(2013)은 전술한 정책효과 연구들과 경제투표 연구들이 범하기 쉬운 내생성문제를 해결하기 위해 정당일체감을 통제했다.

전술한 연구들은 위치쟁점에서의 유권자의 이념적 입장 및 정책적 선호가 투표결정에 미치는 영향을 분석했다. 3장에서 상술한 바와 같이, 한국의 선거경쟁에서는 유인가치가 위치쟁점 못지않게 중요하다. 한국의 선거경쟁을 특징짓는 유인가치는 지역주의이다.[4] 한국의 선거경쟁에서 지역주의가 차지하는 중요성 때문에, 지역주의에 대한 연구는 많이 축적되었다. 지역주의에 대한 기존연구들은 두 이론적 쟁점에 따라 분류될 수도 있다. 첫 번째 쟁점은 지역투표를 순수하게 지역적인 것으로 볼 것인가 아니면 이념적인 것으로 볼 것인가의 문제이다. 두 번째 쟁점은 지역주의 투표가 속인주의와 속지주의 중 어떠한 성격을 가지고 있는가이다. 지역주의에 대한 기존 연구들이 이 두 쟁점에 대해 어떠한 입장을 취하는가는 6장과 7장에서 자세히 검토한다.

5.3. 유권자의 투표결정 모형

다운스(Downs 1957)는 자신의 《민주주의 경제이론》(An Economic Theory of Democracy)에서 기념비적인 중위투표자 이론을 제시하였다. 이 이론은 유권자와 후보가 완전한 정보를 가지고 있다는 가정하에, 일차원적 공간에서 승리하기 위해 경쟁하는 두 정당은 중위투표자 입장으로 수렴한다는 사실을 발견하였다. 그러나 다운스의 수렴결과는 경험적인 현실에 의해 뒷받침되지 않았다. 경험연구들은 선거경쟁이 정책만을 중심으로 전개

4 지역주의가 유인가치라는 주장에 대한 논거는 3장의 3.5.2절에서 제시하였다. 지역주의 외에도 경제활성화 성과 또는 기대 역시 경제투표를 하는 유권자들에게 중요한 유인가치로 작동한다. 경제투표에 대한 분석은 10참조.

된다는 다운스의 가정을 비판하였다. 스톡스(Stokes 1963)는 정책뿐만 아니라 유인가치들이 유권자의 투표결정에 영향을 미친다고 주장하였다. 이 주장에 의하면, 정치인들은 자신의 장점을 홍보하거나 상대후보의 단점을 공격해서, 유권자의 이념적·정책적 투표결정을 흔들려고 한다. 따라서 유권자의 투표결정은 후보들이 제시하는 정책입장뿐만 아니라 유인가치에 대한 평가를 동시에 감안해서 이루어진다.

4장의 〈그림 4.1〉은 ① 위치쟁점(정당과 유권자의 이념 차이 또는 대북정책 또는 복지정책과 같은 정책입장에 대한 정당과 유권자 입장 차이)과 ② 유인가치(후보의 국가 및 지역 경제발전 능력, 지역구 사업 능력, 도덕성)가 한국 유권자들의 투표결정에 미치는 영향을 보여주었다. 여기에서는 위치쟁점과 유인가치가 유권자의 투표결정에 어떠한 영향을 미치는가를 분석하기 위해 간단한 공간모형을 제시한다. 먼저 유권자의 효용에 대한 다음과 같은 가정을 한다. 유권자의 효용은 위치쟁점에서의 자신의 입장과 후보의 입장이 서로 멀어질수록 감소한다. 후보의 유인가치는 유권자의 효용을 단순증가 시킨다.[5]

유인가치와 위치쟁점이 각각 일차원적일 경우, 유권자의 효용을 간단한 수식으로 표현하면 다음과 같다.[6]

$$u_i(v_i, x_i; \alpha, \beta, \theta_j) = \alpha v_i - \beta(x_i - \theta_j)^2 \quad (1)$$

공식 (1)에서 v_i는 후보 $i \in [L, R]$가 제시하는 유인가치이다. x_i는 후보 i가 제시하는 정책입장이라고 가정하자. x_i는 가장 진보적인 입장인 0에서 가장 보수적인 입장인 10 사이에 위치한다고 가정하자. θ_j는 유권자 j가 가장 선호하는 정책입장이다. 공식 (1)은 후보가 더 많은 유인가치를 제공할수록 유권자의 효용은 증가하고, 후보의 정책입장이 유권자의 입

5 위치쟁점과 유인가치가 유권자 효용에 미치는 영향은 2장의 〈그림 2.2〉 참조.

6 만약 유인가치와 위치쟁점이 다차원적이라면, 위의 효용은 다차원적인 벡터로 표현될 수 있다. 설명을 단순화시키기 위해 두 쟁점이 모두 일차원적이라 가정한다.

장으로부터 멀어질수록 유권자의 효용은 감소한다는 사실을 보여준다. 공식 (1)에서 $\alpha \in [0,1]$는 유권자가 유인가치에 민감한 정도 또는 선거경쟁에서 유인가치가 부각된 정도를 나타낸다. β는 유권자가 유인가치에 비해 상대적으로 위치쟁점에 더 민감한 정도 또는 선거경쟁에서 위치쟁점이 더 현저한 정도를 의미한다. α가 0이면 유권자는 위치쟁점만 보고 투표하고 β가 0이면 유인가치만 보고 투표한다. $\alpha = 1 - \beta$이라 가정하면, α가 커질수록 유권자의 투표결정은 유인가치에 의해 결정된다.

유권자가 후보 L과 후보 R로부터 같은 효용을 느끼는 조건은 다음과 같다.

$$\alpha v_L - \beta(x_L - \theta_j)^2 = \alpha v_R - \beta(x_R - \theta_j)^2 \tag{2}$$

위 수식을 θ에 대해서 풀면 다음과 같은 지지분기점(cutpoint) 공식을 구할 수 있다.

$$\hat{\theta} = \frac{x_L + x_R}{2} + \frac{\alpha(v_L - v_R)}{2\beta(x_R - x_L)} \tag{3}$$

두 후보들의 정책 입장 차$(x_R - x_L)$를 Δx로 표기하고, 0에서 10 사이에 분포된 좌-우 정책공간에서 진보후보 L은 보수후보 R보다 왼쪽에 위치한다고 가정하면, 아래의 공식에서 $\Delta x > 0$이다. 이들의 유인가치의 차이$(v_R - v_L)$를 Δv로 표기하면 지지분기점은 아래와 같다.

$$\hat{\theta} = \text{두 후보의 중앙} - \frac{\alpha \Delta v}{2\beta \Delta x} \tag{4}$$

지지분기점은 두 후보들의 효용차이를 느끼지 않는 유권자의 입장이다. 지지분기점 좌측과 우측에 있는 유권자는 각각 후보 L과 R로부터 더 큰 효용을 느낀다. 따라서 지지분기점 좌측과 우측에 있는 유권자는 각각 후보 L과 R을 지지한다. 예컨대, 〈그림 5.1〉에서와 같이 0과 10 사이의 정책공간에서 진보후보 L과 보수후보 R이 각각 4와 6에 있는 입장을 취하는 경우를 생각해보자. 이럴 경우, 유권자들이 위치쟁점 투표만 하거나($\alpha=0$), 두 후보의 유인가치에 아무런 차이를 느끼지 못하면($\Delta v=0$), 지지분기점은 5가 된다. 달리 말하면, 지지분기점 좌측에 있는 진보유권자는 모두 진보후보를 지지하고, 우측에 있는 보수유권자는 모두 보수후보를 지지한다.

후보들의 유인가치는 유권자의 이러한 이념(위치쟁점) 투표결정을 바꿀 수 있다. 예컨대, 유권자들이 후보 L이 경제 활성화 능력이 있다고 생각할 경우, 유권자들은 이러한 후보에게 유인가치를 느낀다. 후보 L에게 느끼는 유인가치를 8이라 가정하고 후보 R에게 느끼는 유인가치를 0이라 가정해보자($\Delta v=-8$). 유권자들이 위치쟁점과 유인가치에 동등하게 민감하다고 가정하면($\alpha=\beta=0.5$), 지지분기점은 7이 된다. 따라서 유권자들 중, 7 좌측에 있는 유권자들은 후보 L을 지지하고, 7 우측에 있는 유권자들만 후보 R을 지지한다. 〈그림 5.1〉은 유권자들이 이념투표만 하는 경우($\Delta v=0$)의 지지분기점(5)과 후보 L에게서 8만큼의 효용을 더 느끼는 경우($\Delta v=-8$)의 지지분기점(7)을 보여준다. 〈그림 5.1〉에서 빗금 친 영역은 후보 L의 유인가치 때문에 자신의 이념보다 더 멀리 있는 후보 L을 지지한 보수적인 유권자들을 의미한다. 이러한 비이념 투표자의 비율

〈그림 5.1〉 두 후보의 유인가치 차이에 따른 지지분기점의 변화

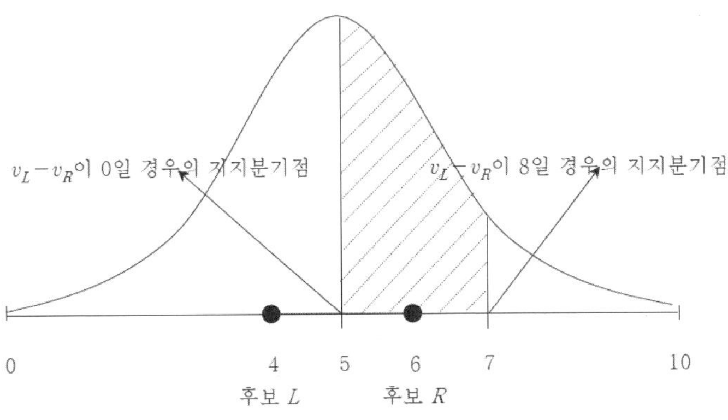

은 두 후보의 유인가치 차이($|\Delta v|$)가 증가할수록, 선거가 유인가치 중심으로 치러질수록($\alpha > \beta$) 증가한다.

전술한 예에서와 같이, 진보후보 L의 유인가치가 보수후보 R보다 더 많을 경우($\Delta v < 0$인 경우), α가 증가하면 지지분기점은 우측으로 이동하고 후보 L을 지지하는 유권자들은 증가한다. 반대로 $\Delta v > 0$인 경우, α가 증가하면 지지분기점은 좌측으로 이동하고 후보 R을 지지하는 유권자들은 증가한다. 즉 유권자들이 정책보다 유인가치에 민감할수록 유인가치의 이점이 있는 후보가 유리해진다. 반대로 β가 증가하면, Δv가 지지분기점에 미치는 영향은 줄어든다. 달리 말하면, 유권자들이 정책에 민감하면 유인가치가 지지분기점 즉 선거결과에 미치는 효과는 줄어든다.

〈그림 5.1〉이 보여준 예는 한국의 지역투표에 적용될 수 있다. 〈그림 5.1〉의 유권자들을 호남의 유권자라 가정하고, 후보 L과 후보 R을 각각 호남과 영남을 대표하는 지역정당 후보라고 가정하자. 호남 유권자들은 후보 L에게 같은 지역 정체성을 느끼거나 지역적 혜택에 대한 기대를 느낀다. 이러한 지역정체성이나 지역적 혜택에 대한 기대는 유인가치의 일종으로 취급할 수 있다. 호남 유권자들이 후보 L에게 느끼는 유인가치를 4라 가정하고 후보 R에게 느끼는 유인가치를 -4라 가정해보자($v_R - v_L = -8$). 유권자들이 위치쟁점과 유인가치에 동등하게 민감하다고 가정하면($\alpha = \beta = 0.5$), 지지분기점은 7이 된다. 위에서 빗금 친 영역의 유권자들은 보수적임에도 불구하고 진보적인 호남정당 후보 L을 지지한 호남 유권자들이다.

〈그림 5.1〉은 지역투표 결과가 이념적인 요소와 지역적인 요소가 복합적으로 나타난 결과라는 사실을 보여준다. 〈그림 5.1〉에서 5 좌측에 있는 유권자들은 지역주의와 상관없이 이념투표를 했어도 호남정당 후보를 지지할 유권자들이다. 반면, 5와 7 사이에 있는 유권자들은 지역주의 때문에 투표결정을 바꾼 유권자들이다. 따라서 지역주의 투표라는 개념은 지역투표 개념과 구분되어 사용되어야 한다. 지역주의 투표는 〈그림 5.1〉의 빗금 친 영역이 보여주는 것처럼 지역정체성, 지역적인 혜택에 대

〈그림 5.2〉 영호남 유권자 이념분포와 정당지지 성향

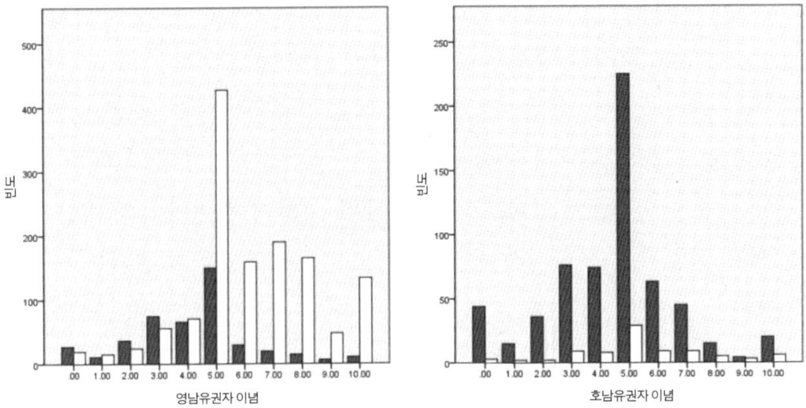

출처: 5장 그림들 출처와 동일. (이하 그림 출처 동일)

한 기대, 지역감정 등 지역적인 요인들이 야기하는 지역주의 때문에 유권자의 이념에 반하는 투표를 하는 것을 의미한다. 반면 지역투표는 특정지역에서의 유권자들의 투표성향이다. 지역투표는 지역민들의 이념성향과 지역주의가 동시에 복합적으로 작동하여 나타난 투표성향이다. 지역정당들이 자신의 지역에서 얻은 득표는 이러한 지역투표 결과이다.

〈그림 5.2〉는 17대 총선 이후 20대 총선까지의 여섯 차례의 총선 및 대선 당시 영호남 유권자들의 이념분포와 투표결정 결과를 보여준다. 〈그림 5.2〉에서 짙은 막대는 진보적인 후보를 지지한 유권자들을 나타내고 흰색 막대는 보수적인 후보를 지지한 유권자들을 나타낸다. 〈그림 5.2〉는 영남에는 5에서 10 사이의 보수적인 유권자가 더 많고 호남에는 0에서 5 사이의 진보적인 유권자가 더 많다는 사실을 보여준다. 〈그림 5.2〉는 또한 영호남 유권자들이 이념투표만 하는 것도 아니고 지역주의 투표만 하는 것도 아니라는 사실을 보여준다. 영남에서 거의 대부분의 보수적인 유권자들이 보수적인 영남정당을 지지했고 호남에서는 거의 대부분의 진보적인 유권자들이 진보적인 호남정당을 지지했다. 이러한 관찰결과는 영남의 보수적인 유권자들과 호남의 진보적인 유권자들이 이념투

표를 했다는 사실을 뒷받침한다. 그러나 영남의 진보적인 유권자들 중 약 40% 정도가 보수적인 영남정당을 지지했고 보수적인 호남 유권자들의 대부분이 진보적인 호남정당을 지지했다. 이러한 관찰결과는 영남의 진보적인 유권자들의 일부와 호남의 보수적인 유권자들의 대부분이 지역주의 투표를 했다는 사실을 뒷받침한다.

위 모형은 유권자들의 위치쟁점에 대한 입장과 유인가치에 대한 기대가 서로 상호작용을 하면서 유권자 투표결정에 영향을 미친다는 사실을 보여준다. 이에 반해 기존의 지역투표에 대한 시각에서는 지역투표를 지역감정이나 지역정체성에 기인한 지역주의의 결과물로 해석하거나, 지역민들의 이념성향의 차이로 해석한다. 첫 번째 시각은 지역투표를 하는 유권자의 효용을 지역주의라는 유인가치만의 함수($u_i(v_i)$)로 가정하는 것이다($\beta=0$). 이러한 시각에 따르면, 지역균열과 이념균열은 중첩되지 않았고 영호남민의 이념 차이가 없다(강원택 2003; 이갑윤 2002). 따라서 지역투표 결과는 지역정체성과 같은 지역주의의 결과물이다. 그러나 〈그림 5.2〉는 영호남민의 이념 차이는 상당히 존재한다는 사실을 보여준다.

반면 지역투표를 이념대결의 결과로 보는 입장(최장집 1989, 1991)은 유권자의 효용을 위치쟁점의 함수($u_i(x_i\theta_j)$)로 가정하는 것이다($\alpha=0$). 이러한 시각에 의하면, 호남에서 호남정당에 대한 높은 지지는 진보적인 호남 유권자가 많기 때문이다. 지역주의를 이념대결로 보는 시각이 타당하다면, 예컨대, 진보적인(보수적인) 지역정당이 자신의 지역에서 80%를 득표한 경우, 이 지역 유권자들의 80%가 진보적(보수적)이어야 한다. 그러나 〈그림 5.2〉는 영호남 유권자들이 이념적으로 이 정도까지 진보 또는 보수 쪽으로 편향되어 있지 않다는 사실을 보여준다. 뿐만 아니라, 지역주의가 이념대결의 결과물이라면, 지역과 상관없이 진보적인(보수적인) 유권자들은 진보적인(보수적인) 정당에 지지해야 한다. 〈그림 5.2〉는 상당수의 영호남 유권자들이 자신의 이념에 반하는 투표결정을 했다는 사실을 보여준다.

전술한 모형은 유권자들의 투표결정에는 위치쟁점과 유인가치에 대한 고려가 복합적으로 작동한다는 사실을 보여준다. 따라서 지역 및 세대 간 투표성향의 차이를 위치쟁점과 유인가치 중 한 요인만의 결과로 해석해서는 안 된다. 그렇다면, 지역 및 세대 간 정당 지지 차이에 위치쟁점과 유인가치가 미치는 독립적인 영향력은 어느 정도 될 것인가? 5.4절에서는 지역별 세대별 정당지지 차이에 대한 통시적 변화를 살펴보고, 5.5절에서 이러한 질문에 대한 답을 얻기 위한 통계분석을 수행한다.

5.4 지역별, 세대별 정당지지의 차이와 변화

5.4.1 지역별 정당지지의 차이와 변화

유권자들의 이념성향 분포가 지역별로 어떻게 다른가를 관찰하기 위해 영호남에서 진보적인 유권자들과 보수적인 유권자들의 비율을 계산하였다. 4장에서 서술한 설문조사 자료들을 이용해서, 0점에서 10점까지의 11점 척도로 측정된 유권자들 중, 0-4점 사이에 있는 유권자들은 진보로, 6-10점 사이에 있는 유권자들은 보수로 분류하였다. 〈그림 5.3〉의 y축이 0인 경우, 진보유권자와 보수유권자의 비율이 같다. 〈그림 5.3〉은 전국 유권자들의 이념적 분포에 대한 다음과 같은 사실을 보여준다. 총 열 번의 선거에서 전국 수준에서 보수유권자 비율이 진보유권자 비율보다 더 높은 적은 여섯 번이었다. 여섯 번의 선거에서 보수정당은 15대 대선을 제외하고 모두 승리하였다. 진보유권자 비율이 더 높았던 네 번의 선거에서 진보정당은 16대 총선을 제외한 세 번의 선거에서 모두 승리하였다. 유권자의 전국적 이념분포는 진보(보수)정당의 승리 여부를 예측하는데 80%의 적중률을 보여주었다.

〈그림 5.3〉은 보수(진보)유권자들의 비율은 영호남 간에 상당한 큰 차이가 있다는 사실을 보여준다. 호남의 경우, 보수유권자들이 진보유권자들보다 더 많은 적은 한 번도 없었다. 영남의 경우, 16대-17대 총선 기간을 제외하면 보수유권자들이 진보유권자들보다 항상 더 많았다. 〈그림 5.3〉은 유권자들의 이념이 주기적으로 변한다는 사실을 보여준다. 이러

〈그림 5.3〉 영호남 및 전국에서 보수유권자가 진보유권자보다 더 많은 정도

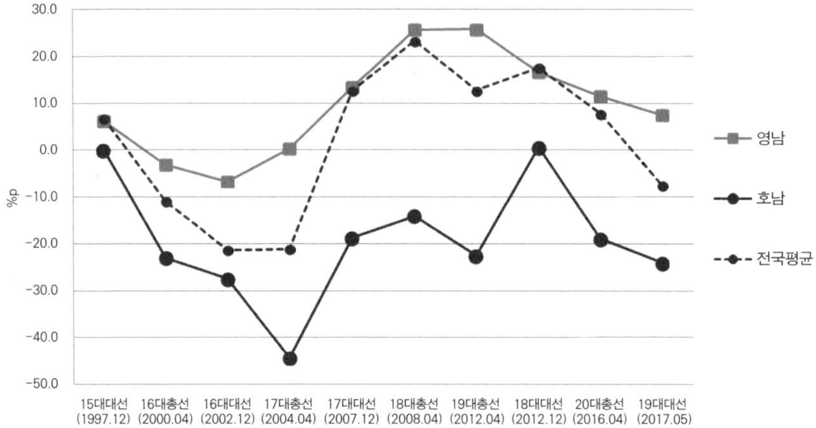

출처: 16대-20대 "국회의원 선거에 대한 국민 의식조사"와 15대-19대 "대통령선거 관련 유권자 의식조사", 17대-18대 "대선 패널데이터 자료" (이하 그림 출처 동일)

한 주기적 추세가 관찰되는 이유는 현직정부에 대한 실망이 지역 유권자들의 이념성향에 반영되기 때문으로 해석된다. 영남민들은 IMF 사태 이후 진보화되었다가 노무현 대통령 당선 이후 다시 보수화되었다. 영남민들은 19대 총선 이후 또다시 진보화되고 있다. 호남의 경우 영남과 비슷한 패턴을 보이나 진보화 및 보수화가 영남보다 한 선거 이후에 나타났다. 영남은 17대 총선부터 보수화되었으나 호남은 17대 대선부터 보수화되었다. 영남은 18대 대선부터 탈보수화되었으나 호남은 19대 총선에서 잠깐 진보화되었다가 20대 총선부터 지속적으로 진보화되고 있다.

〈그림 5.4〉는 영호남에서 보수유권자가 진보유권자보다 전국평균 대비 더 많은 정도를 보여준다. 〈그림 5.4〉의 y축이 0인 경우, 지역에서의 진보유권자와 보수유권자의 비율 차이가 전국 수준과 같아진다. 〈그림 5.4〉는 다음과 같은 결과를 보여준다. 영남에서는 전국평균보다 보수유권자가 더 많은 정도가 17대 총선까지 증가하였다. 그 이후 19대 총선 및 19대 대선을 제외하고 전국수준과 비슷하게 유지되고 있다.[7] 그러나 19

7 〈그림 5.4〉에서는 17대 대선이후 영남에서 보수유권자들의 비율이 더 많은 정도가 전국평균과 비슷하게 관찰된 반면, 〈그림 4.3〉에서는 같은 기간에 영남 유권자들의 이념이 전국 평균보다 더 보수화된 것으로 나타났다. 이러한 이유는 영남의 보수유권자들의 전체적인 비율은

〈그림 5.4〉 영호남에서 보수유권자가 진보유권자보다 전국평균 대비 더 많은 정도

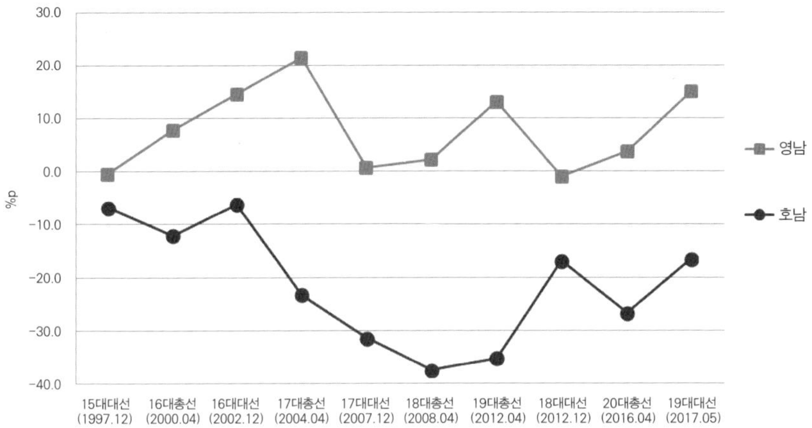

대 대선 당시 영남에서의 보수적인 유권자의 비율이 전국에 비해 현저하게 증가하였다. 호남에서는 전국수준에 비해 진보유권자가 더 많은 정도가 18대 총선까지 증가하다가 19대 총선부터는 호남에서도 보수적인 유권자들이 전반적으로 조금씩 증가하고 있다. 그럼에도 불구하고, 호남 유권자들은 전국에 비해 최소한 15% 정도 진보적인 유권자들이 더 많은 것으로 관찰되었다.

〈그림 5.5〉는 영호남 지지정당이 전국에서 얻은 득표율에 비해 자신의 지역에서 얻은 득표율이 더 큰 정도, 즉 지역투표 정도를 나타낸다.[8] 지역투표는 지역적 요인과 이념적 요인이 중첩되어 나타난 결과이다. 지역적 요인은 지역지지 정당에게 느끼는 심리적 유대감 또는 지역정체성과 지역정당이 제공할 지역적 혜택에 대한 기대감을 포함한다. 이념적 요인은 지역민들의 이념과 지역정당들의 이념 간의 조응성 때문에 나타나는 투표성향에 기인한다. 즉 영남민은 타지역민에 비해서 더 보수적이므로 보

감소했으나, 급진적인 보수 유권자들은 증가했기 때문으로 해석된다.

8 지역정당들의 득표율 계산을 위해, 신한국당(15대 총선), 한나라당(16대 총선), 한나라당과 친박연대(17대 총선), 한나라당(18대 총선) 새누리당 (19대·20대 총선)을 영남 지지 정당으로 규정하였고, 새정치국민회의(15대 총선), 새천년민주당(16대 총선), 새천년민주당과 열린우리당(17대 총선), 통합민주당(18대 총선), 민주통합당(19대 총선), 더민주당과 국민의당(20대 총선, 19대 대선)을 호남 지지 정당으로 규정하였다.

〈그림 5.5〉 지역정당의 대표지역 득표율이 전국 득표율보다 높은 정도

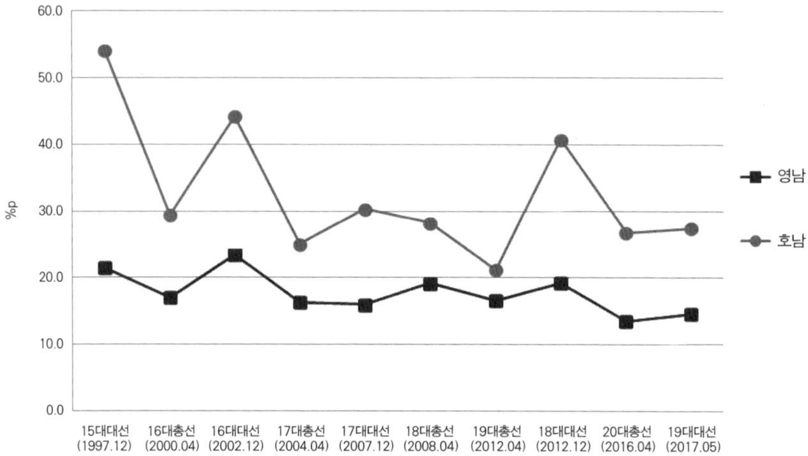

참고: 19대 대선의 경우, 선거 직전 설문조사 자료를 이용했으므로, 특정 정당에 지지를 표명한 유권자들을 투표자로 간주하여 계산하였음

수적인 지역정당을 지지하고, 호남민은 더 진보적이므로 진보적인 지역정당을 지지한다. 〈그림 5.5〉는 다음과 같은 결과를 보여준다. 첫째, 호남에서의 지역투표가 영남보다 더 현저하게 나타난다. 둘째, 지역투표는 총선보다 대선에서 주기적으로 더 강하게 나타나며, 이러한 주기적 등락은 호남에서 더 강하게 관찰된다. 셋째, 다섯 차례의 대선들 중 19대 대선에서 지역투표가 가장 약화되었다.

지역투표는 지역적 요소와 이념적 요소가 중첩적으로 나타난 결과이므로, 지역투표에서 이념적 요소를 제거시키면 순수한 지역적 요소 때문에 초래되는 투표결과, 즉 지역주의 투표결과를 파악할 수 있다. 만약 보수(진보)적인 유권자의 비율이 영남과 호남 간에 서로 같다면, 〈그림 5.5〉의 지역투표 결과가 곧 지역주의 투표결과이다. 그러나 영남에서는 보수유권자들이 더 많고 호남에서는 진보유권자들이 더 많으므로, 영호남의 지역투표 결과는 이러한 이념적 구성 차이가 반영된 것이다. 〈그림 5.6〉은 지역투표 결과에서 지역 간 이념적 구성 차이를 제거한 지역정당 득표율, 즉 지역주의 투표 정도를 보여준다.

〈그림 5.6〉 지역투표 결과에서 이념적 이점을 제거한 지역정당 득표율

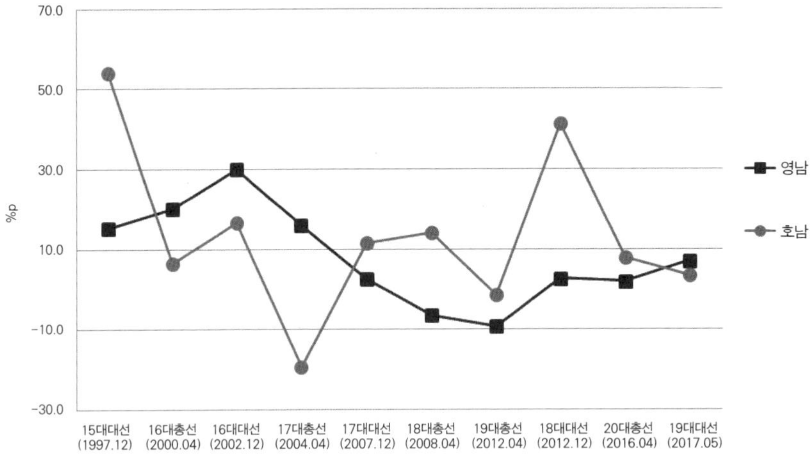

〈그림 5.6〉은 다음과 같은 흥미로운 결과를 보여준다. 첫째, 16대~17대 총선까지 호남 지지 정부가 통치한 기간 동안 영남의 지역주의 투표는 호남보다 더 강하게 나타났다. 그러나 17대 대선부터 20대 총선까지 영남 지지 정부가 통치한 기간 동안에는 호남의 지역주의 투표가 영남보다 더 강하게 나타났다. 호남 지지 정부가 다시 집권한 19대 대선에는 영남 지역주의 투표가 다시 강화되었다. 둘째, 호남에서의 지역주의 투표는 호남 지지 정부가 탄생한 이래 계속 약화되어 영남보다 약한 수준을 유지하였다. 그러나 영남 지지 정부가 재등장한 17대 대선부터 호남의 지역주의 투표는 영남보다 더 강하게 유지되었다. 호남 지지정부가 다시 등장한 19대 대선에서 호남 지역주의 투표는 영남보다 약간 약하게 관찰되었다.

〈그림 5.5〉와 〈그림 5.6〉을 비교하면, 지역투표와 지역주의 투표에 대한 다음과 같은 사실을 보여준다. 첫째, 18대 총선 이후 관찰된 영남에서의 지역투표 결과는 대부분 이념적인 요소가 초래한 결과로 볼 수 있다. 영남에서 지역투표가 강화된 이유는 영남민들이 지역주의가 강화되었기 때문이 아니라 보수화되었기 때문이다. 둘째, 영호남 지역주의는 주기적으로 변하며, 지역지지 정당이 집권하면 약화되었다가 경쟁지역 정당이

집권하면 강화된다. 이러한 관찰 결과가 의미하는 바는 지역주의는 패권적 성격을 가지기 보다는 경쟁지역 지지정부에 대한 소외감을 반영하는 것이라는 사실을 의미한다. 셋째, 지역주의는 대선에서 강하게 나타나는 경향이 있으며, 특히 호남의 지역주의가 대선에서 강하게 관찰되었다. 이러한 사실은 정권교체에 대한 기대감이 지역주의에 포함되어 있다는 사실을 의미한다. 〈그림 5.6〉이 보여준 내용을 정리하면 지역주의는 경쟁지역 지지정부에 대한 상대적 박탈감과 지역지지 대통령이 가져다 줄 지역적 혜택에 대한 기대감의 반영으로 볼 수 있다.[9]

5.4.2. 세대별 정당지지 차이 및 변화

〈그림 5.7〉은 각 세대에서 보수유권자들이 진보유권자들보다 더 많은 정도를 나타낸다. 세로축의 값이 0인 경우, 진보유권자와 보수유권자의 비율이 같다. 〈그림 5.7〉은 보수유권자의 비율이 세대 간에 큰 차이가 있다는 사실을 보여준다. 반공세대(1959년생 이전)는 15대 대선 이후 진보유권자들이 보수유권자들보다 더 많은 적은 한 번도 없었다. 반공세대는 연령의 상승으로 인해 점점 보수유권자들이 증가하였다. 이에 반해, 신세대(1978년생 이후)는 보수유권자들이 진보유권자들보다 더 많은 적은 한 번도 없었다. 신세대에서는 투표권을 새로 얻게 된 젊은 층의 유입이 연령효과를 상쇄하여 진보유권자의 비율이 계속 높게 유지되었다. 민주화세대(1960-1977년생)의 경우, 17대 총선까지는 진보유권자들이 더 많았으나, 이명박 대통령이 당선된 17대 대선부터 20대 총선까지는 보수유권자들이 더 많았다. 민주화세대는 연령의 상승에도 불구하고 17대 대선부터 20대 총선사이에 보수유권자들이 진보유권자들보다 더 많은 정도가 5-10%p에 불과했다.

보수유권자 비율의 변화를 관찰해보면, 17대 총선 직후 보수유권자의 비율이 모든 세대에서 상승했다는 사실을 보여준다. 이러한 이유는 참여

9 지역주의 투표가 집권정당 및 선거종류에 따라 주기적으로 변한다는 사실을 지역정체성으로 설명하기 어렵다.

〈그림 5.7〉 보수유권자가 진보유권자보다 더 많은 정도 (기간 상가효과 포함)

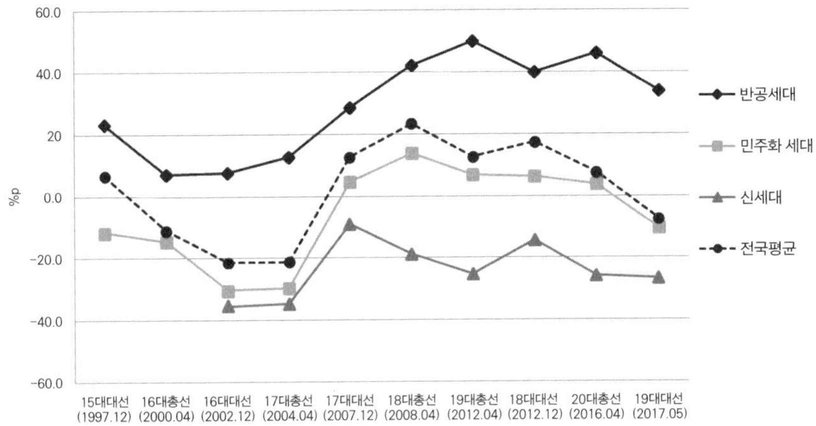

정부에 대한 기대가 실망으로 바뀌면서 다수의 유권자들이 보수로 돌아섰기 때문으로 해석된다. 〈그림 5.7〉은 또한 세대마다 시점은 다르지만 각 세대에서 보수적 유권자들의 비율이 다시 감소하는 탈보수화 현상을 보여준다. 이러한 탈보수화 현상은 이명박 정부에 대한 실망을 반영하는 것으로 해석된다. 젊은 세대일수록 이러한 탈보수화 현상이 빠르게 전개되었다. 신세대는 17대 대선 이후, 민주화세대는 18대 총선 이후, 반공세대는 19대 총선 이후부터 보수유권자들의 비율이 감소하기 시작했다. 반공세대와 민주화세대의 탈보수화 현상은 유권자들의 연령 상승에도 불구하고 진행되었다. 〈그림 5.7〉은 반공세대와 신세대의 이념적 양극화 정도가 19대 총선과 20대 총선 당시 가장 심했다는 사실을 보여준다. 19대 대선에서는 모든 세대가 탈보수화되었다. 17대 대선부터 보수적인 유권자의 비율이 더 높아졌던 민주화세대는 19대 대선에 10년 만에 진보적인 유권자의 비율이 다시 더 높아졌다.

〈그림 5.8〉은 각 세대에서 보수유권자와 진보유권자의 비율 차이가 전국 수준에서의 차이보다 더 큰 정도를 보여준다. 〈그림 5.8〉은 〈그림 5.7〉의 각 세대 선에서 전국평균 선을 차감하여 그린 그림이다. 〈그림 5.8〉의 세로축 값이 0이면, 한 세대에서 보수유권자가 진보유권자보다 더 많

〈그림 5.8〉 보수유권자가 진보유권자보다 더 많은 정도 (기간 상가효과 제거)

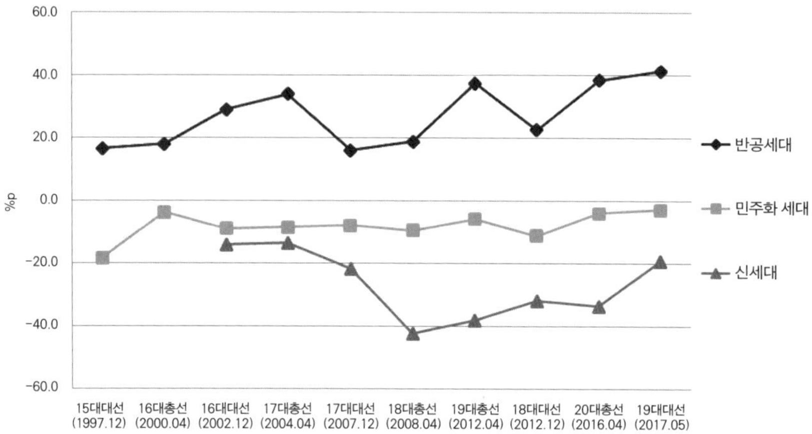

은 정도가 전국에서 보수유권자가 진보유권자보다 더 많은 정도와 일치한다는 것을 의미한다. 〈그림 5.8〉은 반공세대에서 보수유권자의 비율이 전국평균에 비해 점점 더 증가하고 있다는 사실을 보여준다. 반공세대 선이 전국평균 선에 비해 더 상승한다는 것은 이들이 고령화되면서 보수유권자들이 많아졌다는 사실을 의미한다. 민주화세대의 경우 15대 대선 당시 전국평균에 비해 진보유권자가 보수유권자보다 18%p 더 많았으나, 16대 총선부터 진보유권자들의 비율이 급감하였다. 그럼에도 불구하고, 민주화세대는 전국평균에 비해 진보유권자의 비율이 항상 상대적으로 약간 더 높았다. 신세대의 경우, 이명박 대통령 당선 이후 진보유권자가 보수유권자에 비해 현저하게 증가하여 18대 총선에서는 전국평균보다 40%p 정도 더 많았다.

〈그림 5.9〉는 각 세대에서 보수후보 지지자가 진보후보 지지자보다 더 많은 정도를 나타낸다. 반공세대는 17대 총선까지는 자신들의 이념성향이 보수적인 만큼 보수정당을 지지하지 않았다. 15대 대선에서 보수유권자가 진보유권자보다 20%p 이상 더 많았음에도 불구하고, 진보후보(김대중)를 지지한 유권자들이 더 많았다. 16대 대선과 17대 총선에서는 반공세대의 보수유권자가 진보유권자보다 30%p 이상 더 많았음에도 불구

〈그림 5.9〉 보수정당 지지자가 진보정당 지지자보다 더 많은 정도

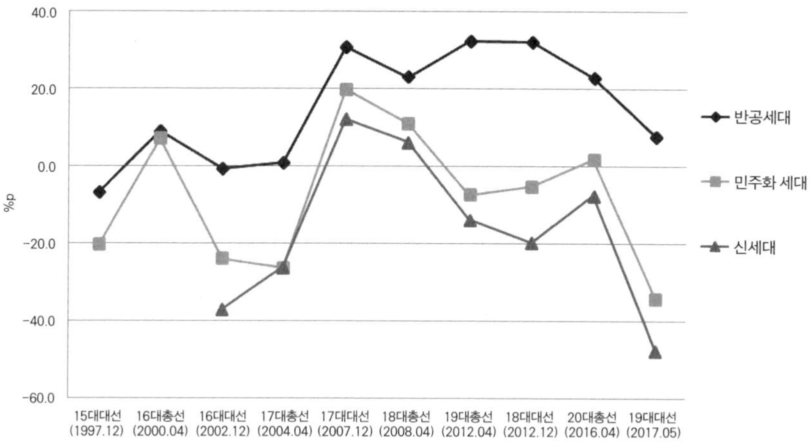

하고, 진보후보와 보수후보에 대한 지지에 큰 차이가 나지 않았다. 그러나 이러한 반공세대의 비이념 투표 성향은 17대 대선부터 확연히 달라지기 시작했다. 17대 대선부터는 반공세대는 자신들의 이념에 부합하는 투표를 하기 시작했고, 20대 총선까지 보수후보 지지자들의 비율이 진보후보 지지자의 비율보다 최소한 30%p 이상 유지되었다. 18대 대선 이후부터는 반공세대의 보수후보 지지자들이 진보후보 지지자들에 비해 더 많은 정도가 꾸준히 감소하였다.

민주화 세대는 17대 총선까지만 해도 진보유권자들이 보수유권자들보다 평균적으로 10-30%p 더 많았고(〈그림 5.7〉 참조), 이러한 이념적 진보성은 16대 총선을 제외하고 진보후보 지지로 연결되었다(〈그림 5.9〉 참조). 그러나 17대 대선부터 진보유권자와 보수유권자의 비율이 거의 같아지면서, 이명박 대통령이 당선된 17대 대선과 18대 총선에서 보수후보를 지지한 유권자들이 더 많아졌다. 19대 총선부터 20대 총선까지는 자신들의 이념과 일관된 정당지지 성향을 나타내기 시작했다. 19대 대선에서는 홍준표 후보를 지지한 유권자들보다 문재인 후보를 지지한 유권자들의 비율이 34%p 더 높았다.

신세대의 경우, 이들이 진보적인 만큼 진보후보를 지지하지 않았다.

〈그림 5.10〉 세대별 유권자 이념구성에 비해 보수정당(후보)을 더 지지한 비율

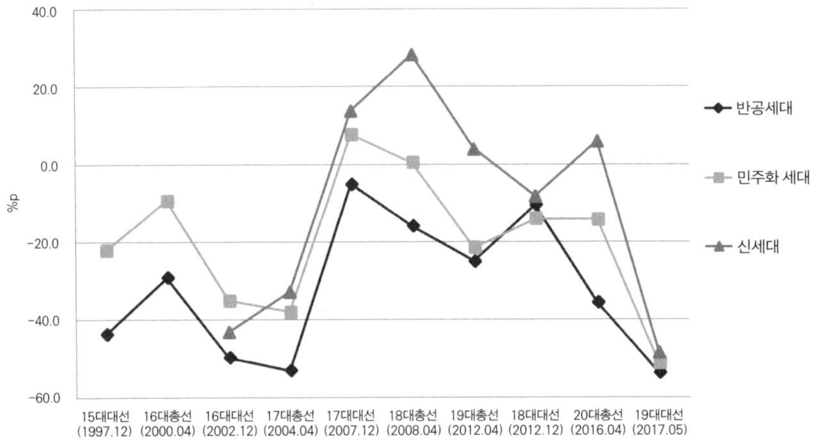

신세대는 진보유권자의 비율이 보수유권자의 비율보다 대부분 선거에서 30%p 이상 더 높았음에도 불구하고(〈그림 5.7〉 참조), 진보후보에 대한 지지는 이 정도로 강하게 나타나지 않았다. 특히 17대 대선과 18대 총선에서는 진보유권자들이 15-20%p 정도 더 많았음에도 불구하고, 오히려 진보후보보다 보수후보를 6-12%p 정도 더 지지하였다. 그러나 19대 대선에서는 홍준표 후보를 지지한 신세대들보다 문재인 후보를 지지한 신세대의 비율이 47%p나 더 높았다.

〈그림 5.10〉은 세대별 유권자 이념구성에 비해 보수후보를 더 지지한 비율을 보여준다. 도표의 세로축 값은 〈그림 5.9〉의 세로축 값에서 〈그림 5.8〉의 세로축 값을 뺀 값들이다. 〈그림 5.10〉에서 특정세대의 값이 0이면, 이 세대의 보수유권자들이 전국평균보다 더 많은 만큼 이 세대가 보수정당을 더 지지했다는 사실을 의미한다. 특정세대의 값이 0에 가까울수록 이 세대에서 이념투표를 한 유권자들의 비율이 높다는 사실을 의미한다. 특정세대의 값이 0보다 클수록, 보수후보 지지자의 비율이 보수유권자 비율에 비해 더 높다는 사실을 의미한다. 특정세대의 값이 0보다 작을수록, 진보후보 지지자들의 비율이 진보유권자 비율에 비해 더 높다는 사실을 의미한다.

이처럼 유권자들의 이념분포와 지지분포가 다른 이유는 유권자들이 이념투표만 하는 것이 아니라 유인가치 투표를 하기 때문이다. 이럴 경우, 유인가치의 이점이 있다고 인식되는 후보는 ① 자신을 이념적으로 지지하는 유권자들의 지지뿐만 아니라 ②이념적으로 더 멀리 있는 유권자의 지지를 받거나, ③ 두 후보 중간에 있는 유권자의 지지를 받거나, ④ 이전 선거에서 기권했거나 투표권이 없었던 유권자들의 지지를 받을 수 있다. 〈그림 5.10〉에서 17대 대선 당시 이명박 후보가 보수유권자의 비율에 비해 더 많은 지지를 얻은 이유는 이명박 후보의 경제활성화 능력을 긍정적으로 평가한 일부 진보유권자들이 이명박 후보를 지지했기 때문이다. 19대 대선에서 문재인 후보가 진보유권자들의 비율에 비해 더 많은 지지를 얻은 이유는 문재인 후보에게서 개혁을 기대하는 일부 보수 유권자들이 문재인 후보를 지지했기 때문이다.

〈그림 5.10〉은 유권자의 이념적 구성이 정당지지로 연결되는 정도가 세대별로 다르다는 사실을 보여준다. 16대 총선과 17대 총선에서는 진보적 유권자 비율에 비해서 진보후보를 지지한 유권자 비율이 더 높았다. 17대 대선부터 보수적인 유권자 비율에 비해 보수후보를 지지한 유권자 비율이 급등하였다. 이처럼 보수적인 유권자 비율에 비해 보수후보를 지지한 유권자 비율이 더 높은 세대는 오히려 신세대, 민주화세대, 반공세대 순으로 나타났다. 신세대는 스스로 진보라고 생각하면서 보수후보를 지지하는 유권자 비율이 17대 대선부터 20대 총선 사이에 10%~50%정도인 것으로 관찰되었다. 이에 반해, 보수 유권자의 비율에 비해서 보수후보를 더 지지한 반공세대의 비율은 20%를 넘지 않았다. 오히려 반공세대는 스스로 보수적이라고 생각함에도 불구하고 진보후보를 지지한 유권자들의 비율은 17대 총선과 19대 대선에서 30%를 넘어섰다. 민주화세대는 16대 및 18대 총선과 17대 대선에서 자신의 이념보다 더 보수적인 투표를 하였다. 18대 총선 이후부터는 모든 세대들이 이념과 일관된 투표를 하는 성향이 강해지다가 18대 대선에서 이념투표의 절정을 이루었다. 20대 총선에서 반공세대는 자신의 이념보다 더 진보적인 투표를,

신세대는 더 보수적인 투표를 하였다. 19대 대선에서는 모든 세대에서 자신들의 이념에 비해서 진보적인 문재인 후보를 더 지지하는 유권자들의 비율이 30%를 넘어섰다.

〈그림 5.10〉의 값들에 절댓값을 취하면 유인가치 투표자들(②+③+④)의 비율을 구할 수 있다. 〈그림 5.11〉은 세대별 유인가치 투표자의 비율의 변화를 보여준다. 〈그림 5.11〉은 17대 대선과 18대 총선에서 유인가치 투표자들이 급증했다는 사실을 보여준다. 이러한 결과는 이명박 후보로부터 경제활성화를 기대한 많은 진보유권자들이 이명박 후보를 지지했기 때문에 나타난 결과로 해석된다. 유인가치 투표자의 비율은 새누리당 공천파동 이후 치러진 20대 총선과 박근혜 대통령 탄핵 이후에 치러진 19대 대선에서도 강하게 나타났다. 이 두 선거에서 더민주당과 문재인 후보가 각각 승리할 수 있었던 이유는 〈그림 5.7〉이 보여준 것처럼 유권자들이 전체적으로 진보화되었기 때문이기도 하지만, 다른 중요한 이유는 보수적인 유권자들도 최순실 사태의 책임을 보수정당에 물었기 때문이다. 달리 말하면, 19대 대선에서의 문재인 후보의 승리는 유권자들의 이념적 진보화의 결과일 뿐만 아니라 보수적 유권자의 유인가치 투표에 기인한 바가 크다.

〈그림 5.11〉 세대별 유인가치 투표자들의 비율

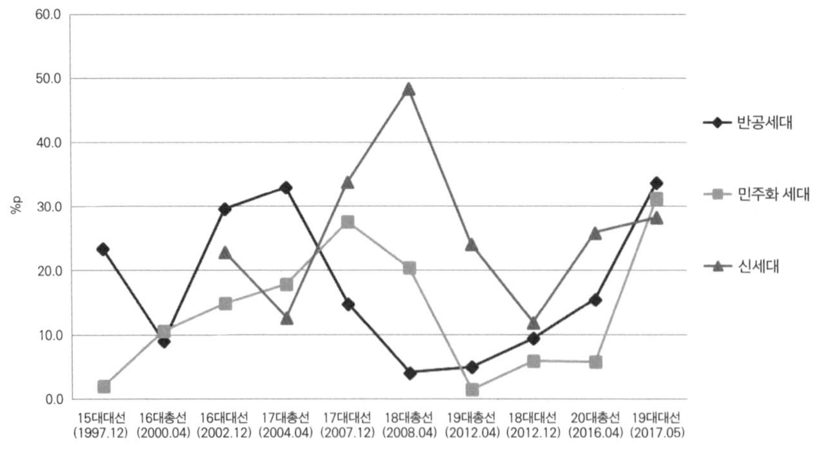

이러한 유인가치 투표결정은 변동적이다. 〈그림 5.11〉은 16대 대선과 17대 대선에서 반공세대의 유인가치 투표가 급증했다는 사실을 보여준다. 반공세대 유권자들의 참여정부에 대한 기대가 실망으로 바뀌면서, 이들은 17대 대선에는 이명박 후보에 대한 지지로 급선회하게 된다. 17대 대선과 18대 총선에서는 민주화세대의 유인가치 투표가 극대화되었다는 사실을 보여준다. 이 당시에는 이명박 후보의 경제활성화 능력을 기대한 많은 진보적인 민주화세대가 보수후보를 지지하였다. 〈그림 5.11〉은 유인가치 투표를 한 민주화세대의 비율이 19대 총선과 18대 대선에서 급락한다는 사실을 보여준다. 이러한 유인가치 투표자 비율의 급락은 이명박 후보에 대한 기대가 빠지면서 진보적인 유권자들이 보수정부에 대한 지지를 급격하게 철회했기 때문이다. 이처럼 유인가치 투표자들의 지지는 후보의 유인가치에 대한 기대가 무너지게 되면 가장 먼저 빠져나가는 불안정한 지지이다.[10] 이러한 이유 때문에 〈그림 5.11〉가 보여준 것처럼 유인가치 투표자 비율은 후보의 유인가치에 대한 기대에 따라 급등락하게 된다.

5.5. 유권자 투표결정 분석

5.5.1. 분석모형과 가설

이 절에서는 〈그림 4.1〉에서 보여준 유권자들의 위치쟁점 변수들과 유인가치 변수들이 보수 지역정당 지지에 어떠한 영향을 미치는가를 분석한다. 이 절의 통계모형에서 분석하는 위치쟁점 변수들은 유권자의 주관적 이념과 대북정책 및 복지정책에 대한 선호이다. 이 통계모형은 또한 유인가치 변수로 유권자들의 거주지의 영향력을 분석한다. 유권자들은 자신의 지역정당과 지역적 정체성을 공유하거나 지역정당으로부터 지역적

10 임기 초 대통령 지지율이 임기 말에 항상 급락하는 이유는 대통령 선거에서 유권자들이 형성시킨 대통령의 유인가치에 대한 기대가 빠지기 때문이다. 대통령의 이념과 멀리 있는 지지자일수록 가장 먼저 지지를 철회하게 된다. 대통령 지지의 하락에 대한 자세한 설명과 경험분석은 11장 참조.

혜택 제공에 대한 기대감을 느끼므로, 유권자는 자신의 거주지를 대표하는 정당으로부터 유인가치를 느낀다. 예컨대, 영남민은 영남정당에게서 유인가치를 느끼고 호남민은 호남정당에게서 유인가치를 느낀다.

일반적으로 정당지지 성향을 분석하는 연구들 중 여당(후보) 지지 여부를 분석하는 모형은 정부의 국정운영 성과, 국가경제 발전능력과 같은 여당후보와 관련된 유인가치들을 독립변수로 사용한다. 이 절에서 분석하는 투표결정 모형의 종속변수는 보수정당 지지 여부이다. 이 장의 통계모형은 장기간에 걸친 여러 선거를 분석하므로 분석기간 동안 보수정당이 여당일 때도 있었고 야당일 때도 있다. 따라서 여당후보와 관련된 유인가치들을 독립변수로 사용할 수 없다.[11] 대신 보수정당 지지와 관련된 유인가치 변수를 독립변수로 사용한다. 한국의 보수정당들(신한국당, 한나라당, 새누리당)은 영남을 대표하는 정당이므로 유권자의 거주지는 종속변수인 보수정당 지지여부와 인과적으로 상관되어 있다. 이 절의 모형은 또한 유권자의 코호트와 연령이 보수정당 후보 지지에 어떠한 영향을 미치는가를 분석한다. 반공세대는 자신들의 정치적 경험 때문에 보수정당을 지지할 가능성이 높고, 고연령층은 자연연령 상승으로 인한 보수화 현상 때문에 보수정당을 지지할 가능성이 높다. 이러한 논의로부터 다음과 같은 가설들을 도출할 수 있다.

가설 1: 보수유권자일수록, 보수정당 후보를 더 지지한다.
가설 2: 복지확대를 반대할수록, 보수정당 후보를 더 지지한다.
가설 3: 대북지원을 반대할수록, 보수정당 후보를 더 지지한다.
가설 4: 유권자들은 자신의 지역대표 정당후보를 지지한다.
가설 5: 반공세대는 다른 세대에 비해 보수정당 후보를 더 지지한다.
가설 6: 나이가 많을수록, 보수정당 후보를 더 지지한다.

11 대통령의 경제발전 성과가 여당후보 지지에 미치는 영향에 대한 분석은 10장 참조.

위 가설들의 종속변수는 이분형 변수(보수 지역정당 지지여부)이므로 로짓 분석을 통해 가설들을 검증한다. 종속변수는 유권자가 영남 기반의 보수정당을 지지했으면 1을, 호남 기반의 진보정당을 지지했으면 0을 할당해서 측정하였다. 이 모형의 독립변수들은 4장에서 측정한 방법으로 측정하였다.

$$\ln\left(\frac{P}{1-P}\right)=z, \quad P(Y=\text{보수영남지역정당투표}\ )=\frac{e^z}{1+e^z}$$

$$z=a+b_1\text{이념성향}+b_2\text{대북지원반대}+b_3\text{복지확대반대}+b_4\text{영남거주}+b_5\text{호남거주}$$
$$+b_6\text{반공세대}+b_7\text{신세대}+b_8\text{연령}+b_9\text{소득}+b_{10}\text{학력}+b_{11}\text{성별}+b_{12}\text{도시규모}$$
$$+b_i\sum_{i=13}^{n}X_i+e$$

유권자의 투표결정을 분석하기 위해 세 모형을 사용했다. 첫 번째 모형에서는 위치쟁점 변수들과 연령을 제외하고 지역과 세대의 영향력을 분석하였다. 두 번째 모형에서는 유권자 이념과 연령을 추가시켜, 첫 번째 모형에서 추정된 지역변수와 세대변수의 영향력이 두 번째 모형에서 어떻게 변화하는가를 관찰하였다. 세 번째 모형에서는 정책변수들을 추가하였다. 16대 및 17대 총선과 15대 대선 설문조사는 유권자의 정책적 선호를 측정하는 문항을 포함시키지 않았으므로, 세 번째 모형에서는 이 세 선거가 분석에 포함되지 않는다.

5.5.2. 분석결과

〈표 5.1〉은 다음과 같은 결과들을 보여준다.[12] 첫째, 보수유권자는 보수(영남) 후보를 지지할 확률이 높다. 다른 변수에 비해 유권자의 이념성향이 투표결정에 미치는 영향의 통계적 유의미성이 가장 크다. 둘째, 대북지원 및 복지확대를 반대하는 유권자일수록 보수후보를 지지할 확률

12 지면공간의 제약상 각 선거의 영향력은 〈표 5.1〉에 포함시키지 않았다.

이 높다. 두 정책들 중 대북지원 정책에 대한 선호가 유권자의 투표결정에 훨씬 더 유의미한 영향을 미친다. 셋째, 영남민은 영남정당 후보를 지지할 확률이 높고, 호남민은 호남정당 후보를 지지할 확률이 높다. 두 지역민 중 영남민에 비해 호남민이 자신 지역정당 후보를 지지할 확률이 더 높다. 넷째, 나이가 많을수록 보수후보를 지지할 확률이 높다. 다섯째, 유권자의 수입은 투표결정에 영향을 미치지 않는다.

다음은 세 모형의 결정계수와 회귀계수의 차이를 관찰해보자. 모형 1과 모형 2의 분석결과를 비교하면, 유권자 이념과 연령은 유권자의 투표결정에 대한 설명력을 7.6%p 증가시킨다. 모형 2와 모형 3의 분석결과를 비교하면, 정책적 선호는 설명력을 3.6%p 증가시킨다. 모형 3에서 유

〈표 5.1〉 지역, 세대, 정책적 선호가 투표결정에 미치는 영향

종속변수	보수정당 후보 지지								
모형	모형 1			모형 2			모형 3		
독립변수	b (s.e.)	Exp(B) (Wald)	유의 수준	b (s.e.)	Exp(B) (Wald)	유의 수준	b (s.e.)	Exp(B) (Wald)	유의 수준
이념				.298 (.012)	1.347 (595.203)	.000 ***	.369 (.017)	1.446 (452.540)	.000 ***
대북지원 반대							.430 (.035)	1.537 (151.252)	.000 ***
복지확대 반대							.076 (.034)	1.079 (4.904)	.027 *
영남거주	1.020 (.052)	2.774 (391.547)	.000 ***	1.126 (.063)	3.082 (315.231)	.000 ***	.972 (.081)	2.643 (143.846)	.000 ***
호남거주	-2.693 (.101)	.068 (710.448)	.000 ***	-2.655 (.128)	.070 (427.290)	.000 ***	-2.629 (.156)	.072 (283.222)	.000 ***
반공세대	.703 (.050)	2.020 (197.715)	.000 ***	.213 (.100)	1.237 (4.531)	.033 *	.143 (.133)	1.153 (1.152)	.283
신세대	-.479 (.072)	0.620 (43.950)	.000 ***	-.210 (.100)	0.811 (4.375)	.036 *	.017 (.126)	.983 (.018)	1.017
연령				.015 (.004)	1.015 (11.523)	.001 **	.025 (.006)	1.025 (18.028)	.000 ***
소득	-.024 (.024)	.976 (1.071)	.301	.027 (.030)	1.028 (.817)	.366	.071 (.037)	1.074 (3.680)	.055
학력	-.057 (.026)	.945 (4.748)	.029 *	.011 (.035)	1.011 (.097)	.755	-.029 (.043)	.971 (.453)	.501
성별 (여성)	.105 (.043)	1.111 (5.881)	.015 *	.130 (.054)	1.139 (5.779)	.016 *	.077 (.069)	1.080 (1.231)	.267
도시규모 (시골)	-.008 (.028)	.992 (.079)	.778	-.067 (.036)	.935 (3.500)	.061	-.068 (.048)	.935 (1.969)	.161
N	11457			8280			5455		
Cox & Snell R^2	.224			.300			.336		

*: p〈.05; **: p〈.01; ***: p〈.001

권자 이념, 연령 및 정책적 선호를 통제했을 때, 모형 1의 결과에서 발견된 세대변수의 유의미한 영향력은 사라진다. 특히 반공세대가 보수후보를 지지할 가능성에 대한 통계적 유의미성은 모형 1에서 매우 높았으나, 모형 3에서는 반공세대의 영향은 유의미하지 않았다. 이러한 결과는 반공세대와 연령, 대북정책 선호가 서로 상관되어 있다는 사실을 의미한다. 즉, 반공세대가 보수정당을 지지하는 이유는 자연 연령에 따른 보수화 성향 및 대북지원 반대에 대한 입장 때문으로 볼 수 있다.

다음은 지역변수의 영향력 변화를 살펴보자. 지역변수의 영향력은 모형 1에서 모형 3으로 가면서 점점 감소한다. 특히 정책적 선호를 통제한 모형 3에서의 영남민과 호남민 변수 영향력의 통계적 유의미성은 모형 1에 비해서 각각 63.7%와 60.1% 감소하였다.[13] 이러한 결과는 영호남민이 자신의 지역정당을 지지하는 이유 중 50% 이상이 이념성향과 정책적 선호 때문이라는 사실을 의미한다. 〈표 5.1〉의 결과를 정리하면, 한국에서의 지역투표 결과는 유권자 이념성향 및 정책적 선호와 지역주의가 상당히 중첩된 것으로, 피상적으로 관찰된 선거결과에 비해 지역주의 자체의 효과는 훨씬 약하다고 볼 수 있다. 세대의 효과 역시 마찬가지다. 정당지지 성향이 세대별로 다른 이유 역시 이들의 이념성향과 정책적 선호가 연령별로 다르기 때문이다.

그렇다면 지역과 세대가 투표결정에 미치는 영향에는 어떠한 통시적 변화가 있었는가? 이러한 질문에 대한 답은 지역변수와 세대변수의 영향력이 시간의 흐름에 따라 어떻게 변했는가를 분석하면 얻을 수 있다. 투표결정에 미치는 지역변수와 세대변수의 영향력의 통시적 변화를 분석하기 위해, 두 변수와 시간의 상호작용 효과를 추정하였다. 이를 위해 통계분석에 포함된 최초 선거로부터 해당 선거까지의 소요기간을 월 단위로 측정하였다. 모형 1과 2에 포함된 선거들 중 최초선거는 15대 대선이고 모형 3에서의 최초 선거는 16대 대선이다. 상호작용 변수는 영남민,

13 이러한 수치는 모형 2와 모형 3의 영남민과 호남민 변수의 Wald값의 감소를 계산하여 얻었다.

호남민, 반공세대, 신세대 변수에 소요기간을 곱하여 측정하였다. 영남민, 호남민, 반공세대, 신세대 변수의 회귀계수 치환 값(Exp(B))은 분석기간의 시점에서 이들 집단이 보수정당을 지지할 확률을 나타낸다. 상호작용 변수의 회귀계수 치환 값(Exp(B))은 최초선거로부터 소요된 기간에 따라 보수정당 지지 확률이 증가하는 정도를 나타낸다. 이 글은 세 종류의 상호작용 모형을 분석하였다. 첫 번째 모형에서는 거주지 영향력의 변화만을 분석하고, 두 번째 모형에서는 세대의 영향력 변화만을 분석했다. 세 번째 모형에서는 거주지와 세대의 영향력 변화를 추정하였다.

〈표 5.2〉 지역 및 세대가 투표결정에 미치는 영향의 통시적 변화

종속변수	보수정당 후보 지지								
모형	모형 4			모형 5			모형 6		
독립변수	b (s.e.)	Exp(B) (Wald)	유의수준	b (s.e.)	Exp(B) (Wald)	유의수준	b (s.e.)	Exp(B) (Wald)	유의수준
이념	.302 (.012)	1.352 (600.416)	.000 ***	.298 (.012)	1.347 (593.197)	.000 ***	.301 (.012)	1.352 (598.039)	.000 ***
영남거주	1.554 (.121)	4.731 (165.970)	.000 ***	1.132 (.063)	3.103 (318.139)	.000 ***	1.521 (.120)	4.578 (160.761)	.000 ***
호남거주	-3.274 (.341)	.038 (91.930)	.000 ***	-2.659 (.129)	.070 (427.343)	.000 ***	-3.193 (.341)	.041 (87.644)	.000 ***
반공세대	.219 (.100)	1.245 (4.774)	.029 *	-.248 (.144)	.780 (2.978)	.084	-.220 (.146)	.803 (2.280)	.131
신세대	-.196 (.100)	.822 (3.809)	.051	.262 (.234)	1.300 (1.249)	.264	.227 (.235)	1.255 (.933)	.334
연령	.014 (.004)	1.015 (11.220)	.001 **	.017 (.004)	1.017 (14.837)	.000 ***	.017 (.004)	1.017 (14.266)	.000 ***
소득	.026 (.030)	1.026 (.734)	.392	.036 (.030)	1.037 (1.419)	.234	.034 (.030)	1.035 (1.282)	.258
학력	.011 (.035)	1.011 (.105)	.746	.022 (.035)	1.022 (.392)	.531	.022 (.035)	1.022 (.381)	.537
성별(여성)	.132 (.054)	1.142 (5.942)	.015 *	.129 (.054)	1.138 (5.639)	.018 *	.131 (.054)	1.140 (5.812)	.016 *
도시규모 (시골)	-.068 (.036)	.935 (3.538)	.060	-.062 (.036)	.940 (2.960)	.085	-.063 (.036)	.939 (3.066)	.080
소요기간 (개월)	-.236 (.017)	.790 (192.724)	.000 ***	-.282 (.022)	.755 (170.772)	.000 ***	-.271 (.022)	.762 (155.914)	.000 ***
영남거주 영향변화	-.046 (.011)	.955 (18.025)	.000 ***				-.043 (.011)	.958 (15.087)	.000 ***
호남거주 영향변화	.059 (.029)	1.061 (4.105)	.043 *				.051 (.029)	1.052 (3.012)	.083
반공세대 영향변화				.049 (.011)	1.050 (21.855)	.000 ***	.046 (.011)	1.047 (18.918)	.000 ***
신세대 영향변화				-.032 (.018)	.969 (3.012)	.083	-.028 (.018)	1.029 (2.393)	.972
N	8280			8280			8280		
Cox & Snell R^2	.302			.302			.304		

〈표 5.2〉는 거주지와 세대의 영향력 변화에 대한 다음과 같은 결과들을 보여준다. 영남민이 과거에 비해 현재 자신의 지역정당을 더 지지할 가능성은 감소하는 추세에 있다. 호남민의 지역정당 지지확률 역시 감소하는 추세에 있으나 이러한 결과는 1% 유의수준에서만 유의미하다. 반공세대가 보수정당을 다른 세대보다 더 지지할 확률은 약간 증가하는 추세에 있다. 신세대의 보수정당 투표성향에는 거의 변화가 없는 것으로 나타났다. 반공세대의 보수화 경향이 반공세대들의 정치적 경험이 더 강화

〈표 5.3〉 연령 및 이념이 투표결정에 미치는 영향의 통시적 변화

종속변수	보수정당 후보 지지					
모형	모형 7			모형 8		
독립변수	b (s.e.)	Exp(B) (Wald)	유의 수준	b (s.e.)	Exp(B) (Wald)	유의 수준
이념	.301 (.012)	1.351 (595.618)	.000 ***	.129 (.020)	1.138 (40.510)	.000 ***
영남거주	1.527 (.120)	4.603 (162.328)	.000 ***	1.429 (.117)	4.173 (149.679)	.000 ***
호남거주	-3.155 (.341)	.043 (85.711)	.000 ***	-3.037 (.348)	.048 (76.344)	.000 ***
반공세대	.331 (.188)	1.393 (3.111)	.078	.358 (.183)	1.430 (3.846)	.050
신세대	-.191 (.252)	.826 (.573)	.449	-.160 (.252)	.852 (.403)	.526
연령	-.010 (.007)	.990 (2.068)	.150	-.005 (.007)	.995 (.533)	.465
소득	.034 (.031)	1.035 (1.260)	.262	.029 (.031)	1.029 (.859)	.354
학력	.023 (.035)	1.023 (.423)	.516	.027 (.036)	1.027 (.557)	.455
성별 (여성)	.132 (.055)	1.142 (5.901)	.015 *	.135 (.055)	1.144 (6.038)	.014 *
도시규모 (시골)	-.058 (.036)	.944 (2.561)	.110	-.054 (.036)	.947 (2.241)	.134
소요기간 (개월)	-.396 (.038)	.673 (109.641)	.000 ***	-.495 (.040)	.610 (155.386)	.000 ***
영남거주 영향변화	-.042 (.011)	.958 (14.942)	.000 ***	-.034 (.011)	.967 (9.357)	.002 **
호남거주 영향변화	.046 (.029)	1.047 (2.470)	.116	.032 (.030)	1.033 (1.140)	.286
반공세대 영향변화	-.019 (.018)	.981 (1.183)	.277	-.023 (.018)	.978 (1.622)	.203
신세대 영향변화	.027 (.022)	1.027 (1.523)	.217	.024 (.022)	1.024 (1.161)	.281
연령 영향변화	.003 (.001)	1.003 (21.432)	.000 ***	.003 (.001)	1.003 (14.563)	.000 ***
이념 영향변화				.022 (.002)	1.022 (97.647)	.000 ***
N	8280			8280		
Cox & Snell R^2	.306			.314		

되어 나타난 현상인지 아니면 고령층이 점점 더 보수화되기 때문에 나타나는 현상인지를 분석할 필요가 있다. 세대효과와 연령효과의 강화여부는 세대 및 연령의 영향력의 변화를 동시에 추정하는 모형을 통해 분석할 수 있다.

〈표 5.3〉의 모형 7의 분석결과에 의하면, 연령의 영향력 변화를 통제하면 반공세대의 영향력 변화 변수가 통계적으로 유의미하지 않은 반면, 연령의 영향력 변화 변수는 유의수준 0.1% 수준에서 유의미하다는 사실을 보여준다. 이러한 분석결과는 〈표 5.2〉에서 관찰되었던 반공세대의 보수후보 지지성향의 강화는 고연령층의 보수정당 지지성향의 강화에 기인한 것이라는 사실을 의미한다. 〈표 5.3〉은 또한 유권자 이념이 이들의 투표결정에 영향력이 통시적으로 어떻게 변하는가를 분석한 결과를 보여준다. 모형 8의 분석결과는 이념의 영향력 변화 변수 역시 유의수준 0.1% 수준에서 유의미하다는 사실을 보여준다. 이러한 결과는 보수유권자가 보수후보를 지지하거나 진보유권자가 진보후보를 지지할 확률은 점점 증가한다는 사실을 의미한다.

5.6. 결론과 전망

이 장에서는 15대 대선 이후 설문조사 연구들의 통합자료 분석을 통해 다음과 같은 사실을 발견하였다. 첫째, 한국에서는 소득과 같은 경제적 요인이 투표결정에 유의미한 영향을 미치지 않는다. 둘째, 주관적 이념, 정책적 선호, 거주지 및 연령이 보수후보 지지결정에 유의미한 영향을 미친다. 셋째, 유권자의 이념성향 및 대북입장 차이가 세대별·지역별 정당후보 지지차이를 상당부분 설명한다. 넷째, 복지정책보다 대북정책이 유권자 투표결정에 더 중요하다. 다섯째, 노년층들의 이념보수화는 주로 이들의 연령 증가 때문에 초래되었다. 여섯째, 영남에서의 지역주의 투표는 약화되고 있으나 호남에서는 유의미한 차이가 없다. 일곱째, 고연령층이 보수후보를 지지할 가능성은 점점 증가하고, 이념투표가 강화되고 있다.

이 장의 분석에서 가장 유의미한 영향력을 가진 다섯 변수(이념성향, 복지정책 및 대북정책 입장, 영호남 지역, 연령)만으로 분석을 해보면, 이들 변수들은 유권자의 보수후보 지지결정의 28.5%를 설명했다. 이들 변수들 중 세 위치쟁점 변수들(이념성향, 복지정책 및 대북정책 입장)만으로 분석을 해보면 이 변수들의 설명력은 18.5%에 불과했다. 이는 위치쟁점 변수 외에 다른 요인들이 유권자 정당지지 결정의 80% 이상을 결정한다는 사실을 의미한다. 이러한 요인들은 지역주의, 선거 당시 정치적인 사건, 후보의 개인적 특성과 같은 비이념적이고 비정책적인 변수들로 구성되어 있다.

이 장의 분석결과가 시사하는 바는 한국 유권자들이 이념투표가 약간 강화되고 있음에도 불구하고, 유권자들의 투표결정에서 유인가치 및 정치적 사건과 같은 무작위적 변수들이 중요한 영향을 미친다는 사실이다. 유권자들이 후보들의 유인가치에 대한 평가를 정확하게 할 수 있다면, 유권자들은 자신에 혜택을 가져다 줄 수 있는 정당이나 후보를 지지할 수 있게 된다. 따라서 유인가치 투표가 항상 대의민주주의의 정상적인 작동을 저해하는 것은 아니다. 그러나 정치인들이 주장하는 유인가치는 유권자들이 경험할 수 없는 것들이기 때문에 유인가치에 대한 정확한 평가가 어렵다.[14] 뿐만 아니라, 정치거래가 시장거래화될수록, 자본과 언론을 장악한 소수 세력들이 지지하는 정당이 유인가치를 효과적으로 광고할 수 있다. 유권자들이 유인가치의 허위광고나 과대광고 때문에 자신들의 이해를 정책적으로 대변하는 정당이 아닌 해를 끼칠 정당에게 투표한다면, 이는 대의민주주의가 정상적으로 작동하지 않는다는 사실을 의미한다.

3장에서 설명한 바와 같이, 한국의 선거경쟁에서는 선거 당시 정치적 사건의 발발, 유리한 쟁점의 형성과 부각, 실체 없는 유인가치의 광고, 흑색선전과 같이 유권자의 정책적 이해와는 상관없는 비이념적 요인들이 선거결과에 중요한 영향을 미친다. 이처럼 정책대결이 부재한 선거경쟁은 유권자들이 자신에게 불리한 정책을 제공하는 정당후보를 지지하게

14 한국에서 객관적인 경제상황에 대한 회고적 투표가 거의 이루어지지 않고 있다는 분석결과는 10장 참조.

하고, 국정실패 정당의 심판을 어렵게 해서, 민주주의의 정상적인 작동을 방해한다. 3장에서는 한국의 협애한 정당체제가 이러한 유인가치 중심의 비이념적 투표결정을 심화시키는 구조적인 변수라고 주장했다. 다음 장에서는 협애한 정당체제가 어떻게 유인가치 선거경쟁의 일종인 지역주의 투표를 촉진시키는가를 공간모형을 통해 심층적으로 분석하고, 이러한 모형분석으로부터 도출되는 예측들을 검증한다.

II

협애한 정당체제와 유인가치 중심의 선거경쟁

6장

지역투표의 구성요소와 원인: 지역주의, 지역이념과 협애한 정당체제

6.1. 서론

5장에서는 지역주의 투표와 지역투표를 다음과 같이 구분하였다. 지역주의 투표는 지역정체성 또는 지역적 혜택에 대한 기대와 같은 다양한 지역적 요인들이 초래하는 투표결정을 의미하며, 지역투표는 일종의 유인가치인 지역적 요인들과 이념적 요인들이 복합적으로 작동한 투표결정을 의미한다. 5장에서는 위치쟁점과 유인가치가 어떻게 상호작용을 하면서 유권자 투표결정에 영향을 미치는가를 보여주는 공간모형을 제시하였다. 6장에서는 5장의 모형을 사용해서 정당들의 입장 차와 지역주의 투표와의 관계를 이론적으로 분석한다. 이 장의 분석은 유권자들이 정당 간의 입장 차를 작게 느낄수록, 지역주의 투표를 할 가능성이 높다는 이론적 결과를 도출한다.

이러한 분석결과는 민주화 이후 지역주의 투표가 왜 갑작스럽게 표출되었는가를 다음과 같이 설명한다. 남북분단의 상황에 처한 한국에서는 계급균열에 의해 형성되는 분극적인 정당체제 대신 반공 성장주의 대 민주주의의 균열이 형성되었다. 민주화 이후, 이러한 정치적 균열이 사라지면서 비차별적인 진보정당과 보수정당이 경쟁하는 협애한 균열이 갑자기 등장하였다. 따라서 민주화 이후 정당 간의 입장 차를 거의 못 느끼게 된 유권자들의 투표결정에 일종의 유인가치인 지역주의가 중요하게 부각되게 된 것이다. 이러한 설명에 의하면, 지역주의 때문에 정책대결이 억제되는 것이 아니라, 선명한 정책대결의 부재가 지역주의를 초래한다. 즉 지역주의와 정책대결의 관계에 있어서 지역주의는 독립변수가 아니라 종속변수로 이해된다.

이 장은 다음과 같이 구성되어 있다. 6.2절에서는 지역주의 및 지역투표에 대한 국내 선행연구들을 검토한다. 6.3절에서는 지역주의 형성의 내생적 원인들을 탐색한다. 이 절에서는 호남 지역주의가 형성된 원인으로 군사정권의 호남 차별 정책과 광주민주화 운동을 주목한다. 6.4절에서는 5장의 공간모형을 통해 정당 간의 입장 차가 유권자의 지역투표 결정에 어떻게 영향을 미치는가를 분석한다. 이 모형은 정당 간의 입장 차를 작게 느끼는 유권자일수록 지역주의 투표를 할 가능성이 높다는 결과를 도출한다. 6.5절에서는 공간모형의 이러한 이론적 결과에 대한 경험분석을 수행한다. 6.6절에서는 이 장에서 발견한 결과가 지역주의 투표억제에 대해 가지고 있는 함의를 논의한다.

6.2. 선행연구

김성모·이현우(2015)는 지역주의 연구를 크게 '지역발전 격차론', '정치적 동원론', '합리적 선택이론', 그리고 '지역민 간 편견론'으로 구분하였다. 지역발전 격차론은 영남정권의 정치경제적 자원의 지역 차별적 분배가 지역주의에 기여했다고 주장한다(김만흠 1994; 최장집 1991).[1] 정치적 동원론은 민주화 이후 3김씨를 비롯한 정치인들의 동원전략의 중요성을 강조한다(문용직 1992, 손호철 1996). 합리적 선택이론은 지역주의를 거주지에 대한 정치경제적 자원의 분배 또는 사회적 지위의 향상을 추구하는 유권자들의 정당선호로 해석한다(조기숙 2000).

1 김만흠은 호남-영남 간 그리고 호남-반호남 간 정치균열, 최장집은 반호남 지배이데올로기라는 개념을 사용하여 지역주의를 해석한다.

지역민 간 편견론은 지역민 사이의 편견과 지역감정에 대한 분석을 제시하였다. 이남영(1998)은 유권자의 투표에 영향을 미치는 심리학적 변수들에 대한 경로분석을 제시하였다. 지역민에 대한 거부감을 조사한 나간채(1991)는 호남을 제외한 거의 모든 지역에서 호남인에 대한 거부감이 높게 나타난데 비해, 영남인에 대한 거부감은 호남에서만 높게 나타났다는 사실을 발견했다. 이갑윤·박정석(2011)은 지역민에 대한 호감도가 정당지지에 미치는 영향을 분석하였다. 이들은 영남민에 대한 호감과 호남민에 대한 반감은 한나라당(민주당)의 지지에 긍정적인(부정적인) 영향을 미친다는 사실을 발견했다. 윤광일(2012)은 16대 대선에서 영·호남 간의 대결구도를 내집단 선호와 외집단 폄하로 설명하였다.

김용철·조영호(2015)는 영호남의 지역주의를 각각 '저항적 지역주의'와 '패권적 지역주의'로 구분하고, 영호남민에 대한 지역주의적 편견이 상징적이고 정치화된 상태로 잔존하고 있다고 주장했다. 지병근(2013a)은 경상도 출신인 문재인 후보에 대한 호남 유권자들의 지지를 광주항쟁 이후 한국 정치상황에서 형성된 정치적 기억과 새누리당에 대한 반감으로 설명한다. 지병근(2015)은 반호남 지역감정이 김대중 정부가 등장하면서 급속히 약화되었다가 이명박 정부 이후 다른 형태로 강화되었다는 사실을 발견했다.

이에 반해, 이갑윤(2002)은 한국의 지역주의 투표는 지역감정과 직접적인 연관성이 없다고 주장했다.[2] 최준영(2008) 역시 "호남인과 영남인들 사이에 지역감정은 존재하지 않는 것"을 보여주는 분석결과를 제시했다. 박상훈(2001)은 지역주의를 유권자의 투표결정에 영향을 미치는 "지역관련 갈등과 의식"이라 정의하고, 이처럼 정의된 지역주의가 존재하지 않아도 "지역분할적 선거결과"가 초래될 수 있다고 주장한다. 박상훈(2001: 131)에 의하면 지역주의 투표는 "집단적 채널과 대중적 기반을 갖지 않는

2 지역주의는 지역감정, 지역정체성, 지역민간의 이념 차이, 지역적 혜택에 대한 기대 등 다양한 지역적 요소들을 포함하는 개념이고, 지역주의 투표결과는 지역주의가 초래한 투표 결과이다.

정당조직, 정치적 대표체제의 이념적 협애성, 보수독점적 엘리트 과두체제"에 기인한 것이다. 비슷한 관점에서 문우진은 한국의 협애한 정당체제와 정당 간 정책적 입장 차이의 모호성에 주목하였다(Moon 2005; 문우진 2005a).

지역주의 연구들은 두 핵심적인 쟁점에서 시각 차이를 나타낸다.[3] 첫 번째 쟁점은 지역투표를 순수하게 지역적인 것으로 볼 것인가 아니면 이념적인 것으로 볼 것인가의 문제이다. 만약 지역 간에 이념성향 또는 정책선호의 차이가 발견되지 않음에도 불구하고 지역투표 결과가 나타나면, 지역투표가 지역적 동기에 기인했음을 의미한다. 반면 지역투표 결과가 지역 간 이념성향과 정책선호의 차이에 의해서만 결정된다면 지역주의 선거경쟁은 이념성향 및 정책선호의 결과물로 볼 수 있다. 지역투표가 지역주의와 지역 간 이념갈등이 중첩된 결과라면, 지역투표는 순수하게 이념적인 것만도 지역적인 것만도 아니라고 볼 수 있다.

지역투표를 이념적인 문제로 보는 시각에서는 권위주의 정권의 경제적 차별정책과 정치적 억압에 대한 호남민들이 저항감이 진보적인 이념으로 내재화 되었고 기득권을 지키려는 영남 패권주의가 보수적인 이념으로 표출되었다고 본다(김만흠 1994; 최장집 1991; 황태연 1996). 이에 반해, 다른 학자들은 지역투표를 비이념적인 것으로 해석한다(강원택 2003; 이갑윤 2002; 최영진 1999). 이갑윤(2002, 168)에 의하면, "호남인과 영남인의 정치적 태도의 차이는 다른 이유가 아니라 바로 그들이 호남인과 영남인이기 때문에 발생한다"고 주장한다. 비슷한 시각에서, 최영진(1999)은 지역주의를 지역민들이 자신 개개인의 운명을 지역전체의 운명과 동일시하는 정치적 정체성으로 해석한다.

지역투표를 비이념적인 것으로 보는 시각은 영호남 간에 중요한 이념성향의 차이가 발견되지 않는다는 사실에 주목한다(강원택 2003; 이갑윤 2002). 이갑윤(2002)은 한국선거연구회에서 2000년 4월에 실시한 유권자

3 첫 번째 쟁점은 5장에서 자세히 다루었고 두 번째 쟁점은 7장에서 자세히 분석한다.

의식조사 자료를 분석한 결과, 호남이 영남보다 진보적이지만 두 지역민의 구체적인 가치관 차이는 거의 발견되지 않았다고 주장한다(2002, 162). 강원택(2003)은 지역 간의 이념의 차이는 거주지를 중심으로 살펴볼 때 별 차이가 없으며 출신지를 기준으로 살펴보면 차이가 더 작아진다는 점을 발견하였다. 이갑윤과 강원택의 이와 같은 입장은 호남과 영남, 또는 호남과 반호남의 지역갈등이 계급적·이념적 갈등의 반영이라는 입장과 대비된다.

이갑윤과 강원택의 입장에 반해, 백준기 등(2004)은 2002년 8월에 실시된 여론조사를 분석한 결과 영호남은 일반적인 이념성향에서 뿐 아니라 대북지원, 복지정책, 국보법 철폐, 의원여성할당, 여성참여 같은 구체적인 정책분야에 대해서 확연한 차이가 존재한다는 사실을 발견하였다. 문우진(Moon 2005) 역시 16대 총선자료 분석을 통해 지역주의와 이념균열이 서로 중첩되어 있다는 사실을 발견하였다. 문우진(2009a)은 지역투표를 지역정당에 기대하는 사회경제적인 혜택과 영호남민의 이념성향의 차이가 중첩된 결과로 보고, 이 두 요인이 각각 독립적인 영향력을 가지고 있다는 사실을 발견하였다.

두 번째 쟁점은 지역주의가 속인주의와 속지주의 중 어떤 성격을 갖는가이다. 속인주의 성격을 강조하는 입장(이갑윤 2002; 최영진 1999)은 지역투표에 있어서 지역정체성과 같은 문화적인 동기를 중요시한다. 이에 반해, 박상훈은 16대 총선에서 부산-경남지역의 선거는 "전근대적인 속인주의적 기준보다는 거주지라는 속지주의적 기준이 크게 작용"하였다고 주장한다. 박상훈(2001)은 지역분할적 투표는 "어떤 고정된 문화적 특성을 갖는 것이 아니라 정부의 정책적 접근여하에 따라 크게 변화될 수 있는 가능성"을 지닌다고 주장하였다. 합리적 선택이론의 시각(Moon 2004; 조기숙 2000)은 지역정체성과 같은 문화적인 동기보다는 거주지 발전에 대한 기대감과 같은 경제적인 동기를 강조한다.

기존 연구들은 지역주의 투표의 지속 가능성 및 지역주의 약화에 대한 처방에 대해 의견을 달리한다. 장은영·엄기홍(Jang and Eom 2015)은 1995년에서 2010년 사이의 지방선거에서 지역주의 투표는 지속적으로 유지되고 있다는 사실을 발견했다. 김용철·조영호(2015)와 지병근(2015)은 지역감정의 형태는 변화했으나 지역감정이 사라진 것은 아니라고 주장하면서, 지역 정당체제가 앞으로도 존속될 가능성이 높다고 추측하였다. 이러한 두 입장과는 달리 문우진(2005a; 2009a)은 정당들의 정책 입장 차가 분명해질수록 유권자들은 지역적 혜택과 같은 비이념적 유인가치에 투표할 가능성이 낮아진다고 주장한다. 따라서 선명한 정책대결이 지역주의를 약화시킬 것이라 예측한다.

일부 연구들은 3김 이후 전통적인 지역감정이나 정서가 상당 부분 완화되었고, 지역주의가 선거경쟁에 미치는 영향이 이미 약화되었다고 지적한다(강원택 2003; 최준영 2008). 다른 연구는 지역균열 대신 이념균열, 세대균열, 계층균열 등 새로운 사회적 균열이 부상하고 있으며, 이슈나 정책에 기초한 투표성향 또한 강화되고 있기 때문에 지역주의 투표행태가 약화될 것이라 예측한다(김욱 2004; 전용주 · 차재권 · 김은미 2007; 전용주 · 김도경 · 서영조 2008; 최준영 · 조진만 2005; 최준영 2008). 지병근(2015)은 이념성향에 따라 반호남 감정이 결정되므로 이념갈등이 완화되면 지역감정이 약화될 것으로 보았다. 조기숙(2000)은 죄수의 번민게임을 무제한적으로 반복하면 협력적인 결과가 도출되듯이 죄수의 번민게임인 지역주의 투표 역시 사라질 것으로 예측하였다.[4]

전술한 대부분의 연구들은 지역투표에 대한 다양한 해석과 경험분석 결과를 통해, 지역주의 투표에 대한 이해를 증진시켰다. 그러나 지역주의 투표의 작동원리를 이론적으로 설명하는 기존 연구들은 제시되지 않았

4 조기숙(2000)은 지역민들이 정책투표를 하면 공공의 이익이 창출된다고 주장한다. 그러나 정책투표 결과로 한 지역이 승리하고 다른 지역이 패배하게 되면, 공공의 이익은 발생하지 않는다. 지역주의 투표가 죄수의 번민게임이 되기 위해서는, 경쟁하는 두 지역민 개개인에게 지역주의 투표결정이 지배적 전략(dominant strategy)이 되어야 한다. 그러나 5장의 모형이 보여준 바와 같이, 지역주의 투표결정이 모든 유권자들에게 지배적인 전략이 아니다. 뿐만 아니라, 죄수의 번민게임이 무제한적으로 반복된다고 해서 항상 협조를 이끌어 내는 것은 아니다. 현재의 배신으로부터 얻게 되는 보상보다 미래의 협조로부터 얻는 기대효용이 더 클 경우에 상호협조가 균형점이 된다. 지역주의 투표는 행위자들이 이처럼 미래의 효용을 계산할 수 있는 게임과 무관하다.

다. 아래에서는 5장에서 제시된 투표모형을 적용해서 정당 간 입장 차와 지역주의가 어떠한 상호작용을 통해 지역주의 투표를 초래하는가를 분석한다. 이 모형에서는 정당 간 입장 차가 지역주의 투표에 영향을 미치는 외생적 요인으로 작동한다. 정당 간의 입장 차가 커질수록, 유권자의 투표결정에서 지역주의라는 유인가치가 더 중요하게 작동한다. 이러한 분석에 앞서, 6.3절에서는 지역주의적인 정치선호가 내생적으로 형성되게 된 역사적 요인들을 살펴본다.

6.3. 지역주의 등장의 원인

한국에서 지역주의는 민주화 이후 갑작스럽게 심화되었다. 〈그림 6.1〉이 보여주듯이, 지역투표 성향은 6대 대통령 선거에서 처음으로 관찰되었다. 박정희 후보는 전국에서 48.8%를 득표했으나 영남에서는 62.6%를 득표했다. 충청도가 고향인 윤보선 후보는 전국에서 38.9%를 득표했으나 충청에서 43.2%를 득표했다. 영호남 간의 지역적 대결구도는 7대 대통령 선거부터 관찰되었다. 이 선거에서 박정희 후보는 전국에서 51.1%를 득표했으나 영남에서는 68.7%를 득표했고, 김대중 후보는 전국에서 43.5%를 득표했으나 호남에서는 58.6%를 득표했다. 그러나 8대 총선부터 12대 총선까지는 지역주의 투표가 전혀 관찰되지 않았다. 9대 총선에서는 민주공화당이 경북에서 전국득표율에 비해 2.72%p 더 낮은 득표를 했다. 10대 총선에서도 민주공화당의 경북득표율은 전국득표율보다 3.75%p 더 낮았다. 그 이후 유신정권과 전두환 정권에서 지역주의 투표는 한동안 나타나지 않았다. 11대 총선에서 경북민은 민정당을 전국평균에 비해서 2.26%p 더 지지하였고 호남민은 3.45%p 덜 지지하였다. 12대 총선에서 민정당은 경북과 호남에서 각각 전국평균보다 3.48%와 0.9%를 더 얻었다.

〈그림 6.1〉 지역투표의 변화[5]

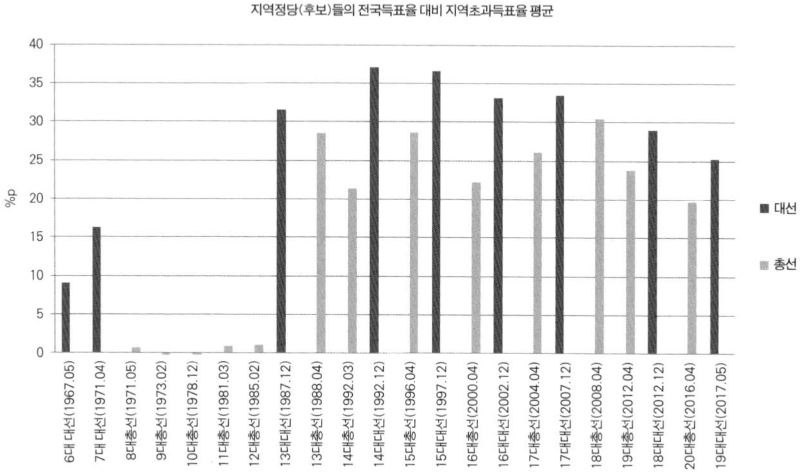

출처: 선거관리위원회 개표 자료에서 계산

지역주의는 7대 대통령 선거부터 정치적으로 이용되기 시작했다. 7대 대통령 선거에서 김대중 후보는 박정희 대통령의 경제정책을 정면으로 비판하면서 강력한 경쟁상대로 등장하였다. 이에 맞서, 민주공화당은 선거 전략으로 지역주의를 이용하였다. 당시의 국회의장이었던 이효상은 대구 수성천변 유세에서 "박정희 후보는 신라 임금의 자랑스런 후손이며 이제 그를 대통령으로 뽑아서 이 고장 사람으로 천년만년의 임금님을 모시자"고 선동했다(이상우 1992: 328). 공화당 정치인들은 언론을 동원하여 "경상도 대통령을 뽑지 않으면 우리 경상도는 개밥의 도토리가 될

5 각 선거에서 지역정당 또는 지역후보와 이들이 대표하는 지역은 다음과 같이 규정하였다. 대선의 경우, 7대: 박정희-영남, 윤보선-충청; 8대: 박정희-영남, 김대중-호남; 13대: 노태우-경북, 김영삼-경남, 김대중-호남, 김종필-충청; 14대: 김영상-영남, 김대중-호남;15대: 김대중-호남, 이회창-영남; 16대: 이회창-영남, 노무현-호남; 17대: 이명박-영남, 정동영-호남; 18대: 박근혜-영남, 문재인-호남; 19대; 문재인+안철수-호남, 홍준표-경북. 총선의 경우, 8대-10대: 공화당-경북, 신민당-호남; 11대: 민정당-경북, 민한당-호남; 12대: 민정당-경북, 신민당-호남; 13대: 민정당-경북, 통민당-경남, 평민당-호남, 공화당-충청; 14대: 민자당-영남, 민주당-호남; 15대: 신한국당-영남, 국민회의-호남; 16대: 한나라-영남, 새천년민주당-호남, 자민련-충청; 17대: 한나라당-영남, 새천년민주당+열린우리당-호남; 18대: 한나라당+친박연대-영남; 통합민주당-호남; 19대: 새누리-영남, 민주통합당-호남; 20대: 새누리당-영남; 더불어민주당+국민의당-호남.

〈표 6.1〉 영남과 호남에서의 지역생산과 도시인구 비율 변화

지역	GNP 대비 지역생산 비율			지역인구 대비 도시인구 비율		
	1955	1995	변화량	1955	1995	변화량
호남	18%	11%	7% 포인트 감소	14%	66%	52% 포인트 증가
영남	30%	34%	4% 포인트 증가	29%	90%	61% 포인트 증가

출처: 이갑윤(1998)

것이다", "김대중이 대통령이 되면 경상도는 피바람이 불 것이다", "경상도 사람치고 박정희 안 찍는 사람은 미친 사람이다",[6] "김대중 후보가 이번 선거는 백제와 신라의 싸움이라고 똘똘 뭉치자고 했으니 우리도 뭉치자"[7]라는 유언비어를 퍼뜨리면서 지역감정을 부추겼다. 이 선거에서 박정희 후보는 전국평균보다 영남에서 17.6%p를 더 얻었고, 김대중 후보는 호남에서 15.1%를 더 얻었다.

학자들은 민주화 이후 지역주의가 등장한 원인으로 권위주의 정권의 호남 차별정책에 주목한다(최장집 1989). 산업화 과정은 영·호남 지역의 차별적 지역발전을 초래하였다. 신흥 산업도시 및 고속도로나 철도와 같은 기반시설은 영남지역에 집중되었고, 영남 출신 대통령들의 지속적인 집권은 영·호남 간에 상당한 경제적·인구통계학적 격차를 야기했다. 〈표 6.1〉이 보여주듯이, 1955년부터 1995년 사이에 GNP 대비 지역생산 비율은 영남에서 4% 포인트 증가한 반면 호남에서는 7% 포인트 감소하였다. 〈표 6.1〉은 또한 영·호남의 전체인구 대비 도시 인구비율의 증가분이 9% 포인트의 격차가 발생했다는 사실을 보여준다(영남 61% 대 호남 52%).

영호남간에 도시인구 비율의 격차가 발생한 이유는 차별적인 산업개발 정책이 야기한 인구 이동에 기인한 바 크다.[8] 인구밀집적인 농업지대이었던 호남지역은 농업의 쇠퇴와 함께, 울산, 마산, 창원, 포항과 같은 신흥 공업지대에 노동력을 공급하는 역할을 담당하였다(최장집 1989). 호남지역의 농촌인구들은 타 지역 도시의 하급중산층이나 빈민, 노동자 계급

6 조선일보 1971년 4월 18일.
7 중앙일보 1971년 4월 18일.
8 박정희 정권에서 호남인구의 급격한 감소는 〈그림 3.12〉 참고. 호남과 영남의 지역생산 및 지역소득 격차는 각각 〈그림 3.17〉과 〈그림 3.18〉 참조.

〈표 6.2〉 영남과 호남에서의 전국 인구대비 지역인구 비율 변화

지역	전국인구 대비 지역인구 비율		변화비율
	1943	1990	
호남	17.2%	13.1%	4.1% 포인트 감소
영남	19.2%	28.8%	9.6% 포인트 증가

출처: Yang (1994)

을 형성하게 되었다(최장집 1989). 〈표 6.2〉는 1943년에서 1990년 사이의 영·호남의 전국 인구대비 지역인구 비율의 변동을 보여준다. 호남의 인구는 전국대비 4.1%p만큼 감소한 반면 영남의 인구는 9.6%p만큼 증가하였다.

지역주의가 유권자들의 정치적 선호에 영향을 미치게 된 두 번째 이유는 대통령의 지역적 인맥을 통한 정치충원 때문이다. 〈그림 6.2〉는 박정희 정권 이후 영남 출신과 호남 출신이 각각 고위 공직자 전체에 차지하는 비율이 영남민과 호남민이 인구에서 차지하는 비율보다 더 높은 정도를 나타낸다. 〈그림 6.2〉는 영남지역의 지지를 받은 대통령은 세 종류의 고위 공직자 모두 영남 출신을 인구비율에 비해 더 높은 비율로 임명했다는 사실을 보여준다. 이에 반해, 김대중 정부에서는 5대 권력기관장(국정원장, 감사원장, 국세청장, 검찰청장, 경찰청장)과 청와대 정무직에 호남출신을 호남인구 비율에 비해 더 높은 비율로 임명했으나, 차관급은 거의 비슷한 비율로 임명했다. 노무현 정부는 세 종류의 공직자 모두 호남 출신을 차별적으로 우대하지는 않았다.

대통령들은 5대 권력기관장은 주로 지지 지역 출신에서 임명하는 경향을 보여주었다. 이러한 경향이 약하게 나타난 대통령은 노무현 대통령과 문재인 대통령이었다. 노무현 정부는 호남 출신과 영남 출신에 거의 차별을 두지 않았다. 문재인 정부에서는 세 종류의 고위직 모두 호남 출신이 호남 유권자비율보다 10%p 더 많이 등용되었다. 그러나 문재인 대통령은 전국평균보다 더 낮은 지지를 보낸 영남지역 출신을 차관급 이상과 청와대 정무직 공무원에 인구비례보다 더 임명하였다.

〈그림 6.2〉 영호남 인구비보다 이 지역출신을 고위공직자에 더 임명한 비율

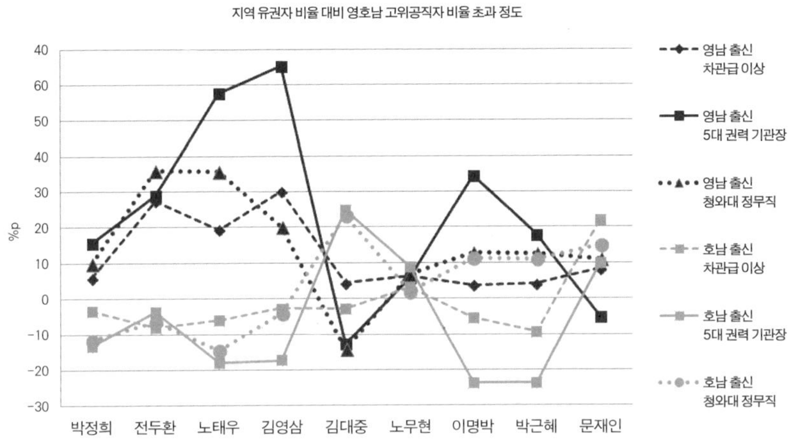

출처: 위 그림의 수치들은 매일신문 기사의 출처 자료를 사용해서 계산한 것임
http://www.imaeil.com/sub_news/sub_news_view.php?news_id=26253&yy=2017 (검색일 2017.06.20)
http://news.mk.co.kr/newsRead.php?no=502691&year=2017 (검색일 2017.07.28)

〈그림 6.2〉에서 영남 지지 정부가 영남 출신 공직자를 영남 인구비율보다 더 임명한 정도(영남 출신을 더 우대한 정도)에서 호남 출신 공직자를 호남 인구비보다 덜 임명한 정도(호남 출신을 더 홀대한 정도)를 빼면, 영남 지지 정부가 호남 차별적인 충원을 한 정도를 측정할 수 있다. 마찬가지로 호남 지지 정부가 호남 출신을 더 우대한 정도에서 영남 출신을 더 홀대한 정도를 빼면, 호남 지지 정부가 영남 차별적인 충원을 한 정도를 측정할 수 있다. 〈그림 6.3〉은 영남 지지 정부와 호남 지지 정부에서의 영호남 간 지역차별적 충원정도를 보여준다. 영호남 간 지역차별적 충원은 주로 영남 지지 정부에서 나타났다. 영호남 간 지역차별적 충원은 민주화 이후 노태우 정부와 김영삼 정부에서 심해졌다가, 김대중 정부와 노무현 정부에서 약화되었다. 그러나 영호남 간 지역차별적 충원은 이명박 정부와 박근혜 정부에서 다시 강화되었다가 문재인 정부에서 다시 약화되었다. 영호남 간 지역차별적 충원이 가장 약화된 정부는 노무현 정부와 문재인 정부이었다. 노무현 정부는 영호남 모두를 타지역보다 더 우대하지 않았다. 문재인 대통령은 자신을 압도적으로 지지한 호남을 어느 정권보

〈그림 6.3〉 정부별 반대지역 대비 지지지역 우대충원 정도

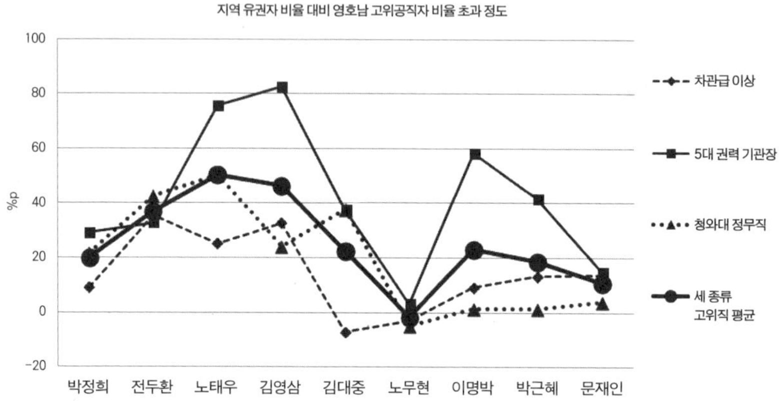

출처: 〈그림 6.2〉와 동일한 출처

다 더 우대한 반면, 자신에게 전국평균보다 더 낮은 지지를 보낸 경남도 우대하여, 영호남 간에는 큰 차별을 두지 않았다.[9]

1980년 5월 광주민주화 운동에 대한 전두환 일당 군부대의 잔혹한 탄압은 호남민이 진보적인 의식을 가지게 된 결정적인 계기가 되었다. 호남민은 광주민주화 운동을 계기로 지배세력에 대한 소외감과 저항의식을 "내면화"시키게 되었다(최장집 1991: 34). 20년을 넘게 지속되어온 권위주의 정권에서의 차별적인 경제정책과 정치충원이 초래한 소외감과 광주민주화 운동을 통한 반권위주의 의식은 호남민에게 진보적인 정당을 선호하는 정치의식을 형성시켰다. 반면, 권위주의 정권에서 패권적인 지위를 누려온 영남민은 결집하는 호남민을 상대로 패권주의적 지역주의를 강화시켰다.[10] 민주화 이전에 진보적이었던 경남·부산의 유권자들도

9 어떤 지역출신이 고위공직자에 더 임명되는가는 영호남의 일반 서민들의 경제적 삶과 무관하다. 3장에서 살펴본 바와 같이, 영호남민의 소득 변화는 어떤 정권이 권력을 잡는가와 무관하다.

10 초원복집 사건은 민주화 이후 영남에서 지역감정을 조장하는 대표적인 사건이다. 1992년 14대 대통령 선거 3일전 전 법무장관 김기춘, 김영환 부산직할시장, 박일용 부산 지방경찰청장 등이 모여 "우리가 남이가, 이번에 안 되면 영도다리에 빠져 죽자", "지역감정 좀 일어나야 돼", "민간에서 지역감정을 부추겨야 돼"라는 발언이 담긴 녹취록이 공개되었다. 훗날 정경식은 헌재 재판관을 지내고, 박일용은 안기부차장을 지내면서 총풍, 북풍 사건의 주역이 되었고, 박근혜 정권의 비서실장이었던 김기춘은 블랙리스트 작성의 주범으로 2017년에 구속되었다.

영남에 지역적인 기반을 둔 보수적인 정당을 지지하는 이념적 정체성을 형성시켰다.

영호남민은 이러한 이념적 정체성와 동시에 지역주의적 선호를 형성하였다. 권위주의 정권의 직접적인 피해자인 호남민에게는 자신들의 정치적·사회적 명예회복에 대한 열망, 수혜자인 영남민에게는 자신의 기득권을 지키려하는 패권의식, 충청민이나 강원민에게는 정권을 잡아보지 못한 피해의식이 각 지역민들에게 지역주의를 형성시킨 계기가 되었을 것이다. 그러나 이러한 선호가 경제적이건 정치적이건 사회적이건 지역 출신의 지도자가 거주지역의 경제적·정치적·사회적 지위를 향상시켜 줄 것이라는 기대감의 표현이라는 점에서 지역주의적 선호는 비이념적 유인가치의 성격을 가지고 있다. 유권자들은 자신의 거주지역 또는 출신지역을 대표하는 정당이 다수당이 되거나 후보가 대통령에 당선되면, 일자리 창출이나 부동산 가격 상승 같은 경제적인 혜택, 지역민의 지위상승이나 또는 명예회복과 같은 사회적인 혜택을 볼 수 있을 것이라는 기대감을 가지게 되었을 것이다. 물론 지역투표 결과는 이러한 지역적 혜택에 대한 기대감만을 반영한 것은 아닐 것이다. 사람들은 자신이 소속된 집단 사람들과 심리적 친근감 또는 내집단 정체성을 느낀다. 영호남 지역주의는 이러한 내집단 정체성(이갑윤 1998, 2002; 최영진 1999, 2001)의 반영으로도 볼 수 있을 것이다.

그러나 지역주의를 지역정체성이나 영호남의 이념 차이만으로 설명할 수 없는 몇 현상들이 있다. 첫째, 영호남 지역투표가 지역정체성을 반영한 결과라면 이 두 지역민들의 지역정체성이 민주화 이후 갑자기 강화되었는가? 둘째, 지역투표가 지역정체성이나 이념을 반영한 결과라면, 왜 총선보다 대선에서 지역정체성과 이념 차이가 부각되는가? 셋째, 17대 대선에서는 전남 유권자들보다 더 보수적인 전북 유권자들이 진보정당 후보인 정동영 후보를 더 지지하였다. 지역주의가 지역정체성의 결과물이라면, 17대 대선에서는 왜 전북민의 정체성이 전남민보다 더 강화되었는가? 넷째, 지역주의가 지역 간 이념 차이를 반영한 것이라면, 왜 17대 대선에서 전북민이 전남민보다 더 진보적으로 되었는가? 다섯째, 20대 총선에서 호남민은 더민주당보다 더 보수적인 국민의당을 더 지지하였다. 지역주의가 이념성향의 결과물이라면, 20대 총선에서는 진보적인 호남민은 왜 더 보수적인 정당을 더 지지하였는가?

첫 번째 질문은 비판주의적 학자들이 제기한 정치동원론에 의해 설명될 수 있다(최장집 1991; 손호철 1996). 최장집(1991)은 "지배블록"이 1987년의 경제적·정치적 위기를 모면하기 위해 지역감정을 이용하자 내재화되어있던 호남민의 저항의식이 외부적으로 표출되었다고 주장한다.[11] 이 주장에 의하면, 1987년 노동파업의 빠른 확산과 노동자들의 정치화, 학생운동에 대한 시민들의 지지확산은 전두환 정권으로 하여금 위기감을 느끼게 하였다. 이를 타개하기 위해, 당시 민정당 대표였던 노태우는 대통령 직선제 개헌, 김대중 사면·복권을 골자로 한 8개항의 민주개혁 방안인 6·29선언을 발표했고, 이는 반대세력들이 권력을 잡을 수 있는 기회를 제공하였다. 이러한 상황에서, 호남에 대한 지역적인 반감을 이용하여 민주세력을 분열시키는 것이 "지배블록"의 선거승리를 가능하게 하는 전략이었다(최장집 1991). 지배블록은 김대중과 호남민이 급진적, 혁명적, 좌파적인 반체제 세력이라는 이미지를 가공하기 위해서 지역감정을 이용하였다(최장집 1991). 손호철 역시 지역주의 투표가 지역감정을 이용한 정치동원의 결과라고 주장하면서 여당뿐만 아니라 김대중, 김영삼, 김종필 3김씨 모두가 지역감정을 부추기는 전략을 사용했다고 주장하였다.

정치동원론이 민주화 직후의 지역주의 투표를 설명하는데 어느 정도 타당성이 있으나, 지역적 정치동원이 약화된 최근의 선거에서도 지역주의 투표가 지속되고 있다. 뿐만 아니라, 지역동원론은 17대 대선에서 전남보다 전북에서 정동영 후보를 더 지지한 이유와 20대 총선에서 호남에

11 이러한 저항적 의식은 13대 총선부터 표출될 수 있었다. 광주민주화 운동 직후 치러진 1981년 11대 총선과 1985년 12대 총선에서 호남에서의 야당에 대한 지지가 전국수준과 크게 다르지 않았다. 그러나 이 두 선거는 여당에 유리한 중대선거구에서 치러졌으며 정상적인 민주주의 선거로 보기 어렵다. 전두환 군사정권은 여당후보가 최소한 2등으로라도 당선될 수 있는 중대선거구를 채택하였고, 유력한 야당인사들의 정치활동을 금지한 정치풍토쇄신특별법은 야당에 대한 지지가 관제야당 후보들에게 분산되는 결과를 초래했다.

서 더민주당보다 국민의 당을 더 지지한 이유를 설명하기 어렵다. 6.4절에서는 지역정체성, 지역 간 이념 차이, 정치동원론으로 설명하기 어려운 이러한 현상들을 설명할 수 있는 모형을 제시한다. 이 모형은 민주화 이후 심화된 지역주의 투표를 민주화 이후 등장한 협애한 정당체제로 설명한다. 민주화 이후, 성장주의 대 민주주의라는 분극적인 정당체제가 사라지면서 정당 간의 입장 차를 느끼지 않게 된 한국 유권자들에게 지역주의라는 유인가치가 중요한 투표결정의 요인으로 작동하게 된 것이다. 이 모형은 또한 협애한 정당체제가 유지되는 한 지역주의 투표가 지속될 것으로 예측한다.

6.4. 공간모형 분석

여기에서는 5장의 모형을 적용해서 정당체제와 지역주의 투표와의 관계를 설명한다. 다음과 같은 유권자의 효용을 가정하자.

$$u_i(v_i, x_i; \theta_j) = v_i - (x_i - \theta_j)^2 \tag{1}$$

공식 (1)에서 v_i는 후보 $i \in [L, R]$가 제시하는 유인가치이고, $x_i \in [0, 10]$는 후보i가 제시하는 정책입장이다. $\theta_j \in [0, 10]$는 유권자 j가 가장 선호하는 정책입장이다. 5장에서와 같이 두 후보에게 효용의 차이를 느끼지 않는 유권자의 입장인 지지분기점을 구하면 아래와 같다.

$$\hat{\theta} = \text{두 후보의 중앙} - \frac{\Delta v}{2\Delta x} \tag{2}$$

공식 (2)에서 Δx와 Δv는 각각 $(x_R - x_L)$와 $(v_R - v_L)$를 의미한다. 공식 (2)는 정당들의 입장 차이(Δx)가 줄어들수록, 두 후보의 유인가치 차이(Δv)가 지지분기점에 미치는 효과가 증가한다는 사실을 보여준다. 예컨대, 영남유권자들의 투표결정을 생각해보자. 영남유권자는 영남정당 보수후보 R에게서 8만큼의 지역적 혜택을 기대하고 호남정당 진보후보 L에게서 아무런 지역적 혜택을 기대하지 않는다고 가정해보자. 이럴 경우, $\Delta v = 8$이다. 후보 L과 후보 R의 입장이 각각 (4,6)인 경우($\Delta x = 2$인 경우)와 (3,7)인 경우($\Delta x = 4$인 경우)를 비교해보자. 공식 (2)에 $\Delta x = 2$와 $\Delta v = 8$을 대입하면 지지분기점은 3이 되고, $\Delta x = 4$와 $\Delta v = 8$을 대입하면 지지분기점이 4가 된다.

〈그림 6.4〉는 두 후보의 입장 차에 따른 지지분기점의 변화를 보여준다. 영남후보 R이 지역적 혜택을 8만큼 가져다준다고 믿는 영남 유권자들이 두 후보들의 입장 차이가 2라고 인식하는 경우, 3과 5 사이의 영역에 있는 진보적인 유권자들이 보수후보 R을 지지한다. 반면 이들이 두 후보들의 입장 차이가 4라고 인식하는 경우 4와 5 사이에 있는 유권자들이 후보 R을 지지한다. 〈그림 6.4〉는 이처럼 자신의 이념과 반하는 투표를 하는 지역주의 투표자들을 빗금과 격자로 표시하였다. 〈그림 6.4〉는 유권자들이 두 후보의 입장 차이가 작다고 생각할수록, 지역주의에 의해서 자신의 이념적 투표결정을 바꾸는 유권자들, 즉 지역주의 투표자들의 비율이 늘어난다는 사실을 보여준다. 〈그림 6.4〉는 또한 지역주의 투표자들

〈그림 6.4〉 후보의 입장이 멀어졌을 때 지역주의 투표자 비율의 변화

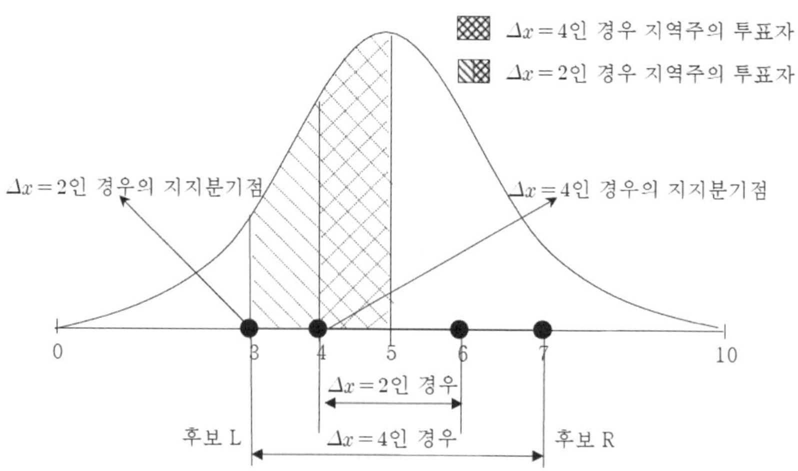

은 지역투표자들의 일부분이라는 사실을 보여준다. 예컨대, 영남에서 후보 R을 지지한 유권자들은 진보적임에도 불구하고 보수후보를 지지한 지역주의 투표자들과 이들의 우측에 있는 보수 유권자들을 포함한다. 이들 보수유권자들은 지역주의에 의한 투표를 하지 않았어도 후보 R이 자신의 입장과 더 가까우므로 후보 R을 지지하는 이념투표자들이다.

위의 분석결과로부터 지역주의 투표에 대한 다음과 같은 명제를 도출할 수 있다.

명제 1: 두 정당 간 입장 차이가 작을수록, 지역주의 투표자의 비율은 증가한다.

명제 1은 민주화 이후 지역주의 투표의 갑작스러운 등장원인에 대한 이론적 근거를 제시한다. 한국에서의 지역주의 투표는 민주화 이후 갑작스럽게 등장한 협애한 정당체제가 활성화시킨 유인가치 선거경쟁의 한 예로 볼 수 있다.

위의 모형에서는 유권자들이 후보의 입장들과 유인가치에 대한 완전정보(complete information)를 가지고 있다고 가정했다. 유권자들이 불완전정보를 가지고 있다고 가정할 경우, 개인수준에서의 명제를 도출할 수 있다. 유권자들이 불완전 정보를 가지고 있을 경우, 어떤 유권자들은 후보 간의 유인가치 차이가 평균 유권자들이 생각하는 것보다 더 크다고 인식하고 다른 유권자는 더 작다고 인식할 것이다. 마찬가지로, 평균적인 인식보다 후보i의 이념이 더 보수적이라고 인식하는 유권자도 있고 더 진보적이라고 인식하는 유권자들도 있다. 따라서 유권자들의 인식차이는 후보i의 유인가치와 이념입장에 대한 평균적인 인식을 중심으로 무작위적으로 정규 분포되어 있다고 가정한다. 이러한 가정은 다음과 같이 표기할 수 있다. 아래에서, $\overline{v_i}$와 $\overline{x_i}$는 각각 후보i의 유인가치와 이념입장에 대한 평균적인 인식을 나타낸다. $\epsilon_{i,j}$와 $\omega_{i,j}$는 각각 후보i의 유인가치와 이념입장에 대한 유권자 j의 인식오차를 나타낸다.

$$v_{i,j} = \overline{v_i} + \epsilon_{i,j},$$

$$x_{i,j} = \overline{x_i} + \omega_{i,j}$$
$$\epsilon_{i,k}, \omega_{i,k} \sim N(\mu, \sigma^2)$$

이럴 경우, 공식 (2)의 지지분기점은 두 후보들 간에 효용차이를 느끼지 않는 평균 유권자의 입장이다. 예를 들어, 평균 유권자들이 후보 R이 후보 L보다 8만큼의 유인가치를 더 제공한다고 생각하고($\Delta\overline{v}=8$), 두 후보가 각각 3과 7에 있다고 인식할 경우($\Delta\overline{x}=4$), 지지분기점은 4가 된다. 그러나 다른 유권자들은 이러한 평균적인 인식과 다른 생각을 한다. 어떤 유권자는 Δv이 8보다 더 크다고 생각한다. 이럴 경우, 지지분기점 좌측에 있는 진보유권자들도 후보 R을 지지할 수 있다. 반면, 어떤 유권자는 Δv이 8보다 더 작다고 생각한다. 이럴 경우, 지지분기점 우측에 있는 유권자들도 후보 L을 지지할 수 있다. 따라서 다음과 같은 유권자 개인 수준에서의 명제들을 도출할 수 있다.

명제 2: 지역정당 후보의 유인가치를 크게 느끼는 유권자일수록, 자신의 이념에 반하는 지역주의 투표를 할 가능성이 높다.

마찬가지로, 어떤 유권자들은 평균적인 유권자들에 비해서 후보들의 입장이 더 좌측 또는 우측에 있다고 인식할 것이다. 예컨대, 평균 유권자들이 두 후보들의 입장이 각각 4와 6이라고 인식할 경우, 어떤 유권자들은 두 후보들의 입장 차가 이보다 더 크다고 인식하고 다른 유권자들은 더 작다고 인식할 것이다. 이럴 경우, 두 후보의 입장 차이가 더 크다고 인식하는 유권자들에 비해서 작다고 인식하는 유권자들이 후보의 유인가치에 의해서 이념적 투표결정을 바꿀 가능성이 더 클 것이다. 따라서 아래의 명제를 도출할 수 있다.

명제 3: 지역정당 간의 입장 차이가 작다고 인식하는 유권자일수록, 지역주의가 이들의 투표결정에 미치는 영향은 커진다.

〈그림 6.5〉는 17대 총선 이후 여섯 차례의 총선 및 대선에서 영남 유

〈그림 6.5〉 17대 총선 이후 영남유권자 지역투표와 지역주의 투표

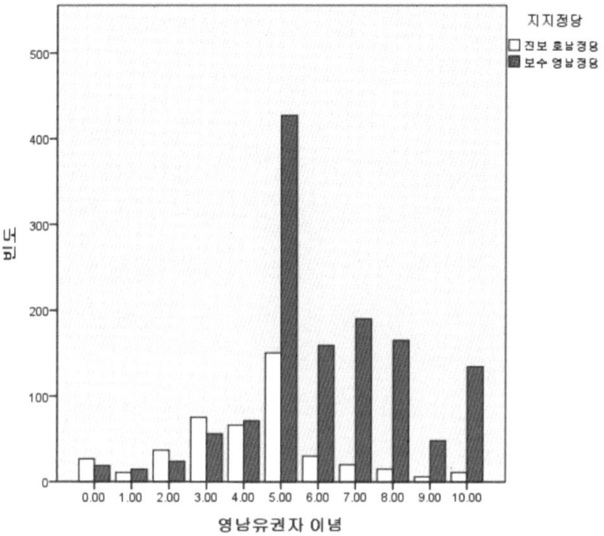

권자들의 이념분포에 따른 지역투표 및 지역주의 투표결과를 보여준다. 〈그림 6.5〉에서 짙게 표시된 막대는 영남정당을 지지한 유권자들(영남지역투표자)을 나타낸다. 6부터 10 사이에 놓여 있는 보수유권자들은 거의 대부분 영남정당을 지지하였다. 5에 있는 중도유권자들 중 2/3 이상이 영남정당을 지지하였다. 0부터 4 사이에 있는 진보 유권자들이 이념투표만 했다면, 이들은 호남 진보정당을 지지했을 것이다. 그러나 이들의 50%정도가 보수적인 영남정당을 지지하였다. 이들과 이념성향이 5점인 유권자들 중 영남정당을 지지한 유권자들이 지역주의 투표를 한 유권자들이다.

〈그림 6.5〉는 〈그림 6.4〉와 매우 흡사한 모습을 보여준다.[12] 〈그림 6.5〉

12 〈그림 6.5〉가 보여준 현실세계는 〈그림 6.4〉가 보여준 이론적 세계와 완전히 일치할 수는 없다. 보수적인 영남 유권자들 중 진보적인 호남 정당을 지지한 유권자들도 있으며, 매우 진보적인 영남 유권자들도 영남정당을 지지하였다. 이러한 사례들은 이 글의 공간모형이 제시한 변수 외의 요인들 때문에 발생한다. 특히 호남 출신 영남거주자들이 이러한 사례들의 일부를 구성했을 것으로 추측된다.

는 영남에서의 지역투표가 유권자의 이념과 지역적 유인가치에 대한 고려가 복합적으로 작동한 결과라는 사실을 잘 보여준다. 영남의 보수적인 유권자들은 영남정당이 이념적으로도 가까울 뿐만 아니라 지역적 유인가치를 제공한다고 믿는다. 따라서 거의 대부분이 이를 지지한다. 영남의 진보적인 유권자들은 영남정당의 이념이 자신과 다르지만 지역적인 유인가치를 제공한다고 믿는다. 자신과 영남정당의 이념적 거리가 멀수록, 이들이 영남정당을 지지할 가능성이 줄어든다. 〈그림 6.5〉는 영남유권자들이 진보적일수록, 영남정당을 지지하는 유권자의 비율이 줄어든다는 사실을 보여준다.

이 절의 모형은 6.2절에서 검토한 기존 시각들이 설명하기 어려운 여러 현상들을 설명한다. 첫째, 명제 1에 따라 민주화 이후 갑작스럽게 등장한 지역주의를 기존의 권위주의 대 민주주의의 정당체제를 대치한 민주화 이후의 협애한 정당체제의 등장으로 설명할 수 있다. 둘째, 대통령 선거에서 지역투표가 더 강하게 나타나는 이유는 국회의원에 비해 대통령이 지역 간 국가자원 재분배에 더 큰 영향력을 미칠 수 있기 때문이다. 즉 지역적 혜택이라는 유인가치를 대통령에게 더 크게 느끼기 때문이다. 셋째, 17대 대선에서 전북민이 전남민보다 정동영 후보를 더 지지한 이유는 전북출신인 정동영 후보에게 전남민에 비해 전북민이 더 큰 유인가치를 느꼈기 때문이다. 넷째, 20대 총선에서 호남민들이 진보적인 더민주당보다 더 보수적인 국민의당을 더 지지한 이유는 더민주당보다 국민의당에 유인가치를 더 크게 느끼는 유권자들이 더 많았기 때문이다.

6.4. 정당 간 입장 차가 지역주의에 미치는 영향 분석

6.4.1. 집합자료 분석

6.3절의 명제 1에 의하면, 지역정당 간의 입장 차이가 작을수록 지역주의 투표자의 비율은 증가한다. 즉 정당 간 입장 차가 작을수록 지역정당은 전국에 비해 지역에서 더 집중적인 지지를 받는다. 〈그림 6.6〉은 15대 대

〈그림 6.6〉 정당체제와 지역주의 투표[13]

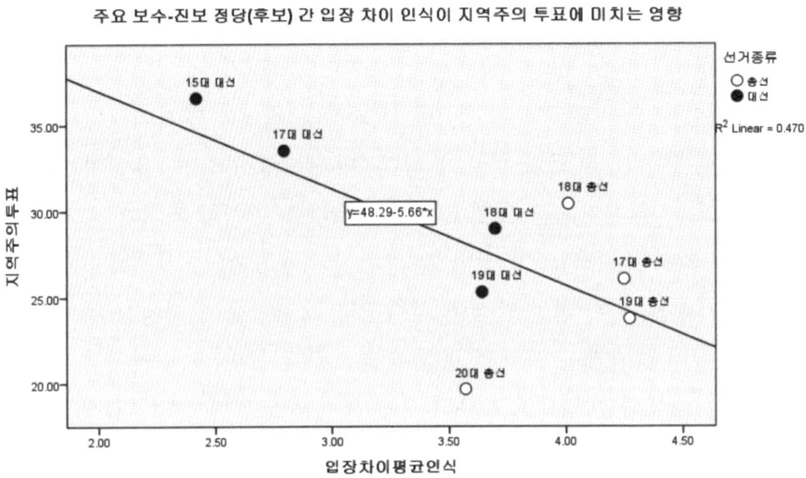

출처: 〈표 3.1〉, 〈표 3.2〉 및 〈그림 6.1〉 자료와 동일

선 이후 유권자들의 지역정당 간 입장 차에 대한 평균인식이 지역주의 투표에 미치는 영향을 보여준다. 〈그림 6.6〉은 지역 정당들 간의 이념 차이가 커질수록, 지역주의 투표는 약화된다는 사실을 보여준다. 정당 간 입장 차이가 지역주의 투표에 미치는 부정적인 효과는 대선에서 강하게 나타났다. 〈그림 6.1〉에서 보여준 바와 같이, 대선에 비해 총선에서는 지역주의 투표가 약화된다. 이러한 이유는 영호남 유권자들이 국회에서의 정당 간 의석변화보다 정권교체가 지역적 혜택의 변화에 더 큰 영향을 미친다고 생각하기 때문으로 해석된다.

13 19대 대선 설문조사에는 대선 후보들의 이념을 측정하는 항목이 포함되지 않았다. 20대 총선 설문조사에서는 문재인 후보 및 안철수 후보의 이념을 묻는 문항이 있었으나 홍준표 후보의 이념을 묻는 문항이 없었다. 따라서 19대 대선 당시의 문재인 후보 및 안철수 후보의 이념은 20대 총선 설문조사 자료 사용했고 홍준표 후보 이념은 20대 총선 당시 새누리당 이념으로 측정하였다. 20대 총선 당시 호남을 대표하는 정당은 더민주당과 국민의당으로, 19대 대선 당시 호남을 대표하는 후보는 문재인 후보와 안철수 후보로 간주하였다. 호남 지지 정당과 후보의 이념을 계산하기 위해, 두 정당과 두 후보가 얻은 득표율을 비중 값으로 이용해서 이들의 이념에 대한 비중평균을 계산하였다. 19대 대선 당시 문재인 후보는 20대 총선 때보다 더 진보적이었고 홍준표 후보의 입장은 20대 총선 당시 새누리당 입장보다 더 보수적이었을 것으로 추정된다. 따라서 19대 대선 당시 대선 후보들의 이념 자료를 확보할 수 있다면, 〈그림 6.6〉에서 19대 대선 사례는 회귀선 쪽(우측)으로 이동할 것으로 추정된다.

6.4.2. 유권자 지역주의 투표결정 분석

1) 분석모형

명제 2와 3은 유권자들의 지역주의 투표결정에 대한 명제이므로 개인수준의 자료를 통해 분석할 필요가 있다. 명제 2에 의하면, 유권자가 지역정당에 더 큰 유인가치를 느낄수록 지역정당을 지지할 확률은 증가한다. 명제 3에 의하면, 유권자가 정당 간의 입장 차를 크게 느낄수록 지역정당의 유인가치 이점에 대한 인식이 지역정당 지지확률에 미치는 영향은 감소한다. 이러한 관계는 아래의 로짓 모형으로 검증한다. 유권자는 자신의 거주지를 대표하는 정당으로부터 유인가치를 느낀다. 예컨대, 영남민은 영남정당에게서 유인가치를 느끼고 호남민은 호남정당에게서 유인가치를 느낀다. 따라서 명제 2를 검증하기 위해서 유권자가 지역정당에 느끼는 유인가치는 유권자 거주지와 지역정당이 대표하는 지역의 일치 여부로 측정하였다.

$$\ln\left(\frac{P}{1-P}\right)=z,\quad P(Y=\text{영남 지역정당 후보투표})=\frac{e^z}{1+e^z}$$

$$\begin{aligned} z = a &+ b_1\text{정당 간 입장 차이} + b_2\text{이념성향} + b_3\text{영남거주} + b_4\text{영남거주}\times\text{정당 간 입장 차이} \\ &+ b_5\text{호남거주} + b_6\text{호남거주}\times\text{정당 간 입장 차이} + b_7\text{반공세대} + b_8\text{신세대} + b_9\text{연령} \\ &+ b_{10}\text{소득} + b_{11}\text{학력} + b_{12}\text{성별} + b_{13}\text{도시규모} + b_{14}\text{대선} + b_i\sum_{i=15}^{n}X_i + e \end{aligned}$$

명제 3은 위 모형의 상호작용 변수를 통해 검증한다. 위 모형에서 b_3는 정당 간 입장 차이가 없다고 인식하는 영남거주민이 영남정당을 지지할 가능성을 추정한다. b_4는 정당 간 입장 차이가 크다고 생각하는 영남거주민일수록 영남정당을 지지할 가능성이 어떻게 변하는가를 나타낸다. b_4가 양수이면, 정당 간 입장 차이가 크다고 생각하는 영남거주민일수록 영남정당을 더 지지한다는 것을 의미하고, 음수이면 덜 지지한다는 것을 의미한다. 따라서 명제 3은 b_4가 음수이면서 유의미한 영향력을 가지는 것으로 추정되면 검증된다.

같은 거주지에 사는 유권자들이 모두 자신의 지역정당에게 같은 크기의 유인가치를 느끼는 것은 아니다. 따라서 유권자들의 지역정당들의 유인가치에 대한 인식 차이가 지역투표에 미치는 영향을 분석할 필요가 있다. 총선 설문조사는 17대 총선 이후부터, 대선 설문조사는 17대 대선 이후부터 정당들에 대한 유권자들의 호감도를 0에서 10점 사이에서 측정하였다. 지역정당의 유인가치 이점은 유권자들이 자신의 지역정당에게서 느끼는 호감도에서 상대 지역정당에게 느끼는 호감도를 빼서 측정하였다. 이 변수를 이용해서 지역정당에 대한 상대적 호감도와 정당 간의 이념 차이 인식의 상호작용이 영호남 유권자의 지역투표에 어떠한 영향을 미치는가를 아래의 로짓 모형에서 분석하였다.

$$\ln\left(\frac{P}{1-P}\right)=z,\quad P(Y=\text{지역 정당 투표})=\frac{e^z}{1+e^z}$$

$$\begin{aligned} z = a &+ b_1\text{정당간입장차이} + b_2\text{지역정당상대적호감도} \\ &+ b_3\text{지역정당상대적호감도} \times \text{정당간입장차이} + b_4\text{이념성향} + b_5\text{반공세대} + b_6\text{신세대} \\ &+ b_7\text{연령} + b_7\text{소득} + b_8\text{학력} + b_9\text{성별} + b_{10}\text{도시규모} + b_{11}\text{대선} + b_i\sum_{i=12}^{n} X_i + e \end{aligned}$$

2)분석결과

첫 번째 모형을 분석하기 위해서 상호작용 변수를 제거한 모형(모형 1)과 포함한 모형(모형 2)을 분석하였다. 〈표 6.3〉은 두 모형을 분석한 결과를 보여준다. 모형 1의 분석결과는 영남 거주자들이 영남정당을 지지할 확률은 다른 지역유권자들에 비해서 더 높은 반면, 호남 거주자들이 영남정당을 지지할 확률은 더 낮다는 사실을 보여준다. 이러한 결과는 명제 2를 뒷받침하는 결과이다. 〈표 6.3〉는 또한 명제 3을 부분적으로 뒷받침하는 결과를 보여준다. 모형 2의 분석결과는 정당 간의 입장 차를 크게 인식할수록 영남민이 영남정당을 지지할 확률은 감소하는 것으로 나타났다. 영남 거주자의 상호작용 변수는 유의수준 1% 미만에서 유의미한 것으로 나타났으나 호남 거주자의 상호작용 변수는 유의미하지 않은 것으로 나타났다.

〈표 6.3〉 정당 간 입장 차 인식과 거주지의 상호작용 효과

모형	모형 1			모형 2		
종속변수	영남정당 지지					
독립변수	b (s.e.)	Exp(b) (Wald)	유의 수준	b (s.e.)	Exp(b) (Wald)	유의 수준
입장차이 인식				-.019 (.011)	.981 (2.853)	.091
유권자 보수이념	.301 (.012)	1.351 (611.447)	.000 ***	.356 (.016)	1.427 (518.576)	.000 ***
영남 거주	1.115 (.063)	3.049 (311.348)	.000 ***	1.100 (.095)	3.005 (135.257)	.000 ***
영남거주 이념차이 인식 상호작용				-.057 (.022)	.944 (6.857)	.009 **
호남 거주	-2.656 (.128)	.070 (427.283)	.000 ***	-2.679 (.161)	.069 (278.128)	.000 ***
호남거주 이념차이 인식 상호작용				.040 (.038)	1.041 (1.120)	.290
반공 세대	.111 (.095)	1.118 (1.375)	.241	.132 (.119)	1.141 (1.226)	.268
신세대	-.119 (.096)	.888 (1.515)	.218	-.003 (.118)	.997 (.001)	.978
연령	.019 (.004)	1.019 (22.289)	.000 ***	.021 (.005)	1.021 (15.406)	.000 ***
소득	.030 (.030)	1.030 (.951)	.330	-.012 (.035)	.988 (.112)	.738
학력	.014 (.035)	1.014 (.162)	.688	-.023 (.040)	.977 (.337)	.562
성별 (여성)	.130 (.054)	1.139 (5.772)	.016 *	.115 (.063)	1.122 (3.349)	.067
도시규모 (시골)	-.062 (.036)	.940 (3.012)	.083	-.069 (.041)	.934 (2.762)	.097
선거유형 (대선)	-.645 (.122)	.525 (28.036)	.000 ***	.274 (.110)	1.316 (6.199)	.013 *
N	8280			6313		
Cox & Snell R^2	.299			.312		

*: p〈.05; **: p〈.01; ***: p〈.001

〈표 6.4〉는 영호남민이 상대 지역정당에 비해 자신의 지역정당에 느끼는 상대적 호감도가 지역정당 지지에 미치는 영향에 대한 분석결과를 보여준다. 〈표 6.4〉는 명제 2를 뒷받침하는 결과를 보여준다. 영남민과 호남민 모두 자신의 지역정당에 호감을 더 강하게 느낄수록, 자신의 지역정당을 지지하였다. 〈표 6.4〉는 또한 명제 3을 부분적으로 뒷받침하는 결과

〈표 6.4〉 정당 간 입장 차 인식과 지역정당 상대적 호감도의 상호작용 효과

모형	모형 3			모형 4		
종속변수	영남민의 영남정당 지지여부			호남민의 호남정당 지지여부		
독립변수	b (s.e.)	Exp(b) (Wald)	유의 수준	b (s.e.)	Exp(b) (Wald)	유의 수준
입장차이 인식	-.090 (.037)	.914 (5.778)	.016 *	.111 (.077)	1.117 (2.055)	.152
지역정당 상대호감도	.682 (.071)	1.977 (92.857)	.000 ***	.938 (.166)	2.555 (31.979)	.000 ***
지역정당호감도 이념차이 인식 상호작용	-.015 (.013)	.985 (1.335)	.248	-.080 (.025)	.923 (10.118)	.001 **
유권자 보수이념	.186 (.063)	1.205 (8.714)	.003 **	-.164 (.104)	.849 (2.471)	.116
반공 세대	-.531 (.427)	.588 (1.544)	.214	1.017 (.917)	2.764 (1.228)	.268
신세대	.404 (.441)	1.498 (.842)	.359	.165 (.854)	1.179 (.037)	.847
연령	.023 (.020)	1.023 (1.358)	.244	-.028 (.037)	.972 (.578)	.447
소득	-.206 (.116)	.814 (3.152)	.076	-.005 (.249)	.995 (.000)	.985
학력	-.091 (.137)	.913 (.440)	.507	-.297 (.260)	.743 (1.312)	.252
성별 (여성)	.104 (.220)	1.110 (.225)	.635	-.437 (.446)	.646 (.958)	.328
도시규모 (시골)	.223 (.141)	1.250 (2.508)	.113	.022 (.305)	1.022 (.005)	.942
선거유형 (대선)	-.190 (.296)	.827 (.413)	.521	-3.170 (1.833)	.042 (2.989)	.084
N	1034			456		
Cox & Snell R^2	.483			.249		

를 보여준다. 영호남민 모두 두 정당 간의 입장 차를 크게 느낄수록 이들의 투표결정에서 자신들 지역정당의 상대적 호감도가 지역주의 투표에 미치는 영향은 줄어들었다. 특히 호남민의 투표결정에서 정당 간 입장 차 인식이 지역주의 투표를 약화시키는 효과는 유의수준 0.1% 미만에서 유의미하게 나타났다. 영남민의 경우 정당 간 입장 차 인식이 지역주의 투표를 약화시켰으나, 이러한 상호작용 효과는 통계적으로 유의미하게 나타나지 않았다.

6.5. 결론

이 장에서는 영호남의 지역주의가 형성된 이유와 지역주의 투표가 민주화 이후 갑자기 대두되게 된 이유를 이론적 모형을 통해 설명하였다. 이 모형의 분석결과에 의하면, 유권자들이 정당 간의 입장 차를 크게 느낄수록, 지역주의 투표를 할 가능성은 줄어든다. 이러한 이론적 예측은 경험분석을 통해 대부분 뒷받침되었다. 특히, 집합자료 분석은 분극적인 정당체제가 지역주의 투표를 약화시킨다는 결과를 산출하였다. 이 장의 분석결과는 지역주의는 정책대결의 부재를 초래하는 독립변수가 아니라 정당 간의 입장 차가 선명하지 않기 때문에 초래되는 종속변수라는 사실을 보여준다.

정책대결과 지역주의의 관계에 있어서 지역주의를 독립변수로 보는 기존의 시각에서는 지역주의가 정당들의 정책대결을 방해하므로 지역주의가 해소되면 정책대결이 촉진될 것이라고 주장한다.[14] 그러나 지역주의는 다양한 비이념적 유인가치들의 일종이다. 유권자들이 지역주의 투표를 하지 않는다고 해도, 협애한 정당체제가 유지된다면 유권자들은 후보들의 정책에 대한 효용 차이를 느끼지 않는다. 따라서 지연·혈연·학연 또는 후보의 능력, 도덕성과 같은 유인가치들의 광고 및 상대후보에 대한 흑색선전과 같은 비정책적 변수들이 투표결정에 중요한 영향을 미치게 된다. 따라서 정당 간의 입장 차가 선명해지지 않으면, 지역주의가 해소된다고 해서 정책대결이 초래되지 않는다. 이 장의 분석결과에 의하면, 지역주의 투표를 포함하는 유인가치 중심의 선거경쟁을 억제하는 방법은 정당 간의 입장을 선명하게 할 수 있는 제도적 방안을 마련하는 것이다.

---

14 지역주의 해소가 정책대결을 촉진한다는 주장은 논리적으로 타당하지 않다. 지역주의를 R이라 하고 정책대결을 P라 표기할 경우, 지역주의가 정책대결을 억제한다는 명제는 $R \rightarrow \sim P$로 표기될 수 있다. 이러한 명제로부터 논리적으로 도출할 수 있는 명제는 $\sim R \rightarrow P$(지역주의 해소 → 정책대결)이 아니라 $P \rightarrow \sim R$(정책대결 → 지역주의 해소)이다.

7장

지역주의 투표의 두 요소: 거주지 효과와 출신지 효과

7.1. 서론

5장에서는 영호남 간의 갈등에 대한 첫 번째 쟁점인 지역적 요소와 이념적 요소의 중첩여부에 대해 논의하였다. 이러한 논의를 위해 5장에서는 지역주의 투표와 지역투표를 구분하였다. 지역주의 투표는 지역정체성이나 지역적 혜택에 대한 기대와 같은 지역적 요인들에 의한 투표결정으로 정의하고, 지역투표는 지역적인 요인들과 지역 간 이념 차이가 복합적으로 작동한 투표행태로 정의하였다. 5장에서는 지역투표에는 지역적 요소와 이념적 요소가 중첩되어 있다는 분석결과를 보여주었다.

영호남 간의 갈등의 두 번째 쟁점은 지역주의 투표를 속인주의적인 것으로 볼 것인가 아니면 속지주의적인 것으로 볼 것인가이다. 속인주의적 시각은 지역정체성에 의해서 지역민들에 내재적으로 형성된 결과가 지역주의라고 본다. 이처럼 형성된 지역정체성은 지역민들이 어디에 거주하건 변하지 않고 유지될 것이라 믿는다. 이 시각은 지역민이 타지역으로 이주해도 고향을 대표하는 정당에 투표할 것으로 예측한다. 이에 반해, 속지주의적인 시각은 지역주의 투표는 거주지에 대한 정책적 혜택에 대한 기대감의 반영이라고 본다. 이 시각은 지역민이 타지역으로 이주하면 타지역을 대표하는 정당에 투표할 것으로 예측한다.

학자들은 두 쟁점에서 자신의 입장을 뒷받침하는 경험적인 근거들을 제시하였다. 그러나 학자들이 제시한 경험적 근거는 이들이 어떤 기간의 자료와 어떤 분석방법을 사용했는가에 따라 다르게 제시되었다. 이 장에서는 이처럼 대비되는 이론적 시각들 중 어떤 시각이 더 경험적으로 뒷받침되는가를 분석한다. 이를 위해, 15대 대선부터 20대 총선에 이르기까지의 설문 조사 자료를 통합한 자료를 분석한다. 출신지 또는 거주지에 따른 유권자들의 정당지지를 분석한 기존 연구들과 달리, 이 장에서는 유권자들의 출신지/거주지를 영남/영남, 영남/호남, 영남/비영호남, 호남/호남, 호남/영남, 호남/비영호남, 비영호남/영남, 비영호남/호남, 비영호남/비영호남으로 구분하고, 이들의 출신지/거주지가 이념과 정당지지 성향에 어떠한 영향을 미치는가를 분석한다. 이러한 분석방법은 유권자의 거주지와 출신지의 중첩된 효과를 분리하는데 유익한 분석방법을 제시한다.

이 장은 다음과 같이 구성되었다. 7.2절에서는 지역주의에 있어서 속인주의 및 속지주의 효과에 대한 시각을 검토하고, 이 두 가지 효과를 분석할 때 당면하는 방법론적인 문제에 대해 검토한다. 7.3절에서는 유권자들의 거주지와 출신지가 이들의 이념과 정당선택에 어떠한 영향을 미치는가를 분석한다. 7.4장에서는 경험분석 결과를 정리하고 이 장의 분석결과에 대한 함의를 논의한다.

7.2. 지역주의의 두 요소

7.2.1. 이론적 쟁점

학자들은 지역주의가 속인주의적인가 속지주의적인가라는 문제에 대해 서로 다른 시각들을 제시하였다. 박상훈은 16대 총선에서 부산-경남지역의 선거는 "전근대적인 속인주의적 기준보다는 거주지라는 속지주의적 기준이 크게 작용"하였다고 주장하였다. 박상훈(2001)은 지역분할적 투표는 "어떤 고정된 문화적 특성을 갖는 것이 아니라 정부의 정책적 접근여하에 따라 크게 변화될 수 있는 가능성"을 지닌다고 주장하였다. 지역주의를 사회경제적인 문제로 보는 입장은 지역주의를 중앙정부가 거주지에 배분하는 사회경제적인 혜택에 대한 기대감의 발로로 해석한다. 이러한 입장은 유권자의 투표결정에 출신지보다 거주지가 더 중요한 영향을 미칠 것으로 예측한다. 문우진은 16대 총선 자료 분석을 통해 유권자의 고향보다 거주지가 유권자의 지역주의적 투표결정에 더 큰 영향을 미친다는 사실을 보여주었다(Moon 2005).

이에 반해, 지역주의를 문화적인 현상으로 보는 입장은 지역주의를 지역정체성에 기인하는 것으로 본다. 이러한 시각에서, 이갑윤(1998)은 속지주의적 기준보다는 출생지라는 속인주의적 기준이 지역주의 투표에 영향을 미친다고 주장한다. 이갑윤(2002, 168)은 "호남인과 영남인의 정치적 태도의 차이는 다른 이유가 아니라 바로 그들이 호남인과 영남인이기 때문에 발생한다"고 주장한다. 김성모·이현우(2015)는 속인주의와 속지주의 중 어떠한 성향이 지역주의 투표에 더 큰 영향을 미치는가를 분석하기 위해, 속인주의는 출신지 효과로, 속지주의는 거주지 효과로 분석하였다. 김성모·이현우(2015)는 유권자들이 고향을 떠나 타지역으로 이주한 유권자들이 고향정당을 지지할 경우, 이를 문화적 정체성을 반영하는 출신지 효과로 해석하였다. 반면 이주민들이 이주지역의 지역정당을 지지할 경우, 이를 이주지역에 대한 경제적 혜택에 대한 기대를 반영하는 거주지 효과로 해석하였다. 이들은 경험자료 분석을 통해, 지역주의에는 속지주의보다 속인주의적 성향이 더 강하다고 주장하였다.

그러나 지역주의의 특징을 속인주의와 속지주의로 구분하고, 출신지 효과와 거주지 효과를 각각 문화적이고 경제적인 것으로 해석하는 입장은 지역주의를 지나치게 단순화시킨 시각이다. 예컨대, 고향을 떠난 유권자가 고향의 지역정당을 계속 지지한다고 해서 이러한 행태를 반드시 문화적인 것으로 해석할 수는 없다. 이는 왜냐하면, 고향의 사회경제적 발전이 이주민들의 사회경제적 지위에 도움이 될 수 있기 때문이다. 고향을 떠난 많은 이주자들은 고향에 가족 또는 자신의 자산을 남겨두고 있고 고향의 발전이 이들의 사회적 명예나 출세와 연관이 되어 있으므로, 출신지에 따른 투표행태를 단지 문화적 정체성 때문에 기인한 것이라고 보기 어렵다. 특히 서울이나 경기로 이주한 많은 영호남 유권자들은 자신들이 이주한 거주지를 대표하는 정당이 없으므로, 자신이나 고향의 가족의 이익을 위해서 출신지 정당에 투표할 수도 있다. 따라서 이주민이 고향정당을 지지하는 것을 문화적 정체성에 의한 속인주의적 투표행태라 보기 어렵다.

마찬가지로, 유권자가 새로운 거주지의 지역정당을 지지하는 행태를 경제적인 동기에 의한 것으로 해석하는 것도 무리가 있다. 집단이론에 의하면, 사람들은 자신이 소속된 집단이 가진 정치적 정체성에 동화된다. 따라서 이주민들은 새로운 거주지의 사람들과 어울려 지내면서 그들의 정서를 이해하고 동화될 수도 있다. 따라서 이주자가 새로운 거주지 정당에 투표한다고 해서 이를 반드시 경제적 이익추구 동기로 보기도 어렵다. 문화적 정체성과 지역적 혜택에 대한 기대감이 지역주의 투표에 미치는 독립적인 영향에 대한 심층적인 분석은 이 두 변수를 직접적으로 측정하는 후속 연구에서 수행되어야 할 것이다. 이러한 문제점에도 불구하고, 문화적 정체성과 경제적 이익추구 동기를 직접적으로 측정한 자료가 없기 때문에, 출신지 효과와 거주지 효과는 각각 문화적 정체성과 지역적 혜택에 대한 기대감과 더 연관되어 있다고 추론할 수밖에 없는 현실이다.

7.2.2. 방법론적 쟁점

이갑윤(1998)은 지역주의의 영향을 경험적으로 분석한 선구적인 연구에서 거주지를 포함한 통계모형과 출신지를 포함한 통계모형을 따로 분석하고, 이 두 변수의 영향력을 나타내는 회귀계수의 크기를 비교하였다. 거주지 변수에 비해 출신지 변수의 회귀계수가 더 크다는 결과를 얻은 이갑윤은 속인주의 성격이 강하다는 결론을 도출하였다. 그러나 거주지 효과와 출신지 효과의 상대적 중요성을 평가하기 위해서는 이 두 변수를 모두 포함한 하나의 통계모형에서 서로의 영향력을 통제한 후 각각의 독립적인 영향력을 분석해야 한다. 예컨대, 거주지 효과를 분석하기 위해서는 고향이 같은 사람들이 다른 지역에 살면서 어떻게 다른 행태를 보이는가를 분석해야하고, 출신지 효과를 분석하기 위해서는 같은 지역에 사는 사람들 중 출신지가 다른 사람들이 어떻게 다른 행태를 보이는가를 분석해야 한다. 출신지 변수를 통제하지 않고 거주지의 효과를 분석하면 거주지의 효과에 출신지의 효과가 섞여있어, 분석결과로 얻은 거주지 효과와 출신지 효과의 독립적인 영향력을 분리해낼 수가 없다.

이갑윤 분석방법의 이러한 문제를 지적하고 문우진(Moon 2005)은 거주지와 출신지의 영향력을 서로 통제한(거주지와 출신지가 모두 독립변수에 포함된) 모형분석을 통해, 16대 총선에서는 거주지의 영향력이 출신지 영향력보다 더 크다는 사실을 발견하였다. 그러나 속인주의와 속지주의적 요소를 분석한 중요한 연구에서 김성모·이현우(2015)는 거주지 변수와 출신지 변수를 동시에 포함한 통계모형은 다중공선성(multicollinearity)의 위험이 있다는 점을 지적했다. 실제로 이 글의 자료에서 영남 출신자와 영남 거주자의 상관계수는 0.720으로 측정되었고, 호남 출신자와 호남거주자의 상관계수는 0.667로 높게 측정되었다.

이러한 문제를 극복하기 위해, 김성모·이현우(2015)는 출신지 거주자와 출신지 비거주자의 인식차이의 분석모형 결과와 출신지 거주자와 거주지 비출신자 분석모형 결과를 비교하였다. 김성모·이현우(2015)는 유권자들을 고향거주 지역민(출신지 거주자), 고향을 떠난 이주민(출신지 비거주자), 타지역에서 유입된 이주민(거주지 비출신자)으로 분류하였다. 이 연구는 응답자들의 '지역'에 대한 정부정책 혜택에 대한 인식과 '지역' 출신 대통령의 필요성에 대한 인식을 묻었다. 이들은 호남의 경우, 정부정책 혜택 및 지역출신 대통령 필요성에 대한 출신지 거주자(호남 출신 호남거주자)의 인식(a)과 출신지 비거주자(호남 출신 타지역거주자)의 인식(b) 차이가 출신지 거주자(호남 출신 호남거주자)의 인식(a)과 거주지 비출신자(타지역출신 호남거주자)의 인식(c) 차이보다 훨씬 더 큰 차이가 난다는 사실(a-b 〉 a-c)을 발견했다.

그러나 김성모·이현우(2015)가 발견한 결과는 속인주의가 아니라 속지주의를 뒷받침하는 결과이다. 김성모·이현우(2015)의 분석결과가 무엇을 의미하는가를 설명하기 위해, 속지주의적 혹은 속인주의적인 성격이 강해지면 집단 간에 어떠한 태도차이가 나는가를 이론적으로 살펴보자. 속지주의가 강하다면, 지역민이 어디 출신이건 상관없이 이주 지역민의 인식에 동화될 것이다. 따라서 이주민(거주지 비출신자)의 입장은 고향민의 입장으로부터 멀어진다. 예컨대, 영남으로 이주한 호남 출신의 입장(b)은 호남 출신 호남거주자의 입장(a)으로부터 멀어지고 영남 출신 영남거주자 입장으로 수렴한다. 호남으로 이주한 영남민의 입장(c)은 호남 출신 호남거주자의 입장(a)으로 수렴하고 영남 출신 영남거주자 입장과 멀어진다. 즉 속지주의가 강하면 a-b는 증가하고 a-c는 감소한다.

반대로, 속인주의가 강하면, 이주민은 출신지역의 입장을 고수하므로, 이주민의 거주지에 대한 입장은 이주지역 원주민의 입장과 다르게 유지된다. 예컨대, 영남으로 이주한 호남 출신의 입장(b)은 영남 출신 영남거주자의 입장에 수렴하지 않고 호남 출신 호남거주자의 입장(a)을 고수한다. 호남으로 이주한 영남 출신의 입장(c)은 호남 출신 호남거주자의 입장(a)으로 수렴하지 않고 영남 출신 영남거주자의 입장을 고수한다. 즉 속인주의가 강하면, a-b는 감소하고 a-c는 증가한다. 따라서 김성모·이현우(2015)가 발견한 결과(a-b>a-c)는 지역주의가 속지주의적이라는 사실을 뒷받침한다.[1]

김성모·이현우(2015)는 각 영남, 호남, 충청에서의 지역주의를 별개의 세 모형을 통해서 분석하였다. 그러나 이러한 방법은 이들 세 지역들의 차이와 관련된 변수들(이념 차이, 지지정당 차이, 정책 입장 차 등)을 통제할 수 없으므로, 세 지역의 지역주의 차이에 대한 분석결과가 순수하게 지역주의 때문에 발생한 결과인지 아니면 통제하지 못한 다른 변수의 효과가

1 출신지 거주자와 출신지 비거주자는 같은 지역 출신이므로(출신지는 통제되어 있으므로), 이 두 집단의 인식 차는 거주지 때문에 발생한다. 반면 출신지 거주자와 거주지 비출신자는 같은 지역에 거주하므로(거주지는 통제되어 있으므로), 이 두 집단의 인식 차이는 출신지 때문에 발생한다. 따라서 전자의 두 집단 사이에 인식 차이가 후자의 두 집단 사이의 인식 차이보다 더 크다면, 거주지가 더 중요한 독립변수라는 사실을 의미한다.

섞여 있는 결과인지 알 수 없다.

거주지 변수와 출신지 변수를 별개의 모형에서 분석해서 비교하는 방법과 한 모형에서 동시에 분석하는 방법에 모두 한계가 있다면, 어떻게 이 문제를 극복할 수 있을 것인가? 이 글은 유권자들을 거주지와 출신지의 다양한 조합을 통해 여러 다른 집단들로 분류하고, 이들의 특성을 분석한다. 특히 영호남 지역주의를 분석하기 위해, 유권자들을 출신지/거주지에 따라서 ① 영남/영남, ② 영남/비영호남, ③ 영남/호남, ④ 호남/호남, ⑤ 호남/비영호남, ⑥ 호남/영남, ⑦ 비영호남/영남, ⑧ 비영호남/호남, ⑨ 비영호남/비영호남 집단으로 구분하고, 앞의 여덟 집단의 이념 및 정당지지 성향이 비영호남/비영호남 집단과 어떻게 다른가를 분석한다.

지역을 이렇게 구분할 경우, 세 종류의 거주지 별 비교가 가능하다. 첫째, 영남/영남, 영남/호남, 영남/비영호남의 비교는 영남 출신들 중 거주지의 차이에 따른 정치적 성향을 비교할 수 있도록 한다. 둘째, 호남/호남, 호남/영남, 호남/비영호남의 비교는 호남 출신들 중 거주지의 차이에 따른 정치적 성향을 비교할 수 있도록 한다. 셋째, 비영호남/영남, 비영호남/호남, 비영호남/비영호남의 비교는 비영호남 출신들 중 거주지의 차이에 따른 정치적 성향을 비교할 수 있도록 한다.

위의 구분법은 또한 세 종류의 출신지별 비교가 가능하다. 영남/영남, 호남/영남, 비영호남/영남의 비교는 영남거주자들 중 출신지의 차이에 따른 정치적 성향을 비교할 수 있도록 한다. 영남/호남, 호남/호남, 비영호남/호남의 비교는 호남거주자들 중 출신지의 차이에 따른 정치적 성향을 비교할 수 있도록 한다. 영남/비영호남, 호남/비영호남, 비영호남/비영호남의 비교는 비영호남 거주자들 중 출신지의 차이에 따른 정치적 성향을 비교할 수 있도록 한다. 이러한 여섯 종류의 비교들 중 가장 유의미한 비교는 영남/호남과 호남/영남의 비교이다. 이는 지역적 갈등지역으로 이주한 유권자들이 자신의 출신 지역민들과 어떻게 다른 정치적 성향을 가지게 되는가를 보여준다.

7.3. 경험분석

7.3.1. 분석모형

개별 선거 자료에서 출신지/거주지가 영남/호남 또는 호남/영남인 유권자의 사례 수는 매우 적기 때문에 이들의 투표결정을 분석하는 회귀분석 결과는 신뢰하기 어렵다. 이 장에서는 이전 장들에서 사용한 15대 대선에서 20대 총선까지의 설문조사 자료들을 통합한 자료를 이용한다. 이 통합자료는 다양한 출신지/거주지 유권자들의 이념 및 정당선택 차이 분석을 가능하게 한다. 이 장에서는 두 종류의 통계모형을 이용해서 유권자의 출신지와 거주지에 따른 이념성향과 정당지지 성향을 분석한다. 이러한 통계모형에는 분석결과의 타당성에 영향을 줄 수 있는 변수들을 포함시켜야 한다.[2] 특히, 서로 경쟁하는 가설들의 변수들을 포함시키지 않으면, 통계분석은 편향된 결과를 산출한다.

이 논문은 거주지 효과와 출신지 효과, 그리고 이념성향이 각각 지역주의 투표에 영향을 미친다는 세 이론을 분석한다. 따라서 이들 세 변수들이 모두 포함되지 않은 분석은 편향된 결과를 산출한다. 예컨대, 지역주의 투표는 지역정체성이나 지역적 혜택에 대한 기대와 같은 지역적 요소와 지역 간 이념 차이가 중첩된 결과이므로 유권자의 이념성향을 통제하지 않으면 지역적 요소들의 영향력이 과대 추정된다. 다음으로 고려해야 할 문제는 선거 때마다 발생하는 정치적 사건들이 유권자들의 투표결정에 영향을 미치기 때문에 이러한 변수들을 통제해야 한다. 따라서 각 선거 당시의 정치적 사건들을 통제하기 위해 각 선거를 가변수로 측정하여 포함시켰다.

유권자 이념성향을 분석하는 첫 번째 통계모형은 아래의 모형과 같다. 이 모형은 유권자의 거주지, 출신지, 이념성향, 정책적 선호, 인구통계학

2 통계모형에서 이론적 독립변수 및 종속변수와 이론적으로 연관되어 있지 않은 변수들을 불필요하게 포함시키면, 자유도가 감소하고 가설 검증과 무관한 다른 변수들이 분석결과에 불필요한 영향을 미칠 수 가 있다.

적 특성들을 포함한다.

$$이념성향 = a + b_1 영남/영남 + b_2 영남/비영호남 + b_3 영남/호남 + b_4 비영호남/영남 + b_5 호남/호남 + b_6 호남/비영호남 + b_7 호남/영남 + b_8 비영호남/호남 + b_9 대북지원 + b_{10} 복지확대 + b_9 연령 + b_{10} 소득 + b_{11} 학력 + b_{12} 성별 + b_{13} 도시규모 + b_i \sum_{i=14}^{n} X_i + e$$

종속변수인 유권자 이념성향은 진보적일수록 0점에, 보수적일수록 10점에 가깝게 측정되었다. 다음은 유권자들을 출신지/거주지에 따라 전술한 바와 같이 아홉 종류의 유권자들로 구분하였다. 이 아홉 지역집단들 중 준거집단인 비영호남/비영호남 유권자를 제외한 여덟 지역집단들을 모형에 포함시켰다. 이 변수들은 가변수로 처리하였다. 각 출신지/거주지에 해당하는 유권자는 1을 할당하고 그렇지 않으면 0을 할당하였다. 나머지 독립변수들은 이전 장들의 모형과 같은 방법으로 측정하였다. 위의 모형(모형 2)을 분석하기 전에 대북정책 및 복지정책 변수를 포함시키지 않은 모형(모형 1)을 분석하였다. 이 글의 통합자료는 18대 총선과 16대 대선 이전에는 유권자들의 복지정책과 대북지원에 대한 입장을 측정하지 않았으므로, 모형 2의 분석에는 15대 대선 및 16-17대 총선자료가 포함되지 않았다.

다음은 유권자의 출신지/거주지가 정당지지에 미치는 영향을 아래의 로짓모형을 통해 분석하였다. 아래의 모형에서 종속변수는 보수적인 지역정당 지지 여부이다. 유권자가 영남 기반의 보수정당을 지지했으면 1, 호남 기반의 진보정당을 지지했으면 0을 할당하였다.

$$\ln\left(\frac{P}{1-P}\right) = z, \quad P(Y = 영남지역정당투표) = \frac{e^z}{1+e^z}$$

$$z = a + b_1 영남/영남 + b_2 영남/비영호남 + b_3 영남/호남 + b_4 비영호남/영남 + b_5 호남/호남 + b_6 호남/비영호남 + b_7 호남/영남 + b_8 비영호남/호남 + b_9 이념성향 + b_{10} 대북지원 + b_{11} 복지확대 + b_{12} 연령 + b_{13} 소득 + b_{14} 학력 + b_{15} 성별 + b_{16} 도시규모 + b_i \sum_{i=17}^{n} X_i + e$$

7.3.2. 분석결과

〈표 7.1〉은 두 모형의 분석결과를 보여준다. 정책변수를 통제한 모형 2의 분석결과를 먼저 살펴보면 다음과 같다. 첫째, 연령과 소득이 높을수록 보수적이고 학력이 높을수록 진보적이다. 둘째, 대북지원과 복지확대에 반대하는 입장을 취할수록 보수적이다. 셋째, 호남을 제외한 지역에 거주

〈표 7.1〉 출신지/거주지가 유권자 이념에 미치는 영향[3]

모형	모형 1			모형 2		
종속변수	이념 성향					
독립변수	b (s.e.)	beta (t값)	유의 수준	b (s.e.)	beta (t값)	유의 수준
영남/ 영남	.145 (.055)	.026 (2.650)	.008 **	.159 (.059)	.030 (2.714)	.007 **
영남/ 비영호남	.316 (.085)	.034 (3.705)	.000 ***	.327 (.089)	.040 (3.661)	.000 ***
영남/ 호남	-.419 (.481)	-.008 (-.872)	.383	-.516 (.523)	-.010 (-.986)	.324
비영호남/ 영남	-.198 (.154)	-.012 (-1.286)	.199	-.377 (.170)	-.023 (-2.224)	.026 *
호남/ 호남	-.706 (.077)	-.087 (-9.206)	.000 ***	-.500 (.082)	-.067 (-6.079)	.000 ***
호남/ 비영호남	-.675 (.083)	-.076 (-8.150)	.000 ***	-.553 (.089)	-.067 (-6.199)	.000 ***
호남/ 영남	-.822 (.246)	-.030 (-3.339)	.001 **	-.519 (.281)	-.019 (-1.846)	.065
비영호남/ 호남	-.937 (.294)	-.029 (-3.188)	.001 **	-.893 (.328)	-.028 (-2.724)	.006 **
대북지원 반대				.227 (.024)	.101 (9.526)	.000 ***
복지확대 반대				.142 (.023)	.064 (6.095)	.000 ***
연령	.041 (.002)	.241 (22.810)	.000 ***	.039 (.002)	.251 (20.781)	.000 ***
소득	.056 (.025)	.023 (2.283)	.022 *	.075 (.025)	.033 (2.950)	.003 **
학력	-.102 (.028)	-.042 (-3.600)	.000 ***	-.076 (.029)	-.033 (-2.648)	.008 **
성별 (여성)	.052 (.044)	.011 (1.185)	.236	.040 (.047)	.009 (.845)	.398
도시규모 (시골)	-.021 (.030)	-.007 (-.686)	.493	-.023 (.032)	-.008 (-.702)	.483
N	11337			8126		
R^2 (수정 R^2)	.098 (.096)			.127 (.125)		

*: p〈.05; **: p〈.01; ***: p〈.001

3 공간제약 때문에 각 선거를 나타내는 가변수의 영향에 대한 분석결과를 표에 보고하지 않았다.

하는 영남 출신들은 타지역 출신보다 더 보수적이다. 영남 출신이 호남에 거주하는 경우, 영남 출신의 보수성은 희석되어 타지역민보다 더 보수적이지 않았다. 넷째, 영남을 제외한 지역에 거주하는 호남 출신들은 타지역 출신보다 더 진보적이다. 호남 출신이 영남에 거주하는 경우, 호남 출신의 진보성은 희석되어 타지역민보다 더 진보적이지 않았다. 다섯째, 비영호남 출신이 영남에 거주하면 타지역민보다 보수적이지 않은 반면, 호남에 거주하면 타지역민보다 더 진보적이 되었다.

〈표 7.1〉의 결과가 의미하는 바는 지역정당이 없는 지역으로 이주한 지역민들은 출신지의 이념을 고수하는 성향이 있는 반면, 지역정당이 있는 지역으로 이주한 지역민들은 출신지의 이념으로부터 멀어진다는 것이다. 즉 유권자들이 지역정당이 있는 곳으로 이주할 경우, 이들의 이념은 새로운 거주지의 입장으로 동조화된다. 예컨대, 영남 출신이 지역정당이 없는 비영호남 지역으로 이주하면 보수적인 이념이 유지되는 반면, 지역정당이 있는 호남으로 이주하면 보수적인 이념이 희석된다. 마찬가지로 호남 출신이 비영호남 지역으로 이주하면 진보적인 이념이 유지되는 반면, 지역정당이 있는 영남으로 이주하면 진보적인 이념이 희석된다. 타지역민의 경우, 호남으로 이주하면 호남민의 이념과 동조화되어 진보적인 입장을 취했다. 이러한 이념 동조화 현상이 일어나지 않은 유일한 사례는 비영호남민이 영남으로 이주할 경우이었다. 비영호남민이 영남으로 이주할 경우, 이들은 오히려 진보화되었다.

〈표 7.1〉은 또한 대북정책 및 복지정책 입장이 지역민들의 이념에 어떠한 영향을 미치는가를 보여준다. 모형 1과 모형 2에서 지역변수들의 t값의 변화를 관찰해보면, 모형 1에 비해서 모형 2에서 호남 출신의 t값이 많이 감소하였다(호남/영남은 44.7% 감소, 호남/호남은 33.9% 감소, 호남/비영호남은 23.9% 감소). 이처럼 호남 출신 변수들의 영향력이 감소하는 이유는 이 변수들이 대북정책 및 복지정책 입장과 상관되어 있기 때문이다. 이러한 결과가 의미하는 바는 호남 출신이 다른 지역 집단들에 비해 대북지원과 복지확대를 더 선호하기 때문에 진보적이라는 사실을 의미한다.

〈표 7.2〉 출신지/거주지가 정당지지에 미치는 영향

모형	모형 3			모형 4		
종속변수	보수 영남정당 지지					
독립변수	b (s.e.)	Exp(B) (Wald)	유의 수준	b (s.e.)	Exp(B) (Wald)	유의 수준
영남/ 영남	.990 (.060)	2.690 (270.508)	.000 ***	.916 (.089)	2.500 (106.040)	.000 ***
영남/ 비영호남	.642 (.083)	1.900 (60.048)	.000 ***	.457 (.128)	1.579 (12.760)	.000 ***
영남/ 호남	.566 (.167)	1.761 (11.504)	.001 **	-.283 (.897)	.754 (.099)	.753
비영호남/ 영남	-1.653 (.595)	.191 (7.717)	.005 **	.583 (.253)	1.791 (5.314)	.021 *
호남/ 호남	-2.955 (.110)	.052 (403.224)	.000 ***	-2.896 (.168)	.055 (295.752)	.000 ***
호남/ 비영호남	-1.806 (.090)	.164 (6.337)	.000 ***	-1.514 (.133)	.220 (129.697)	.000 ***
호남/ 영남	-.664 (.264)	.515 (31.608)	.012 *	-.814 (.411)	.443 (3.928)	.047 *
비영호남/ 호남	-2.085 (.371)	.124 (336.841)	.000 ***	-2.206 (.584)	.110 (14.254)	.000 ***
유권자 이념				.360 (.018)	1.433 (415.406)	.000 ***
대북지원 반대				.418 (.036)	1.519 (136.145)	.000 ***
복지확대 반대				.080 (.035)	1.084 (5.224)	.022
연령	.036 (.002)	.002 (336.841)	.000 ***	.030 (.003)	1.030 (100.892)	.000 ***
소득	.013 (.026)	.026 (.248)	.618	.070 (.038)	1.072 (3.323)	.068
학력	-.048 (.029)	.029 (2.689)	.101	-.075 (.044)	.928 (2.894)	.089
성별 (여성)	.137 (.047)	.047 (8.594)	.003 **	.081 (.071)	1.084 (1.289)	.256
도시규모 (시골)	-.042 (.032)	.032 (1.732)	.188	-.103 (.049)	.902 (4.351)	.037 *
N	10632			5447		
Cox & Snell R^2	.273			.360		

이에 반해, 모형 1에서 영남 출신 변수들의 t값은 모형 2에서 크게 감소하지 않았다. 이는 영남 출신의 이념성향은 호남 출신에 비해 상대적으로 정책입장과 강하게 상관되어 있지 않다는 사실을 의미한다.

〈표 7.2〉는 유권자들의 정당지지가 출신지/거주지에 따라 어떻게 다른가를 보여준다. 모형 3의 분석결과는 거주지와 상관없이 영남 출신은 보수적 영남정당에, 호남 출신은 진보적인 호남정당을 지지할 확률이 높다는 사실을 보여준다. 그러나 이러한 결과는 영남민과 호남민의 이념과 정책적 선호가 각각 보수적이고 진보적이라는 사실을 감안하지 않은 것

이다. 〈표 7.2〉는 유권자들의 이념과 정책적 선호를 통제한 모형 4의 분석결과를 보여준다. 모형 3과 모형 4의 결과에서 회귀분석의 t값에 상응하는 Wald 값의 크기를 비교해 보면, 모형 3에서의 지역 변수들은 대부분 과대추정되었다는 사실을 알 수 있다. 달리 말하면, 지역별 정당지지는 지역적 동기뿐만 아니라 지역별 이념 차이를 포함한 투표결과로, 순수한 지역주의 효과는 이러한 피상적인 결과에 비해 훨씬 작다. 특히 영남민의 정당지지의 상당 부분은 이념적인 것으로 관찰되었다.

모형 4의 분석결과는 고향을 떠난 유권자들이 어떻게 투표하는가를 보여준다. 〈표 7.2〉에 의하면, 영호남 출신 모두 고향을 떠나면 자신의 지역정당에 투표하는 성향이 약해졌다. 영남정당을 지지할 확률은 영남/영남 유권자가 타지역 거주자에 비해 2.5배 더 컸는데, 비영호남 지역으로 이주하면 1.58배 정도로 감소하였다. 영남 출신이 호남으로 이주할 경우, 이들이 타지역민에 비해 영남정당을 더 지지할 확률은 유의미하지 않은 수준으로 감소하였다. 호남 출신이 타지역으로 이주할 경우, 영남정당을 지지할 확률이 증가하였다.[4] 호남 출신 호남거주자가 영남정당을 지지할 확률은 타지역민 지지확률의 1/20 정도(0.055)밖에 되지 않았다. 호남/비영호남 유권자가 영남정당을 지지할 확률은 호남/호남 유권자의 지지확률에 비해 4배 정도(0.220) 증가하였다. 호남 출신 영남거주자가 영남정당을 지지할 확률은 호남거주자에 비해 8배 정도(0.443) 증가하였다.

영호남민들이 다른 지역으로 이주하면서 거주지 정당에 투표할 가능성이 증가하는 성향은 비영호남민에게서도 발견되었다. 모형 4의 결과를 보면, 비영호남 출신이 영남에 거주할 경우, 영남정당에 투표할 확률은 다른 유권자 확률의 1.791배에 달했다. 그러나 호남으로 이주할 경우, 영남정당에 투표할 확률은 비영호남 거주자 확률의 1/10 정도(0.110)밖에 안 되었다. 영남에 거주하는 영남 출신이 영남정당을 지지할 확률은 다른

4 호남 출신이 타지역으로 이주했을 때 영남정당을 지지할 확률이 증가했다는 결과는 이들 중 대부분이 고향에서 호남정당을 지지했을 것이므로 호남정당을 지지할 확률이 감소했다는 것과 마찬가지의 결과이다.

유권자보다 2.5배 더 높은 반면, 영남 출신이 호남으로 이주하면 영남정당 지지확률은 0.75배로 줄어들었다. 호남에 거주하는 호남 출신이 영남정당을 지지할 확률은 다른 유권자의 영남정당 지지확률의 0.05배에 불과한 반면, 호남 출신이 영남으로 이주하면 영남정당 지지확률은 0.44배로 증가하였다.

〈표 7.2〉의 결과를 종합하면, 한국 유권자들은 지역정당이 있는 지역으로 이주하면, 출신지가 어디건 상관없이 거주지를 대표하는 지역정당에 투표할 확률이 증가한다는 것이다. 이러한 결과는 한국의 지역주의에서 거주지 효과가 출신지 효과를 압도한다는 사실을 보여준다. 특히 모형 4의 결과는 유권자의 이념과 정책적 선호를 통제한 후의 결과이므로, 거주지 정당을 지지하는 성향은 이념적 또는 정책적 동화와 무관한 것이다.

그렇다면, 한국의 지역투표에서 출신지 효과는 존재하는가? 출신지 효과를 분석하기 위해 주의할 점은 출신지 정당과 거주지 정당의 두 가지 선택이 있을 때 어떤 정당에 투표하는가를 관찰해야 한다. 지역정당이 없는 지역으로 이주한 유권자는 거주지를 대표하는 대안 정당이 없기 때문에 출신지 정당에 투표하는 것은 당연하다. 전술한 바와 같이, 출신지가 정치경제적, 사회문화적으로 발전하는 것이 이주자에게도 이익이기 때문이다. 문제는 이주한 지역에 지역정당이 있는 경우, 자신의 거주지 정당과 출신지 정당 중 어떤 것을 선택하는가이다. 타지역으로 이주한 영남민이 영남정당을 지지할 가능성은 다른 유권자들의 영남정당 지지확률보다 1.58배 더 높아 출신지 효과가 남아 있는 반면, 호남으로 이주한 경우 0.75배로 줄어들어 출신지 효과는 사라지는 것으로 나타났다.

타지역으로 이주한 호남민이 영남정당을 지지할 확률은 다른 유권자들의 영남지역 지지확률에 비해 0.22배밖에 안 되고, 영남으로 이주해도 0.44배밖에 안 되어 영남정당을 여전히 덜 지지하는 것으로 나타났다. 이러한 결과는 호남민이 다른 지역으로 이주해도 출신지 효과가 남아 있다는 사실을 의미한다. 따라서 출신지 효과는 영남민에 비해서 호남민들에게 더 강하게 작동하는 것으로 나타났다. 그럼에도 불구하고 호남 출신 호남거주자가 영남정당을 지지할 확률이 다른 유권자의 영남정당 지지 확률의 0.05배밖에 안 되었으나, 호남 출신이 타지역으로 이주하면 영남정당을 지지할 확률이 4.4배 증가했고, 영남으로 이주하면 8.8배 증가하였다. 이러한 사실은 거주지 효과가 상당하다는 것을 의미한다.

7.4. 결론과 함의

이 장에서는 지역주의는 속인주의적인가 속지주의적인가라는 문제를 분석한 결과, 다음과 같은 사실을 발견하였다. 영호남민의 이념에는 출신지 효과와 거주지 효과가 동시에 작동한다. 지역정당이 없는 비영호남지역에 거주하는 영호남의 출신지의 이념은 유지된다(출신지 효과). 그러나 지역정당이 있는 지역으로 이주한 영호남민의 출신지 이념은 희석된다(거주지 효과). 두 효과들 중 거주지 효과가 출신지 효과를 압도한다. 한국 유권자들은 지역정당이 있는 경쟁지역으로 이주하면, 출신지가 어디건 상관없이 거주지를 대표하는 지역정당에 투표할 확률이 증가한다.

지역주의가 속인주의적인가 속지주의적인가라는 문제는 지역주의의 지속가능성에 대한 중요한 함의를 지닌다. 지역주의가 속인주의적이라면, 지역주의는 지역정체성이 사라지기 전까지는 지속될 가능성이 높다. 반면, 지역주의가 속지주의적이라면, 유권자들이 가지고 있는 정권교체에 따른 지역적 혜택에 대한 기대가 실체가 없다는 것을 인식하게 될 경우 지역주의는 약화될 수 있다. 유권자들은 정권이 바뀌면 고위직 공무원의 충원결과를 보고 정권이 자신들을 우대했다거나 홀대했다고 생각한다. 그러나 3장에서 보여준 바와 같이, 특정지역에서 고위직이 더 충원된다고 해서, 지역민들의 경제적 조건이 향상되는 것은 아니다.[5] 6장의 분석

5 정권교체가 지역민들의 경제적인 혜택에 큰 차이를 유발시키지는 않지만, 김대중 대통령과 문재인 대통령은 광주민주화 운동의 정신 계승을 주창하여 호남민의 명예를 회복시켰고 자부심을 고양시켰다.

결과에 의하면, 유권자들이 정당 간의 입장 차를 크게 인식할수록 지역적 혜택에 대한 기대감이 유권자의 투표결정에 영향을 미칠 가능성이 줄어든다.

8장
비소득기반 투표: 정당체제, 정치정보 및 유인가치

8.1. 서론

소득기반 투표는 정책투표의 대표적인 투표행태이다. 복지정책, 조세정책, 일자리 정책과 같은 소득재분배 정책은 다른 어떤 정책보다 유권자들의 이해와 직결되어 있다. 따라서 유권자들은 자신이 소속된 소득계급 집단을 대변하는 정당을 지지할 때, 이들의 투표결정은 정책적 혜택으로 직결된다. 반면 유권자들이 정당들이 광고하는 유인가치를 중심으로 투표하고 이러한 유인가치들이 실체가 없을 경우, 유권자는 자신의 이해에 반하는 정책을 표방하는 정당에 투표할 수 있다. 만약 유권자들이 이처럼 자신에게 정책적으로 해를 끼칠 정당후보에게 투표한다면, 이는 대의민주주의가 정상적으로 작동하지 않는다는 것을 의미한다.[1]

5장의 통계모형 분석은 한국 유권자들의 소득은 이들의 세대나 거주지에 비해 이들의 투표결정에 큰 영향을 미치지 않는다는 사실을 보여주었다. 5장에서는 또한 유권자들의 투표결정 모형을 제시했다. 이 모형의

---

1 모든 유권자들이 투표를 통해 경제적인 혜택만을 추구하는 것은 아니다. 많은 유권자들은 경제적 이익에 반하는 가치를 추구한다. 예컨대 부유한 유권자가 자신의 진보적인 이념 때문에 부자증세를 공약한 진보정당을 지지할 수도 있다. 유권자가 경제적 혜택을 추구하건 가치를 추구하건, 후보의 정책과 능력에 대한 정확한 정보가 주어졌을 경우 투표결정을 바꾸지 않는다면 유권자는 자신에게 득이 되는 후보에 투표한 것이다. 그러나 후보에 대한 정확한 정보를 알게 된 후, 투표결정을 후회한다면 자신에게 해가 되는 후보에게 투표한 것이다.

분석은 정당 간 입장 차를 작게 느끼는 유권자일수록 유인가치 중심의 투표를 한다는 결과를 도출했다. 여기에서는 이 모형을 적용해서 소득기반 투표결정을 설명한다. 이 모형의 분석은 두 가지 명제를 산출한다. 첫째, 유권자들이 자신들이 소속된 소득집단의 이익을 대변하는 정당보다 경쟁정당이 더 많은 유인가치를 제공한다고 생각할수록, 소득기반 투표를 하지 않는다. 둘째, 정당 간의 입장 차를 크게 느끼는 유권자일수록 자신이 소속된 소득집단을 대변하지 않는 정당이 제시하는 유인가치에 흔들리지 않고 소득기반 투표를 한다. 이 장의 경험분석 결과는 이러한 명제들을 뒷받침한다.

이 장의 발견은 한국에서 왜 계급투표가 발견되지 않는가라는 질문에 대한 답을 제공한다. 2장에서 보여준 바와 같이, 한국에서는 서구와 같은 깊은 계급균열이 형성되지 않았고, 한국의 정당체제는 42개 민주주의 국가들 중 가장 협애하다. 이처럼 협애한 정당체제에서 정당 간의 선명한 이념 차이를 느끼지 않는 한국 유권자들이 자신의 소득지위에 반하는 유인가치 중심의 투표를 했기 때문이다. 이 장의 경험분석 결과는 소득수준이 낮은 유권자일수록 보수정당에게서 더 큰 유인가치를 느끼며, 정당 간의 입장 차를 작게 느낀다는 사실을 보여준다. 달리 말하면, 한국에서 소득기반 투표가 관찰되지 않는 이유는 주로 저소득층 유권자들의 정당 간의 이념적 입장 차에 대한 인식 부족 및 보수정당의 유인가치에 대한 긍정적인 평가 때문인 것으로 분석되었다.

이 장은 다음과 같이 구성되어 있다. 9.2장에서는 계급투표에 대한 선행연구들을 검토한다. 9.3장에서는 소득기반 투표모형을 분석하고 이로부터 검증가능한 명제들을 도출한다. 9.4장에서는 9.3장에서 도출된 명제들을 검증한다. 9.5장에서는 본문의 내용을 요약하고 함의를 제시한다.

8.2. 선행연구

립셋과 로칸(Lipset and Rokkan 1967)에 의하면, 서구사회의 정당체제는 주로 계급균열을 중심으로 형성되었다. 그러나 1960년대 이후로 유권자들의 계급적 정체성이 약화되면서, 일부학자들은 계급집단들과 정당 간의 강고한 결속이 약화되는 계급 탈노선(class dealignment)을 경험하게 되었다고 주장하였다(Brooks and Manza 1997; Dalton et al. 1984; Inglehart 1997; Nieuwbeerta and de Graaf 1999). 이들의 주장에 의하면, 계급갈등은 근대화 과정이 초래한 고용구조의 변화, 교육수준의 향상, 세속화 과정을 통해 약화되었다. 이러한 변화에 따라 유권자들의 정파성과 정당충성도 역시 약화되었다. 무당파들이 증가하고 유권자들의 투표결정은 계급적 귀속감보다는 단기적인 이해관계에 의해서 좌우되었다. 중간계급과 젊은 세대들이 전통적인 물질적 가치보다 탈물질주의를 추구하게 되면서, 이들의 계급적 투표행태는 약화되었다(Inglehart 1997).

다른 학자들은 이러한 탈노선 가설에 비판적인 입장을 제시하였다(Evans 1999; Evans and Tilley 2012a). 이들은 사회적 환경의 변화가 탈노선화를 시킨 것이 아니라 새로운 형태의 갈등구조와 정파적 충성심을 형성시켰다고 주장한다. 이들에 의하면, 사회적 균열은 여전히 중요하며 단지 그 형태가 재편성(realignment)되었다는 것이다. 바톨리니와 마이어(Bartolini and Mair 1990)는 유럽에서의 계급균열이 약화되었다는 주장을 비판하면서, 좌우 진영내의 정당 간의 표의 이동은 관찰 되었지만, 진영 간의 유권자 표의 이동(block volatility)은 크게 증가하지 않았다는 사실을 보여주었다.

계급 탈노선 가설을 주장하는 학자들은 계급균열의 약화에 대한 경험적 증거로 알포드 지수(Alford Index)를 사용하였다. 알포드 지수는 계급을 육체 노동자와 비육체 노동자로 구분하고 이들 두 집단이 각각 자신의 계급을 대변하는 정당을 지지하는 정도를 측정한다. 그러나 학자들은 알포드 지수의 이러한 이분법적 계급구분이 지나치게 조악하다는 점을 지적하였다. 대신 이들은 계급을 일곱 개의 범주로 구분한 에릭슨과 골드쏘르프(Erikson and Goldthorpe 1992)의 분류법을 이용해서, 계급 탈노선 현상이 보편적으로 진행되는 것은 아니라는 사실을 발견했다(Hout et al. 1995,

Nieuwbeerta and de Graaf 1999, Weakliem and Heath 1999). 이들은 북구유럽 국가들과 영국에서는 계급투표가 현저하다는 사실을 발견했거나(Nieuwbeerta and de Graaf 1999), 2차 세계대전 이후 미국에서 계급 탈노선 현상이 발생했다는 증거를 발견하지 못했다고 주장했다(Hout et al. 1995). 에반스(Evans 1999)는 구공산주의 국가들에서 계급적 정치갈등은 오히려 심화되고 있다고 주장했다.

후버와 잉글하트(Huber and Inglehart 1995)는 서구 선진국가들 뿐만 아니라 다른 지역의 대부분 국가에서도 계급균열을 중심으로 전개되는 경제적 쟁점이 가장 현저하다는 사실을 발견하였다. 이들은 다수의 서구 및 동구 국가들, 중남미 국가들, 아시아 국가들을 포함한 42국가들에서 가장 현저한 쟁점이 무엇인가를 조사하였다. 이 설문조사 연구에 의하면, 각 국가의 정치 전문가들이 대부분 자신 국가에서 가장 현저한 쟁점은 자유시장 원리 대 국가시장 개입 문제를 중심으로 좌우 세력이 경쟁하는 전통적인 의미에서의 경제적 쟁점이라는 사실을 발견하였다.

계급투표에 대한 최근의 연구들은 유권자의 투표결정이 사회균열이라는 객관적인 조건을 반영한다는 결정론적 시각을 비판한다. 비판론자들은 유권자는 자신의 계급적·경제적 지위와 무관하게 정치적 선호를 형성시킬 수 있고, 유권자의 선호에 대응하는 정당들의 정책입장이 계급투표에 영향을 미친다는 사실을 지적한다. 경험연구들은 계급투표가 경쟁정당 간 정책의 분극화 정도와 밀접하게 연관되어 있다는 사실을 발견하였다(Evan 1999; Elff, 2009; Evans and Tilley 2012a, 2012b; Oskarson 2005). 이들은 정당들의 정책 입장 차가 줄어들수록 계급투표 성향이 약해진다는 사실을 발견하였다.

계급투표 연구는 계급의 개념을 어떻게 설정하는가에 따라 서로 다른 결과가 산출된다는 한계를 가지고 있다. 같은 계급·계층·직업군 사이에서도 소득격차가 확대됨에 따라, 유권자들이 같은 집단에 소속되어 있다고 해서 동일한 투표결정을 한다고 가정하기 어려워졌다. 뿐만 아니라, 계급정치가 약화되면서, 정부의 조세정책, 복지정책과 같이 유권자의 경제적 이해에 직접적인 영향을 미치는 재분배정책들은 계급보다는 소득을 중심으로 형성될 가능성이 증가하였다(Leighley and Nagler 1992). 이러한 문제에 봉착하여, 일부 연구들은 계급 대신 소득수준이 투표결정에 미치는 영향을 분석하였고(Ogburn and Hill 1935), 다른 연구들은 계급의식이 직업보다는 소득을 중심으로 형성된다는 경험증거를 제시하였다(Goldthorpe et al. 1969).

한국에서의 계급투표를 분석하는 연구들 역시 소득수준을 기준으로 유권자의 투표행태를 분석하였다. 일부 연구들은 한국에서 계급투표의 가능성을 발견하기도 하였다(신광영 2004; 손낙구 2010; 장승진 2013a). 반면, 한귀영(2013)과 전병유·신진욱(2014)은 2012년 대선에서 저소득층이 오히려 보수정당의 박근혜 후보를 지지했다는 사실을 발견했다. 강원택(2013) 역시 2012년 대선에서 보수정당에 대한 선호를 소득 계층별로 분석하여, 저소득층이 보수정당을 지지하는 "계급 배반투표" 현상을 관찰하였다. 강원택은 유권자들의 나이를 통제하고 나면, 저소득층이 보수정당을 지지하지 않는다는 사실을 발견했다.

전술한 대부분의 경험연구들은 특정 국가에서의 계급투표 또는 소득기반 투표의 유무 또는 변화를 관찰하거나 국가 간 비교분석에 집중하였다. 그러나 정당체제와 소득기반 투표의 관계를 유권자의 미시적 투표결정 모형을 통해 분석한 연구는 제시되지 않았다. 5장에서 제시된 비이념 투표결정 모형은 소득기반 투표결정 분석에 유용하게 적용될 수 있다.

8.3. 소득기반 투표 모형

5장의 모형에서 제시한 다음과 같은 유권자의 효용을 가정하자.

$$u_i(v_i, x_i; \theta_j) = v_i - (x_i - \theta_j)^2 \qquad (1)$$

공식 (1)에서 v_i는 후보 $i \in [L, R]$가 제시하는 유인가치이고, $x_i \in [0, 10]$

는 후보 i가 제시하는 정책입장이다. $\theta_j \in [0,10]$는 유권자 j가 가장 선호하는 정책입장이다. 유권자들이 소득기반 투표를 하기 위해서는 유권자의 경제적 지위가 이들의 이념적 입장이나 정책적 선호(위의 공식에서 θ_j)에 영향을 미쳐야 한다. 만약 유권자의 경제적 지위가 유권자의 이념이나 정책적 선호와 전혀 무관하다면, 소득기반 투표는 발생하지 않는다. 예컨대 저소득층이 보수적이거나 복지정책에 반대하고, 고소득층이 진보적이고 복지정책에 찬성하면, 이들은 비소득기반 투표를 하게 된다. 따라서 유권자들이 소득기반 투표를 하기 위한 첫 번째 조건은 유권자들의 이념과 정책적 선호가 이들의 소득에 따라 형성되어야 한다.[2] 유권자의 이념적 입장이 유권자 소득에 의해서 결정된다는 가정을 나타내는 가장 간단한 함수는 아래와 같다. 아래에서 ι_j는 유권자 j의 소득을 의미한다.

$$\theta_j = \iota_j \tag{2}$$

공식 (2)를 공식 (1)에 대입하면, 유권자의 효용함수는 아래와 같다.

$$u_i(v_i, x_i; \iota_j) = v_i - (x_i - \iota_j)^2 \tag{3}$$

유권자가 후보 L과 후보 R로부터 같은 효용을 느끼는 조건은 다음과 같다.

$$v_L - (x_L - \iota_j)^2 = v_R - (x_R - \iota_j)^2 \tag{4}$$

위 수식을 ι에 대해서 풀면 다음과 같은 지지분기점(cutpoint) 공식을 구할 수 있다.

2 다운스(Downs 1957: 212) 역시 동일한 가정에서 유권자의 이념적 입장을 계급에 따라 배열하였다.

$$\hat{\iota} = \frac{x_L + x_R}{2} + \frac{(v_L - v_R)}{2(x_R - x_L)} = \text{두 후보의 중앙} - \frac{\Delta v}{2\Delta x} \quad (5)$$

공식(5)에서 Δx는 두 후보들의 정책 입장 차($x_R - x_L$)이고 Δv는 유권자들이 느끼는 유인가치의 차이($v_R - v_L$)이다. 보수후보 *R*은 진보후보 *L* 보다 0과 10 사이의 이념공간에서 우측에 위치하므로 $\Delta x > 0$이다.

지지분기점은 두 후보들의 효용차이를 느끼지 않는 유권자의 소득수준을 의미한다. 지지분기점 좌측에 있는 저소득자와 우측에 있는 고소득자는 각각 진보후보 *L*과 보수후보 *R*을 지지한다. 두 후보의 유인가치에 아무런 차이가 없다면($\Delta v = 0$), 지지분기점이 두 후보의 중앙이 된다. 이럴 경우, 지지분기점 좌측에 있는 저소득 유권자는 모두 진보후보를 지지하고, 우측에 있는 고소득 유권자는 모두 보수후보를 지지한다. 즉 모든 유권자들은 소득기반 투표를 한다.

유권자들이 후보들에게서 유인가치의 차이를 느끼면($|\Delta v| > 0$), 지지분기점 주변의 유권자들은 자신의 소득수준에 반하는 투표를 하게 된다. 예컨대, 저소득층 유권자가 보수후보 *R*이 진보후보 *L*보다 더 많은 유인가치를 제공한다고 생각하면, 후보 *R*을 지지한다. 마찬가지로, 고소득층 유권자가 진보후보 *L*이 보수후보 *R*보다 더 많은 유인가치를 제공한다고 생

〈그림 8.1〉 유인가치 차이와 후보 간 입장 차에 따른 비소득기반 투표의 변화

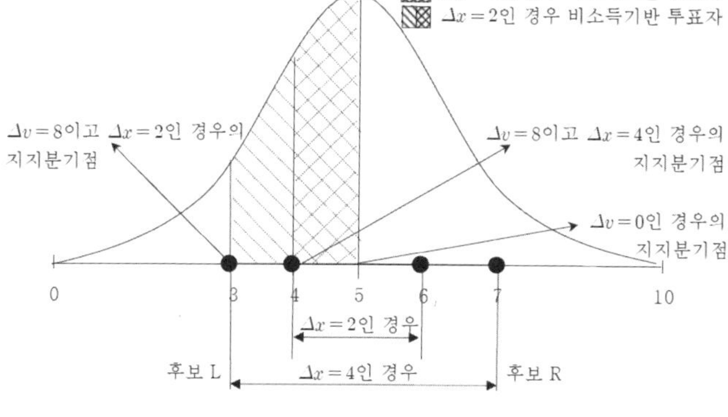

각하면, 후보 L을 지지한다. 〈그림 8.1〉은 0과 10 사이의 이념공간에서 후보 L과 후보 R이 각각 4와 6에 위치할 경우($\Delta x = 2$), $|\Delta v|$에 따라 지지분기점이 어떻게 이동하는가를 보여준다. 예컨대, 후보 R이 후보 L보다 8만큼의 유인가치를 더 제공하면($\Delta v = 8$), 지지분기점은 3이 된다. 3과 5 사이에 있는 저소득 유권자들은 보수후보 R을 지지하게 되고 소득지위에 반하는 투표를 하게 된다. 유권자들이 두 후보가 각각 3과 7에 있다고 인식할 경우($\Delta x = 4$), 지지분기점은 4가 된다. 따라서 소득지위에 반하는 투표를 하는 유권자들은 4와 5 사이에 있는 유권자들로 줄어들게 된다.

〈그림 8.1〉은 후보들의 유인가치의 차이(Δv)와 후보들의 이념적 입장 차에 대한 인식(Δx)이 비소득기반 투표자들의 비율에 어떠한 영향을 미치는가를 보여준다. 유권자들이 자신의 소득집단을 대변하지 않는 후보의 유인가치가 더 크다고 생각할수록, 두 후보의 입장 차이가 작다고 생각할수록, 비소득기반 투표자들의 비율이 늘어난다. 이러한 분석결과로부터 다음과 같은 명제들을 도출할 수 있다.

명제 1: 한 후보의 유인가치의 이점이 증가할수록, 이 후보는 더 많은 비소득기반 투표자들의 지지를 얻을 수 있다

명제 2: 두 후보의 입장 차가 줄어들수록, 비소득기반 투표자들의 비율은 증가한다.

전술한 분석은 모든 유권자들이 Δx와 Δv에 대해 완전정보를 가지고 있다는 가정을 한 것이다. 만약 유권자들이 이 두 변수에 대해 다른 인식을 한다면, 유권자들이 Δx와 Δv를 어떻게 생각하는가에 따라 이들이 비소득기반 투표를 할 확률이 달라진다. 어떤 유권자는 평균 유권자가 인식하는 것보다 Δv이 더 크다고 생각하거나 Δx가 더 작다고 생각한다. 이럴 경우, 지지분기점 좌측에 있는 저소득층 유권자들도 후보 R을 지지할 수 있다. 반면, 어떤 유권자는 평균 유권자가 인식하는 것보다 Δv이 더 작다

고 생각하거나 Δx가 더 크다고 생각한다. 이럴 경우, 지지분기점 우측에 있는 저소득층 유권자들도 후보 L을 지지할 수 있다. 따라서 다음과 같은 유권자 개인 수준에서의 명제들을 도출할 수 있다.

명제 3: 자신의 소득지위를 대표하는 후보에 비해 상대 정당에 유인가치를 더 크게 느끼는 유권자일수록, 비소득기반 투표를 할 확률이 높다.

명제 4: 정당 간의 입장 차이를 작게 느끼는 유권자일수록, 두 후보 간의 유인가치의 차이 때문에 비소득기반 투표를 할 확률이 높다.

8.4. 경험분석

8.4.1. 소득기반 투표의 이론과 실제

유권자들의 이념적 입장이 자신의 소득수준에 따라 결정되고, 경쟁하는 두 후보들이 중앙으로부터 서로 대칭적인 입장을 취한다면, 하위 소득층과 상위 소득층은 각각 진보후보와 보수후보를 지지할 것이다. 〈그림 8.2〉의 좌측 도표는 18대 대선에서 유권자들이 이러한 가상적인 상황에서 소득기반 투표를 했을 경우를 보여준다. 유권자들이 소득투표만 한다면, 하위소득층은 모두 문재인 후보를, 상위소득층은 모두 박근혜 후보를 지지할 것이다. 〈그림 8.2〉의 우측에 있는 도표는 실제 투표결과를 보여준다. 우측의 도표는 하위소득층이 오히려 박근혜 후보를 더 많이 지지했다는 사실을 보여준다. 특히 최하위 저소득층에서 박근혜 후보를 지지한 유권자들이 훨씬 더 많았다. 최상위 고소득층에서는 문재인 후보를 지지한 유권자들이 더 많았다.

〈표 8.1〉은 유권자의 소득수준과 부합하는 투표를 한 유권자와 그렇지 않은 유권자의 분포를 보여준다. 〈표 8.1〉에서 어둡게 표시된 부분은 소득수준과 부합하는 투표결정을 한 유권자가 더 많은 경우를 의미한다. 즉

〈그림 8.2〉 18대 대선에서 유권자가 소득기반 투표를 할 경우와 실제 투표결과

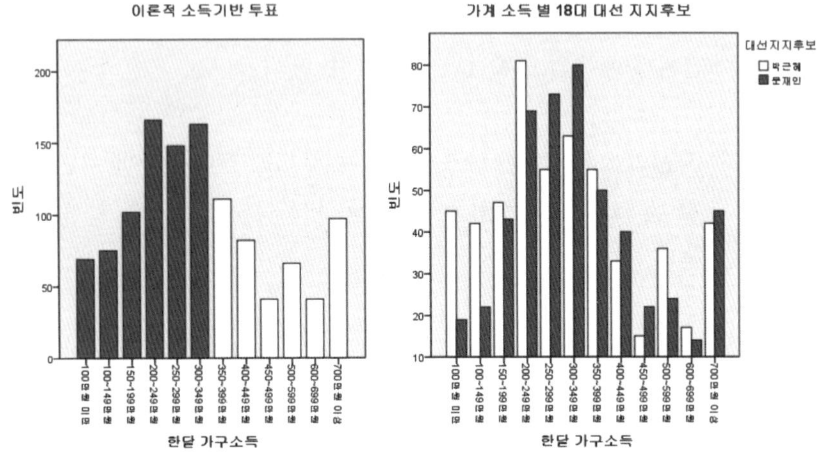

출처: "제18대 대통령선거관련 유권자 의식조사", 한국사회과학데이터센터

〈표 8.1〉 18대 대선 당시 12분위 소득수준에 따른 소득기반 투표

소득계층 / 지지후보	하위 소득층							상위 소득층						
	1	2	3	4	5	6	합	7	8	9	10	11	12	합
박근혜 후보 지지자 수	45	42	47	81	55	63	333	55	33	15	36	17	42	198
문재인 후보 지지자 수	19	22	43	69	73	80	306	50	40	22	24	14	45	195
합	64	64	90	150	128	143	639	105	73	37	60	31	87	393

출처: "제18대 대통령선거관련 유권자 의식조사", 한국사회과학데이터센터

하위 소득층이 문재인 후보를 지지한 경우와 상위 소득층이 박근혜 후보를 지지한 경우가 이에 해당한다. 〈표 8.1〉은 소득수준과 부합하는 투표 결정을 한 소득층은 총 열두 소득층 중 다섯 소득층에 불과하다는 사실을 보여준다. 〈표 8.1〉은 하위 소득층이 상위 소득층에 비해서 소득수준과 부합하지 않는 투표를 하는 경향이 약간 더 강하다는 사실을 보여준다. 〈표 8.1〉은 18대 대선에서는 소득기반 투표가 거의 이루어지지 않았다는 것을 보여준다.

〈표 8.2〉는 열두 소득층들을 저소득층, 중간소득층, 고소득층으로 분류한 것이다. 〈표 8.2〉는 세 소득계층 중, 고소득층만 더 많은 유권자들이 자신에게 유리한 정책을 제시하는 보수후보를 지지했다는 사실을 보여

〈표 8.2〉 18대 대선 당시 3개의 소득계층에 따른 소득기반 투표

소득계층 / 지지후보	저소득층				중간소득층				고소득층			
	1	2	3	4	5	6	7	8	9	10	11	12
박근혜 후보 지지자 수 (%)	215 (58.4%)				206 (45.9%)				110 (51.2%)			
문재인 후보 지지자 수 (%)	153 (41.6%)				243 (44.1%)				105 (48.8%)			
합	368				449				215			

출처: "제18대 대통령선거관련 유권자 의식조사", 한국사회과학데이터센터

준다. 그러나 고소득층의 소득기반 투표는 강하게 관찰되지 않았다. 이들의 박근혜 후보와 문재인 후보에 대한 지지는 크게 다르지 않았다. 진보후보에 대한 지지는 중간소득층에서 가장 높았다. 주목할 만한 것은, 저소득층에서는 자신에게 불리한 경제적 결과를 초래할 보수후보를 지지한 사람이 더 많았다.

이처럼 이론적인 상황과 현실에서의 투표결과가 다른 이유는 8.3절에서 제시한 소득기반 투표결정 조건에 대한 가정이 현실과 다르기 때문이다. 8.3절의 공식(2)에서 소득기반 투표의 조건으로 유권자들의 이념적 입장이 자신의 소득에 의해 결정된다고 가정하였다. 그러나 현실세계의 유권자들은 다양한 집단에 소속되어 있기 때문에, 이들의 이념적 입장은 다양한 요인에 의해서 결정된다. 특히 한국과 같이 계급균열이 강하게 형성되지 않은 국가에서는 유권자들의 이념적 입장은 소속계급이나 소득집단에 의해 형성될 가능성이 높지 않다. 〈그림 8.3〉은 17-20대 총선 및 17-18대 대선 사이 유권자들의 소득분포와 이념분포를 비교해서 보여준다. 〈그림 8.3〉은 소득분포는 중앙을 기준으로 저소득층 유권자들이 많은 반면, 이념분포는 우측의 보수유권자들이 약간 많다는 사실을 보여준다. 만약 유권자들의 이념이 자신들의 소득수준에 의해서만 형성된다면, 진보적인 유권자들이 더 많게 되지만, 현실 세계에서는 보수적인 유권자들이 약간 더 많다는 사실을 알 수 있다.

유권자들이 소득기반 투표를 하지 않는 또 다른 이유는 후보들의 유인가치들이 유권자들의 소득기반 투표결정에 영향을 미치기 때문이다. 저소득층 유권자들은 소득재분배 정책차원에서 자신들을 대변하는 진보후

〈그림 8.3〉 유권자 소득분포와 이념분포

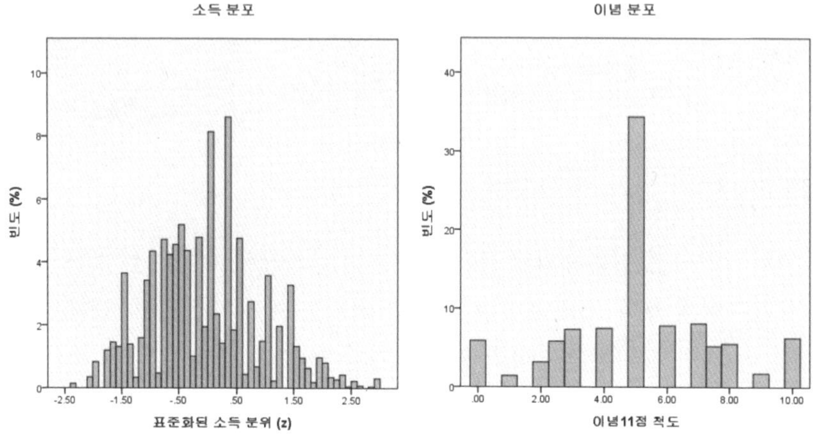

출처: 17-20대 "국회의원 선거관련 유권자 의식조사", 17-18대 "대통령선거관련 유권자 의식조사", 한국사회과학데이터센터

보에 비해 보수후보가 더 많은 유인가치를 제공한다고 생각하면, 보수후보를 지지할 수 있다. 저소득층 유권자들은 고소득층 유권자들에 비해서 정치정보가 부족하다.[3] 따라서 이들은 보수후보의 유인가치 광고를 쉽게 수용할 가능성이 높다. 다음 절에서는 경쟁후보들의 유인가치에 대한 인식이 소득수준에 따라 어떻게 다른가를 먼저 분석하고, 다음은 8.3절에서 제시한 명제 3과 4를 검증한다.

8.4.2. 소득기반 투표 통계 분석

1)분석모형

명제3과 4를 검증하기 전에, 경쟁정당들의 유인가치에 대한 인식이 소득수준에 따라 어떻게 다른가를 아래의 모형을 통해 분석하였다.

$$\begin{aligned}\text{상대 대표정당 유인가치 이점} = a &+ b_1\text{정당간입장차이인식} + b_2\text{소득수준} + b_3\text{이념성향}\\ &+ b_4\text{영남거주} + b_5\text{호남거주} + b_6\text{반공세대} + b_7\text{신세대} + b_8\text{연령}\\ &+ b_9\text{교육수준} + b_{10}\text{성별} + b_{11}\text{도시규모} + b_{12}\text{선거종류} + b_i\sum_{i=13}^{n} X_i + e\end{aligned}$$

3 이러한 주장에 대한 경험적 근거는 12장 참조.

설문조사들은 소득수준을 다양한 척도의 소득분위로 측정하였다. 예컨대, 18대 총선자료는 소득수준을 10분위로, 19대 총선자료는 12분위로, 20대 총선자료는 8분위로 측정하였다. 따라서 해당 설문조사 응답자들의 소득분위 값들을 z값으로 환산하였다. 종속변수인 **상대 대표정당 유인가치 이점**을 측정하기 위해 정당들의 유인가치를 측정하였다. 유인가치(valence)라는 개념의 핵심은 다른 사람을 감정적으로 끌어당기는 또는 유인하는 매력(attractiveness)이다(Frijda 1986: 207). "사람을 감정적으로 끌어당기는 매력"은 바로 호감도를 의미하므로 유권자들이 정당들에 느끼는 유인가치는 정당 호감도 자료를 사용하였다. **상대 대표정당 유인가치 이점**은 다음과 같이 측정하였다. 먼저 소득수준의 z값이 음수인 유권자들은 하위 소득층으로, 양수인 유권자들은 상위 소득층으로 분류하였다. 하위 소득층이 보수정당에게 더 큰 유인가치를 느끼면 자신의 소득지위에 반해 이들을 지지하므로, 하위 소득층의 **상대 대표정당 유인가치 이점**은 〈보수정당 호감도-진보정당 호감도〉로 측정하였다. 이에 반해, 상위 소득층은 진보정당에게 자신의 소득에 반하는 투표를 하므로, 상위 소득층이 느끼는 **상대 대표정당 유인가치 이점**은 〈진보정당 호감도-보수정당 호감도〉로 측정하였다. 이 연구가 사용하는 설문조사 자료들은 모두 정당호감도를 0점에서 10점 사이의 11점 척도로 측정하였다. 따라서 **상대 대표정당 유인가치 이점**은 -10점에서 10점 사이의 점수로 측정되었다. **정당 간 입장 차이 인식**은 두 주요 진보 및 보수정당의 이념 차이의 절댓값을 계산하였다. 설문조사 자료들은 유권자들이 생각하는 정당들의 이념적 입장을 0점에서 10점 사이의 11점 척도로 측정하였다. 따라서 **정당 간 입장 차이 인식**은 0점에서 10점 사이의 점수로 측정되었다.

다음은 명제 3과 명제 4를 아래의 로짓 모형으로 검증한다. 아래의 모형에서 **비소득기반 투표**는 다음과 같이 측정하였다. 유권자들이 자신의 소득에 반하는 투표를 했으면 1을, 소득에 부합하는 투표를 했으면 0을 할당하였다. 즉 하위 소득층과 상위 소득층이 각각 보수정당과 진보정당을 지지했으면 1을 할당하였다. 하위 소득층과 상위 소득층이 각각 진보정당과 보수정당을 지지했으면 0을 할당하였다.

$$\ln\left(\frac{P}{1-P}\right)=z,\ P(Y=\text{비소득기반 투표})=\frac{e^z}{1+e^z}$$

$$\begin{aligned} z = a &+ b_1\text{정당간입장차이인식} + b_2\text{상대대표정당유인가치이점} \\ &+ b_3\text{상대대표정당유인가치이점}\times\text{정당간입장차이인식} + b_4\text{소득수준} \\ &+ b_5\text{이념성향} + b_6\text{영남거주} + b_7\text{호남거주} + b_8\text{반공세대} + b_9\text{신세대} + b_{10}\text{연령} \\ &+ b_{11}\text{교육} + b_{12}\text{성별} + b_{13}\text{도시규모} + b_{14}\text{대선} + b_i\sum_{i=15}^{n} X_i + e \end{aligned}$$

명제 3에 의하면, 자신의 소득지위를 대변하지 않는 정당의 유인가치를 크게 인식할수록, 자신의 소득에 반하는 투표를 한다. 위 모형에서 b_2는 **정당 간 입장 차이 인식**이 0일 경우(유권자가 정당 간 입장 차를 느끼지 못할 경우), 상대 정당의 유인가치 이점에 따른 비소득기반 투표의 가능성을 추정한다. b_2가 증가할수록, 상대정당의 유인가치의 이점이 크다고 느끼는 유권자가 비소득기반 투표를 할 가능성은 증가한다. 명제 4에 의하면, 정당 간의 입장 차를 크게 느끼는 유권자일수록, 이들이 느끼는 상대 정당의 유인가치 이점이 비소득기반 투표결정에 미치는 영향은 작아진다. 즉 명제 4는 **상대 대표정당 유인가치 이점**과 **정당 간 입장 차이 인식**이 상호작용을 통해 비소득기반 투표에 영향을 미친다는 것을 의미한다. 위 모형에서 b_3는 이러한 상호작용 효과를 추정한다. b_3가 음수일 경우, 유권자가 정당 간의 입장 차를 크게 느낄수록 상대 정당에게 느끼는 유인가치의 이점 때문에 비소득기반 투표를 할 가능성이 줄어든다.

2) 분석결과

어떠한 유권자들이 상대 소득집단 대표정당에게 더 호감을 느끼는가를 분석하기 위해, 두 모형을 사용하였다. 첫 번째 모형(모형 1)에서는 정당 간 이념적 입장 차이를 포함시키지 않았고, 두 번째 모형(모형 2)에서는 포함시켰다. 〈표 8.3〉의 모형 1의 분석결과는 자신의 소득집단을 대변하

〈표 8.3〉 상대 정당 유인가치 이점 인식에 미치는 영향

모형	모형 1			모형 2		
종속변수	상대 대표정당 유인가치 이점 인식					
독립변수	b (s.e.)	beta (t값)	유의 수준	b (s.e.)	beta (t값)	유의 수준
정당 간 입장차				.056 (.022)	.034 (2.585)	.010 *
소득수준	-.145 (.062)	-.033 (-2.348)	.019 *	-.118 (.063)	-.027 (-1.886)	.059
보수이념	-.089 (.027)	-.046 (-3.359)	.001 **	-.090 (.027)	-.047 (-3.340)	.001 **
영남거주	.157 (.132)	.016 (1.184)	.237	.129 (.135)	.013 (.956)	.339
호남거주	-1.110 (.187)	-.079 (-5.938)	.000 ***	-1.067 (.189)	-.077 (-5.648)	.000 ***
반공세대	-.161 (.220)	-.017 (-.730)	.465	-.175 (.224)	-.019 (-.780)	.436
신세대	.322 (.212)	.031 (1.514)	.130	.316 (.216)	.031 (1.461)	.144
연령	.021 (.010)	.071 (2.194)	.028 *	.021 (.010)	.068 (2.082)	.037 *
학력수준	-.098 (.069)	-.022 (-1.431)	.152	-.081 (.070)	-.018 (-1.155)	.248
성별(여성)	.179 (.114)	.020 (1.565)	.118	.228 (.116)	.026 (1.968)	.049 *
도시규모 (시골)	-.078 (.063)	-.017 (-1.240)	.215	-.090 (.064)	-.019 (-1.397)	.163
선거종류 (대선)	-.126 (.154)	-.014 (-.823)	.411	-.100 (.156)	-.011 (-.641)	.521
N	5991			5794		
R^2	.016			.015		
(수정 R^2)	(.013)			(.013)		

*: p<.05; **: p<.01; ***: p<.001

지 않는 정당에 느끼는 유인가치는 소득집단에 따라 달라진다는 사실을 보여준다. 소득수준이 높을수록 자신의 소득집단을 대변하지 않는 정당에게 더 큰 호감을 느끼지 않는다. 즉 소득이 높을수록 자신들을 대변하는 보수정당에게 더 큰 호감을 느낀 반면, 소득이 낮을수록 고소득층을 대변하는 보수정당에게서 더 큰 호감을 느꼈다.

모형 2에서 정당 간 입장 차이에 대한 인식을 통제하면 소득수준에 따른 정당 간 유인가치 이점에 대한 인식차이는 유의미하지 않게 나타난다. 이러한 결과는 정당 간 입장 차이에 대한 인식이 소득수준에 따라 다르

기 때문에 정당 간 유인가치 인식 차이가 소득별로 다르게 나타난다는 것을 의미한다. 모형 1에서의 소득수준 변수의 통계적 유의미성이 모형 2에서 사라지게 된 결과가 의미하는 바는 저소득층이 자신을 대변하지 않는 정당에 더 큰 유인가치를 느끼는 이유는 이들이 가난해서가 아니라 이들이 정당 간의 입장 차이를 덜 느끼기 때문이라는 것이다. 마찬가지로, 고소득층이 자신을 대변하지 않는 정당에 더 큰 유인가치를 느끼지 않는 이유는 이들이 부자라서가 아니라 이들이 정당 간의 입장 차이를 더 느끼기 때문이다.

다음은 명제 3과 4를 검증하기 위해 두 모형을 분석하였다. 〈표 8.4〉의 모형 3에서는 사회경제적 변수들과 인구통계학적 변수들만의 영향력을 분석하였다. 모형 4는 명제 3과 명제 4를 검증하기 위한 변수들을 포함하였다. 모형 3의 분석결과는 다음과 같다. 첫째, 보수적일수록, 소득수준과 학력수준이 높을수록, 이들이 소속된 소득집단을 대변하지 않는 정당을 지지할 가능성이 낮았다. 둘째, 호남 유권자들과 반공세대들은 다른 유권자들에 비해 비소득기반 투표를 할 가능성이 낮았다. 셋째, 연령이 높을수록 자신이 소속된 소득집단을 대변하지 않는 정당을 지지할 가능성이 높았다. 넷째, 영남 유권자들과 신세대들은 다른 유권자들에 비해 비소득기반 투표를 할 가능성이 높았다.

〈표 8.4〉의 모형 4의 분석결과에서 **상대 대표정당 유인가치 이점** 변수의 로짓 계수(b_2)는 정당 간 입장 차 인식 변수가 0일 경우 **상대 대표정당 유인가치 이점** 변수의 영향력이다. 〈표 8.4〉는 **상대 대표정당 유인가치 이점** 변수의 영향력이 긍정적이고 통계적으로 유의미하다는 사실을 보여준다. 이러한 결과는 정당 간의 입장 차를 느끼지 않는 유권자들이 상대 소득집단 대표정당에 더 큰 유인가치를 느낄수록 이 정당을 지지할 확률이 증가한다는 사실을 의미한다. 이러한 결과는 8.3절의 모형에서 $\Delta x = 0$인 경우 정당들의 유인가치 차이만 유권자들의 투표결정에 영향을 미치게 된다는 이론적 내용을 경험적으로 뒷받침하는 결과이다.

〈표 8.4〉의 모형 4의 상호작용 변수의 로짓 계수(b_3)는 정당 간의 입장

〈표 8.4〉 비소득기반 투표에 미치는 영향

모형	모형3			모형 4		
종속변수	비소득기반 투표					
독립변수	b (s.e.)	Exp(B) (Wald)	유의 수준	b (s.e.)	Exp(B) (Wald)	유의 수준
정당 간 입장차 인식				-.013 (.020)	.987 (.429)	.512
상대 대표정당 유인가치 이점				1.003 (.050)	2.726 (408.572)	.000 ***
정당 입장차이 유인가치 이점 상호작용				-.052 (.008)	.949 (41.171)	.000 ***
소득수준	-.118 (.024)	.889 (23.267)	.000 ***	.014 (.056)	1.014 (.064)	.800
보수이념	-.018 (.009)	.982 (3.723)	.054	.042 (.026)	1.043 (2.591)	.107
영남거주	.231 (.052)	1.259 (19.688)	.000 ***	.116 (.121)	1.123 (.932)	.334
호남거주	-.426 (.076)	.653 (31.649)	.000 ***	-.136 (.181)	.873 (.561)	.454
반공세대	-.175 (.075)	.839 (5.496)	.019 *	.098 (.198)	1.103 (.243)	.622
신세대	.217 (.077)	1.242 (8.020)	.005 **	.042 (.204)	1.043 (.042)	.838
연령	.011 (.003)	1.011 (12.889)	.000 ***	-.001 (.009)	.999 (.012)	.912
학력수준	-.095 (.027)	.910 (12.072)	.001 **	-.006 (.063)	.994 (.009)	.926
성별(여성)	.019 (.046)	1.019 (.168)	.682	.009 (.105)	1.009 (.007)	.935
도시규모 (시골)	-.011 (.029)	.989 (.161)	.688	.056 (.062)	1.057 (.823)	.364
선거종류 (대선)	.005 (.063)	1.005 (.007)	.934	.144 (.133)	1.155 (1.176)	.278
N		8126			4074	
Cox & Snell R^2		.021			.542	

차 인식의 변화에 따른 **상대 대표정당 유인가치 이점** 변수 영향력의 변화를 나타낸다. 〈표 8.4〉는 상호작용 변수가 비소득기반 투표결정에 부정적이면서 통계적으로 유의미한 영향을 미친다는 분석결과를 보여준다. 이 결과는 유권자들이 정당 간 이념 차를 크게 느낄수록, 자신들이 소속된 소득집단을 대변하지 않는 정당에게 느끼는 유인가치의 이점 때문에 이 정당을 지지할 가능성은 줄어든다는 사실을 의미한다. 즉 유권자의 투표결

정에서 상대 정당에게서 느끼는 유인가치의 효과가 줄어든다는 사실을 의미한다.

모형 3의 결과와 모형 4의 결과를 비교하면, 모형 3의 사회경제적 변수들과 인구통계학적 변수들의 영향력은 모형 4에서 사라진다. 이러한 결과는 모형 3의 거주지, 세대, 소득 및 학력에 따른 비소득기반 투표행태의 차이는 사실 정당 간의 입장 차에 대한 인식과 정당 간의 유인가치 차이에 대한 인식 때문에 발생한 것을 의미한다. 이러한 결과가 의미하는 바는, 예컨대, 소득수준 또는 교육수준이 낮은 유권자들이 자신이 소속된 소득집단을 대변하지 않는 보수정당을 지지하는 이유는 다름이 아니라 이들 유권자들은 경쟁하는 정당 간의 입장 차이가 별로 크지 않다고 생각하고 진보정당에 비해 보수정당의 유인가치가 더 크다고 느끼기 때문이라는 것이다. 이에 반해, 소득수준 또는 교육수준이 높은 유권자들은 정당 간의 입장 차를 크게 느끼고 자신들이 소속된 소득집단을 대변하지 않는 정당들에게서 더 큰 유인가치를 느끼지 않기 때문에, 상대 정당을 지지할 가능성이 낮다.

8.5. 결론

이 장에서는 한국 유권자들은 왜 소득기반 투표를 하지 않는가라는 질문에 대한 설명을 제시하였다. 이 장에서 제시한 공간모형 분석은 다음과 같은 결과를 제시하였다. 첫째, 유권자들은 자신이 소속된 소득집단을 대변하는 정당보다 대변하지 않는 정당에 더 큰 유인가치를 느낄수록 소득기반 투표를 하지 않는다. 둘째, 유권자들은 정당 간의 입장 차를 크게 느끼지 않을수록, 유권자의 투표결정에서 유인가치가 차지하는 비중이 커져서 자신의 소득계급을 대변하지 않는 정당을 지지하지 않을 가능성이 커진다. 이 장의 경험분석은 이러한 이론적 설명을 뒷받침하는 경험적 증거들을 제시하였다. 이 장의 경험분석은 또한 저소득층이 고소득층에 비해서 자신의 소득에 반하는 투표를 할 가능성이 높으며, 이러한 이유는 이들이 자신이 소속된 소득집단을 대변하지 않는 보수정당에게 더 큰 유인가치를 느끼고 정당 간의 이념적 입장 차를 덜 느끼기 때문이라는 사실을 보여주었다.

이 장은 또한 유권자의 소득수준이 이념성향에 유의미한 영향을 미치기는 하지만, 두 변수들이 강하게 상관되어 있는 것은 아니라는 사실을 발견했다. 소득수준과 이념성향과의 상관관계를 분석해보면 4.2%에 불과한 것으로 밝혀졌다. 이처럼 유권자들의 소득계급 지위와 위치쟁점에 대한 선호가 밀접하게 연관되어 있지 않다면, 유권자들이 온전하게 이념투표 또는 정책투표만 한다고 해도 유권자들은 소득기반 투표를 하지 않게 된다. 이는 왜냐하면, 저소득층이 자신이 보수적이라고 생각하거나 복지 확대를 반대한다면, 이들은 보수정당을 이념적 또는 정책적으로 지지하게 되기 때문이다.

전술한 발견들을 종합하면, 한국 유권자들이 비소득기반 투표를 하는 이유는 이들의 이념이 소득과 거의 무관하게 형성되었고, 자신의 소득에 반하는 입장을 취하는 정당에 더 큰 유인가치를 느끼기 때문이다.[4] 따라서 다음과 같은 조건이 충족되면, 유권자들은 자신의 경제적 조건을 대변하는 정당에 투표하게 된다. 첫째, 유권자들의 이념이 자신의 소득을 중심으로 형성된다. 둘째, 유권자들의 유인가치 투표 동기를 억제한다. 명제 4는 이러한 두 조건을 동시에 충족시킬 수 있는 해법을 제시한다. 즉 정당 간의 입장 차가 선명해질수록 두 조건은 충족될 가능성이 높다. 예컨대, 진보정당은 복지정책 확대를 통해 저소득층에게 더 유리한 정책적 혜택을 제공하고, 보수정당은 고소득층을 위한 감세정책이나 시장친화적 정책을 표방하면, 저소득층과 고소득층은 각각 진보정당과 보수정당이 자신에 유리한 정책을 제공한다는 것을 인식하게 된다. 즉 정당 간의 입장 차이가 분명해질수록, 소득적 지위에 따라 유권자들의 이념 및 정책적 선호가 형성될 가능성이 높아진다. 이처럼 유권자의 경제적 지위에 따

4 첫 번째 이유는 경제적 지위 또는 계급에 반하는 이념을 형성한 경우이고 두 번째 이유는 경제적 지위 또는 계급에 반하는 투표를 하는 경우이다.

라 정책적 선호가 결정되면, 유인가치 때문에 소득지위 투표를 변경할 가능성은 줄어든다.

소득기반 투표는 대의민주주의 작동 문제와 밀접하게 연관되어 있다. 대의민주주의의 원리는 주인인 유권자가 자신의 이해를 대변하는 대리인(정당 또는 후보)을 선발하고, 대리인은 주인의 이익을 대변하는 대가로 득표하는 것이다. 따라서 주인이 자신을 대변할 수 있는 대리인을 선발하는 것은 대의민주주의의 성공적인 작동의 필요조건이다. 소득기반 투표는 유권자들의 경제적 손익과 직결되어 있다. 정치정보가 부족한 유권자들이 실체없는 유인가치를 중심으로 투표할 경우, 이들은 자신의 소득집단의 이해에 반하는 정책을 표방하는 정당에 투표할 수 있다. 유권자들이 이처럼 자신에게 정책적으로 손해를 끼칠 정당에게 투표한다면, 이러한 투표행태는 대의민주주의가 정상적으로 작동하지 않는다는 것을 의미한다.

소득기반 투표는 또한 정치경제 불평등 문제와 밀접한 관련이 있다. 예컨대, 고소득층은 자신의 이해를 대변하는 보수정당을 효과적으로 지지하고, 저소득층은 자신의 이해에 반하는 보수정당에 지지한다면, 고소득층을 대변하는 정당이 정치적 권력을 잡아 고소득층의 이익을 대변할 가능성이 높다. 바르텔즈(Bartels 2008)는 미국의 저소득층이 왜 자신의 경제적 이해에 반하는 투표를 하는가를 분석하였다. 바르텔즈에 의하면, 공화당 대통령은 부자들에게 유리한 정책을 취함에도 불구하고, 대선이 있는 해에 전략적으로 국민의 소득을 증가시켜, 근시안적 저소득 유권자들의 소득증가에 대한 보상을 얻어 선거에 승리할 수 있었다. 이처럼 당선된 공화당 대통령의 부자대변 정책이 소득불평등을 초래했다는 것이다. 한국의 저소득층 역시 미국의 저소득층과 비슷한 투표행태를 보여준다. 소득수준과 지지정당과의 관계를 분석한 연구들(강원택 2013; 전병유 · 신진욱. 2014; 한귀영 2013)은 2012년 대통령 선거에서 저소득층 유권자들이 오히려 보수정당을 더 지지한다는 사실을 관찰하였다. 한국에서 저소득층이 보수정당을 지지하는 투표행태는 미국과 마찬가지로 보수정당의 통치 가능성을 증가시켜 소득불평등을 심화시킬 수 있다.

9장
비이념 투표: 정당체제, 정치정보 및 유권자 이념

9.1. 서론

3장에서는 남북분단의 상황에 처한 한국에서는 분극적인 정당체제가 형성될 수가 없었고, 경쟁정당들의 정책들에 선명한 차이를 못 느끼는 한국 유권자들은 유인가치 중심의 투표를 한다고 주장하였다. 3장에서는 또한 정당과 후보들이 주장하는 유인가치들은 실체가 없는 것들이라는 경험적 증거를 제시하였다. 5장에서는 한국 유권자들이 유인가치 중심의 투표를 한다는 사실에 대한 경험적 증거를 제시하였다. 5장의 경험분석에서 보여준 바와 같이, 한국 유권자의 투표결정에서 이념과 정책과 같은 위치쟁점이 이들의 정당지지 결정을 설명할 수 있는 부분은 20%가 넘지 않는다. 그렇다면 무슨 요인들이 한국 유권자의 이러한 유인가치 중심의 투표성향에 영향을 미칠까? 이 장에서는 협애한 정당체제가 유권자의 입장과 더 멀리 있는 정당에 투표하는 비이념 투표결정을 촉진한다는 공간모형 분석 결과를 제시한다.

이 장에서 제시한 이러한 분석결과는 선거경쟁에서 발생할 수 있는 여러 부정적인 결과들을 설명할 수 있는 이론적 근거를 제시한다. 정당 입장들이 비차별적일수록, 선거는 이념이나 정책대결이 아닌 후보들의 유인가치 경쟁으로 치러진다. 한국에서의 선거경쟁은 한편으로는 후보의 지역구 사업능력, 국가 및 지역 경제발전 능력과 같은 유인가치의 광고와 다른 한편으로는 상대후보의 국정운영 실패, 비리사건과 같은 부정적 유인가치에 대한 비난을 위주로 전개된다. 이처럼 선거가 유인가치 중심으로 치러지게 되는 경우, 유권자들은 후보들이 내세우는 실체 없는 유인가치에 의해 자신들의 이념적·정책적 투표결정을 바꾸게 되고 자신에게 정책적으로 해를 끼칠 후보에게 투표하게 된다. 뿐만 아니라, 불분명한 정당 간의 입장 차는 유권자들로 하여금 지지후보 결정에 어려움을 겪게 하고, 이러한 결정 장애는 투표참여 동기를 저하시킨다.[1] 이 장에서는 불분명한 정당 간의 입장 차가 유권자들의 비이념적 투표결정 및 지지후보 결정에 미치는 영향을 검증한다.

이 장은 다음과 같이 구성되어 있다. 9.2절에서는 유인가치 투표에 대한 선행연구들을 검토한다. 9.3절에서는 5장의 공간모형을 통해 정당 간의 입장 차가 유권자의 투표결정에 어떻게 영향을 미치는가를 분석한다. 9.4절에서는 정당 간의 입장 차에 대한 유권자 인식이 이들의 비이념적 투표결정과 지지후보 결정에 미치는 영향을 분석한다. 9.5절에서는 앞에서 발견한 내용들의 함의에 대해 논의한다.

9.2. 선행 연구

국내의 경험연구들은 다양한 유인가치들이 유권자들의 투표결정에 미치는 영향을 분석하였다. 이내영·정한울(2007)은 위치쟁점과 유인가치 중 어떤 요인이 유권자의 투표결정에 더 유의미한 영향을 미치는가를 분석하였다. 이들은 2004년 총선 이후 정당지지를 바꾼 이탈 투표자에 대한 분석에서 정책보다 유인가치 또는 이들이 실적이슈(performance issue)라 명명한 국정평가가 유권자의 투표결정에 더 중요하다는 사실을 발견하였다. 다른 연구들은 후보의 개인적 유인가치가 유권자의 투표결정에 미치

1 이러한 주장을 뒷받침하는 경험분석 결과는 12장 참조.

는 영향을 분석하였다. 문용직(1997)은 7대, 8대, 14대 총선에서 약하나마 현직자 효과가 있다고 분석하면서, 정당 간 정책차이가 없는 한국의 현실에서 현직자 효과가 점차 증가할 것으로 예측하였다. 김석우(2004)는 후보의 개인적 신상에 관한 변수가 17대 총선 후보의 당선여부에 미치는 영향을 분석하였다.

윤종빈(2006)은 17대 총선에서 후보의 지역구 활동, 후원금 모금능력과 같은 후보자 요인이 정책 및 정당요인보다 후보의 득표에 더 큰 영향을 미쳤다는 사실을 보여주었다. 윤종빈(2008)은 17대 대선에서 후보의 자질 및 지도력의 영향력이 크며 역대 대선에서도 후보자 요인은 지속적으로 투표결정에 영향을 미친다는 사실을 발견했다. 이러한 후보자 요인은 소득수준과 교육수준이 낮고 젊은 유권자들의 투표결정에 더 큰 영향력을 발휘한다고 분석했다. 그러나 이갑윤·이현우(2002)는 민주화 이후 기존 정당간의 노선 차별성이 약화되었음에도 불구하고, 후보자 요인의 영향력이 감소하는 경향이 있다고 분석했다. 강원택(2008a)은 2008년 총선에서 후보의 지역구 활동, 의정활동, 지역개발 공약과 같은 후보자 요인이 크게 작동하지 않았다고 분석했다.

다수의 연구들은 대통령의 국정운영 평가가 유권자의 투표결정에 영향을 미친다는 사실을 발견하였다. 조진만(2005)은 1987년 민주화 이후 실시된 재·보궐 총선에서 대통령의 국정운영에 대한 긍정적 평가가 낮아질수록 여당후보의 득표율이 직전 총선결과보다 낮아진다는 사실을 발견하였다. 강원택(2004)은 민주화 이후 행해진 보궐선거에서의 회고적 평가는 지역주의가 약한 곳에서 주로 발견된다고 주장하였다. 조진만 등(2006) 역시 현직 대통령 지지도가 높고 지역주의가 약한 곳에서 치러지는 보궐선거에서 여당후보가 승리할 가능성이 높다는 사실을 발견했다. 강원택(2008a)은 2007년 대선 이명박 후보에게 투표했던 유권자가 2008년 18대 총선에서 진보정당 후보를 지지한 요인으로 공천문제와 대운하사업에 대한 평가를 제시했다. 장승진(2012) 역시 정권심판론과 야당심판론, 국가경제 평가, 정당호감도 및 대선후보에 대한 호감도가 선거결과에 영향을 미친다는 사실을 발견하였다.

나도 등(Nadeau et al. 2008)은 개인경제 및 국가경제 경제투표를 유인가치 투표(valence voting)의 일종으로 보았다. 한국에서의 경제투표는 1992년 14대 대선까지만 해도 유의미하게 관찰되지 않았으나(김재한 1993; 박경산 1993). 15대선 이후부터는 일부 연구들이 한국에서도 회고적 경제투표의 증거를 발견하거나(강원택 2008b; 이내영·정한울 2007; 정한울·권혁용 2009; 황아란 2000; Jhee 2006), 다른 연구들은 전망적 경제투표 성향이 더 강하다는 사실을 발견하였다(강우진 2013; 강원택 2012; 권혁용 2008; 이재철 2008).[2]

전술한 경험연구들은 한국의 선거경쟁에 영향을 미치는 다양한 유인가치들을 발굴하고 이들의 영향력에 대한 경험적 증거를 제시하는 공헌을 하였다. 그러나 유권자들의 유인가치 중심의 투표결정을 설명하는 이론적 모형은 아직 제시되지 않았다. 특히 유권자들의 정당 입장에 대한 인식이 이들의 유인가치 중심의 비이념적 투표결정에 미치는 영향을 분석하는 이론적 모형은 제시되지 않았다. 다음 절에서는 5장에서 제시된 모형을 근거로 이러한 분석을 수행한다.

9.3. 정당 간의 입장 차와 비이념 투표 결정: 공간모형 분석

유권자의 정당 간의 입장 차에 대한 인식이 이들의 비이념 투표 결정에 미치는 영향을 분석하기 위해, 먼저 다음과 같은 간단한 유권자의 효용함수를 가정해보자.

$$u_i(v_i, x_i; \theta_j) = v_i - |x_i - \theta_j| \quad (1)$$

공식 (A)에서 v_i는 후보 $i \in [L, R]$가 제시하는 유인가치이다. x_i는 후보 i가 제시하는 정책입장이고 θ_j는 유권자 j가 가장 선호하는 정책입장이다.

2 한국에서의 경제투표에 대한 자세한 선행연구 검토는 10장 참조.

공식 (1)에 의하면, 후보 i가 더 많은 유인가치를 제공하거나 후보 i의 입장과 유권자 j의 입장이 가까울수록, 유권자 j의 효용은 증가한다. 유권자가 두 후보의 이념에 대해 느끼는 효용차이는 유권자와 두 후보와의 상대적 거리에 의해 결정된다. 즉 $|x_L-\theta_j|-|x_R-\theta_j|$이 클수록 유권자는 후보 R에게서 더 큰 효용을 느낀다. 예컨대, $(x_L, x_R)=(3,7)$인 경우 $\theta_j=6$인 유권자는 후보 R에게서 2만큼의 효용을 더 느낀다. 두 후보가 유권자를 중심으로 대칭적으로 위치하면, $|x_L-\theta_j|=|x_R-\theta_j|$이므로 이 유권자는 두 후보가 얼마나 멀리 떨어져 있는가와 상관없이 효용차이를 느끼지 않는다. 일반적으로 두 후보 사이에 있는 유권자는 두 후보에게서 $|x_R+x_L-2\theta_j|$만큼의 이념적 차이를 느끼고, 두 후보 중 한 후보의 입장과 같거나 두 후보 밖에 있는 유권자는 x_R-x_L만큼의 차이를 느낀다.

〈그림 9.1〉은 유권자 θ_j로부터 후보 L(후보 R)이 후보 R(후보 L)보다 더 멀리 있는 정도를 보여준다. 〈그림 9.1〉은 두 후보 바깥에 있는 유권자들은 두 후보 사이에 있는 유권자들보다 더 큰 입장 차를 느낀다는 사실을 보여준다. 예컨대, 후보 L과 후보 R이 각각 3과 7에 있는 경우(점선), 1부터 3까지에 있는 유권자들은 후보 R이 후보 L보다 4만큼 더 멀리 있다고 느끼고, 7부터 10 사이에 있는 유권자에게 후보 L이 후보 R보다 4만큼 더 멀리 있다고 느낀다. 반면, 3과 7 사이에 있는 유권자들은 중앙으로 갈수록 두 후보에게서 입장 차를 덜 느낀다. 공식 (1)에서와 같이 이념적 거리와 유인가치가 비례한다고 가정하면, 후보 R이 후보 L보다 4만큼의 유인가치를 더 제공하면 후보 R은 3과 5 사이에 있는 진보적인 유권자들의 지지를 얻을 수 있다. 후보 R이 후보 L보다 4를 넘어서는 유인가치를 제공하면 모든 진보적인 유권자들의 이념적 투표결정을 바꾸어 자신을 지지하도록 만들 수 있다.[3]

3 후보 R을 지지한 진보적 유권자들의 비이념 투표를 바꾸기 위해 후보 L이 유인가치를 제공하면, 후보 R에 대한 지지를 가장 먼저 철회하는 유권자는 중앙에 있는 유권자가 아니다. 예컨대, 후보 L이 1만큼의 유인가치를 제공해서 후보 R의 유인가치의 이점이 4 미만으로 감소하게 되면, 후보 R에 대한 지지를 가장 먼저 철회하는 유권자들은 1과 3 사이에 있는 진보적인 유권자들이다. 3과 5 사이에 있는 온건 진보유권자들을 후보 L이 다시 회복하기 위해서는 후보 L도 후보 R이 제공한 만큼의 유인가치를 제공해야 한다.

〈그림 9.1〉 비이념적 지지를 얻기 위해 상대보다 더 제공해야 하는 최소한의 유인가치

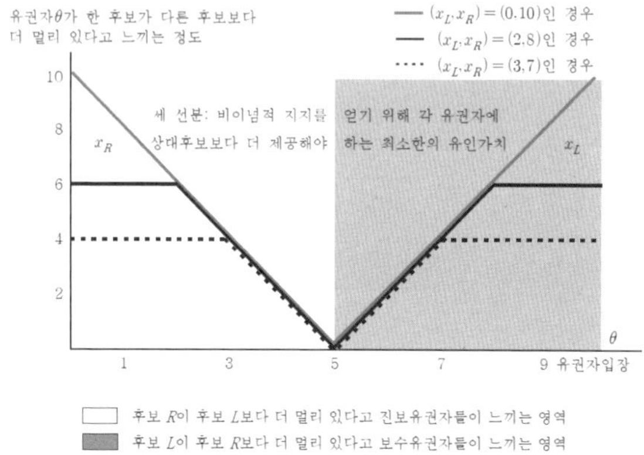

〈그림 9.1〉은 후보들의 입장 차이가 유권자들의 이념투표 결정에 영향을 미친다는 사실을 보여준다. 두 후보의 입장 차이가 작아질수록, 유인가치를 통해 더 많은 유권자들이 이념투표 결정을 바꿀 수 있다. 예컨대, 두 후보의 입장 차이가 4보다 작은 경우($\Delta x < 4$), 후보 R이 후보 L보다 4 만큼의 유인가치를 더 제공하면 진보적인 유권자들을 모두 얻을 수 있지만, $\Delta x > 4$인 경우 0과 3 사이에 있는 진보적인 유권자들의 지지는 얻을 수 없다. 두 후보의 입장 차이가 작아질수록, 더 많은 유권자들의 이념투표를 바꿀 수 있게 된다. 두 후보의 입장 차이가 없다면, 누가 더 많은 유인가치를 제공하는가에 따라 선거결과가 결정된다. 이러한 분석결과로부터 아래와 같은 명제를 도출할 수 있다.

명제 1: 두 후보 간 입장 차이가 작을수록, 비이념 투표자의 비율은 증가한다.

〈그림 9.1〉은 아래의 비이념투표 조건을 충족시킬 경우 유권자 θ_j의 이념투표 결정을 바꿀 수 있다는 것을 보여준다. 아래의 부등식에서 Δv는 한 후보가 다른 후보보다 더 많이 제공할 수 있는 유인가치, 즉 유인가치의 이점이다.

$$(\Delta v > 2|\text{두 후보 입장 중간} - \theta_j|)$$

두 후보 입장의 중간에 있는 유권자($\theta_j = 5$)들의 지지를 얻기 위해서는, 한 후보가 다른 후보보다 조금이라도 더 많은 유인가치를 제공하면 된다. 이는 왜냐하면, 이들은 자신과 후보 L과의 거리와 자신과 후보 R과의 거리에 차이를 느끼지 않기 때문이다($x_R - \theta = \theta - x_L$). 따라서 이들은 유인가치 투표만 한다. 중앙에서 멀리 있는 유권자들의 지지를 얻기 위해서는 이들과 두 후보의 중간입장의 거리에 비례해서 유인가치를 제공해야 한다. 따라서 중앙에서 멀리 있는 유권자들일수록 이들의 이념투표 결정을 바꾸기가 어렵고, 중앙에 근접한 유권자의 이념투표 결정은 바꾸기가 쉽다. 이러한 분석결과로부터 아래와 같은 명제를 도출할 수 있다.

명제 2: 두 후보의 중앙에 근접한 유권자들일수록, 비이념 투표 가능성이 높다.

위 모형은 유권자들이 후보의 유인가치와 이념에 대해 완전한 정보를 가지고 있다고 가정한 것이다. 유권자들이 완전정보를 가지고 있지 않을 경우, 어떤 유권자들은 두 후보의 입장 차가 크다고 생각하고 다른 유권자들은 별 차이가 없다고 생각한다. 이처럼 유권자들의 인식이 다를 경우, 유권자들의 후보 간 입장 차가 작다고 생각하는 유권자들의 이념투표 결정을 바꾸기가 쉬워진다. 따라서 유권자들이 불완전한 정보를 가지고 있는 경우 명제 3을 도출할 수 있다.

명제 3: 두 후보 간 입장 차이가 작다고 인식하는 유권자일수록, 비이념투표를 할 가능성이 높다.

9.4. 정당 간의 입장 차와 비이념 투표

9.4.1. 집합자료 분석

9.3절의 분석결과는 한국에서 선거경쟁이 왜 유인가치 중심으로 치러지는가를 설명할 수 있는 이론적 근거를 제시한다. 3장에서는 한국에서는 민주주의 국가들 중 가장 협애한 정당체제가 형성되었다는 사실을 보여주었다. 이러한 경험적 사실들과 명제 1이 결합되면, 한국에서의 비이념 투표를 이론적으로 설명할 수 있게 된다. 한국과 같이 정당체제가 협애한 국가에서는 유인가치를 통해 유권자들의 이념적 투표결정을 바꾸기 쉽다. 정당들은 실체 없는 유인가치의 형성과 광고를 통해 정당 간 입장 차이가 불분명하다고 느끼는 유권자들의 비이념투표를 이끌어 낼 수 있다.

아래에서는 불분명한 정당 간 입장 차이가 비이념투표를 촉진한다는 주장에 대한 경험적 증거를 제시한다. 먼저 집합자료 분석을 통해 명제 1을 검증한다. 독립변수인 정당 간의 입장 차를 측정하기 위해 각 선거에서 주요 보수정당과 진보정당의 이념 차이에 대한 유권자들의 평균인식

〈그림 9.2〉 정당 간 입장 차이 인식이 비이념 투표자 비율에 미치는 영향

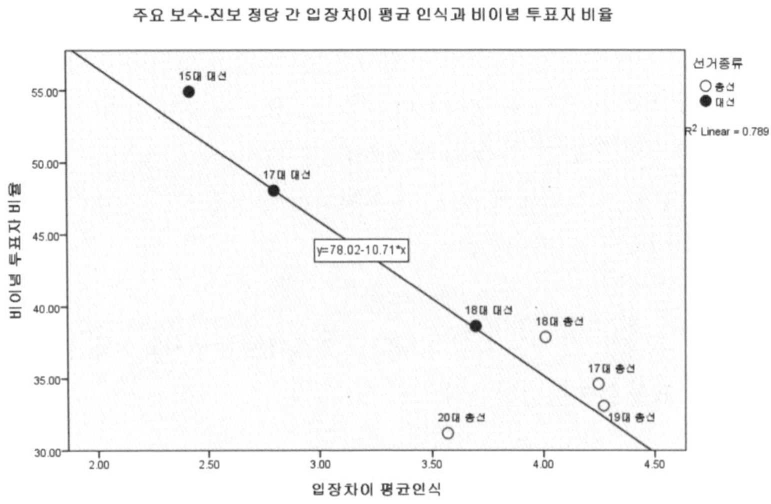

출처: 16-20대 "국회의원 선거 국민 의식조사"와 15-18대 대선 "대통령 선거 유권자 의식조사" 한국사회과학 데이터센터, 17대 및 18대 대선 패널데이터 자료, 동아시아연구원.

을 계산하였다. 종속변수인 비이념 투표는 주요 보수정당과 진보정당 중 유권자의 입장보다 이념적으로 더 멀리 있는 정당을 지지한 유권자들의 비율을 계산하였다.

〈그림 9.2〉는 15대 대선 이후 유권자들의 정당 간 입장 차이 인식이 비이념 투표자 비율에 미치는 영향을 보여준다. 〈그림 9.2〉는 정당 간의 입장 차이가 크게 인식될수록 비이념 투표자의 비율이 줄어든다는 명제 1을 강하게 지지하는 결과를 보여준다. 〈그림 9.2〉는 사례가 일곱 개에 불과한데도 독립변수의 설명력이 78.9%에 달한다는 사실을 보여준다. 총선에서 비이념 투표자의 비율보다 대선에서 비이념 투표자의 비율이 더 큰 것으로 나타났다. 이는 대선후보의 개인적 특성들과 대선 후보를 둘러싼 스캔들과 같은 정치적 사건이 유권자의 투표결정에 더 큰 영향을 미치기 때문으로 해석된다. 비이념 투표자의 비율이 가장 높았던 선거는 IMF 사태 직후에 치러진 15대 대선이었고, 이념투표가 가장 강화되었던 선거는 20대 총선이었다.

9.4.2. 유권자 투표결정 분석

1) 분석 모형

명제 2와 3은 유권자 개인들의 비이념 투표결정에 대한 명제이므로, 두 명제는 개인수준의 자료를 통해 검증될 필요가 있다. 명제 2와 3을 검증하기에 앞서, 정당 간에 입장 차를 더 느끼는 유권자들이 누구인가를 분석한다. 이 모형에서는 유권자들의 사회경제적·인구통계학적 특성들과 정치정보가 이들의 정당 입장 차이 인식에 어떠한 영향을 미치는가를 분석한다. 아래의 모형을 통해 이러한 분석을 수행한다.

$$\begin{aligned}\text{입장차이 인식} = a &+ b_1\text{미디어활용도} + b_2\text{이념적 급진성} + b_3\text{이념성향} + b_4\text{영남거주}\\ &+ b_5\text{호남거주} + b_6\text{반공세대} + b_7\text{신세대} + b_8\text{연령} + b_9\text{소득} + b_{10}\text{학력}\\ &+ b_{11}\text{성별} + b_{12}\text{도시규모} + b_{13}\text{대선} + b_i\sum_{i=14}^{n} X_i + e\end{aligned}$$

종속변수인 유권자의 정당 간 입장 차이 인식은 유권자가 인식하는 보수정당과 진보정당의 이념 차이의 절댓값으로 측정하였다. **이념적 급진성**은 유권자 이념에서 이념의 중간 값인 5에서 유권자 이념을 뺀 값에 절댓값을 취하였다. **미디어 활용도**는 다음과 같이 측정하였다. 설문조사들은 응답자들이 공공문제에 대한 정보를 얻기 위해 이들 매체를 일주일에 어느 정도 이용하는지를 물어보았다. 설문조사마다 다른 척도를 사용해서 측정했기 때문에, 각 설문조사의 응답에서 응답평균을 뺀 후 표준편차로 나눈 z값을 계산하였다. 나머지 변수들은 이전 장의 방법과 같이 측정하였다.

다음은 명제 2와 3을 아래의 로짓 모형으로 검증하였다. 종속변수인 비이념 투표를 측정하기 위해, 주요 보수정당과 진보정당 중 유권자의 입장보다 이념적으로 더 멀리 있는 정당을 지지한 유권자에 1을, 그렇지 않은 유권자에 0을 할당하였다.

$$\ln\left(\frac{P}{1-P}\right)=z,\ P(Y=\text{비이념 투표})=\frac{e^z}{1+e^z}$$

$$\begin{aligned}z=a&+b_1\text{입장차이 인식}+b_2\text{미디어활용도}+b_3\text{이념적 급진성}+b_4\text{이념성향}+b_5\text{영남거주}\\&+b_6\text{호남거주}+b_7\text{연령}+b_8\text{반공세대}+b_9\text{신세대}+b_{10}\text{소득}+b_{11}\text{학력}+b_{12}\text{성별}\\&+b_{13}\text{도시규모}+b_{14}\text{대선}+b_i\sum_{i=15}^{n}X_i+e\end{aligned}$$

다음은 비이념 투표가 보수정당 지지에 어떠한 영향을 미치는가를 아래의 로짓 모형으로 분석하였다. 종속변수인 보수정당 지지를 측정하기 위해, 주요 보수정당을 지지한 유권자에 1을, 그렇지 않은 유권자에 0을 할당하였다.

$$\ln\left(\frac{P}{1-P}\right)=z,\ P(Y=\text{보수 정당 지지})=\frac{e^z}{1+e^z}$$

$$\begin{aligned}z=a&+b_1\text{비이념 투표}+b_2\text{입장차이 인식}+b_3\text{미디어활용도}+b_4\text{이념적 급진성}+b_5\text{이념성향}\\&+b_6\text{영남거주}+b_7\text{호남거주}+b_8\text{연령}+b_9\text{반공세대}+b_{10}\text{신세대}+b_{11}\text{소득}+b_{12}\text{학력}\\&+b_{13}\text{성별}+b_{14}\text{도시규모}+b_{15}\text{대선}+b_i\sum_{i=16}^{n}X_i+e\end{aligned}$$

2) 분석 결과

〈표 9.1〉은 정당 간 입장 차 인식에 영향을 미치는 변수들에 대한 분석 결과이다. 〈표 9.1〉은 두 모형의 분석결과를 보여준다. 모형 1은 **미디어 활용도**를 통제하지 않은 모형이고 모형 2는 통제한 모형이다. 두 모형의 결과를 살펴보면, 이념적으로 급진적인 유권자일수록, 진보적일수록, 나이가 많을수록, 대선보다는 총선에서 정당 간 입장 차를 더 느끼는 것으로 나

〈표 9.1〉 정당 간 입장 차 인식에 미치는 영향

모형	모형 1			모형 2		
종속변수	정당 간 입장차 인식					
독립변수	b (s.e.)	beta (t값)	유의수준	b (s.e.)	beta (t값)	유의수준
미디어 활용도				.109 (.025)	.043 (4.301)	.000 ***
이념적 급진성	.470 (.016)	.287 (29.042)	.000 ***	.469 (.016)	.286 (28.608)	.000 ***
유권자 보수이념	-.048 (.012)	-.043 (-4.192)	.000 ***	-.049 (.012)	-.043 (-4.190)	.000 ***
영남 거주	-.045 (.058)	-.008 (-.787)	.431	-.047 (.058)	-.008 (-.798)	.425
호남거주	.283 (.082)	.034 (3.427)	.001 **	.280 (.084)	.034 (3.355)	.001 **
반공세대	.231 (.098)	.042 (2.368)	.018 *	.242 (.098)	.044 (2.456)	.014 *
신세대	-.075 (.091)	-.012 (-.827)	.408	-.062 (.092)	-.010 (-.669)	.504
연령	.004 (.004)	.020 (.845)	.398	.003 (.004)	.019 (.801)	.423
소득	.033 (.028)	.013 (1.181)	.238	.024 (.029)	.009 (.856)	.392
학력	.086 (.031)	.033 (2.723)	.006 **	.061 (.032)	.024 (1.900)	.057
성별(여성)	-.062 (.050)	-.012 (-1.230)	.219	-.031 (.051)	-.006 (-.619)	.536
도시규모 (시골)	.078 (.032)	.026 (2.407)	.016 *	.080 (.032)	.027 (2.472)	.013 *
선거유형 (대선)	-.293 (.092)	-.055 (-3.191)	.001 **	-2.123 (.155)	-.397 (-13.671)	.000 ***
N	9132			8946		
R^2 (수정 R^2)	.160 (.159)			.161 (.159)		

*: p<.05; **: p<.01; ***: p<.001

〈표 9.2〉 후보 간 입장 차 인식이 비이념 투표결정에 미치는 영향

모형	모형 3			모형 4		
종속변수	비이념 투표					
독립변수	b (s.e.)	Exp(b) (Wald)	유의 수준	b (s.e.)	Exp(b) (Wald)	유의 수준
미디어 활용도				-.096 (.030)	.909 (10.173)	.001 **
입장차이 인식				-.307 (.014)	.736 (504.834)	.000 ***
이념적 급진성	-.404 (.020)	.668 (423.475)	.000 ***	-.303 (.021)	.738 (206.888)	.000 ***
유권자 보수이념	.033 (.014)	1.033 (5.522)	.019 *	.018 (.015)	1.019 (1.551)	.213
영남거주	.091 (.064)	1.095 (2.022)	.155	.084 (.067)	1.087 (1.559)	.212
호남거주	.063 (.088)	1.065 (.508)	.476	.107 (.093)	1.113 (1.336)	.248
반공세대	-.147 (.104)	.863 (1.994)	.158	-.111 (.109)	.895 (1.024)	.312
신세대	.050 (.103)	1.051 (.229)	.632	.020 (.109)	1.020 (.033)	.855
연령	.002 (.005)	1.002 (.193)	.661	.002 (.005)	1.002 (.233)	.630
소득	-.045 (.031)	.956 (2.105)	.147	-.035 (.033)	.966 (1.123)	.289
학력	-.196 (.035)	.822 (31.421)	.000 ***	-.174 (.037)	.841 (21.702)	.000 ***
성별(여성)	.158 (.055)	1.171 (8.229)	.004 **	.130 (.058)	1.138 (4.948)	.026 *
도시규모(시골)	.048 (.036)	1.050 (1.771)	.183	.073 (.039)	1.075 (3.538)	.060
선거유형(대선)	1.458 (.170)	4.299 (73.782)	.000 ***	.943 (.181)	2.567 (27.248)	.000 ***
N		6313			6296	
Cox & Snell R^2		.109			.190	

타났다. 다른 유권자들에 비해 호남 거주자, 신세대, 시골 거주자들은 정당 간의 입장 차를 더 느끼고, 영남 거주자와 반공세대는 덜 느끼는 것으로 나타났다. **미디어 활용도**를 통제하지 않은 모형 1에서는 학력이 높을수록 정당 간의 입장 차를 더 느끼는 것으로 나타났으나, **미디어 활용도**를 통제한 모형 2에서 학력은 정당 간의 입장 차 인식에 통계적으로 유의미한 영향을 미치지 않는 것으로 나타났다. 이러한 결과는 학력 자체가 정

당 간의 입장 차를 더 크게 느끼도록 하는 것이 아니라, 학력이 높은 유권자는 미디어 활용도가 높기 때문에 정당 간 입장 차를 더 크게 느낀다는 것을 의미한다.

다음은 비이념 투표결정에 미치는 변수들의 영향을 두 모형을 통해 분석하였다. 모형 3에서는 유권자의 정치정보와 관련이 있는 두 변수들(미디어 활용도와 정당 간 입장 차 인식)을 제거하고, 모형 4에서는 이들을 포함하였다. 〈표 9.2〉는 두 모형의 분석결과를 보여준다. 두 모형 모두에서 유의미한 영향력을 미친 변수들을 중심으로 분석결과를 살펴보면 다음과 같다. 첫째, 이념적으로 양극단에 있는 유권자일수록 비이념 투표를 할 확률은 줄어든다. 이러한 결과는 명제 2를 뒷받침한다. 둘째, 정당 간의 입장 차를 크게 인식할수록 비이념 투표를 할 확률은 줄어든다. 이러한 결과는 명제 3을 뒷받침한다. 셋째, 학력이 낮을수록, 남성보다는 여성이 비이념투표를 할 가능성이 높다. 넷째, 총선보다 대선에서 비이념투표를 할 가능성이 높다. 다섯째, 미디어 활용도가 높을수록 비이념 투표를 할 확률은 줄어든다.

〈표 9.2〉에서 모형 3과 모형 4의 결과들을 비교하면 몇 가지 중요한 사실들을 발견할 수 있다. 첫째, 모형 4에 추가시킨 정치정보와 관련된 두 변수들은 비이념 투표에 대한 설명력을 (10.9%에서 19.0%로) 74% 정도 증가시킨다. 모형 3에서는 유권자 이념이 비이념 투표에 유의미한 영향을 미쳤으나, 모형 4에서는 이러한 영향력이 사라졌다. 유권자들의 이념적 급진성이 비이념 투표에 미치는 영향력에 대한 두 모형의 결과를 비교해보면, 모형 4에서 Wald값이 52% 정도 감소하였다. 성별이 비이념 투표에 미치는 영향의 통계적 유의미성은 모형 4에서 39.8%감소하였고 학력의 유의미성은 30.9% 감소하였다. 이러한 결과는 온건한 유권자들, 여성, 저학력자들은 정당 간 입장 차에 대한 정치정보가 부족하기 때문에 비이념 투표를 한다는 사실을 의미한다.

다음은 보수정당 지지에 미치는 영향을 두 모형을 통해 분석하였다. 모형 5는 정치정보 관련 두 변수들을 포함하지 않고 모형 6은 포함한다.

〈표 9.3〉 후보 간 입장 차 인식이 보수후보 지지에 미치는 영향

모형	모형 5			모형 6		
종속변수	보수후보 지지					
독립변수	b (s.e.)	Exp(b) (Wald)	유의 수준	b (s.e.)	Exp(b) (Wald)	유의 수준
미디어 활용도				-.009 (.033)	.991 (.069)	.792
입장차이인식				-.039 (.014)	.961 (7.797)	.005 **
비이념 투표	.527 (.066)	1.693 (63.810)	.000 ***	.479 (.069)	1.614 (48.778)	.000 ***
이념적 급진성	.092 (.023)	1.097 (16.458)	.000 ***	.106 (.023)	1.112 (20.719)	.000 ***
유권자 보수이념	.346 (.016)	1.413 (493.361)	.000 ***	.344 (.016)	1.410 (484.064)	.000 ***
영남거주	.950 (.075)	2.585 (160.348)	.000 ***	.946 (.075)	2.575 (158.601)	.000 ***
호남거주	-2.677 (.139)	.069 (373.354)	.000 ***	-2.694 (.139)	.068 (373.070)	.000 ***
반공세대	.126 (.120)	1.135 (1.103)	.294	.126 (.120)	1.134 (1.089)	.297
신세대	-.011 (.118)	.989 (.009)	.926	-.007 (.119)	.993 (.003)	.954
연령	.021 (.005)	1.021 (15.362)	.000 ***	.022 (.005)	1.022 (16.118)	.000 ***
소득	-.005 (.035)	.995 (.018)	.894	-.004 (.035)	.996 (.010)	.920
학력	-.004 (.040)	.996 (.009)	.925	.000 (.041)	1.000 (.000)	1.000
성별 (여성)	.113 (.063)	1.119 (3.167)	.075	.114 (.064)	1.120 (3.171)	.075
도시규모 (시골)	-.076 (.042)	.927 (3.317)	.069	-.071 (.042)	.932 (2.879)	.090
선거유형 (대선)	-.438 (.190)	.645 (5.302)	.021 *	-.495 (.192)	.610 (6.646)	.010 *
N	6313			6296		
Cox & Snell R^2	.318			.319		

〈표 9.3〉은 보수정당 지지에 대한 다음과 같은 분석결과를 보여준다. 정당 간의 입장 차를 작게 느낄수록, 비이념 투표를 하는 유권자일수록, 급진적인 유권자일수록, 보수적인 유권자들일수록, 나이가 많을수록 보수정당을 지지할 가능성이 높다. 이념투표자에 비해 비이념 투표자가 보수정당을 지지를 할 가능성에 대한 Wald값은 모형 5의 결과에 비해 모형 6의 결과에서 23.5% 감소하였다. 이는 비이념 투표자들은 정당 간에 입장

차에 대한 정치정보가 부족하기 때문에 보수정당들을 지지하는 경향이 있다는 사실을 의미한다.

3장에서는 한국 유권자들은 보수정당이 경제 활성화 능력이나 안보 능력이 진보정당보다 더 뛰어나다고 생각하는 경향이 있다는 경험적 근거를 제시하였다. 〈표 9.3〉은 비이념 투표를 하는 유권자일수록, 보수정당을 지지한다는 결과를 보여주었다. 이러한 결과들과 비이념 투표자들은 정당 간에 입장 차에 대한 정치정보가 부족하다는 결과를 조합하면, 비이념 투표자들일수록 왜 보수정당을 더 지지하는가를 알 수 있다. 이들이 보수정당을 더 지지하는 이유는 정당 간에 이념 차이가 별로 없다고 느끼면서 보수정당의 유인가치가 더 크다고 느끼기 때문이다.

9.5. 결론과 함의

유권자들은 자신과 이념적으로 멀리 있는 후보가 더 많은 유인가치를 제공하면, 자신들의 이념에 반하는 투표를 할 수 있다. 유권자들이 이러한 비이념적 투표행태에 항상 문제가 있는 것은 아니다. 유권자들이 후보들의 유인가치에 대한 정확한 정보를 가지고 있다면, 유권자들은 더 우월한 유인가치를 가지고 있는 후보를 선택하는 것이 합리적이다. 예컨대, 국가 및 지역 경제발전 능력과 같은 유인가치는 유권자들의 복지를 향상시키는데 중요한 역할을 한다. 그러나 대부분의 유권자들은 후보의 유인가치를 정확하게 평가할 만큼의 정치정보를 가지고 있지 않다.

3장에서 보여준 바와 같이, 한국 정당들은 실체 없는 유인가치를 형성시키고 이를 광고하여 유권자들의 이념투표 결정을 바꾸려 노력한다. 유권자들이 후보들의 유인가치에 대한 정확한 정보가 없을 경우, 실체 없는 유인가치에 대한 믿음 때문에 보수(진보)유권자가 진보(보수)적인 정책을 제시하는 후보를 지지하면, 이들은 자신에게 정책적으로 해를 끼칠 후보를 지지하게 된다. 유권자들이 자신에게 해를 끼칠 후보에게 투표하거나 국정운영에 대한 심판 능력이 없으면, 민주주의가 정상적으로 작동하고 있지 않다는 것을 의미한다.

이 절의 경험분석 결과는 유권자들이 정당 간 입장 차를 선명하게 느낄수록, 이들이 비이념 투표를 할 가능성이 줄어든다는 사실을 보여주었다. 이는 달리 말하면, 후보 간 입장 차가 모호해질수록 유인가치 중심의 선거가 촉진된다는 것이다. 이러한 분석결과는 한국에서의 유인가치가 유권자의 투표결정에서 왜 중요하게 작동하는가를 설명할 수 있는 이론적 근거를 제공한다. 협애한 한국의 정당체제에서 정당 간의 이념적·정책적 입장 차를 느끼기 어려운 유권자들은 정당들이 제시하는 유인가치의 광고에 흔들릴 가능성이 높다. 이처럼 시장거래화된 선거경쟁에서는 선거 당시의 정치적 사건이나 흑색선전, 실체 없는 유인가치 광고들에 의해서 유권자들은 자신의 이념과 정책적 선호에 반하는 투표결정을 하게 된다. 이 절의 결과는 정치정보가 많은 유권자들일수록 정당 간의 입장 차를 크게 느낀다는 사실을 보여주었다. 이러한 결과의 함의는 유권자들이 자신의 정책적 선호에 반하는 비이념 투표를 하는 것을 방지하기 위해서는, 정당들이 선명한 정책입장을 제시하도록 유도하고, 유권자들에게 정당들의 정책 차이에 대한 정치정보를 손쉽게 얻을 수 있도록 도와주어야 한다는 것이다.

III

회고적 투표, 선거심판과 정치정보

10장

경제투표와 선거심판: 객관적 경제성과와 주관적 회고 및 전망

10.1. 소개

이 장에서는 현직 대통령 또는 여당의 경제발전 성과라는 유인가치에 대한 회고적 평가가 유권자의 투표결정에 어떠한 영향을 미치는가를 분석한다. 개인소득 또는 국가경제에 대한 유권자들의 회고적 평가가 부정적일 경우 유권자들은 현직 대통령이나 여당에 대한 지지를 철회하고, 긍정적인 경우 지지표로 보답한다는 경제투표(economic voting) 이론은 미국 사례를 분석한 수많은 연구들에 의해 뒷받침되어 왔다. 한국의 경우, 3장에서 보여준 바와 같이, 유권자들은 실질적인 거시경제 성과와 상관없이 보수정당이 경제활성화 능력이 더 우월하다고 생각하는 경향이 있다. 이러한 사실은 한국 유권자들은 정당들의 유인가치를 정확하게 평가할 정도의 정치정보를 가지고 있지 않으며, 정당들이 유인가치를 얼마나 효과적으로 광고하는가에 따라 유권자들의 유인가치 평가가 달라질 수 있다는 사실을 의미한다.

유권자가 현직 대통령이나 여당의 거시경제 성과를 합리적으로 평가하기 위해서는 여러 조건들이 충족되어야 한다. 첫째, 한 국가의 경제적 상황은 정부정책과 상관없이 세계경제의 상황에 따라 변할 수 있다. 따라서 국가경제의 활성화 또는 침체가 세계경제 상황의 변화가 아닌 정부정책 때문에 초래된 것이라는 것을 평가할 수 있는 능력이 있어야 한다. 둘째, 권력이 분산된 대통령제에서 대통령과 여당이 경제정책을 독점할 수 없다. 따라서 유권자들은 경제정책에 대한 책임소재의 경중을 파악할 수 있어야 한다. 셋째, 유권자 개인의 경제적 상황의 변화에 대한 책임을 현직정부에 묻기 위해서는 유권자 자신의 책임과 정부의 책임을 구분할 수 있어야 한다.

에이큰과 바르텔즈(Achen and Bartels 2016)는 기존의 경제투표 이론에 회의적인 시각을 보낸다. 이들에 의하면, 유권자들이 회고적인 평가를 통해 현직 정부의 책임을 물을 수 있는 가능성은 이들이 자신들의 경제적 상황에 현직정부가 얼마나 기여했는가를 정교하게 파악할 수 있는 능력에 달려있다. 많은 유권자들은 자신이 초래한 문제를 정부 탓으로 돌리기도 하고, 심지어 가뭄이나 홍수 같은 자연현상뿐만 아니라 해변에서의 상어의 공격에 대한 책임을 정부에 묻기도 한다(Achen and Bartels 2016). 에이큰과 바르텔즈는 유권자들은 현직 정부의 정책과 자신의 복지와의 연관성을 정확하게 이해할 수 있는 능력이 없으므로, 회고적 투표는 잘못된 심판으로 이어질 가능성이 높다고 주장한다.

이 장에서는 한국 유권자들의 현직정부의 경제성과에 대한 회고적 평가능력을 분석하고, 이러한 회고적 평가가 여당후보 지지와 어떠한 영향을 미치는가를 분석한다. 이 장은 다음과 같이 구성되어 있다. 10.2절에서는 경제발전 성과에 대한 회고적 평가에 대한 연구들을 검토한다. 10.3절에서는 객관적 경제성과가 여당후보 지지에 어떠한 영향을 미치는가를 살펴본다. 10.4절에서는 유권자들의 경제상황에 대한 주관적 회고와 미래 경제에 대한 주관적 전망이 여당후보 지지에 미치는 영향을 분석한다. 10.5절에서는 이 장의 분석결과를 정리하고 이 결과가 한국 민주주의의 작동에 대한 어떠한 함의를 가지고 있는가를 논의한다.

10.2. 선행연구

에이큰과 바르텔즈(Achen and Bartels 2016)는 미국 선거연구에서 회고적 평가 이론에 관심이 집중되게 된 이유는 기존의 민주주의 선거기능에 대한 회의적 시각이 부상하게 되면서 회고적 평가이론이 하나의 대안으로 주목받게 되었기 때문이라고 주장한다. 기존의 민주주의 선거이론에서는 선거가 정부로 하여금 시민들의 선호에 대해 지속적인 반응을 할 수 있도록 하는 기능을 가지고 있다고 가정한다(Dahl 1971). 그러나 《미국유권자》(The American Voter)의 저자들은 일반 유권자들은 불안정하고 변덕스러운 정치적 선호를 가지고 있고 정치 전문가들도 공공정책의 세부적인 내용을 모른다는 사실을 보여주었다(Campbell et al. 1960). 정치심리학적 접근법을 기초로 하는 연구들은 유권자들이 자신이 선호하는 정책적 입장과 더 가까운 정책을 표방하는 정당을 지지한다는 공간이론(Spatial theory)의 가정들이 현실과 부합하지 않는다고 주장하였다. 이러한 시각에서, 스톡스는 위치쟁점보다 후보의 유인가치에 대한 평가가 유권자의 투표결정에 더 중요한 영향을 미친다는 사실을 지적하였다(Stokes 1963).

비슷한 맥락에서, 키(Key 1966)는 유권자들은 대선 후보와의 정책적 근접성이 아닌 현직 대통령의 정책성과를 근거로 투표결정을 한다고 주장하였다. 피오리나(Fiorina 1981)는 키의 연구를 정교화시켜 대통령의 국정성과에 대한 유권자의 회고적 평가가 이들의 투표결정에 어떠한 영향을 미치는가를 분석하였다. 회고적 평가에 대한 연구들은 민주주의의 기능에 대한 회의적 시각에 새로운 희망을 불어넣어 주었다(Achen and Bartels 2016). 회고적 유권자들은 현직 정부의 정책들에 대해서 정확히 알 필요 없이 자신들의 복지상태가 더 개선되었는지 악화되었는가만 판단할 수 있어도, 무능한 정부를 심판할 수 있다(Fiorina 1981: 5). 유권자들이 이처럼 자신의 복지상황의 변화를 판단할 수 있는 최소한의 능력만 있어도 현직정부는 유권자들을 충족시키기 위해 노력하므로, 민주주의는 선거를 통해 정상적으로 작동할 수 있다는 것이다.

학자들은 정부의 경제발전 성과에 대한 회고적 평가가 유권자의 투표결정에 미치는 영향을 다양한 방법으로 분석하였다. 첫 번째 부류의 연구는 집합수준의 자료를 사용해서 객관적인 경제상황이 현직 대통령이나 여당 지지율에 미치는 영향을 분석하였다. 크레이머(Kramer 1971)는 국민들의 소득증가가 총선에서 여당의 득표에 긍정적인 영향을 미친다는 사실을 발견하였고, 터프티(Tufte 1978)는 소득증가가 대선에서 여당후보 득표율에 매우 긍정적인 영향을 미친다는 사실을 발견하였다. 후속연구들은 객관적인 경제적 상황의 개선이 여당 대선후보의 득표(Erikson 1990; Hibbs 2000) 및 여당 총선후보들의 득표(Lewis-Beck and Rice 1992; Kinder and Kiewiet 1981)에 도움이 된다는 사실을 발견하였다. 설문조사자료를 이용하는 두 번째 부류의 연구는 유권자들의 개인적 재정상태에 대한 인식 또는 국가경제에 대한 주관적 평가가 이들의 투표결정에 어떠한 영향을 미치는가를 분석하였다(Fiorina 1981; Kiewiet 1983). 키위트(Kiewiet 1983)는 개인의 재정상태에 근거한 가계부(pocketbook) 경제투표보다는 국가경제에 대한 평가에 근거한 "사회공동체"(sociotropic) 경제투표가 더 중요하다고 주장하였다.

경제투표에 대한 경험연구들은 또한 유권자들의 투표결정이 대통령 재임기간 동안의 장기적인 소득증가에 반응하는가 아니면 선거 당시의 소득증가에 근시안적으로 반응하는가라는 쟁점을 중심으로 서로 다른 결과를 산출하였다. 많은 연구들은 미국 유권자들이 선거 당시의 장기적인 결과보다는 단기적인 결과에 반응한다는 사실을 발견하였다(Abramowitz 2008; Achen and Bartels 2016; Gelman and King 1993; Kramer 1971; Tuft 1978). 이에 반해, 일부 연구들은 미국 유권자들이 대통령의 재임기간 동안의 장기적 경제성장에도 반응한다는 결과를 제시하였다(Erikson 1989; Hibbs 1987; Wlezien and Erikson 2004).

경제투표 연구들이 이처럼 서로 상충되는 결과를 산출한 이유는 이들이 유권자 투표결정에 대한 서로 다른 가정에 기반하기 때문이다. 근시안적 경제투표를 지지하는 연구는 유권자들이 투표결정을 할 때 선거 훨씬 이전에 발생한 사건들에 대한 정보가 있음에도 불구하고 이를 버리고 최근의 정보만 선택적으로 사용하거나 선거가 다가오면서부터 수집하기 시작한 정보에 의존한다고 가정한다. 반면, 경제성과의 누적된 효과를 지지하는 연구는 선거일 훨씬 이전에 일어났던 사건들도 유권자의 투표결정에 영향을 미치나 선거일로부터 멀리 떨어질수록 이들의 효과가 점점 약해진다는 가정을 한다. 이러한 연구들과 달리 울레지엔(Wlezien 2015)은 선거일로부터 어느 정도 떨어진 시점 이후부터 선거일까지 발생한 사건들이 동등하게 영향을 미친다는 가정을 뒷받침하는 분석결과를 제시하였다.

다른 국가에서 경제투표에 대한 연구는 미국에서의 경제투표 연구결과와 상응하는 결과를 얻지 못했다. 그럼에도 불구하고, 유럽의 일부 국가에서도 특정한 시기에 경제투표의 증거가 발견되었다. 일부 연구는 영국(Clark and Stewart, 1995; Clark et al., 1997) 또는 프랑스에서(Lewis-Beck, 1980) 경제투표의 증거를 발견하였다. 그러나 덴마크와 노르웨이에서는 이러한 증거를 발견할 수 없었다(Madsen 1980).

경제투표에 대한 국내 연구들은 객관적인 경제성과의 효과를 분석하기보다 경제상황에 대한 주관적 평가가 유권자들의 투표결정에 미치는 영향을 주로 분석하였다. 한국에서의 경제투표 연구가 이처럼 주관적 경제투표에 집중된 이유는 객관적인 경제투표 연구가 충분한 사례 수를 확보하기 어렵기 때문이다. 민주화 이후 대선과 총선사례는 각각 6개와 7개에 불과하기 때문에, 여러 통제변수들을 통계분석 모형에 포함하면 신뢰할 수 있는 결과를 얻을 수 있을 정도의 충분한 자유도(degree of freedom)를 확보하기 어렵다. 따라서 한국에서의 경제투표 연구는 주관적 경제투표 연구에 집중되어 있다.

한국 유권자들의 주관적 경제투표 성향은 1992년 14대 대선까지만 해도 유의미하게 관찰되지 않았다(김재한 1993). 정봉성 · 송근원(2006)은 16대 대선에서 경제적 쟁점보다는 노무현 · 정몽준 후보단일화 같은 정치적인 사건과 이회창 후보의 비리연루 같은 후보자 쟁점이 대선 후보들의 지지율에 더 큰 영향을 미쳤다는 사실을 발견하였다. 그러나 IMF 경제위기를 겪고 치러진 15대 대선을 분석한 황아란(2000)은 경제실정에 대한 책임을 여당에게 물으면서도 여당을 지지하는 위험회피 성향보다 책임을 물어 야당후보를 지지하는 위험추구 성향이 더 강하게 나타났다는 사실을 발견했다. 김영태(2007)는 17대 대통령 선거에서 북한변수는 유권자의 투표행태에 큰 영향을 미치지 않았다는 사실을 발견하고, 1997년 IMF사태 이후 경제문제가 핵심쟁점이 될 것으로 예측하였다. 이후 연구들은 경제투표 분석에서 유권자의 상당수가 대통령의 경제정책 성과에 대한 회고적 평가를 기준으로 투표결정을 하는 경향이 있다는 사실을 발견하였다(이내영 · 정한울 2007; 정한울 · 권혁용 2009).

이에 반해, 회고적 투표성향보다 전망적 투표성향이 더 강하게 나타난다는 연구들도 제시되었다(권혁용 2008; 이재철 2008). 박경산(1993)은 14대 대선에서 회고적 투표보다는 전망적 투표의 개연성이 높다고 주장하였다. 이재철(2008)은 17대 대선에서는 역대의 어떠한 대선보다 경제쟁점이 가장 중요했으며, 지역주의 영향력은 감소했다고 주장하였다. 이재철은 또한 유권자들의 경제투표에서 개인의 경제사정에 대한 회고적 고려보다 국가의 경제상태에 대한 전망적 고려가 더 중요하다는 사실을 발견하였다. 이내영 · 안종기(2013)는 18대 대선에서 박근혜 후보에 대한 전망적 투표와 문재인 후보가 몸담았던 노무현 정권에 대한 회고적 투표가 동시에 작동했다는 분석결과를 발견했다.

다른 연구들은 경제투표의 영향력을 선거의 유형과 지역주의의 영향력과 연관 지어 설명하였다. 정한울 · 권혁용(2009)은 가계부 경제투표는 총선에서, 사회공동체적 경제투표는 대선에서 나타날 가능성이 높다고 분석했다. 이들은 또한 경제투표는 지역주의가 약화될 때 더 강한 영향력을 나타낸다고 분석하였다. 강우진(Kang 2013)은 제17대 대선분석을 통해 지역주의의 영향이 경제발전 성과에 대한 책임소재와 유권자 투표결정에 중요한 영향을 미친다는 결과를 제시하였다. 최재인 · 박원호(Choi and Park 2013)는 뉴타운 부동산 정책과의 관련 여부 및 중앙정부와 지방

정부의 지배정당의 일치 여부에 따라 경제투표 정도가 달라진다는 사실을 발견하였다.

10.3. 객관적 경제투표: 집합자료 분석

10.3.1. 미국과 한국에서의 경제투표

터프티(Tufte 1978, 112)는 1946년에서 1974년 사이의 여덟 대선 사례 분석을 통해, 일인당 실질 가처분 소득이 중간선거가 있는 해에 1%p 증가하면 여당은 0.62%p를 더 얻을 수 있다는 분석결과를 제시하였다. 에이큰과 바르텔즈(Achen and Bartels 2016)는 1952년에서 2012년 사이의 16번의 대통령 선거에서 선거 직전 단기간의 소득증가율과 재임 중 장기간의 소득증가율이 여당후보 득표율에 미치는 영향을 비교하였다. 에이큰과 바르텔즈는 대통령 취임 후 2분기부터 선거 직전까지의 재임 중 소득증가율이 대선에서 여당 후보의 득표율을 1.5%p만 증가시키는 반면, 선

〈그림 10.1〉 미국에서 단기적 경제성과에 대한 회고투표

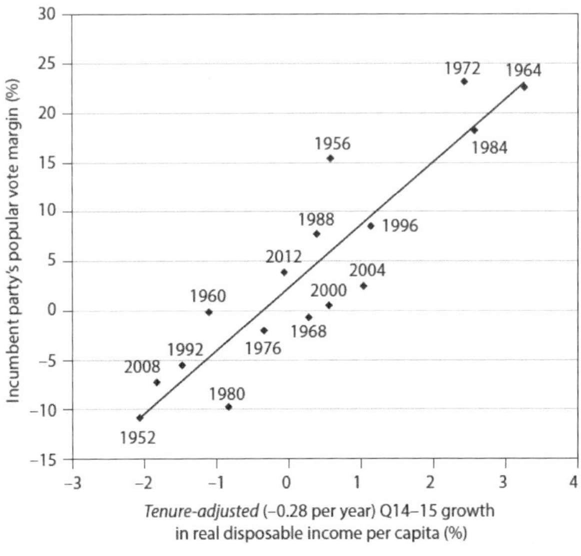

출처: Achen and Bartels 2016: 154쪽

거 직전 2분기 동안의 소득증가율은 7.4%p나 증가시킨다는 사실을 발견하였다(2016, 152).

〈그림 10.1〉은 재임기간 변수를 통제한 후,[1] 1952년에서 2012년 사이의 미국 대통령 선거에서 선거 당시의 경제적 성과에 대한 단기적 회고가 여당후보가 야당후보보다 더 득표한 정도에 미치는 영향을 보여준다. 〈그림 10.1〉은 단기적 경제성과에 대한 평가가 여당후보에 대한 지지에 매우 강한 영향을 미친다는 사실을 보여준다. 에이큰과 바르텔즈는 이러한 결과를 미국 유권자들이 합리적지 않다는 사실을 보여주는 증거라 해석하였다. 에이큰과 바르텔즈에 해석에 의하면, 미국 유권자들은 대통령 국정운영에 대한 객관적인 평가에 근거한 합리적인 유권자가 아니라, 선거 직전의 근시안적 이익을 좇는 비합리적인 유권자라는 것이다. 근시안적인 이익을 추구하는 유권자가 비합리적이다는 에이큰과 바르텔즈의 시각의 타당성에 대한 논의는 이 책의 2장에서 제시하였다. 여기에서는 에이큰과 바르텔즈의 분석 모형을 적용해서 한국에서의 경제투표를 분석한다.

에이큰과 바르텔즈의 연구를 한국에 적용하기 위해서 몇 가지 고려해야 할 문제들이 있다. 민주주의 역사가 긴 미국을 분석한 에이큰과 바르텔즈의 연구에서는 16개의 대선 사례를 확보할 수 있었지만, 한국에서는 민주화 이후 최초 대통령인 노태우 대통령의 국정운영에 대한 회고적 평가가 14대 대선부터 시작되었다. 따라서 한국 대선에서의 경제투표 사례 수는 14대부터 19대 대선까지 6개 사례에 불과하다. 한국에서는 또한 대선과 총선 및 지방선거가 다른 시점에서 치러지므로, 유권자들은 총선 또는 지방선거를 통해 대통령 국정운영을 심판하기도 한다. 따라서 한국에서는 대선뿐만 아니라 총선 및 지방선거 당시의 경제상황이 여당 득표율에 미치는 영향을 함께 분석할 필요가 있다.

1 에이큰과 바르텔즈(2016: 151)에 의하면, 대통령의 재임기간이 길어질수록, 여당에 대한 지지율은 감소한다는 가정 하에 대통령의 재임기간을 통제하였다. 에이큰과 바르텔즈의 분석결과에서 대통령의 재임기간 변수가 후보 득표율에 미치는 영향력은 크기 않기 때문에, 에이큰과 바르텔즈 분석모형의 설명력 대부분은 소득증가 변수에서 얻어진 것이다.

에이큰과 바르텔즈는 단기 소득증가율을 측정하기 위해 선거 이전 2분기 동안의 가처분 소득 증가율을 측정하였다. 한국에서는 전직 대통령이 퇴임한 후 2분기 안에 총선과 지방선거가 치러진 경우가 있었다. 1998년 제2회 전국동시지방선거는 전직 대통령 퇴임 후 4개월 만에, 2008년 18대 총선은 2개월 만에 치러졌다. 에이큰과 바르텔즈와 같이 단기적 경제성과에 대한 평가를 선거 직전 2분기에 대한 소득증가율로 측정할 경우, 현직 대통령이 취임한 직후 치러진 총선이나 지방선거 당시의 경제성과에 대한 책임을 전직 대통령이 아닌 현직 대통령에게 묻는 것으로 측정하게 된다. 그러나 1997년 4분기에 터진 IMF사태의 여파는 김대중 대통령이 당선 된 후 2분기까지 계속되어 1998년 1분기와 2분기의 소득증가율은 -7.02%p와 -0.65%p를 기록하였다. 따라서 단기적 경제발전 성과에 대한 평가를 측정하기 위해 선거 직전 2분기에 대한 소득증가율을 측정할 경우, IMF 사태가 초래한 1998년 1~2분기의 소득감소에 대한 김영삼 대통령의 책임을 김대중 대통령에게 묻는 것으로 측정하게 된다.

전술한 미국과 한국 선거제도의 차이점들을 반영하여, 이 글에서는 에이큰과 바르텔즈의 측정법과 다른 방법으로 선거 당시 단기적 경제발전 성과를 측정하였다. 선거 당시 영향을 주는 정책적 효과는 선거 후에도 일정기간 유지되므로, 선거 전후 2분기의 소득증가율을 측정하였다. IMF 사태의 여파가 선거 직전까지 지속된 2대 지방선거의 경우, 김대중 정부의 경제성과를 측정해야하므로 선거 이후 2분기 소득증가율을 측정하였다. 이러한 측정법으로 측정된 단기적 경제발전 성과와 에이큰과 바르텔즈의 측정법과의 상관계수는 0.87로 두 지표는 큰 차이가 없었다. 종속변수인 여당후보에 대한 지지는 여당(후보) 득표율에서 제1야당(후보) 득표율을 뺀 값(대선의 경우 여당 후보득표율과 제1야당 후보득표율의 차이, 총선의 경우 여당 정당득표율과 제1야당 정당득표율 차이, 지방선거의 경우 광역단체장 선거에서의 여당 득표율과 제1야당 득표율의 차이)을 계산하였다.

에이큰과 바르텔즈는 여당 재임기간(incumbent tenure)이 길어질수록 여당에 대한 지지가 줄어드는 추세를 통제하기 위해 경제투표 모형에서 여당의 재임기간을 통제하였다(2016, 152). 한국 역시 대통령에 대한 지지는 임기 초부터 지속적으로 감소하는 추세에 있고(문우진 2012), 대통령에 대한 지지는 여당후보 지지에 영향을 미치므로 대통령 재임기간을 통제할 필요가 있다. 대선, 총선, 지방선거의 선거일이 서로 일치하지 않는 한국에서는 대통령 취임일로부터 멀리 떨어진 날에 치러진 선거에서 여당에 대한 지지가 감소할 가능성이 있다. 따라서 이 변수를 통제하지 않을 경우, 대선보다 더 늦게 치러진 선거일수록 여당후보 지지율은 과소추정될 가능성이 있다. 한국은 또한 미국과 같은 엄격한 양당체제가 아니므로, 제3당 후보가 여당후보 득표율에 미치는 영향을 통제할 필요가 있다.

〈그림 10.2〉는 현직 대통령의 재임기간과 제3정당 후보의 득표율을 통제한 후 단기적 소득증가율이 여야 후보들의 득표율 차이에 미치는 영향력을 추정한 편회귀 그림(partial regression plot)이다. 〈그림 10.2〉는 한국의 대선, 총선, 지방선거에서 선거 전후 2분기 동안의 분기당 평균 소득증가율이 여당후보와 제 1야당 후보와의 득표율 차이에 미치는 영향을 보여준다.[2] 세 종류 선거에서의 경제투표를 종합적으로 나타내는 굵은 회귀선은 한국 유권자들은 대통령의 경제성과에 대한 회고적 투표를 하지 않는다는 사실을 보여준다. 심지어 IMF 사태 때문에 소득감소를 경험한 한국 유권자들도 15대 대선에서 경제적 회고투표 성향을 강하게 보여주지 않았다. 16대 대선부터 19대 대선까지 선거 당시 소득증가율은 거의 차이가 없음에도 불구하고, 여당 대선후보 득표율에는 커다란 차이가 발생하였다. 17대 대선 당시 노무현 정부가 두 번째로 높은 단기적 소득증가를 기록했음에도 불구하고 정동영 후보는 가장 낮은 지지를 얻었다. 19대 대선 당시 단기적 소득증가율은 세 번째로 높았으나 홍준표 후보는 최순실 국정농단으로 인해 소득증가율에 비해 낮은 득표율을 얻었다. 총선과 지방선거에서도 유권자들은 단기적 회고투표를 하지 않았다. 지방선

2 〈그림 10.2〉는 대통령의 재임기간과 3당 후보의 득표율을 통제한 그림이다. 박근혜 대통령 탄핵으로 인해 자유한국당은 여당의 지위를 상실했으므로 홍준표 후보는 괄호 안에 표기했다.

〈그림 10.2〉 한국에서 단기적 경제성과에 대한 한국 유권자의 회고적 투표

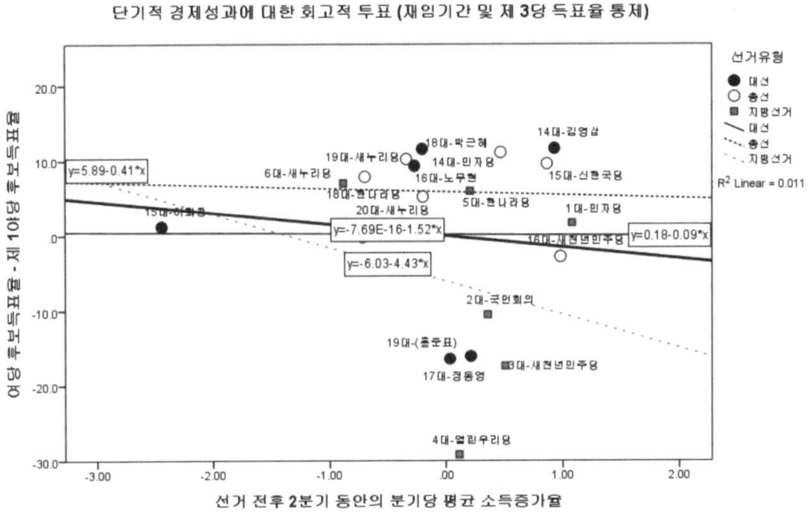

출처: OECD, https://data.oecd.org/gdp/real-gdp-forecast.htm#indicator-chart (검색일 2017.3.18). 아래 그림들의 출처 동일

거에서는 단기적 소득증가가 오히려 여당후보에 오히려 부정적인 영향을 미치는 것으로 나타났다.

에이큰과 바르텔즈는 장기적 경제성과를 측정하기 위해, 대통령 취임 시점 이후 5개월부터 퇴임 5개월까지 소득증가율을 측정하였다(Achen and Bartels 2016, 150).[3] 한국의 경우 소득증가율 자료를 분기별로 얻을 수 있으므로, 장기적 경제성과를 측정하기 위해 대통령 취임 후 3분기부터 차기 선거 후 2분기까지의 분기당 평균 소득증가율을 계산하였다. 〈그림 10.3〉은 대통령 취임 후 3분기부터 선거 후 2분기까지의 분기당 평균 소득증가율이 여야 후보들의 득표율 차이에 미치는 영향을 보여준다. 굵은 회귀선은 한국 유권자들은 전반적으로 대통령이 선거 당시까지 재임기간에 이룬 경제성과에 대한 회고적 투표를 하지 않는다는 사실을 보여

3 이러한 이유는 통화정책과 재정정책 변화가 효력을 발생하기 위해서 어느 정도의 시간이 소요되고, 대통령 취임 후 5개월까지의 경제상황은 전임대통령 정책의 영향을 받기 때문이다(Achen and Bartels 2016, 150).

〈그림 10.3〉 장기적 경제성과에 대한 한국 유권자의 회고적 투표

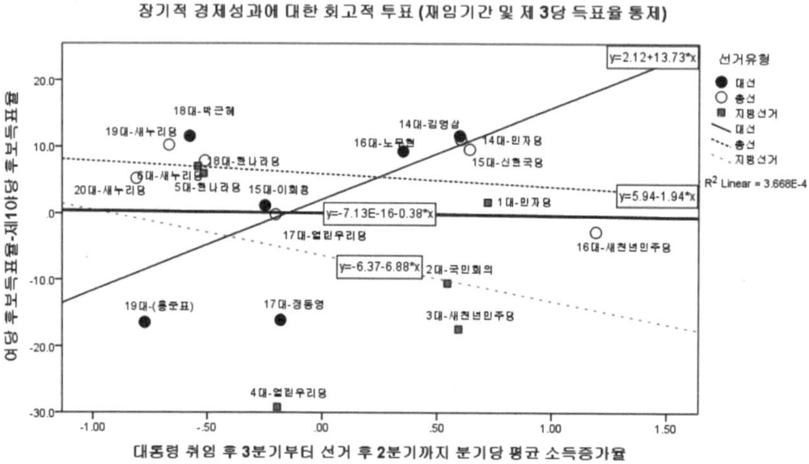

준다. 대선 사례를 의미하는 가느다란 실선은 장기적 소득증가율이 여당 후보 상대 득표율에 긍정적인 영향을 미치는 것처럼 보인다. 그러나 대선 사례만으로 경제투표 가능성을 분석해본 결과(〈표 10.2〉 참조), 장기적 소득증가율은 여당 후보지지에 통계적으로 유의미하지 영향을 미치지 않는 것으로 나타났다.

〈그림 10.3〉의 사례들을 살펴보면, 15대 대선에서는 IMF 사태에도 불구하고 이회창 후보가 상당히 선전한 것으로 나타났다. 대선 당시 두 번째로 낮은 장기적 소득증가율을 기록한 이명박 정부의 박근혜 후보 역시 18대 대선에서 상당히 선전하였다. 가장 낮은 장기적 소득증가율을 기록한 박근혜 정부의 홍준표 후보는 가장 낮은 상대득표율을 기록하였으나, 홍준표 후보의 저조한 결과는 경제투표의 효과와 박근혜 대통령의 국정농단 및 후보개인의 경쟁력 문제가 섞여서 나타난 것이다. 지방선거에서는 단기적 소득증가와 마찬가지로 장기적 소득증가 역시 여당에 부정적인 영향을 미치는 것으로 나타났다.

〈그림 10.2〉와 〈그림 10.3〉의 결과를 에이큰과 바르텔즈의 미국에서의 경제투표 분석결과와 비교하면 다음과 같다. 첫째, 미국 유권자는 장

기적 경제성과보다 단기적 경제성과에 더 민감하게 반응하는 반면, 한국 유권자가 객관적 경제투표를 한다고 볼 수 있는 경험적 증거는 발견되지 않았다. 둘째, 한국 유권자는 대선에서만 장기적 성과에 대한 반응하는 것처럼 관찰되었으나, 이러한 결과가 통계적으로 유의미하지는 않았다. 셋째, 세 종류의 선거에서의 경제투표를 종합적으로 평가한 결과, 한국에서는 객관적인 경제상황에 대한 경제투표는 관찰되지 않았다.

3장의 〈표 3.4〉가 보여준 바와 같이, 보수정당의 집권했던 기간인 18대 총선에서 20대 총선 사이 한국 유권자들은 보수정당이 경제활성화 능력이 진보정당보다 더 뛰어나다고 믿고 있다. 그러나 〈그림 10.2〉와 〈그림 10.3〉는 이 기간 동안 단기적 경제성과는 평균이하이고 장기적 경제성과는 최악이었다는 사실을 보여준다. 그럼에도 불구하고, 한국 유권자들은 회고적 심판을 하기보다는 보수정권의 경제활성화 능력에 대한 믿음을 유지했다. 이러한 결과는 유권자들이 경제성과에 대한 합리적 평가능력이 없다는 에이큰과 바르텔즈의 주장을 뒷받침하는 것이다. 다수의 유권자들은 현직정부의 경제발전 성과와 상관없이, 보수정당이 주장하

〈그림 10.4〉 보수정부와 진보정부의 단기적 경제성과에 대한 회고적 투표의 차이

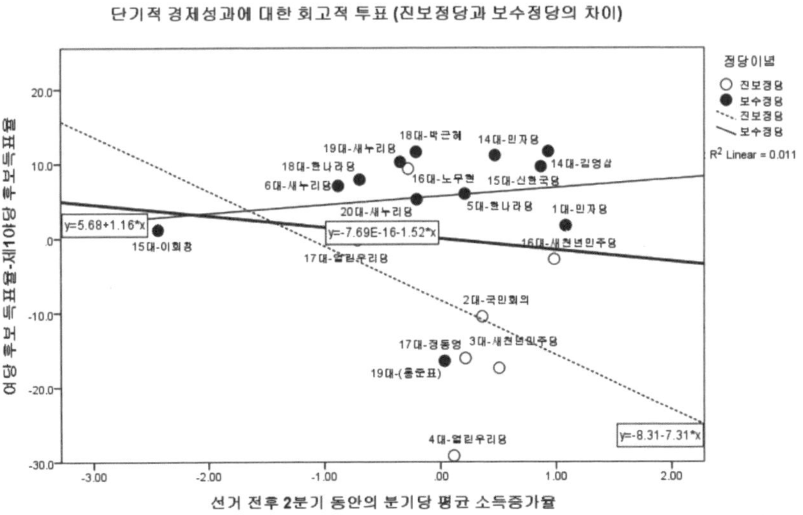

는 실체 없는 경제 활성화 능력과 안보능력에 대한 믿음을 근거로 보수정권들이 두 번의 파국적 사건을 터뜨리기까지 지속적으로 지지하였다.

〈그림 10.4〉는 한국 유권자들은 보수정부와 진보정부에서의 단기적 소득증가에 대해 차별적으로 반응한다는 사실을 보여준다. 통계적으로 유의미하지는 않지만, 보수정부가 선거 당시 소득증가율을 증가시키면 보수정당 후보의 득표율은 증가하는 반면, 진보정부가 선거 당시 소득증가율을 증가시키면 진보정당 후보의 득표율은 오히려 감소하는 것으로 나타났다. 〈그림 10.4〉에서 진보정당 후보가 보수정당 후보보다 더 높은 지지율을 기록한 경우는 대부분 중요한 정치적 사건 이후 치러진 선거이었다. IMF 사태 이후 치러진 15대 대선, 차떼기 사건과 총풍 및 병풍사건 이후에 치러진 16대 대선, 노무현 대통령 탄핵 사건이후 치러진 17대 총선, 새누리당 공천 파동 이후 치러진 20대 총선, 최순실 사태 직후 치러진 19대 대선과 같이 보수정당들이 초래한 경제파탄이나 부정부패 사건 이후 치러진 선거에서 진보정당 후보가 보수정당 후보보다 더 높은 지지를 얻을 수 있었다. 그렇지 않은 경우, 유인가치의 이점을 누리는 보수정당은 항상 진보정당에 승리할 수 있었다.

〈그림 10.5〉는 보수정부와 진보정부에서의 장기적 소득증가에 대한 회고적 투표 결과를 보여준다. 장기적 소득증가율이 보수정당 및 진보정당 후보의 득표율에 미치는 영향(기울기)은 서로 큰 차이가 없었으나, 동일한 소득증가율에 따른 득표율은 보수정당과 진보정당 사이에 상당한 차이가 발생했다. 예컨대, 보수정당의 대통령 재임기간 중 소득증가 성과가 전혀 없는 경우, 보수정당 후보는 상대후보보다 6.25%(보수정당 회귀선의 y절편)를 더 얻는 것으로 나타났다. 이에 반해, 진보정당의 대통령 재임기간 중 소득증가 성과가 전혀 없는 경우, 진보정당 후보는 상대후보보다 11.79%(진보정당 회귀선의 y절편)를 덜 얻는 것으로 나타났다. 이러한 결과는 실질적인 경제성과와 상관없이 보수정당은 진보정당보다 더 유리한 선거경쟁을 한다는 사실을 의미한다. 이러한 이유는 3장의 〈표 3.4〉이 보여준 바와 같이, 한국 유권자들은 안보능력이나 경제활성화 능

〈그림 10.5〉 보수정부와 진보정부의 장기적 경제성과에 대한 회고적 투표의 차이

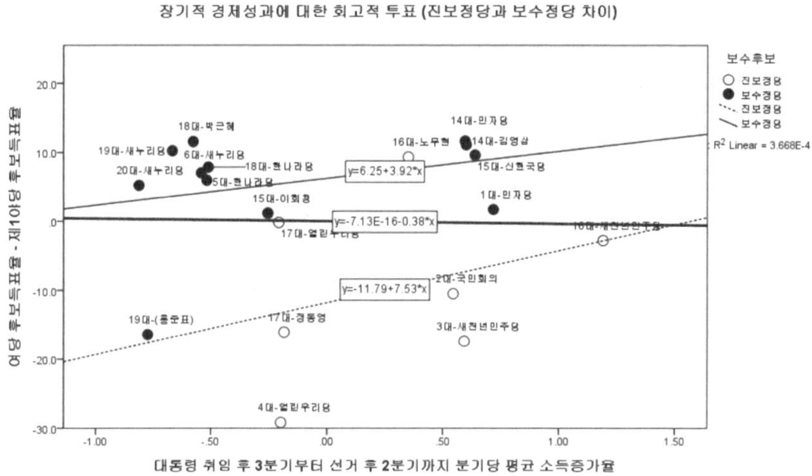

력 같은 유인가치에 있어서 보수정당이 진보정당보다 더 낫다고 생각하기 때문이다. 〈표 3.4〉의 자료와 이 절의 분석결과들을 종합하면, 한국 유권자들은 현직 대통령의 경제성과와 상관없이 보수정당의 유인가치에 대한 실체 없는 믿음을 근거로 맹목적 전망투표를 해 온 것으로 보인다.

10.3.2. 분석모형

이 절에서는 장기적 · 단기적 소득증가율이 여당후보 상대득표율에 미치는 영향을 다양한 모형을 통해 분석한다. 먼저 대통령 재임기간과 제3정당 후보득표율만 통제한 기본모형을 분석하였다. 기본모형은 두 가지 방법으로 분석하였다. 먼저 대선, 총선, 지방선거를 통합한 자료를 분석한 후, 자료를 선거종류 별로 분리하여 분석하였다. 두 번째 모형에서는 유권자들이 한국과 비슷한 경제수준의 국가들의 경제상황을 감안해서 경제투표할 가능성을 검토하기 위해, 기본모형에 OECD국가 소득증가율을 통제하였다. 세 번째 모형에서는 여당후보의 정파성을 통제하였다. 한국 유권자들은 보수정당이 진보정당보다 유인가치의 이점이 있는 것으로 인식하는 경향이 있다. 보수정당에 대한 이러한 인식이 여당후보 지지에

긍정적인 영향을 미치므로 여당후보의 정파성을 통제하였다. 마지막으로, 소득증가 외의 다른 경제적 성과들(선거연도의 실업률, 물가상승률, 소득불평등)이 여당후보 지지에 미치는 영향을 분석하였다. 종속변수인 여당후보 상대득표율과 이론적 독립변수인 장기소득 증가율과 단기소득 증가율은 전술한 방법으로 측정하였다.

통제변수들은 다음과 같이 측정하였다. 대통령 재임기간은 취임 후부터 선거 전까지의 기간을 월단위로 측정하였다. 제3정당 후보득표율은 대선의 경우 3위 후보 득표율을, 총선의 경우 3위 정당 득표율을, 지방선거의 경우 광역단체장 선거 3위 정당 득표율을 측정하였다. OECD 국가 소득증가율은 한국에서 선거가 있는 분기의 OECD 국가 평균 실질소득 증가율을 계산하였다.[4] 후보의 정파성을 측정하기 위해, 보수정당 후보에게 1을, 진보정당 후보에게 0을 할당하였다. 실업률, 물가상승률, 소득불평등 변수는 한국에서 선거가 있는 분기의 지표 값을 활용하였다. 세 경제지표들은 각각 통계청의 "경제활동인구조사," "소비자물가조사," "가계동향조사"에서 제공된 자료들을 사용하였다.

10.3.3. 분석결과

〈표 10.1〉은 기본모형 분석결과를 보여준다. 모형 1과 2는 각각 장기적 소득증가율과 단기적 소득증가율만 포함한 모형들이고, 모형 3은 두 변수를 모두 포함한 모형이다. 〈표 10.1〉은 한국 유권자는 장기적 경제성과뿐만 아니라 단기적 성과에도 반응하지 않았다는 사실을 보여준다. 재임기간 변수는 여당후보 상대득표율에 부정적인 영향을 미치나 유의미한 영향은 미치지 않는 것으로 나타났다.[5] 〈표 10.1〉은 세 모형의 수정 결정

4 OECD. https://data.oecd.org/gdp/real-gdp-forecast.htm#indicator-chart (검색일 2017.3.18).

5 전술한 바와 같이, 재임기간 변수는 대통령의 재임기간이 지나면서 초래되는 대통령 인기하락에 따른 여당 후보 지지하락 가능성을 통제하기 위해 포함시켰다. 재임기간 대신 대통령 지지율을 통제했을 경우, 대통령 지지율은 세 모형 모두에서 여당후보 득표율에 긍정적인 영향을 미쳤으나 통계적으로 유의미하지 않은 것으로 나타났고, 다른 독립변수들의 영향력 방향과 유의수준에 대한 결과는 질적으로 다르지 않은 것으로 나타났다.

〈표 10.1〉 소득증가가 여당후보 득표율에 미치는 영향 (기본모형)

모형	모형 1			모형 2			모형 3		
종속변수	여당후보 상대득표율								
독립변수	b (s.e.)	beta (t값)	유의수준	b (s.e.)	beta (t값)	유의수준	b (s.e.)	beta (t값)	유의수준
재임기간 소득증가	-.004 (.051)	-.018 (-.074)	.942				.014 (.066)	.068 (.210)	.837
선거 당시 소득증가				-.015 (.037)	-.107 (-.404)	.692	-.021 (.049)	-.151 (-.438)	.668
재임기간	-.002 (.002)	-.235 (-.948)	.358	-.002 (.002)	-.275 (-.275)	.315	-.002 (.002)	-.295 (-1.020)	.325
제3정당 득표율	.285 (.471)	.151 (.604)	.555	.258 (.469)	.136 (.136)	.591	.234 (.497)	.124 (.471)	.645
N	19			19			19		
R^2 (수정 R^2)	.084 (-.099)			.094 (-.088)			.096 (-.162)		

*: p<.05; **: p<.01; ***: p<.001

계수(수정 R^2)가 모두 음수라는 사실을 보여준다. 수정 결정계수는 유의미하지 않은 변수 증가로 인해 결정계수가 증가하는 것을 방지하기 위한 지표이다. 〈표 10.1〉에서 보여준 음의 수정 결정계수 값들은 세 모형에서 각 독립변수들의 영향력이 미미하여 다른 독립변수들을 추가해도 모형의 설명력이 향상되지 않는다는 것을 의미한다.

장기적 · 단기적 소득증가 모두 여당후보 득표에 유의미한 영향을 미치지 않았다는 〈표 10.1〉의 결과는 서로 성격이 다른 세 종류의 선거를 통합한 자료를 분석했기 때문에 얻어진 것일 수 있다. 한국에서 총선 및 지방선거는 정부에 대한 중간평가 역할을 한다. 그러나 정부 및 여당의 거시경제 성과에 대한 심판동기는 지역구 의원을 선발하는 총선 또는 정파적 대결의 성격이 상대적으로 약한 지방선거에 비해 대통령 선거에서 더 강하게 발현될 가능성이 높다. 따라서 장기적 · 단기적 소득증가가 여당후보 상대득표율에 미치는 영향을 선거종류별로 나누어 따로 분석하였다.

〈표 10.2〉의 모형 4, 5, 6은 각각 대선, 총선, 지방선거에서의 경제투표 결과를 보여준다. 〈표 10.2〉는 총선과 지방선거뿐만 아니라 대선에서도 장기적 · 단기적 소득증가가 여당후보의 상대득표율에 통계적으로 유의미한 영향을 미치지 않는다는 사실을 보여준다. 신뢰할 수 있는 결과를

〈표 10.2〉 소득증가가 대선, 총선, 지선에서 여당후보 득표율에 미치는 영향

모형	모형 4 (대선)			모형 5 (총선)			모형 6 (지방선거)		
종속변수	여당후보 상대득표율								
독립변수	b (s.e.)	beta (t값)	유의수준	b (s.e.)	beta (t값)	유의수준	b (s.e.)	beta (t값)	유의수준
재임기간 소득증가	.123 (.348)	.527 (.354)	.784	-.029 (.122)	-.424 (-.236)	.835	-.034 (.276)	-.131 (-.122)	.923
선거 당시 소득증가	-.022 (.132)	-.211 (-.167)	.894	.005 (.138)	.064 (.037)	.974	.394 (.435)	1.347 (.906)	.531
재임기간	.003 (.063)	.098 (.052)	.967	.000 (.002)	.054 (.077)	.946	-.007 (.006)	-.728 (-1.051)	.484
제3정당 득표율	-.268 (2.294)	-.193 (-.117)	.926	.295 (.573)	.328 (.515)	.658	-4.253 (5.555)	-1.296 (-.766)	.584
N	6			7			6		
R^2 (수정 R^2)	.362 (-.099)			.681 (-.596)			.681 (-.596)		

산출할 정도의 충분한 자유도의 부족 때문에 이러한 결과가 발생했을 가능성을 고려해서, 모든 통제변수들을 제외시키고 장기적 또는 단기적 소득증가 변수만 포함시킨 단순회귀(bivariate regression) 분석을 수행했으나, 소득증가 변수들은 통계적으로 유의미한 영향을 미치지 않았다. 터프티(Tufte 1978)가 8개의 대선 사례만으로 소득증가가 여당 대선 후보 득표율에 매우 강한 영향을 미친다는 사실을 발견했다는 점을 감안하면, 6개의 한국 대선사례 분석결과가 사례부족 때문에 초래된 것만으로 보기 어렵다고 여겨진다.

〈표 10.3〉은 선거 당시의 OECD 국가들의 소득증가를 통제한 모형의 결과를 보여준다. 세계경제 상황을 통제한 모형에서의 경제투표의 증거는 유권자들이 세계경제의 변화를 감안하고 회고적 경제투표를 할 수 있다는 사실을 의미한다. 만약 OECD국가 소득증가 변수를 통제한 후 국내 소득 증가 변수의 영향력이 기본 모형의 결과보다 더 강하게 나타난다면, 유권자들은 세계경제 상황을 감안하고 경제투표를 한다는 사실을 의미한다. 〈표 10.3〉에서 모형 7과 8은 각각 장기적 소득증가율과 단기적 소득증가율만 포함한 모형들이고, 모형 9는 두 변수를 모두 포함한 모형이다. 〈표 10.1〉의 결과와 〈표 10.3〉의 결과를 비교하면, 두 결과 사이에서 국내 소득증가율 변수들의 영향력에 주목할 만한 차이가 발견되지 않았

〈표 10.3〉 소득증가가 여당후보 득표율에 미치는 영향(세계경제 통제 모형)

모형	모형 7			모형 8			모형 9		
종속변수	여당후보 상대득표율								
독립변수	b (s.e.)	beta (t값)	유의수준	b (s.e.)	beta (t값)	유의수준	b (s.e.)	beta (t값)	유의수준
재임기간 소득증가	.006 (.055)	.028 (.102)	.920				.028 (.072)	.138 (.391)	.702
선거 당시 소득증가				-.013 (.039)	-.095 (-.348)	.733	-.026 (.051)	-.181 (-.507)	.621
재임기간	-.002 (.002)	-.267 (-1.020)	.325	-.002 (.002)	-.297 (-1.077)	.300	-.002 (.002)	-.343 (-1.114)	.286
제3정당 득표율	-.073 (.142)	-.143 (-.514)	.615	-.064 (.134)	-.125 (-.477)	.641	-.084 (.147)	-.165 (-.569)	.579
OECD 소득증가	.313 (.486)	.166 (.644)	.530	.293 (.488)	.155 (.602)	.557	.258 (.512)	.136 (.503)	.623
N	19			19			19		
R^2 (수정 R^2)	.101 (-.156)			.108 (-.147)			.118 (-.221)		

다. 이는 유권자들이 세계경제 상황을 감안한 경제투표를 하지 않는다는 사실을 의미한다. 〈표 10.3〉은 국내소득 증가율뿐만 아니라 OECD국가 소득증가율도 여당후보 지지에 영향을 미치지 않는다는 사실을 보여준다. 이는 한국 유권자들의 소득변화는 그 원인이 정부정책 때문이건 세계경제 상황 때문이건 상관없이 이들의 투표결정에 영향을 미치지 않는다는 사실을 의미한다.

〈표 10.4〉는 소득증가율 이외의 경제지표들과 여당후보의 정파성의 영향력을 분석한 모형의 결과이다. 〈표 10.4〉에서 모형 10은 여당후보의 정파성만 추가한 모형이고, 모형 11은 여러 경제변수들을 더 추가한 모형이다. 〈표 10.4〉는 여당후보 득표율에 유의미한 영향을 미치는 유일한 변수는 여당후보 정파성이라는 사실을 보여준다. 모형 10의 결과는 보수여당 후보들은 진보여당 후보보다 평균적으로 21.2%p를 더 얻는다는 사실을 보여준다. 모형 11의 분석결과 역시 보수여당 후보들은 진보여당 후보보다 평균적으로 21.8%p를 더 얻는다는 사실을 보여준다.

모형 10의 수정 결정계수(.402)는 여당후보 정파성을 포함하지 않은 〈표 10.3〉의 모형 9의 수정 결정계수(.118)보다 2.4배 더 큰 것으로 나타

〈표 10.4〉 소득증가가 여당후보 득표율에 미치는 영향 (확대모형)

모형	모형 10			모형 11		
종속변수	여당후보 상대득표율					
독립변수	b (s.e.)	beta (t값)	유의 수준	b (s.e.)	beta (t값)	유의 수준
재임기간 소득증가	.099 (.054)	.486 (1.847)	.089	.115 (.142)	.562 (.806)	.441
선거 당시 소득증가	-.039 (.036)	-.273 (-1.087)	.299	-.041 (.048)	-.292 (-.857)	.414
재임기간	-.003 (.001)	-.473 (-2.166)	.051	-.003 (.002)	-.473 (-1.820)	.102
제3정당 득표율	-.422 (.400)	-.223 (-1.054)	.312	-.398 (.548)	-.211 (-.726)	.486
OECD 소득증가	-.051 (.103)	-.099 (-.489)	.634	-.054 (.137)	-.105 (-.392)	.704
후보정파성 (보수)	.212 (.056)	.829 (3.814)	.002 **	.218 (.071)	.851 (3.051)	.014 *
실업률				-.002 (.067)	-.014 (-.029)	.978
물가 상승률				-.003 (.023)	-.049 (-.127)	.902
소득 불평등				.234 (4.273)	.043 (.055)	.958
N	19			19		
R^2 (수정 R^2)	.602 (.402)			.603 (.207)		

났다. 반면 모형 10에 세 경제변수를 추가한 모형 11의 분석결과를 보면, 결정계수는 0.1%p만 증가하는 반면, 수정 결정계수는 .402에서 .207로 감소하였다. 이러한 결과는 여당후보의 정파성과 같은 정치적인 변수가 여당후보 지지의 많은 부분을 설명할 수 있는 반면, 경제변수들은 여당후보 지지를 설명하는데 거의 도움이 되지 않는다는 사실을 의미한다.

10.4. 주관적 경제투표: 설문 조사자료 분석

10.4.1. 회고적 투표: 이론적·방법론적 논의

학자들은 주관적인 경제투표에 대한 분석은 추정된 독립변수의 영향력에 종속변수의 영향력이 포함되는 내생성 문제가 발생할 위험이 있다는 점을 지적하였다(Anderson, Mendes, and Tverdova 2004; Evans and Andersen 2006; Evans and Pickup 2010; Wlezien, Franklin, and Twiggs, 1997; Wilcox and Wlezien 1993). 이들에 의하면, 여당 후보를 지지하는 유권자들

은 다른 유권자들에 비해서 여당의 경제성과를 더 긍정적으로 평가하는 경향이 있다. 따라서 종속변수인 여당후보 지지가 역으로 독립변수인 경제상황에 대한 인식에 영향을 미친다. 즉 객관적인 경제상황은 나아지지 않았음에도 불구하고, 여당후보를 지지하기 때문에 경제가 나아졌다고 생각하고 여당을 지지할 수도 있다. 이러한 맥락에서 학자들은 경제에 대한 주관적 인식과 여당 지지와의 관계는 독립변수와 종속변수가 서로 영향을 미치는 상호적 인과관계(reciprocal causation)에 놓여 있다고 주장한다.[6]

그러나 경제에 대한 평가와 여당후보 투표와의 관계는 상호적 인과관계로 보기 어렵다. 이는 왜냐하면, 시간적으로 후행하는 투표장에서의 투표결정이 시간적으로 선행하는 경제에 대한 평가에 영향을 미칠 수 없기 때문이다.[7] 엄밀하게 말하면, 여당후보 투표가 경제에 대한 평가에 영향을 미친 것이 아니라, 여당에 호감을 느끼거나 여당과 이념적으로 가까운 유권자들이 여당의 경제성과를 더 긍정적으로 평가하기 때문에 여당후보를 지지한 것이다.

〈그림 10.6〉은 이러한 변수들의 관계를 보여준다. 〈그림 10.6〉이 보여주듯이, 여당후보 투표가 거꾸로 여당의 경제성과 평가에 영향을 미치는 것이 아니라, 여당 호감도나 유권자의 이념성향이 경제에 대한 평가(독립변수) 및 여당후보 투표(종속변수)에 동시적인 영향을 미치는 잠재변수(lurking variable)로 작동한 것이다. 따라서 이러한 매개변수들을 통제하면 이들 변수들 때문에 독립변수가 종속변수에 미치는 영향이 편향적으로

6 내생성 문제를 해결하기 위해, 2상 최소제곱 회귀분석(two-stage least squares, TSLS)을 사용하거나(Jacobson 1978, 1990; Gerber 1998; Moon 2004), 2단계 추정법(Duch and Stevenson 2008)을 사용한다. 더치와 스티븐슨(Duch and Stevenson 2008)은 2단계 추정법과 유권자 정파성과 이념성향을 통제변수로 사용하는 전통적인 회귀분석 방법은 서로 다른 결과를 초래하지 않는다는 사실을 발견했다(2008, 126).

7 후보의 선거지출과 현직자 득표와의 상호적 인과관계를 주장하는 제이콥슨(Jacobson 1978, 1990)에 대한 반박으로 문우진(Moon 2006)은 이와 비슷한 주장을 전개하였다. 문우진은 시간적으로 후행하는 현직자의 득표가 선거자금 지출에 영향을 미치는 것이 아니라 선거경쟁력에 따라 현직자의 선거지출이 달라지므로, 내생성 문제를 해결하기 위해 2상 최소제곱 회귀분석을 사용하는 대신 현직자 선거경쟁력을 통제할 것을 제안하였다

〈그림 10.6〉 경제투표에서 변수들의 관계

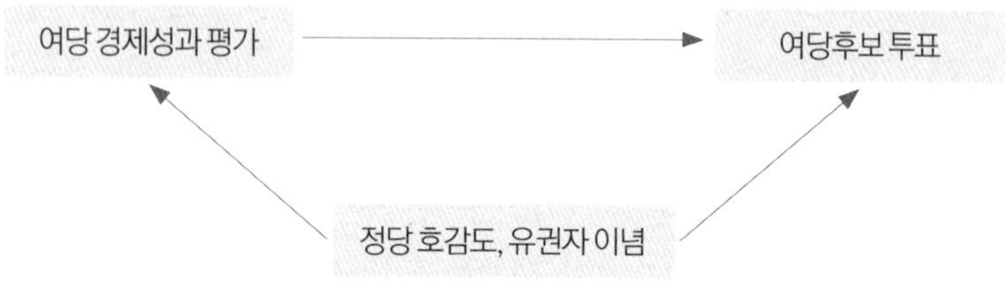

추정되는 것을 방지할 수 있다. 이러한 맥락에서, 이현우(1998)는 한국 경제투표 연구에서 정파성과 지역주의는 반드시 통제되어야 할 변수로 지적하였다. 정한울 · 권혁용(2009) 역시 18대 총선에서 내생성 문제를 해결하기 위해 정당지지와 지역주의를 통제하였다.

경제투표 분석에서 통제변수들(정당 호감도, 유권자 이념)을 통제하지 않은 모형에 비해 통제한 모형에서 독립변수(여당 경제성과 평가)의 영향이 줄어들거나 사라진다면, 통제변수를 통제하지 않은 모형에서 추정된 독립변수의 영향력은 과대추정된 것이다. 달리 말하면, 여당의 경제성과에 대한 평가는 정당 호감도나 이념과 같은 정파적인 요소에 의해서 영향을 받기 때문에, 이러한 정파적 요소들을 통제하지 않은 모형에서 추정된 경제성과 평가의 영향은 정파적 요소의 영향이 섞여서 추정된 것이다. 따라서 정파적 변수들을 통제한 모형에서 경제성과에 대한 평가의 영향력과 정파적인 요소의 영향력을 분리해서 추정할 필요가 있다. 특히 정당정치가 안정되지 않은 한국의 정치환경에서 한국 유권자의 정파성은 서구 유권자들의 비교적 안정적인 정당정체성과 달리 유권자들의 정당에 대한 호감에 따라 불안정하게 변하는 경향이 있다.[8] 경제투표란 이러한 정서적 정파성과 무관하게 이루어진 경제상황에 대한 인지적 평가가 정당지지에 미치는 영향을 의미한다. 아래에서는 정당호감도와 같은 정파적이고 정서적인 요소들의 영향력으로부터 독립적인 경제에 대한 평가가 여당

8 정당에 대한 호감은 정당의 이념이나 정책보다는 정당을 대표하는 지도자급 정치인에 대한 선호들 및 중요한 정치적인 사건들에 의해 변한다.

후보 지지에 미치는 영향을 분석한다.

10.4.2. 분석모형 및 변수측정

이 절의 분석에서 사용된 설문조사 연구들의 일부는 국가경제 또는 개인적 경제상황에 대한 회고적 평가를 측정하였다. 국가경제에 대한 회고적 평가는 일곱 설문조사(한국사회과학데이터센터의 18대 및 19대 "국회의원 선거에 대한 국민 의식조사", 서강대 현대정치연구소, 한국선거학회, 한국사회과학데이터센터가 수행한 "20대 국회의원 총선거 관련 유권자 정치의식조사", 중앙선거관리 위원회의 17대 및 18대 "대통령선거 관련 유권자 의식조사, 동아시아연구원의 "2007 대선 패널조사" 및 "2012 총선대선패널조사")에서 측정되었다. 이들 중 세 설문조사(20대 총선 설문조사, 2007 대선 패널조사와 2012 총선대선패널조사)는 개인경제 상황에 대한 회고적 평가도 측정하였다. 동아시아연구원의 두 패널조사는 국가 및 개인경제에 대한 회고적 평가뿐만 아니라 국가 및 개인경제에 대한 전망까지 측정하였다. 총 다섯 선거(세 총선과 두 대선)들 중 17대 대선 때만 진보정당이 여당이었고 나머지 선거에서는 보수정당이 여당이었다. 이들 설문조사들 중 일부는 경제상황에 대한 긍정적 평가 정도를 4점 척도로 측정하고 다른 설문조사는 5점 척도로 측정하였다. 따라서 각 설문조사의 응답을 z값으로 치환하여 회고적 평가에 대한 측정값을 표준화시켰다.

〈그림 10.6〉이 보여준 바와 같이, 주관적 경제투표 분석은 유권자들의 여당에 대한 정파적 태도를 통제할 필요가 있다. 따라서 다음과 같은 두 주요 통제변수들을 모형에 포함시켰다. 첫째, 유권자가 야당보다 여당에게 호감을 더 느끼는 정도를 나타내는 여당 상대적 호감도를 포함시켰다. 설문조사 자료들은 17대 총선과 17대 대선부터 정당 호감도를 0점에서 10점 사이의 11점 척도로 측정하였다. 이 자료를 이용해서 여당 호감도에서 야당 호감도를 빼서 여당 상대적 호감도를 측정하였다. 여당에 대한 호감도가 최댓값(10점)이고 야당에 대한 호감도가 최솟값(0점)일 경우, 여당 상대적 호감도는 10점으로 계산된다.

둘째, 유권자가 야당보다 여당에 이념적으로 더 가까운 정도를 나타내는 여당과의 상대적 이념근접성을 포함시켰다. 설문조사 자료들은 유권자와 정당들의 이념성향을 좌(0)에서 우(10) 사이의 11점 척도로 측정하였다. 이 자료를 이용해서 유권자와 야당과의 거리에서 유권자와 여당과의 거리를 뺀 값을 계산하였다. 예컨대, 여당, 유권자, 야당의 입장이 각각 2, 5, 10이라면, 여당과의 상대적 이념근접성(야당과의 상대적 이념거리)은 |10-5|-|2-5|=2로 계산된다. 이 변수 값이 증가할수록, 유권자 이념은 야당으로부터 더 멀어지고 여당과 더 가까워진다. 나머지 변수들은 이전 장들에서 제시된 방법으로 측정되었다.

10.4.3. 분석결과

전술한 바와 같이, 다섯 선거(17~18대 대선과 18~20대 총선)에 대한 설문조사들은 국가경제에 대한 회고적 평가를 측정하였고 이들 중 세 선거(17~18대 대선과 20대 총선)에 대한 설문조사만 개인경제에 대한 회고적 평가를 측정하였다. 따라서 국가경제에 대한 회고적 평가 변수만 모형에 포함시키면 다섯 선거를 한 모형에서 분석할 수 있고, 개인 및 국가경제에 대한 회고적 평가 변수들을 모두 모형에 포함시키면 세 선거를 분석할 수 있다.

〈표 10.5〉는 17~18대 대선과 18~20대 총선에서 유권자들의 국가경제 상황에 대한 회고적 평가가 여당후보 지지에 미치는 영향을 분석한 결과이다. 모형 1은 유권자의 정파성과 이념적 근접성을 통제하지 않은 모형이고 모형 2는 통제한 모형이다. 모형 1과 모형 2의 결과는 모두 국가경제에 대해 긍정적으로 회고하는 유권자일수록 여당후보를 지지할 확률이 높은 것으로 나타났다. 그러나 모형 1에서 추정된 국가경제 긍정회고 변수의 영향력은 모형 2에서의 영향력보다 상당히 과장된 것으로 나타났다. 모형 1의 국가경제 긍정회고 변수의 기울기(.464)는 모형 2에서의 기울기(.161)의 2.9배에 달했다. 모형 1에서는 국가경제를 평균적으로 회고하는 유권자에 비해 1 표준편차만큼 더 긍정적으로 회고하는 유권자

가 여당을 더 지지할 확률이 1.59배이었으나, 모형 2에서는 1.17배로 줄어들었다. 이러한 결과는 여당후보에 대한 정파성과 이념적 근접성을 통제하지 않은 연구들이 국가경제 회고투표의 가능성을 과대추정했다는 사실을 의미한다.

모형 2의 여당 상대호감도와 여당이념 근접성은 0.001의 유의수준에서 여당후보 투표에 유의미한 영향을 미치는 것으로 나타났다. 나머지 통제변수들 중 유권자 보수이념과 연령은 두 모형 모두에서 통계적으로 유의미한 긍정적인 영향을, 학력은 부정적인 영향을 미치는 것으로 나타났다. 이러한 이유는 분석에 포함시킨 총 다섯 선거 중 한 선거(17대 대선)에서만 여당이 진보정당이었고 네 선거(18~20대 총선 및 18대 대선)에서는

〈표 10.5〉 회고적 경제투표(17~18대 대선과 18~20대 총선 통합자료)[9]

모형	모형 1			모형 2		
종속변수	여당후보 투표					
독립변수	b (s.e.)	Exp(B) (Wald)	유의 수준	b (s.e.)	Exp(B) (Wald)	유의 수준
국가경제 긍정회고	.464 (.030)	1.591 (232.399)	.000 ***	.161 (.053)	1.174 (9.362)	.002 ***
여당 상대 호감도				.590 (.024)	1.804 (624.119)	.000 ***
여당이념 근접성				.086 (.021)	1.089 (16.194)	.000 ***
유권자 보수이념	.160 (.014)	1.174 (122.635)	.000 ***	.065 (.030)	1.067 (4.786)	.029 *
영남 거주	.105 (.070)	1.111 (2.256)	.133	.384 (.121)	1.468 (9.979)	.002 **
호남 거주	.132 (.101)	1.142 (1.731)	.188	-.640 (.189)	.527 (11.493)	.001 **
연령	.014 (.003)	1.014 (29.273)	.000 ***	.009 (.004)	1.009 (4.384)	.036 *
소득	.063 (.033)	1.065 (3.654)	.056	.059 (.056)	1.061 (1.089)	.297
학력	-.145 (.037)	.865 (15.458)	.000 ***	-.181 (.065)	.834 (7.867)	.005 **
성별 (여성)	.078 (.061)	1.081 (1.615)	.204	.028 (.105)	1.028 (.069)	.793
도시규모 (시골)	.021 (.040)	1.021 (.273)	.602	-.103 (.069)	.902 (2.249)	.134
N	5805			3708		
Cox & Snell R^2	.158			.507		

9 특정 선거를 나타내는 가변수들의 영향력에 대한 결과는 지면제약 상 〈표 10.5〉~〈표 10.7〉에 포함시키지 않았다.

〈표 10.6〉 회고적 경제투표(17~18대 대선과 20대 총선 통합자료)

모형	모형 3			모형 4		
종속변수	여당후보 투표					
독립변수	b (s.e.)	Exp(B) (Wald)	유의 수준	b (s.e.)	Exp(B) (Wald)	유의 수준
개인경제 긍정회고	.146 (.038)	1.157 (14.585)	.000 ***	.116 (.070)	1.123 (2.739)	.098
국가경제 긍정회고	.499 (.037)	1.647 (179.629)	.000 ***	.162 (.067)	1.176 (5.805)	.016 *
여당상대 호감도				.621 (.028)	1.862 (495.234)	.000 ***
여당이념 근접성				.115 (.025)	1.122 (21.957)	.000 ***
유권자 보수이념	.112 (.016)	1.119 (47.246)	.000 ***	.118 (.034)	1.125 (11.738)	.001 **
영남거주	-.049 (.079)	.952 (.385)	.535	.367 (.143)	1.444 (6.561)	.010 *
호남거주	.411 (.108)	1.508 (14.402)	.000 ***	-.512 (.205)	.599 (6.238)	.013 *
연령	.014 (.003)	1.014 (24.336)	.000 ***	.013 (.005)	1.013 (6.425)	.011 *
소득	.009 (.037)	1.009 (.064)	.800	.001 (.066)	1.001 (.000)	.987
학력	-.143 (.041)	.867 (12.045)	.001 **	-.166 (.076)	.847 (4.752)	.029 *
성별 (여성)	.107 (.068)	1.113 (2.461)	.117	.075 (.122)	1.078 (.380)	.538
도시규모 (시골)	.034 (.054)	1.034 (.398)	.528	-.042 (.098)	.959 (.180)	.672
성별 (여성)	-.051 (.195)	.950 (.069)	.793	-.024 (.198)	.976 (.015)	.902
도시규모 (시골)	-.210 (.165)	.811 (1.609)	.205	-.202 (.168)	.817 (1.444)	.230
N	4922			2930		
Cox & Snell R^2	.164			.521		

보수정당이었기 때문으로 해석된다. 총 사례에서 여당이 보수정당인 사례가 차지하는 비율은 모형 1의 경우 52.5%(5,805 사례 중 3,050건)이었고 모형 2의 경우 77.7%(3,708 사례 중 2,882건)이었다. 따라서 유권자 보수이념이나 연령과 같은 보수정당 지지와 상관된 변수들이 통계적으로 유의미한 영향을 미치는 것으로 나타날 가능성이 높다. 그러나 이들 변수들의 영향력은 여러 선거를 통합한 자료를 이용한 경제투표 분석에서는 모형에 어떤 선거가 포함되는가에 따라 변할 수 있으므로, 이론적인 의미는 없는 것으로 봐도 무방하다.

〈표 10.6〉은 국가경제 및 개인경제에 대한 회고적 평가 변수들을 모두

포함한 모형을 분석한 결과를 보여준다. 모형 3은 여당 상대호감도와 여당이념 근접성을 포함하지 않은 모형이고, 모형 4는 포함한 모형이다. 모형 3의 결과는 개인경제 및 국가경제를 긍정적으로 회고하는 유권자일수록 여당후보를 지지할 가능성이 높다는 사실을 보여준다. 모형 4의 결과는 개인경제에 대한 회고적 평가가 여당후보 지지에 유의미한 영향을 미치지 않는 반면, 국가경제에 대한 회고적 평가는 유의미한 영향을 미친다는 점을 보여준다.

이러한 결과는 미국에서 가계부 경제투표(pocketbook voting)보다 "사회공동체" 경제투표(sociotropic voting)가 더 중요하다는 미국의 경제투표 연구들(Kinder and Kiewiet 1979, 1981; Kiewiet 1983)의 분석결과와 일치하는 것이다. 두 종류의 경제투표 중 사회공동체 경제투표가 더 중요하다는 결과를 유권자들은 개인보다 국가공동체의 이익을 더 생각하는 이타적인 동기에서 경제투표를 한다는 의미로 해석하는 입장(MacKuen 1983; Markus 1988; McAdams and Johannes 1983)을 따를 필요는 없다. 자신의 경제적 이익을 추구하는 유권자라고 하더라도, 개인경제 상황의 책임은 국가보다 자신에 놓여 있다고 생각하는 유권자들이 많을수록, 가계부 경제투표 성향은 더 약하게 나타날 것이다.

모형 3에서 추정된 국가경제 긍정회고 변수의 영향력은 모형 4에서의 영향력보다 상당히 과장된 것으로 나타났다. 모형 3의 국가경제 긍정회고 변수의 기울기(.499)는 모형 4의 기울기(.162)의 3.08배에 달했다. 이러한 결과는 경제를 긍정적으로 평가하는 유권자들이 여당을 지지하는 이유들 중 상당 부분이 여당에 호감을 느끼는 유권자들은 경제도 긍정적으로 평가하기 때문이라는 사실을 의미한다. 개인경제 및 국가경제에 대한 회고적 평가 변수들만으로 여당후보 투표에 미치는 영향을 추정해보면, 결정계수는 4.3%에 불과했다. 이는 두 회고적 평가 변수들이 유권자들의 여당후보 지지결정의 4.3%를 설명한다는 사실을 의미한다.

설문조사 연구들 중 국가경제에 대한 회고적 · 전망적 평가 및 개인경제에 대한 회고적 · 전망적 평가를 모두 측정한 연구는 중앙선거관리 위

〈표 10.7〉 전망적 경제투표(18대 대선 두 설문조사 통합자료)

모형	모형 5			모형 6		
종속변수	여당후보 지지					
독립변수	b (s.e.)	Exp(B) (Wald)	유의 수준	b (s.e.)	Exp(B) (Wald)	유의 수준
개인경제 긍정적 회고				.109 (.117)	1.115 (.871)	.351
국가경제 긍정적 회고				.265 (.120)	1.304 (4.878)	.027 *
개인경제 긍정적 전망	.398 (.142)	1.489 (7.825)	.005 **	.353 (.146)	1.423 (5.817)	.016 *
국가경제 긍정적 전망	.363 (.148)	1.438 (6.064)	.014 *	.353 (.150)	1.423 (5.528)	.019 *
여당 상대적 호감도	.831 (.059)	2.296 (200.109)	.000 ***	.820 (.059)	2.270 (196.332)	.000 ***
여당 상대적 이념근접성	.186 (.045)	1.205 (17.391)	.000 ***	.185 (.045)	1.204 (17.040)	.000 ***
유권자 보수이념	.040 (.059)	1.040 (.455)	.500	.029 (.059)	1.030 (.248)	.618
영남거주	.335 (.229)	1.398 (2.137)	.144	.278 (.232)	1.320 (1.432)	.231
호남거주	-.913 (.364)	.401 (6.306)	.012 *	-.983 (.366)	.374 (7.225)	.007 **
연령	.012 (.008)	1.013 (2.399)	.121	.014 (.008)	1.015 (3.082)	.079
소득	-.068 (.104)	.934 (.425)	.514	-.072 (.107)	.931 (.452)	.501
학력	-.110 (.124)	.896 (.785)	.376	-.115 (.126)	.891 (.844)	.358
성별 (여성)	-.051 (.195)	.950 (.069)	.793	-.024 (.198)	.976 (.015)	.902
도시규모 (시골)	-.210 (.165)	.811 (1.609)	.205	-.202 (.168)	.817 (1.444)	.230
N	1411			1403		
Cox & Snell R^2	.587			.589		

원회의 18대 "대통령선거 관련 유권자 의식조사"와 동아시아연구원의 "2012 총선대선패널조사"이다. 따라서 이 두 자료를 통합한 자료를 분석하였다. 〈표 10.7〉은 18대 대선 당시 유권자들의 이명박 정부에서의 경제성과에 대한 회고적 평가와 차기정부에서의 경제성과 전망이 박근혜 후보 지지에 어떠한 영향을 미쳤는가를 보여준다. 모형 5의 결과는 개인경제와 국가경제를 긍정적으로 전망한 유권자들이 박근혜 후보를 지지했을 확률이 높다는 사실을 보여준다. 모형 6의 결과는 회고적 투표보다 전망적 투표가 여당후보 지지에 더 큰 영향을 미친다는 사실을 보여준다. 모형 6의 개인 및 국가경제 긍정전망 변수의 기울기들(.353)은 국가경제

긍정회고의 기울기(.265)의 1.33배로 나타났다. 모형 5와 모형 6의 결정계수를 비교해보면, 두 회고적 투표 변수들을 모형 6에 추가해도 설명력은 0.2%p만 증가했다. 이러한 결과는 한국에서는 회고적 평가가 여당후보 득표율을 설명할 수 있는 부분이 매우 적다는 사실을 의미한다.

10.5. 결론

민주주의에 대한 최소주의적 시각에 의하면, 민주주의 선거는 국민의 뜻을 반영하는 기능을 하기보다는 국민들이 뽑은 지도자들의 성과를 심판하는 기능만 할 수 있다(Schumpeter 1942). 이 시각에 의하면, 민주주의에서 국민의 뜻이 정책결과로 반영될 수는 없어도, 선거의 심판기능은 정치인들이 자신들의 이익을 추구할 동기를 억제시킨다. 따라서 한 국가의 유권자들이 선거를 통해서 심판기능을 수행할 수 있는가는 그 국가의 민주주의가 정상적으로 작동하는가를 평가할 수 있는 중요한 근거가 된다. 에이큰과 바르텔즈(Achen and Bartels 2016)는 유권자들이 선거심판을 하기에는 정치정보가 부족하고 근시안적이라고 주장한다. 이들은 현직정부의 국정운영 능력과 상관없는 자연재해와 같은 무작위적 사건들의 비중이 커질수록, 유권자들의 선거심판 능력은 감소하게 된다고 주장하였다(2016:102). 이들은 또한 현직대통령의 장기적인 경제성과보다는 단기적인 경제성과에 더 민감하게 반응하는 미국 유권자들의 투표행태를 근거로, 유권자들의 선거심판 능력에 회의적인 입장을 제기하였다(2016:154).

이 장에서는 한국 유권자들의 경제투표를 분석하였다. 이 글의 집합자료 분석은 한국 유권자들은 객관적 소득증가에 의한 경제투표를 하지 않는다는 결과를 산출하였다. 미국의 경우 현직정부의 단기적 소득증가가 유권자의 여당후보 지지에 매우 강한 영향을 미친 반면, 한국의 경우 장기적 소득증가뿐만 아니라 단기적 소득증가도 유권자 투표결정에 아무런 영향을 미치지 않았다. 이 글의 설문조사 분석은 국가경제 상황에 대한 주관적 회고가 유권자들의 투표결정에 통계적으로 유의미한 영향을 미친다는 결과를 산출했다. 그러나 주관적 회고가 유권자들의 투표결정을 설명할 수 있는 부분은 매우 작은 것으로 나타났다. 이 글의 분석은 또한 한국 유권자들의 경우 국가경제에 대한 회고적 투표성향보다는 전망적 투표성향이 더 강하다는 사실을 보여주었다.

객관적 소득증가가 유권자의 여당심판에 유의미한 영향을 미치지 않는다는 이 장의 결과가 한국 유권자들이 경제투표를 전혀 하지 않는다는 것을 의미하는 것은 아니다. 이 장의 분석결과가 의미하는 바는 다음과 같다. 첫째, 한국 유권자들은 경제상황에 대한 주관적인 평가와 전망을 근거로 투표를 한다. 둘째, 이러한 평가와 전망은 많은 부분 정당들에 대한 선호에 의해 결정된다. 이러한 분석결과를 얻은 이유는 선거 당시의 정치적 사건과 정당들이 홍보하는 유인가치들이 경제투표를 압도할 정도로 중요한 역할을 했기 때문으로 해석된다. 한국에서의 선거경쟁은 북풍, 후보 단일화, 공천파동, 국정농단과 같은 선거 당시의 정치적 사건들과 후보들이 가공 생산하는 경제활성화 능력과 같은 유인가치에 대한 믿음이 경제투표를 압도해왔다.

대통령의 경제성과와 차기 대통령 선거 결과와의 관계를 역대 대선들을 통해 살펴보면, 선거 당시의 정치적 사건과 후보들의 유인가치들에 대한 믿음이 한국 유권자의 투표결정에 경제에 대한 평가보다 더 중요한 영향을 미쳤다는 주장을 뒷받침한다. 김영삼 정부가 선거 당시 IMF사태를 초래했음에도 불구하고 여당 후보인 이회창 후보는 이인제 후보가 보수표를 잠식하지 않았으면 당선될 수 있었을 정도로 높은 지지를 얻었다. 참여정부의 평균 경제성장률이 노태우 정권 이래 세 번째로 높았음에 불구하고, 이명박 후보는 진보정권에서의 "잃어버린 10년"을 캐치프레이즈로 한 네거티브 캠페인과 747공약을 통해 경제활성화에 대한 국민들의 기대를 형성시켜 압도적으로 승리할 수 있었다. 이명박 정부는 두 번째로 낮은 소득증가율을 기록했음에도 불구하고, 박정희 대통령 통치 기간의 경제성장에 대한 향수를 잊지 못하는 다수의 유권자들은 18대 대선에서 유권자들은 박근혜 후보에 전망적 투표를 던졌다.

이 장의 분석결과로부터 한국에서 경제투표는 관찰되지 않을 것이라는 예측을 도출할 필요는 없다. 지난 선거를 지배해온 색깔론과 지역주의가 약화되고 보수정당의 경제활성화 능력이 더 우월하다고 믿어왔던 인식의 전환이 이루어진다면, 유권자들이 객관적인 경제투표를 할 가능성도 있다. 객관적인 경제투표에 대한 증거를 발견하지 못한 이 장의 분석결과가 한국 유권자들이 정권을 심판할 능력이 없다는 것을 의미하는 것으로 해석될 필요는 없다. 한국 유권자들은 19대 대선 이전 최순실 국정농단과 같은 파국적 사건을 경험할 경우, 선거심판을 통한 정권교체를 달성할 수 있었다.

11장

대통령 평가와 선거심판: 정치정보, 유인가치, 지지변경

11.1. 서론

최소주의적 시각에 의하면, 유권자들이 선거를 통해 현직정부의 국정성과를 심판할 수 있어야 민주주의가 정상적으로 작동할 수 있다. 대통령제에서 유권자들이 정부를 심판하기 위해서는 ① 대통령의 국정운영 성과를 제대로 평가할 수 있어야 하고 ② 이러한 평가가 선거심판으로 이루어져야 한다. 10장에서는 여당후보에 대한 지지가 객관적인 경제상황과 무관하게 이루어진다는 사실을 보여주었다. 11장에서는 대통령 국정운영에 대한 평가가 제대로 이루어지는가를 분석하고, 이러한 평가가 선거심판으로 귀결되는가를 분석한다.

대통령 국정운영에 대한 긍정적인 평가, 즉 대통령 지지율은 임기 말에 거의 예외 없이 하락하는 경향이 있다. 학자들은 이러한 대통령 지지도의 하락을 "필연적 하락의 법칙"(the law of inevitable decline)이라 불렀다(Marra, Ostrom, and Simon 1990). 역대 한국 대통령 지지율 역시 이러한 법칙을 따른다. 이 장에서는 미국과 한국에서의 대통령 지지율의 하락의 양태를 비교하고, 미국에 비해 한국에서의 대통령 지지도의 폭이 훨씬 더 크다는 관찰결과의 함의를 논의한다. 한국 대통령 지지도의 폭이 큰 이유는 유권자들이 대통령 실정을 혹독하고 냉정하게 평가해서라기보다 정보의 부족 때문에 대통령에 대한 비현실적인 기대가 임기 초에 형성되었기 때문이라고 주장한다. 달리 말하면, 한국 대통령 지지율의 반복적인 폭락현상을 대리인에 대한 사후적 평가의 문제가 아니라 능력 있는 대리인을 사전적으로 선발할 수 없었기 때문에 발생하는 문제라고 주장한다.[1] 이처럼 사전적 선발 문제가 발생하는 이유는 유권자들이 실체 없는 유인가치에 근거한 맹목적 전망투표를 하기 때문이다.

이 장의 경험자료 분석은 한국 유권자들의 대통령 평가가 객관적인 경제상황과 전혀 무관하게 이루어진다는 사실을 보여준다. 대통령에 대한 평가는 또한 경제상황에 대한 회고적 평가보다는 미래 경제에 대한 전망적 기대에 의해 형성되는 것으로 분석되었다. 이러한 전망적 평가는 충분한 정치정보에 근거한 것이 아니므로, 임기 전반의 비현실적인 기대가 임기 후반의 대통령 실체에 대한 인식과 상충하게 되면서 대통령 지지율은 폭락하게 된다. 이 장의 경험분석은 또한 대통령에 대한 평가가 여당후보에 대한 선거심판으로 이루어지는가를 분석한다. 집합자료를 분석한 결과 여당후보에 대한 지지변경은 대통령 지지율과 무관하게 이루어진다는 사실을 발견하였다. 이에 반해, 설문조사 자료 분석은 대통령에 대한 주관적 평가는 여당후보 지지변경에 영향을 미치는 것으로 나타났다. 그러나 대통령에 대한 주관적 평가가 여당후보에 대한 지지철회의 매우 작은 부분만 설명할 수 있는 것으로 나타났다.

이 장은 아래와 같이 구성되어 있다. 11.2절에서는 대통령 지지율과 관련된 기존연구들을 검토한다. 11.3절에서는 한국 대통령 지지율 변화를 미국 대통령 지지율 변화와 함께 관찰하고 대통령 지지율 하락의 원인에 대한 이론적 설명을 제시한다. 11.4절에서는 객관적 경제상황과 이에 대한 주관적 평가가 대통령 지지율에 미치는 영향과 대통령에 대한 주관적 평가가 여당후보에 대한 선거심판에 어떠한 영향을 미치는가를 분석한다. 11.5절에서는 이 장에서의 발견들이 한국 민주주의의 작동에 어떠한

1 대리인 사전적 선발과 사후적 평가에 대한 자세한 논의는 본문 참조.

함의를 가지고 있는가를 논의한다.

11.2. 선행연구

미국 대통령 지지율에 대한 연구들은 대통령 지지율의 등락원인을 경제정책에 대한 평가(Campbell 2004; Clark and Stewart 1994; Fiorina 1981; Hibbs 1982; Kinder and Kiewiet 1979, 1981; Lewis-Beck 1988; Nadeau and Lewis-Beck 2001; Norpoth 1996), 전쟁과 같은 국가 위기상황에 발생하는 결집효과(Hetherington and Nelson 2003; Kernell 1978; Lee 1977; Mueller 1970, 2009), 언론과 야당이 임기 초 대통령 비판을 자제하는 허니문 효과(Brody 1991) 등으로 설명하였다.

위의 연구들이 대통령 지지율 등락을 설명한 반면, 일부 학자들은 대통령 지지율의 필연적 하락의 이유를 설명하려 하였다(Marra, Ostrom, and Simon 1990). 뮬러(Mueller 1970)는 대통령 지지율이 임기 말에 항상 하락하는 이유를 선거 당시 선거연합에 참가했던 일부 세력들이 자신들의 기대가 충족되지 않자 대통령에 대한 지지를 철회하기 때문이라고 설명했다. 브로디(Brody 1991)는 지지도 하락을 허니문 효과의 소실로 설명하였다. 즉, 언론과 야당이 임기 초에는 대통령에 대한 비판을 자제하다가 임기가 진행되면서 비판을 가하게 되는데, 유권자들이 이러한 비판들을 수용하면서 지지율 하락이 초래된다는 것이다. 스팀슨(Stimson 1984)은 대통령에 대한 정보가 부족한 유권자들이 대통령 임기 초에 형성시켰던 기대에 대한 환상이 주기적으로 깨지게 되는 규칙적인 순환주기(expectation/disillusionment cycle)를 통해 지지하락을 설명했다. 스팀슨(Stimson 1984:1)은 "대통령 지지율은 대통령의 재임 중 행위와 전적으로 무관하며", "대통령의 지지율 하락은 시간과 연관된 불가항력적인 힘의 함수이다"라고 주장한다.

대통령 지지율에 대한 국내연구들은 대통령 지지율을 각각 독립변수와 종속변수로 사용한 연구들로 나눠진다. 대통령 지지율을 독립변수로 사용한 연구들은 현직 대통령 지지율이 재·보궐 국회의원 선거나 차기 대통령 선거에 미치는 영향을 분석하였다. 조진만 등(2006)은 현직 대통령 지지율이 높을수록, 그리고 여당이 유리한 선거구에서 재·보궐 선거가 실시되면, 여당후보가 유리하다는 사실을 발견했다. 대통령 지지율을 종속변수로 사용한 연구들은 경제상황이나 집권당 지지율과 같은 변수들이 대통령 지지율에 미치는 영향을 분석하였다. 가상준(2006)은 국가 경제상황에 대한 인식이 한국과 미국 대통령 지지율에 공통적으로 영향을 미치는 반면, 허니문 효과와 정치의혹은 한국대통령 지지율에, 결집효과는 미국 대통령 지지율에 영향을 미친다는 사실을 발견했다. 전용주(2006)는 대통령에 대한 부정적 사건, 경제상황에 대한 전망, 언론의 보도 등이 대통령의 지지율에 영향을 미친다는 사실을 발견했다. 가상준(2008)은 대통령에 대한 회고적 평가가 다른 대선에 비해 17대 대선에서 유권자의 투표결정에 더 큰 영향을 미쳤다는 사실을 발견했다. 가상준·노규형(2010)은 경제상황에 대한 전망적 시각보다 개인 재정상황에 대한 회고적 평가가 노무현 대통령 지지율에 영향을 미쳤다는 사실을 관찰했다. 조성대·한귀영(2010)은 집권당 지지율이 대통령 지지율에 미치는 영향은 일시적이지만 강한 반면, 야당 지지율의 영향은 장기적이지만 약하다는 사실을 발견했다. 이들은 또한 노무현 정부에 대한 평가에서 보상효과가 처벌효과보다 크다고 분석하였다.

국내 연구들은 경제·정치 상황이 대통령 지지율과 대선결과에 미치는 영향을 경험적으로 분석하는데 공헌을 하였으나, 이 연구들은 새로운 이론을 제시하기 보다는 미국 대통령 지지율에 대한 이론적 설명들을 한국에 적용하였다. 이 장에서는 스팀슨(Stimson 1984)과 비슷한 시각에서 대통령 지지율의 체계적인 하락을 설명한다. 2장에서 살펴본 바와 같이, 정당들은 자신들이 대변하는 유권자들의 지지를 얻기 위해 정책적으로 선명한 입장을 취하기보다는, 가능한 한 많은 유권자의 지지를 얻기 위해 대통령 후보의 유인가치들을 가공 생산한다. 유권자들은 이러한 유인가치에 대한 정보가 부족하기 때문에, 선거운동 과정에서 후보들의 유인가치에 대한 기대를 형성한다. 임기 초에는 대통령에 대한 기대가 유지되나,

유권자들은 대통령의 재임기간 동안 대통령의 유인가치의 실체를 인식하게 된다. 시간이 지나면서 대통령의 유인가치에 실망한 유권자들은 증가하고 대통령에 대한 지지를 철회하는 유권자들도 증가하게 된다. 따라서 대통령 지지율은 점차 하락하게 된다.

11.3. 대통령 지지율의 필연적 하락: 경험자료 관찰과 이론적 논의

11.3.1. 한미 대통령들의 지지율 하락

〈그림 11.1〉은 1945년 이후 미국의 대통령 지지율이 임기 말 대부분 하락했다는 사실을 보여준다. 존슨 대통령의 지지율은 70% 중반에서 40% 중반으로 꾸준히 감소하였다. 60% 초반에서 시작한 닉슨 대통령의 지지율은 60% 후반까지 꾸준히 상승하다가 워터게이트 사건 이후 24%까지 폭락하였다. 71%에서 시작한 포드 대통령의 지지율은 지속적으로 하락했으나 임기 중 50%를 꾸준히 유지하였다. 카터 대통령의 지지율은 70% 초반에서 30% 초반까지 하락하였다. 50% 초반에서 시작한 부시 대통령은 임기 중반 89%까지 지지율이 상승했으나 임기 말에는 30% 초반까지 하락하여 재선에 실패하였다. 50% 중반의 지지율로 출발한 조지 W 부시 대통령은 9·11 테러로 인한 결집효과 덕분에 지지율이 90%까지 폭등했

〈그림 11.1〉 1945년 이후 미국 대통령 국정수행 지지율 변화

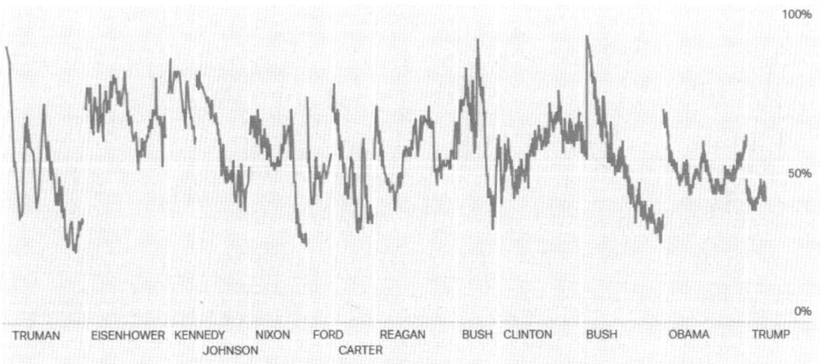

출처: http://www.gallup.com/poll/124922/Presidential-Job-Approval-Center.aspx (검색일 2018.12.09)

다가 임기 내내 지지율이 지속적으로 하락하여 50% 초반의 지지율을 얻었는데도 재선에 성공하였다. 이후 지지율은 지속적으로 하락하여 임기 말에는 25%를 기록했다.

그러나 미국 대통령의 지지율은 반등하는 경우도 있었다. 재선 직전에 지지율이 재상승한 경우가 여섯 사례가 있었고, 연임 임기 말에 상승한 경우도 세 사례가 있었다. 투르먼 대통령의 지지율은 임기 중반에 33%까지 하락했으나 재선 당시 69%까지 상승하였다. 68%로 시작한 아이젠하워 대통령의 지지율은 두 번을 제외하고 임기 내내 50% 이상을 유지하였다. 재선 직전에는 지지율이 75%까지 상승하였다. 72%의 지지율로 시작한 케네디 대통령은 임기 말 최저 56%를 기록한 경우를 제외하면 대부분 60% 이상을 유지하였다. 레이건 대통령의 지지율은 60% 중반에서 시작했다가 초임 중반에 35%까지 하락하였다. 그러나 재선 직전에는 지지율의 60% 초반까지 다시 상승하여 재선에 성공하였다. 클린턴 대통령의 지지율은 임기 초 50% 초반에서 시작하였으나 초임 중반에 40%까지 하락했다가 재선 직전에 50% 중반까지 회복하여 재선에 당선되었다. 클린턴 대통령의 연임 말기의 지지율은 오히려 60% 중반까지 상승하였다.

〈그림 11.2〉 민주화 이후 한국 대통령 지지율 변화

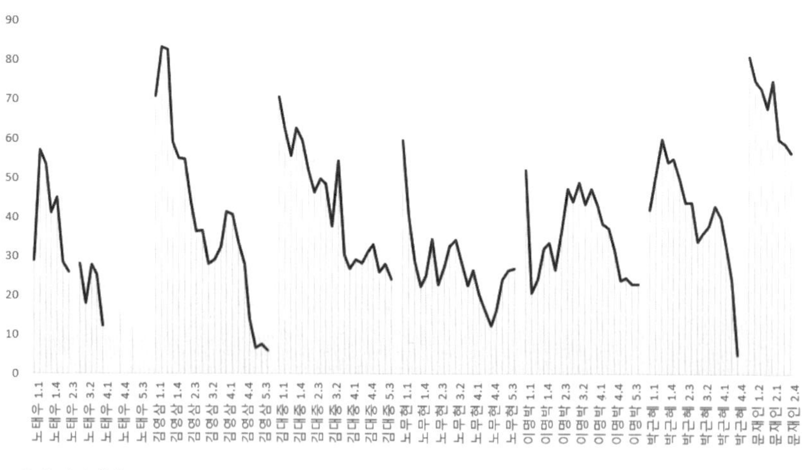

출처: 한국 갤럽

60% 중후반에서 시작한 오바마 대통령의 지지율은 초임 중반에 40% 초반까지 하락했으나 재선 직전 50% 초반까지 재상승하여 재선에 성공하였다. 오바마 대통령의 연임 말기의 지지율은 오히려 50% 후반까지 상승하였다.

〈그림 11.2〉는 민주화 이후 한국 대통령 지지율 변화를 보여준다. 한국 대통령의 지지율은 임기 말에 예외 없이 30% 이하로 하락하였다. 노태우 대통령의 지지율은 50% 후반부에 시작해서 10% 초반까지 꾸준히 감소하였다. 김영삼 대통령의 지지율은 80% 중반에서 시작해서 10% 아래로 폭락하였다. 김대중 대통령의 지지율은 70% 초반에서 시작해서 임기 중반에 50% 중반으로 반등했다가 다시 20% 중반으로 하락하였다. 50% 후

〈표 11.1〉 미국과 한국 대통령 최고·최저 지지율

대통령	임기 초 지지율(%)	임기 말 지지율(%)	지지율 변화(%p)	연임/후임 선발 당시 지지율(%)	최고 지지율(%)	최저 지지율(%)	최대 하락폭(%p)
미국							
트루먼	87.0	32.0	55.0	69.0	87.0	22.0	65.0
아이젠하워	68.0	59.0	9.0	75.0	79.0	48.0	31.0
케네디	72.0	58.0	14.0		80.0	56.0	24.0
존슨	78.0	49.0	29.0	70.0	80.0	35.0	45.0
닉슨	59.0	24.0	35.0	62.0	67.0	24.0	43.0
포드	71.0	53.0	18.0	53.0	74.0	37.0	37.0
카터	66.0	34.0	32.0	31.0	75.0	28.0	47.0
레이건	51.0	63.0	-12.0	61.0	68.0	35.0	33.0
부시	51.0	56.0	-5.0	43.0	89.0	29.0	60.0
클린턴	58.0	66.0	-8.0	58.0	73.0	36.0	37.0
부시 W.	57.0	34.0	23.0	53.0	92.0	25.0	67.0
오바마	67.0	59.0	8.0	51.0	67.0	40.0	27.0
트럼프	45.0						
평균	63.8	48.9	16.5	56.9	77.6	34.6	43.0
한국							
노태우	57.1	11.9	45.2	11.9	57.1	11.9	45.2
김영삼	70.9	6.1	64.8	6.1	83.4	6.1	77.3
김대중	70.7	24.1	46.6	24.1	70.7	24.1	46.6
노무현	59.6	26.8	32.8	26.8	59.6	12.3	47.3
이명박	52.0	23.0	29.0	23.0	52.0	23.0	29.0
박근혜	42.0	5.0	37.0	5.0	42.0	5.0	37.0
문재인	84.0				84.0		
평균	62.3	16.2	42.6	16.2	64.1	13.7	47.1

참고: 미국 대통령 재선 당시 지지율은 대통령 선거일과 가장 가까운 시점의 지지율임

반에서 시작한 노무현 대통령의 지지율은 취임 후 3분기 만에 20% 초반대로 폭락했다가 등락을 거듭하였다. 4년차 말기에는 10%대 초반까지 하락하였다 임기 말에 20% 중반대로 반등하였다. 이명박 대통령의 지지율은 비교적 낮은 50% 초반에서 시작했다가 취임 후 1분기 만에 인사문제와 광우병 사태로 20% 초반으로 폭락하였다. 임기 중반에는 40% 후반까지 반등했다가 임기 말에 20% 초반대로 다시 하락하였다. 박근혜 대통령의 지지율은 가장 낮은 수준인 40% 초반에서 시작했다가 임기 초 3분기까지 60% 초반까지 상승하였다. 그 이후 지지율은 지속적으로 하락하다가 탄핵 직전에는 5%의 최저 지지율을 기록하였다.

미국과 한국 대통령의 지지율은 임기 말에 전반적으로 하락했으나, 두 국가에서의 대통령 지지의 하락은 중요한 차이를 보인다. 첫째, 한국에서의 대통령 지지도의 임기 초 대비 임기 말 지지율의 하락폭은 미국보다 훨씬 크다. 〈표 11.1〉이 보여주듯이, 미국의 대통령의 지지율은 평균적으로 16.5%p 정도 감소했으나 한국 대통령의 지지율은 42.6%p나 감소하였다. 미국 대통령의 임기 말 지지율 평균은 48.9%나 되는 반면, 한국 대통령 지지율 평균은 16.5%에 불과하였다. 둘째, 미국의 경우 임기 초보다 임기 말 지지율이 상승한 세 사례(레이건, 부시, 클린턴)가 있었던 반면, 한국 대통령의 지지율은 예외 없이 하락하였다. 셋째, 미국 대통령 지지율은 추세적인 등락을 보여주면서 하락했으나, 한국대통령의 지지율은 임기 초부터(노태우, 김대중, 노무현, 이명박) 또는 3분기 정도의 유예기간 후부터(김영삼, 박근혜) 지속적으로 폭락했다. 임기 중반에 지지율이 반등하는 경우도 있으나(김대중, 노무현, 박근혜), 3년차 3분기부터 임기 후반부에 접어들면서 50% 이상의 지지를 얻은 대통령은 김대중 대통령이 유일했다. 이에 반해, 연임이 가능한 미국 대통령의 경우 임기 초의 지지율이 반등하여 재선 당시 평균 지지율은 56.9%에 달했다. 대부분 대통령이 재선 당시 지지율이 50%를 상회했으며, 이에 못 미치는 두 대통령들(카터, 부시)은 재선에 실패하였다.

미국과 한국 대통령 지지율 변화의 차이는 대통령 선거제도의 차이와 관련이 있다. 중임이 가능한 미국의 선거제도에서는 대통령들이 재선을 위해 노력을 경주할 동기가 강하다. 에이큰과 바르텔즈(Achen and Bartels 2016)는 공화당 정부가 선거 직전에 일시적인 경기부양책을 통해 지지율을 상승시킨다는 사실을 발견하였다. 에이큰과 바르텔즈는 이러한 선거 당시의 일시적 경기부양에 반응하는 유권자들을 긍정적으로 평가하지 않았다. 그럼에도 불구하고, 미국의 대통령 중임제도는 선거 당시라도 유권자들의 심판에 대비할 동기를 제공한다. 이에 반해 한국의 대통령들은 임기를 연장하기 위해 유권자의 심판에 대비하기보다는 퇴임 후의 안녕을 더 신경써야한다.

미국에서는 현직 대통령의 지지가 50%를 넘지 못하는 경우, 예외 없이 현직 대통령은 재선에 실패하였다. 이는 미국에서의 선거심판이 에이큰과 바르텔즈가 우려하는 것처럼 비정상적으로 작동하는 것은 아니라는 사실을 의미한다. 한국의 경우, 현직 대통령들이 임기 말에 25%의 지지도 얻지 못했으나, 여섯 번의 선거에서 여당후보(김영삼, 노무현, 박근혜)가 세 번이나 당선되었다. 만약 한국에서 중임 대통령제를 채택했다면, 10-20%대의 지지율을 기록한 현직 대통령이 재선되는 것은 불가능했을 것이다.

11.3.2. 이론적 논의

1) 대통령 지지율의 필연적 하락

대의민주주의에서는 주인인 국민이 대리인인 정치인에게 자신의 이해를 대변할 권리를 위임한다. 그러나 주인과 대리인의 이해관계가 상충할 때(conflicting interests) 그리고 대리인이 주인보다 더 많은 지식을 지니고 있을 때(asymmetric information) 대리인 문제(agency problem)가 발생한다. 즉, 대리인 문제는 대리인이 위임받은 역할을 충실히 수행하지 않거나 대리인 자신의 이익을 추구함에도 불구하고 주인이 이에 대한 정보 수집능력이 없어 대리인을 통제할 수 없을 때 발생한다. 만약 국민이 자신의 이해를 대변할 능력이 없거나 충실히 대변하지 않는 정치인을 대리인으로 삼았다면 대의민주주의는 정상적으로 작동하지 않는 것이다. 이러한 대리인 문제를 해결하는 방법은 두 가지가 있다. 가치를 공유하거나 신뢰할 수 있는 대리인을 엄밀한 심사(screening)를 통해 선정하는 사전적(ex ante) 방법과 대리인이 임무수행을 제대로 하는가를 감시(monitoring)하고 임무성과를 보고받는 사후적(ex post) 방법이 있다(Strøm 2000, 271).

대통령의 지지율이 필연적으로 하락하는 이유는 대통령제에서는 주인과 이해를 공유하는 대리인의 사전적 선발이 어렵기 때문이다. 2장의 정치거래 이론에서 상술했듯이 대표기관이 대표하는 집단의 규모가 작아질수록 집단 구성원의 이해는 동질적으로 된다. 예컨대, 개인이 스스로를 대표하면 대리인 문제가 발생할 수 없다. 따라서 대표집단의 규모가 작아질수록 대리인이 대표해야 하는 대표집단의 이해는 분명해지고 대리인 문제가 발생할 가능성은 줄어든다. 반면 대표집단의 크기가 커질수록 공공의 이익이 발생할 가능성은 줄어들고 대리인이 모든 구성원의 이해를 충족시킬 수 없게 된다. 집단 구성원들은 대리인이 자신의 이익을 추구하는지 집단의 공공의 이익을 추구하는지 알기 어렵게 된다. 따라서 대리인이 대표하는 집단의 크기가 커질수록 대리인 문제가 발생할 가능성이 높아진다.

전 국민을 대표하는 대통령은 유인가치 중심의 선거를 할 동기가 정당에 비해 더 강하다. 대통령은 지지세력보다는 "국민의 뜻"을 대표하거나 최소한 대표하는 것처럼 보여야 한다. 따라서 대통령 선거는 국민 전체가 선호하는 유인가치를 중심으로 치러진다. 대통령 후보들은 선거 승리를 위해 경제활성화 능력이나 안보능력 같은 유인가치를 가공 생산하고 광고한다. 자신이 대통령이 되면 경제를 발전시켜 모든 국민이 더 잘살게 될 것(파레토 우월한 결과를 초래할 것)이라고 주장한다.[2] 그러나 현실세계에서는 파레토 우월한 결과를 초래하는 유인가치는 거의 존재하지 않는다. 경제가 발전한다고 해도 경제정책은 항상 국가자원의 재분배를 초래

2 파레토 우월한 결과에 대한 자세한 설명은 2장의 2.4절 참조.

하기 때문에 정책결과에 따른 수혜자와 피해자가 발생한다. 경제성장을 위해 어떠한 경제정책을 채택한다고 하더라도, 정부는 시장경제에 얼마나 개입할 것인가를 결정해야 한다. 보수정부는 규제완화를 통해, 진보정부는 국가개입을 통해 경제를 활성화시키려 한다. 경제정책은 결국 좌-우의 일차원적 공간에 배열될 수밖에 없고 소득의 재분배를 초래한다. 따라서 경제정책은 전형적인 위치쟁점이다. 대선 후보들이 주장하는 바와 같이 경제정책은 모든 국민이 잘살게 되는 결과를 초래할 수 없다.

대통령 권한이 막강한 한국에서는 유권자들이 대통령을 잘 뽑으면 국가가 발전하고 모든 국민들이 잘살게 되리라 믿는다. 그러나 현실세계에서 대통령은 국민의 뜻을 대변하는 것이 아니라 자신을 지지하는 유권자의 이익을 대변할 수밖에 없다. 뿐만 아니라, 국민 전체의 요구를 충족시킬 수 있는 정책은 존재하지 않고, 대통령은 자신이 원하는 정책결과를 산출할 수도 없다. 그럼에도 불구하고, 많은 유권자들은 대통령이 국민 전체의 이해를 대변한다고 믿고 자신의 이해와 상반되는 정책을 펼치는 대통령을 지지하기도 한다. 이처럼 자신의 이해를 대변하지 않는 대리인을 선정할 경우, 대리인 문제가 발생한다.

대통령에 대한 선택이 대리인 문제를 발생시킬 여지가 많은 또 다른 이유는 정당에 비해 대통령 후보에 대한 신뢰할 수 있는 정보를 얻기가 어렵기 때문이다. 지속적으로 존재해온 정당의 입장은 신뢰할 수 있는 브랜드 네임처럼 형성되어 있다. 대통령에 비해 정당에 대한 지식은 더 축적되어 있고, 유권자의 개인적 호감이 정당지지에 영향을 미칠 가능성은 더 낮다. 또한 정당의 의석 수는 정책수행 능력에 대한 객관적인 정보를 제공한다. 반면 선거 때마다 바뀌는 대통령 후보의 정책입장과 국가지도자로서 능력은 알기 어렵다. 조직체인 정당과는 달리 인격체인 대통령은 외모, 매력, 카리스마와 같은 인간적이고 감성적인 특성들을 효과적인 유인가치로 이용할 수 있다. 유권자들은 대통령에 대한 개인적 호감을 대통령에 대한 평가에 개입시킨다.

그러나 대통령의 이미지는 대통령의 위임업무 수행능력과 직접적인

〈그림 11.3〉 대통령 지지율과 여당 지지율 관계

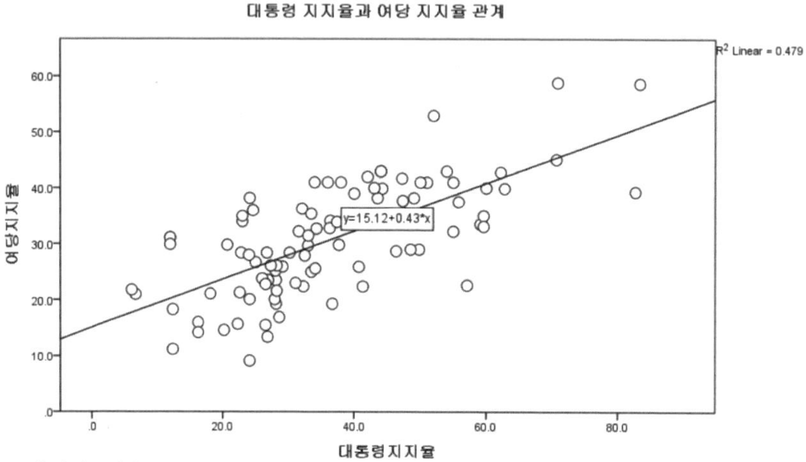

출처: 한국 갤럽

관련이 없다. 대통령의 정책과 능력에 대한 정보가 부족한 유권자들은 대통령에 대한 호감에 따라 기대를 형성시키고 충분한 시간이 지나면 실상을 깨닫게 된다. 따라서 대통령 지지율은 정당 지지율에 비해 등락의 정도가 더 크다. 〈그림 11.3〉은 노태우 대통령 이후 대통령의 지지율과 여당 지지율의 변화를 보여준다. 대통령 지지율의 등락폭은 78.4%에 달했으나 여당 지지율 등락폭은 49.7%에 불과하다. 대통령 지지율의 표준편차는 16.0%에 달했으나, 여당 지지율의 표준편차는 9.8%에 불과했다.

이전 장들에서 살펴보았듯이, 선거경쟁이 유인가치 중심으로 치러질 가능성은 정당 간 정책 입장 차가 모호할수록 높아진다. 경쟁하는 정당이 비슷한 정책을 제시할수록, 유권자는 경쟁정당이 제시하는 정책들에서 효용의 차이를 덜 느끼게 된다. 따라서 유권자의 투표결정은 비정책적인 유인가치에서 얻는 효용에 더 의존하게 된다. 한국의 협애한 정당체제가 촉진하는 유인가치 중심의 선거 환경에서는 진보(보수)적인 유권자들도 유인가치 이점이 있는 보수(진보)적인 대통령을 지지할 수 있다. 그러나 유인가치에 근거한 지지는 변동적이다. 대선 당시 성공적으로 부각된 유인가치들은 국민의 기대감을 형성시켜 대통령의 지지를 유발한다. 그러나 대통령에게 기대했던 유인가치가 실체가 없는 것이라는 것을 깨닫게 될 경우, 이념이 다름에도 불구하고 대통령의 유인가치 때문에 대통령을 지지했던 유권자들부터 지지를 철회하기 시작한다. 대통령의 유인가치에 대한 실망이 클수록, 대통령과 이념적으로 가까운 유권자들도 지지를 철회한다.

2) 한미 간 대통령 지지율 차이의 의미

11.3.1절에서 살펴본 한미 간 대통령 지지율 차이에 대한 비교분석 결과는 한국 민주주의에 심각한 대리인 문제가 두 가지 측면에서 발생하고 있다는 점을 시사한다. 첫째, 한국에서 25%를 하회하는 현직 대통령의 임기 말 지지에도 불구하고 여당후보가 당선된다는 의미는 미국에 비해 한국에서는 선거심판을 통한 대리인에 대한 사후적 평가 기능이 제대로 작동하지 않는다는 것을 의미한다. 한국 유권자들이 이처럼 대통령 실정에 대한 선거심판을 효과적으로 하지 못하는 이유들 중 하나는 한국이 단임 대통령제를 채택하고 있기 때문이다. 단임 대통령제에서는 현직 대통령이 재선에 임하지 않고 여당의 다른 후보가 선거에 임하기 때문에 대통령의 실정에 대한 직접적인 심판이 어렵다. 둘째, 미국에 비해서 한국 대통령 지지율의 하락폭이 크다는 사실은 유권자들의 기대를 충족시킬 수 없는 무능한 대통령을 선발했다는 의미이다. 반복적으로 관찰되는 대통령 지지율의 과도한 하락 현상은 대리인선발 단계에서부터 발생한 사전적인(ex ante) 대리인 문제로 볼 수 있다. 달리 말하면, 대통령 지지율의 필연적 하락은 유권자들의 후보들의 유인가치에 대한 정보 부족에서 초래된 역선택(adverse selection)의 문제로 볼 수 있다.

그렇다면 한국 유권자들은 임기 말에 지지율이 폭락하는 대통령들을 왜 반복적으로 선출하는가? 그 이유는 한국에서의 선거경쟁은 정책보다 후보의 유인가치를 중심으로 치러지고, 유인가치를 얼마나 효과적으로 광고하는가에 따라 선거결과가 결정되기 때문이다. 즉 정치거래가 시장거래화되었기 때문이다. 이러한 선거환경에서는 여당후보가 현직 대통령에 대한 실정의 책임으로부터 자신을 자유롭게 할 수 있는 다양한 전략을 구사할 수 있다. 예컨대, 노태우 대통령의 임기 말 지지율은 11.9%에 불과했으나 14대 대선에서 김영삼 대통령은 노태우 대통령의 후임이라는 이미지보다 최초의 문민대통령 후보라는 이미지로 당선되었다. 15대 대선에서는 여당이 외환위기라는 전대미문의 국가적 위기를 초래했음에도 이회창 후보는 같은 진영의 이인제 후보가 출마하지 않았다면 승리했을 것이다. 18대 대선에서는 이명박 후보의 임기 말 지지율은 23%까지 하락했으나, 박근혜 후보는 여당의 당명과 로고 및 상징 색 변경을 통해 이명박 후보의 이미지를 지우고, 원칙 있는 정치인이라는 새로운 유인가치 광고를 통해 대통령에 당선되었다. 보수정당 후보들의 안보능력과 경제활성화 능력이 더 뛰어나다고 느끼는 한국 유권자들은 대통령 실정을 심판하기보다는 보수정부에 대한 실망에도 불구하고 보수정당 후보를 지지하는 경향이 있다. 이러한 맹목적인 전망투표 행태는 보수정부가 IMF 사태나 최순실 사태와 같은 파국적인 사건을 초래하기 전에는 반복적으로 되풀이 되었다.

11.4. 대통령 지지율 변화의 원인과 효과 분석

11.4.1. 집합자료 분석

1) 선거심판과 지지변경

선거심판은 여당에 대한 지지를 철회하는 것을 의미한다. 여당에 대한 지지철회는 기권과 지지변경을 통해 이루어진다. 기권에 비해 여당에 대한 지지변경은 선거심판을 위한 강력한 수단이다. 한국 유권자들의 정당지지는 매우 변동적이다. 민주화 이후 설문조사 자료들을 분석해 본 결과, 이전 대선에서 지지했던 후보의 소속정당과 현 선거에서 지지한 후보의 소속정당이 다른 경우가 33.7%에 달했다. 이전 선거에서 여당후보를 지지했다가 현 선거에서 야당으로 이탈한 투표자들이 총 투표자의 21.4%이었고, 야당후보를 지지했다가 여당후보로 지지를 변경한 투표자의 비

〈그림 11.4〉 민주화 이후 선거에서 여당이탈 투표자와 여당유입 투표자의 비율

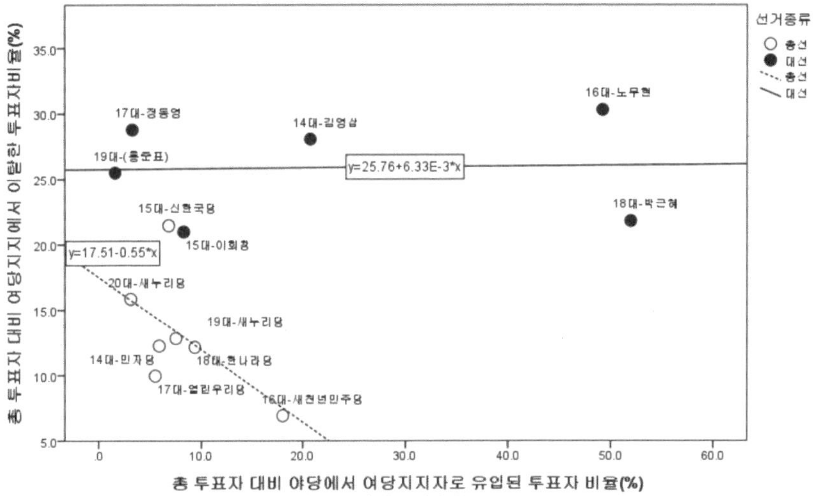

출처: 14-19대 대선 및 14-20대 총선 설문조사와 한국 갤럽 자료
선거 사례의 당 이름과 후보이름은 여당과 여당후보이름임(이하 그림 출처 동일)

율은 17.5%에 달했다. 이전 대선에서 여당후보를 지지했다가 현 선거에서 기권한 유권자들도 13.2%에 달했다. 이처럼 유권자의 지지가 변동적이라면, 유권자들이 선거심판을 효과적으로 하고 있다는 것을 의미하는가?

〈그림 11.4〉는 민주화 이후 대선과 총선에서 유권자들의 지지변경 행태를 보여준다. 〈그림 11.4〉는 한국 유권자들의 정당 지지가 매우 유동적이라는 사실을 보여준다. 유권자들이 강력한 선거심판을 한다면, 지지정당을 여당에서 야당으로 바꾸는 유권자들이 야당에서 여당으로 바꾸는 유권자들보다 훨씬 많을 것이다. 〈그림 11.4〉에서 좌측 상단의 사례(17대 대선과 19대 대선)는 여당 유입자에 비해 여당 이탈자가 훨씬 더 많은 경우이다. 이러한 사례는 현직 정부에 대한 선거심판이 혹독한 경우에 해당한다. 열린우리당 지지자들이 대거 이탈한 17대 대선에서 정동영 후보는 대패하였다. 16대 대선에서 노무현 대통령을 지지했으나 17대 대선에서 이명박 후보로 지지를 변경한 유권자들이 투표자들의 28.8%에 달한 반면, 16대 대선에서 이회창 후보를 지지했으나 정동영 후보를 지지한 비율은

3.3%에 불과했다. 19대 대선 역시 여당으로 유입된 유권자들보다 여당에서 이탈한 유권자들이 훨씬 많았다.

우측 하단에 있는 사례는 여당 이탈자에 비해 여당 유입자가 훨씬 더 많은 경우이다. 이 경우는 유권자들이 여당의 성공적인 국정운영을 표로 보상한 경우이다. 〈그림 11.4〉는 한국에서는 우측 하단의 사례들이 한 번도 없었다는 것을 보여준다. 좌측 하단에 있는 사례들은 유권자의 여야 간 쌍방향 이동이 적은 경우이다. 유권자들의 정당 지지가 안정되어 있을 경우, 이러한 사례들이 발견되다. 대부분의 총선이 이러한 경우에 해당된다.

이에 반해, 우측 상단의 경우는 유권자의 여야 간 쌍방향 이동이 큰 경우이다. 우측 상단에 있는 사례는 국정운영에 대한 심판이나 보상과 무관하게 초래되는 경우이다. 유권자들이 후보의 개인적 특성 때문에 여야 후보에 대한 지지를 변경할 경우 이러한 결과가 초래된다. 즉 인물투표가 강화된 선거에서 이러한 사례가 발견된다, 16대 대선에서는 15대 대선에서 이회창 후보를 지지했으나 16대 대선에서 노무현 후보를 지지한 유권자들이 투표자들의 49.2%에 달했고, 김대중 대통령을 지지했던 유권자들이 이회창 후보를 지지한 비율도 30.3%에 달했다. 18대 대선에서는 17대 대선에서 정동영 후보를 지지했으나 18대 대선에서 박근혜 후보로 지지를 변경한 유권자들이 투표자들의 51.9%에 달했다. 그러나 18대 대선에서는 여당 지지자들의 이탈비율도 높았다. 17대 대선에서 이명박 대통령을 지지했으나 18대 대선에서 문재인 후보를 지지한 비율이 총 투표자의 21.8%를 차지했다.

유권자들이 여당을 혹독하게 심판하거나 후하게 보상한다면, 대부분의 사례들은 좌측상단과 우측하단에 집중되어 있어야 한다. 사례들이 이처럼 분포되어 있다면, 이러한 사례들에 대한 회귀선은 우하향될 것이다. 〈그림 11.4〉는 총선 회귀선은 우하향되어 있다는 것을 보여준다. 이러한 그림이 의미하는 바는 총선에서는 여당 이탈자들이 야당으로 유입되거나(처벌), 야당 이탈자들이 여당으로 유입된다는 것(보상)을 의미한다. 그러나 대선회귀선은 거의 기울기가 없다. 이러한 수평적인 회귀선은 여야 간 쌍방향의 이동이 많은 우측상단의 사례들 때문에 발생한다. 전술한 바와 같이, 이전 선거에서 여당 후보와 야당 후보를 각각 지지했던 유권자들이 다음 선거에서 각각 야당 후보와 여당 후보로 서로 지지를 변경할 가능성은 유권자들이 정당에 비해 후보의 특성을 중요시할수록 증가한다.

다음은 대통령 지지율이 선거심판에 영향을 미치는가를 살펴보았다. 〈그림 11.5〉는 대통령 지지율이 여당에 대한 지지변경에 어떤 영향을 미치는가를 보여준다. 대선 회귀선은 우상향되어 있다는 사실을 관찰할 수 있다. 이는 대선 당시 대통령에 대한 지지도가 높을수록 여당후보를 지지하는 것이 아니라 반대로 야당후보로 지지를 변경할 확률이 높다는 것을 의미한다. 차기 대통령을 뽑는 대선 당시 지지율이 가장 높았던 현직 대통령은 노무현 대통령과 김대중 대통령이었다. 그러나 이 두 대통령의 후임 대통령을 뽑는 선거에서 여당을 이탈한 유권자의 비율이 가장 높았다. 반면 가장 낮은 지지도를 기록한 두 보수 대통령을 지지했던 유권자들의 여당 이탈비율은 높지 않았다. 14대 대선 당시 김영삼 후보 투표자들 중 21%

〈그림 11.5〉 대통령 지지율이 여당지지자 이탈에 미치는 영향

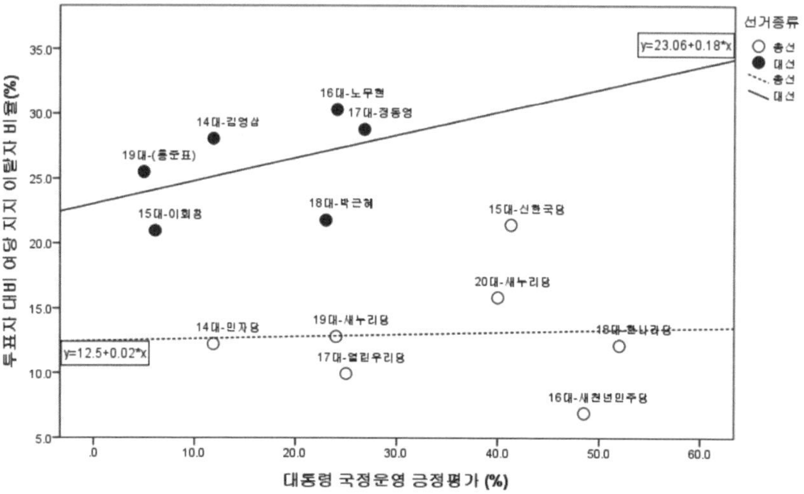

만이 15대 대선에서 여당에 대한 지지를 철회하고 김대중 후보를 지지하였다. 18대 대선 당시 박근혜 후보 투표자들 중 25.5%가 19대 대선에서 여당에 대한 지지를 철회하고 문재인 후보와 안철수 후보를 지지하였다.

이처럼 여당 이탈자의 비율이 낮았음에도 불구하고 어떻게 야당후보가 승리할 수 있었는가? 15대 대선에서 여당 지지 이탈자들의 비율이 비교적 낮았음에도 불구하고 이회창 후보가 선거에서 패배했던 이유는 야당 지지자들의 표를 유입하는데 실패했기 때문이다. 19대 대선에서도 야당에서 유입된 유권자의 비율이 매우 낮았던 홍준표 후보는 패배할 수밖에 없었다. 〈그림 11.6〉은 대통령 지지율이 야당 지지자들의 여당유입에 어떤 영향을 미치는가를 보여준다. 〈그림 11.6〉은 선거 당시 현직 대통령의 지지가 높을수록 야당지지자들이 여당으로 더 유입된다는 사실을 보여준다. 이는 달리 말하면, 현직 대통령의 지지가 높을수록, 유권자들은 여당후보가 차기에 형성할 정부에 긍정적인 전망을 내린다는 의미이다. 〈그림 11.5〉에서의 대선 회귀선은 완만한 기울기를 가지고 있는 것에 비해 〈그림 11.6〉의 대선 회귀선은 급한 기울기를 가지고 있다. 〈그림 11.5〉와 〈그림 11.6〉의 대선 회귀선들의 기울기 차이가 의미하는 바는 한국 대

〈그림 11.6〉 대통령 지지율이 야당지지자의 여당 유입에 미치는 영향

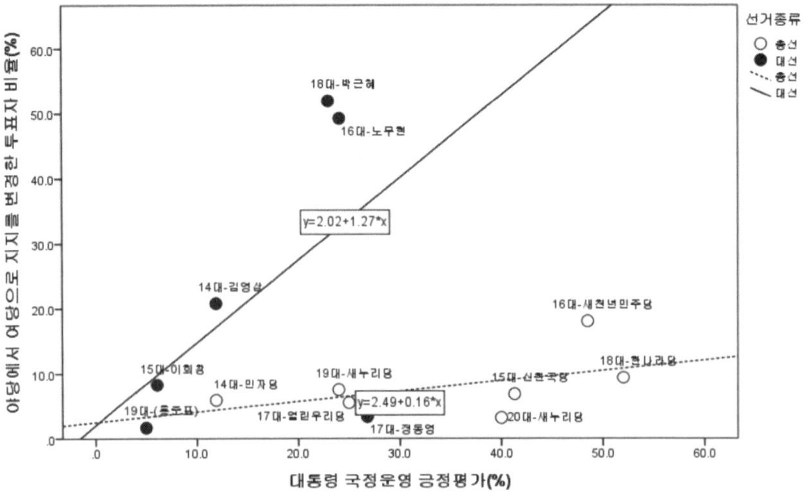

통령의 지지율은 여당에 대한 회고적 심판에 미치는 영향이 작은 반면, 차기 여당 정부에 대한 전망적 기대에 더 큰 영향을 미친다는 것이다. 예컨대, 박근혜 후보가 역대 후보들 중 가장 높은 수준의 야당 표를 유입할 수 있었던 이유는 〈그림 11.6〉이 보여주듯이 이명박 대통령이 18대 대선 당시 다른 전임 대통령들에 비해 높은 지지율을 유지했기 때문이다. 만약 이명박 대통령이 15대 대선 또는 19대 대선에서와 같이 낮은 지지율을 기록했다면, 박근혜 후보도 선거에 승리할 정도의 야당 표를 흡수하지는 못했을 수도 있다.

〈그림 11.7〉은 대통령 지지율이 야당 지지자의 여당 유입비율에서 여당 지지자의 여당 이탈비율을 뺀 순 여당 유입비율에 미치는 영향을 보여준다. 〈그림 11.7〉의 회귀선들의 기울기는 〈그림 11.5〉의 완만한 회귀선들에 의해서 약간 상쇄되어 〈그림 11.6〉의 회귀선들의 기울기보다는 약간 완만하다. 그럼에도 불구하고, 〈그림 11.7〉의 회귀선들의 기울기는 〈그림 11.6〉의 회귀선들과 거의 비슷하다. 잔차(residual)라 불리는 회귀선들과 각 사례들의 거리는 대통령 지지율로 설명할 수 없는 순유입 표의 비율을 의미한다. 박근혜 후보와 노무현 후보의 사례가 대선 회귀선 위에

〈그림 11.7〉 대통령 지지율이 야당지지자의 여당 순유입에 미치는 영향

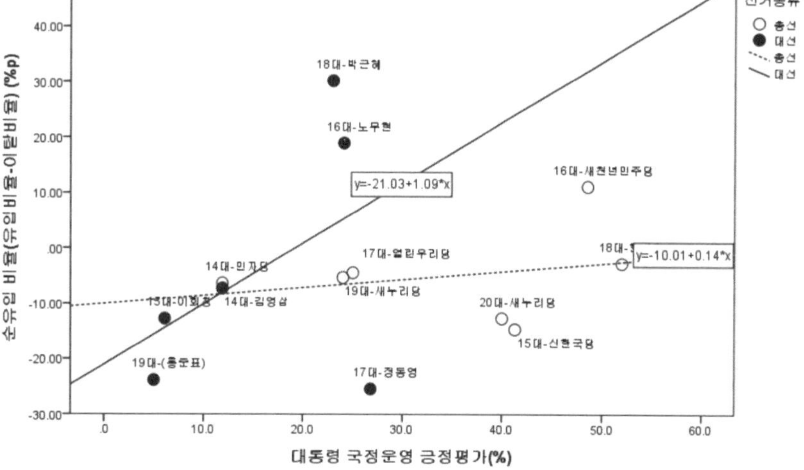

멀리 놓여있는 이유는 이들에게 순유입 표를 증가시킨 요인들이 선임 대통령의 지지율 외에도 존재하기 때문이다. 후보들의 개인적인 매력이나 인기가 이러한 양의 잔차를 형성시키는 중요한 요인이다. 박근혜 후보와 노무현 후보와는 반대로 정동영 후보와 홍준표 후보는 회귀선 아래에 놓여 있다. 이는 선임대통령의 지지율을 감안하고 나서도 이들이 야당 표를 유입할 수 있을 정도의 경쟁력이 없었다는 것을 의미한다.

〈그림 11.7〉에서 대통령 지지율이 야당지지자의 여당 순유입에 긍정적인 영향력을 미치는 것으로 보이나, 대선 회귀선 주변의 잔차들의 크기로 볼 때 이 영향력이 통계적으로 유의미하지 않을 가능성이 높다. 특히 사례 수가 충분하지 않기 때문에 이 영향력이 신뢰할 수 있을 정도로 유의미한가는 통계분석을 통해 확인해볼 필요가 있다. 뿐만 아니라, 〈그림 11.7〉이 보여준 관계는 다른 변수들의 영향력을 통제하지 않은 것이다. 특히, 대통령 지지율이 국내 경제상황과 연관되어 있다면, 경제상황을 통제한 후 대통령 지지율의 독립적인 영향력을 추정할 필요가 있다. 따라서 아래에서는 다른 변수들을 통제한 모형을 분석한다.

이러한 분석에 앞서, 어떠한 변수들이 대통령 지지율에 영향을 미치는가를 검토한다. 특히 국내 경제조건들이 대통령 지지율에 어떤 영향을 미치는가를 살펴본다. 한국 유권자들이 대통령의 경제성과에 대한 책임을 물어 여당을 심판한다면, 국내 경제상황이 대통령 지지율에 영향을 미치고, 대통령 지지율은 차례로 여당후보에 대한 지지변경에 영향을 미칠 것이다. 반면, 11.3절에서 살펴본 스팀슨(Stimson 1984)의 주장과 같이 대통령 지지율이 대통령의 성과와 상관없이 시간의 흐름에 따라 하락하는 것이라면, 경제성과와 대통령 지지율의 상관성이 약하게 추정될 것이다.

2) 분석모형

경제성과가 대통령 지지율에 미치는 영향은 아래의 모형을 통해 분석한다. 이 모형의 종속변수는 민주화 이후 대선, 총선, 지방선거를 포함한 19개 선거 당시 대통령의 지지율이다. 이 모형의 주요 독립변수는 **재임기간**

소득증가율과 **선거 당시 소득증가율**이다. 이 두 변수는 10장에서 서술한 방식으로 측정되었다. **재임기간**은 시간 경과에 따른 유권자의 실망이 대통령 지지율에 미치는 영향을 추정하기 위해 포함되었다. 다음은 보수정당 대통령들이 진보정당 대통령들보다 선거 당시 지지율이 높은가를 살펴보기 위해, **보수정당 대통령** 변수를 포함시켰다. 대통령이 보수정당 소속인 경우는 1을 할당했고 진보정당 소속인 경우는 0을 할당하였다. 추가적인 경제성과 변수들로 **소득증가율**, **실업률**, **물가상승률**, **소득불평등**을 포함시켰다.

$$\text{대통령 지지율} = a + b_1\text{재임기간 소득증가율} + b_2\text{선거당시 소득증가율} + b_3\text{재임기간} \\ + b_4\text{보수정당 대통령} + b_5 OECD\text{소득증가율} + b_6\text{실업률} \\ + b_7\text{물가상승률} + b_8\text{소득불평등}$$

다음은 민주화 이후 치러진 총 13회의 대선과 총선에서 대통령 지지율에 따른 선거심판 가능성을 아래의 모형을 통해 분석하였다. 이 모형에는 터프티(Tufte 1978)의 경제투표 모형에 포함된 핵심적인 두 변수(선거 당시 소득증가 및 대통령 지지율)만 포함시켰다. 아래 모형의 종속변수는 여당 지지표 **순유입 비율**이다. 종속변수를 측정하기 위해 여당후보로 지지를 변경한 이전 선거 야당 지지자들이 총 투표자에서 차지하는 비율에서 야당후보로 지지를 변경한 이전 선거 여당 지지자들이 총 투표자에서 차지하는 비율을 차감하였다. 독립변수들은 10장에서 서술한 방법으로 측정하였다.

$$\text{순유입비율} = a + b_1\text{대통령지지율} + b_2\text{선거당시소득증가율}$$

다음은 위의 기본 모형에 통제변수들을 추가하였다. 13개에 불과한 사례의 수에 비해 변수의 수가 지나치게 많아지는 것을 방지하기 위해, 10장에서 여당 득표율에 아무런 영향력을 미치지 않는 것으로 추정된 경제

관련 변수들은 모형에 포함시키지 않았다. 대신 세 종류의 정치관련 변수들을 포함시켰다. 대통령 재임기간이 길수록 여당후보에게 불리하다는 에이큰과 바르텔즈(Achen and Bartels 2016)의 주장을 반영하여 대통령 재임기간을 월단위로 측정하여 모형에 포함시켰다. 다음은 유권자들이 진보여당과 보수여당 중 어떤 진영을 더 강하게 심판하는 경향이 있는가를 추정하기 위해 대통령의 정당정체성을 통제하였다. 대통령이 보수정당 소속인 경우 1을 할당하였고, 진보정당 소속인 경우 0을 할당하였다. 마지막으로 선거종류를 통제하였다. 대선은 1을 총선은 0을 할당하였다.

$$\text{순 유입 비율} = a + b_1\text{대통령 지지율} + b_2\text{재임기간 소득증가율} + b_3\text{선거당시 소득증가율} + b_4\text{재임기간} + b_5\text{보수정당 대통령} + b_6\text{선거종류}$$

3) 분석결과

〈표 11.2〉의 모형 1의 분석결과는 재임기간이 대통령 지지하락에 가장 유의미한 영향을 미친다는 사실을 보여준다. 대통령의 정당정체성은 선거 당시 대통령 지지율과 무관한 것으로 나타났다. 일부 경제지표 변수들은 대통령 지지하락에 유의미한 영향을 미치는 것으로 나타났다. 대통령 재임기간 동안 유권자 소득이 증가하거나 실업률이 낮아지면 대통령 지지도는 증가하는 것으로 나타났다. 그러나 소득불평등이 증가하면 대통령의 지지도는 증가하는 것으로 나타났다. 이러한 결과가 사례의 수에 비해 변수의 수가 지나치게 많기 때문에 발생한 통계적 허구(statistical artifact)일 가능성을 감안하여, 소득불평등을 제외한 모형 2를 분석하였다. 모형 2의 분석 결과, 재임기간의 영향력은 견고하게 남아 있는 반면 소득증가의 영향력은 더 이상 유의미하지 않은 것으로 밝혀졌다. 모형 2의 분석에서 경제변수들 중 유일하게 유의미한 영향력이 있는 것으로 추정된 변수는 물가상승률이었다. 다음은 더 효율적인 분석을 위해 유의미한 영향력이 없는 것으로 밝혀진 대통령의 정당정체성을 제거하였다. 대통령의 정당정체성을 제거한 모형 3의 분석 결과는 모형 2의 분석결과와 다르지 않았다. 모형 2에 비해서 모형 3의 결정계수는 0.1%p 감소했으나 수정 결

〈표 11.2〉 경제성과들이 대통령 지지율에 미치는 영향

모형	모형 1			모형 2			모형 3		
종속변수	여당후보 상대득표율								
독립변수	b (s.e.)	beta (t값)	유의수준	b (s.e.)	beta (t값)	유의수준	b (s.e.)	beta (t값)	유의수준
재임기간 소득증가	.290 (.095)	1.084 (3.062)	.012 *	.074 (.070)	.278 (1.059)	.312	.066 (.062)	.248 (1.064)	.308
선거 당시 소득증가	-.006 (.034)	-.033 (-.176)	.864	.044 (.037)	.236 (1.179)	.263	.045 (.036)	.243 (1.266)	.230
재임기간	-.006 (.001)	-.738 (-5.234)	.000 ***	-.005 (.002)	-.628 (-3.640)	.004 ***	-.005 (.001)	-.624 (-3.774)	.003 **
보수정당 대통령	.044 (.048)	.133 (.921)	.379	.018 (.060)	.054 (.300)	.770			
OECD 소득증가	.077 (.097)	.116 (.798)	.443	-.035 (.112)	-.052 (-.309)	.763	-.031 (.107)	-.046 (-.289)	.778
실업률	-.128 (.044)	-.692 (-2.901)	.016 *	-.046 (.042)	-.247 (-1.089)	.299	-.048 (.039)	-.263 (-1.239)	.239
물가 상승률	-.036 (.017)	-.461 (-2.186)	.054	-.047 (.021)	-.591 (-2.259)	.045 *	-.046 (.020)	-.576 (-2.334)	.038 *
소득 불평등	7.180 (2.564)	1.013 (2.801)	.019 *						
N R^2 (수정 R^2)	19 .870 (.765)			19 .767 (.620)			19 .766 (.648)		

〈표 11.3〉 대통령지지율이 여당후보 지지자 순유입에 미치는 영향 (기본모형)

모형	모형 4 (대선 사례)			모형 5 (총선 사례)			모형 6 (통합 사례)		
종속변수	여당후보 지지자 순유입 비율								
독립변수	b (s.e.)	beta (t값)	유의수준	b (s.e.)	beta (t값)	유의수준	b (s.e.)	beta (t값)	유의수준
대통령 지지율	123.937 (131.685)	.522 (.941)	.416	5.469 (27.685)	.096 (.198)	.853	20.607 (36.847)	.199 (.559)	.588
선거 당시 소득증가	-2.901 (10.742)	-.150 (-.270)	.805	5.093 (6.168)	.401 (.826)	.455	.080 (5.868)	.005 (.014)	.989
N R^2 (수정 R^2)	6 .231 (-.282)			7 .200 (-.200)			13 .041 (-.151)		

정계수는 1.2%p 증가하였다. 〈표 11.2〉의 결과를 정리하면, 객관적인 경제지표들은 대통령 지지율에 영향을 거의 미치지 않았다. 스팀슨의 주장대로 대통령 지지율은 경제성과와 거의 무관하게 감소하였다.

〈표 11.3〉은 대통령 지지율이 여당후보 지지자 순유입 정도에 미치는 영향력을 분석한 것이다. 모형 4와 5는 각각 대선 및 총선 사례들을 분석하였고 모형 6은 대선 및 총선 사례들을 통합하여 분석하였다. 〈표 11.3〉은 대통령의 지지율이나 선거 당시 소득증가가 여당후보 지지자 순유입

에 영향을 미치지 않는다는 사실을 보여준다. 이는 달리 말하면, 여당 지지자들이 야당 후보로 지지를 바꾸거나 야당 지지자들이 여당후보로 지지를 바꾸는데, 대통령의 경제성과나 지지율이 유의미한 영향을 미치지 않는다는 사실을 의미한다. 세 모형 모두 음의 수정 결정계수를 가진 것으로 추정되었다. 이러한 결과는 두 변수가 여야 간 표의 이동을 설명할 수 있는 부분이 거의 없다는 것을 의미한다.

〈표 11.4〉의 결과 역시 대통령 지지율과 소득증가 변수들이 여야 간 지지변경에 아무런 영향을 못 미친다는 사실을 보여준다. 〈표 11.4〉는 다른 변수들도 영향을 미치지 못한다는 사실을 보여준다. 현직 대통령이 취임한지 한참 뒤에 선거가 치러지거나, 여당후보가 보수후보라고 해서 여당 지지 표가 더 이탈하는 것도 아닌 것으로 밝혀졌다. 여야의 지지표는 대선 총선과 상관없이 이동하는 것으로 밝혀졌다. 모형 7과 8역시 음의 결정계수를 가진 것으로 분석되었다. 이러한 결과는 모형에 포함된 변수들이 여야 간 표의 이동을 설명하는 데 유용하지 않다는 것을 의미한다.

〈표 11.3〉과 〈표11.4〉의 결과를 종합하면, 한국 유권자들은 선거심

〈표 11.4〉 대통령지지율이 여당후보 지지자 순유입에 미치는 영향(확장모형)

모형	모형 7			모형 8		
종속변수	여당후보 지지자 순유입 비율					
독립변수	b (s.e.)	beta (t값)	유의수준	b (s.e.)	beta (t값)	유의수준
대통령 지지율	45.614 (52.953)	.418 (.861)	.414	54.585 (56.793)	.500 (.961)	.374
재임기간 소득증가	.937 (9.897)	.036 (.095)	.927	2.133 (10.933)	.081 (.195)	.852
선거 당시 소득증가	-.484 (7.436)	-.028 (-.065)	.950	.348 (7.754)	.020 (.045)	.966
재임기간	.563 (.404)	.619 (1.392)	.201	.258 (.510)	.284 (.505)	.631
보수후보				-1.603 (13.151)	-.046 (-.122)	.907
선거종류				18.511 (17.369)	.570 (1.066)	.328
N	13			13		
R^2 (수정 R^2)	.203 (-.195)			.356 (-.289)		

판 또는 선거 보상의 동기 때문에 지지를 변경하지 않는다는 것이다. 한국 유권자들의 회고적 투표행태에 대한 이 장의 분석 결과는 터프티(Tufte 1978)가 발견한 미국 유권자 투표행태와 발견과 비교할 때, 매우 대조적이다. 터프티(Tufte 1978:112)는 소득증가 및 대통령 지지도가 현직 대통령의 재선 득표율의 82.5%를 설명한다는 사실을 보여주었다. 이에 반해, 한국에서는 이 두 변수가 여당후보 득표율에도 아무런 영향을 못 미치고(〈표 10.4〉 결과), 여야 간의 표의 이동에도 영향을 못 미친다(〈표 11.4〉결과). 달리 말하면, 한국에서는 객관적 경제상황과 대통령 지지율이 선거심판과 무관하다.

11.4.2. 설문조사 자료 분석

1)분석모형

첫 번째 모형에서는 경제상황에 대한 주관적 회고가 대통령에 대한 평가에 어떠한 영향을 미치는가를 분석하였다. 10장에서 서술한 바와 같이, 6개선거 설문조사(18대, 19대 및 20대 "국회의원 선거에 대한 국민 의식조사", 17대 및 18대 "대통령선거 관련 유권자 의식조사"와 17대 및 18대 "대선패널조사")는 국가경제에 대한 회고적 평가를 측정하였다. 3개선거 설문조사(17대 및 18대 "대선패널조사" 및 20대 "국회의원 선거에 대한 국민 의식조사")는 개인경제에 대한 회고적 평가를 측정하였다. 각 설문조사의 응답을 z값으로 치환하여 회고적 평가에 대한 측정값을 표준화시켰다. 대통령에 대한 평가는 대선의 경우 17대 이후, 총선의 경우 17대 이후부터 측정되었다. 이 설문조사들은 대통령에 대한 부정적인 인식을 4점 척도로 측정하였다. 이 측정값에서 4를 뺀 후 절댓값을 취해 대통령에 대한 긍정적인 인식을 0점에서 3점으로 측정하였다. 대통령 긍정평가 분석모형은 아래와 같다.

$$\text{대통령 긍정 평가} = a + b_1\text{개인경제 긍정회고} + b_2\text{국가경제 긍정회고} + b_3\text{여당 상대적 호감도} \\ + b_4\text{여당 상대적 이념 근접성} + b_5\text{이념성향} + b_6\text{영남} + b_7\text{호남} + b_8\text{연령} \\ + b_9\text{소득} + b_{10}\text{학력} + b_{11}\text{성별} + b_{12}\text{도시규모} + b_i\sum_{i=13}^{n} X_i + e$$

10장에서 언급한 바와 같이, 경제상황 인식이 대통령 평가에 미치는 영향에 대한 분석은 독립변수와 종속변수에 영향을 미치는 매개변수들(**여당 상대적 호감도** 및 **여당 상대적 이념 근접성**)을 통제할 필요가 있다. 이는 왜냐하면, 여당에 더 큰 호감을 느끼거나 야당보다 여당과 이념적으로 가까운 유권자들은 대통령의 국정운영을 지지하는 동시에 경제성과도 긍정적으로 평가할 가능성이 높기 때문이다. 따라서 매개변수들을 통제하지 않을 경우 독립변수의 영향력은 과대추정된다.

다음은 대통령에 대한 평가가 선거심판으로 이루어지는가를 분석하였다. 첫 번째 모형에서는 어떤 유권자가 여당후보에 대한 지지를 철회하는가를 분석하였다. 이 모형의 종속변수를 측정하기 위해 이전 대선에서 여당후보를 지지 했으나 해당선거에서 기권을 하거나 야당후보를 지지한 경우는 1을 할당하고 여당후보를 계속 지지한 경우는 0을 할당하였다. 두 번째 모형에서는 어떤 유권자가 여당후보에 대한 지지를 야당후보로 변경하는가를 분석하였다. 이 모형의 종속변수를 측정하기 위해 이전 대선에서 여당후보를 지지했으나 해당선거에서 야당후보를 지지한 경우는 1을 할당하였고 여당후보를 계속 지지했으면 0을 할당하였다. 19대 총선 설문조사에서는 이전 대선에서 어떤 후보를 지지했는가를 묻는 문항이 포함되지 않았으므로, 이전 대선 대신 이전 총선에서 어떤 후보를 지지했는가를 측정하였다. 여당 지지철회 분석 모형은 아래와 같다.

$$\ln\left(\frac{P}{1-P}\right)=z,\ P(Y=\text{여당심판})=\frac{e^z}{1+e^z}$$

$$\begin{aligned}z=a&+b_1\text{대통령 부정평가}+b_2\text{개인경제 긍정회고}+b_3\text{국가경제 긍정회고}\\&+b_4\text{여당 상대적 호감도}+b_5\text{여당 상대적 이념 근접성}+b_6\text{이념성향}\\&+b_7\text{영남}+b_8\text{호남}+b_9\text{연령}+b_{10}\text{소득}+b_{11}\text{학력}+b_{12}\text{성별}+b_{13}\text{도시규모}+b_i\sum_{i=14}^{n}X_i+e\end{aligned}$$

2)분석결과

먼저 개인경제에 대한 회고적 평가 변수를 포함하지 않고 국가경제에 대한 회고적 평가 변수만 포함한 모형을 분석하였다. 10장에서 서술한 바와 같이, 이러한 모형은 다섯 선거(17-18대 대선과 18-20대 총선)자료들을 분석한다. 모형1에서는 통제변수들(여당호감도 및 여당과의 이념적 근접성)을 포함시켰고, 모형2에서는 제거하였다.

〈표 11.5〉의 분석결과는 국가경제를 긍정적으로 평가하는 유권자일수록 대통령을 긍정적으로 평가한다는 사실을 보여준다. 그러나 모형 1과 2의 국가경제 회고 변수에 대한 표준 회귀계수(beta) 값을 비교해 보면,

〈표 11.5〉 국가경제 회고가 대통령 평가에 미치는 영향(다섯 선거사례 분석)

모형	모형 1			모형 2		
종속변수	대통령 긍정평가					
독립변수	b (s.e.)	beta (t값)	유의 수준	b (s.e.)	beta (t값)	유의 수준
국가경제 긍정회고	.200 (.010)	.256 (19.553)	.000 ***	.280 (.009)	.367 (32.619)	.000 ***
여당 상대적 호감도	.053 (.003)	.278 (16.427)	.000 ***			
여당 상대적 이념근접성	.018 (.004)	.083 (4.155)	.000 ***			
유권자 보수이념	.039 (.007)	.110 (5.686)	.000 ***	.055 (.004)	.004 (13.050)	.000 ***
영남거주	.061 (.024)	.034 (2.562)	.010 *	.071 (.020)	.020 (3.513)	.000 ***
호남거주	-.002 (.034)	-.001 (-.067)	.946	-.049 (.029)	.029 (-1.670)	.095
연령	.003 (.001)	.057 (3.682)	.000 ***	.002 (.001)	.001 (2.916)	.004 **
소득	-.013 (.011)	-.016 (-1.158)	.247	-.016 (.009)	.009 (-1.703)	.089
학력	-.007 (.012)	-.010 (-.624)	.532	-.031 (.011)	.011 (-2.925)	.003 **
성별(여성)	.048 (.020)	.031 (2.368)	.018 *	.077 (.018)	.018 (4.387)	.000 ***
도시규모 (시골)	.001 (.013)	.002 (.109)	.913	.004 (.012)	.012 (.381)	.703
N	3684			5995		
R^2	.406			.252		
(수정 R^2)	(.403)			(.250)		

모형 2의 회귀계수가 43% 정도 과대추정되었다는 사실을 알 수 있다. 〈표 11.5〉는 또한 보수적인 유권자들일수록 대통령을 더 높게 평가한다는 사실을 보여준다. 이러한 이유는 분석에 포함된 다섯 선거들 중 17대 대선을 제외한 네 번의 선거에서 현직대통령이 보수정당 출신이기 때문이다. 같은 이유에서 영남민들과 고연령층이 대통령을 높게 평가하는 것으로 나타났다.

〈표 11.6〉은 〈표 11.5〉의 분석모형에 개인경제에 대한 회고 변수를 추가한 모형의 분석결과를 보여준다. 18대 및 19대 총선 설문조사는 개인경제에 대한 회고적 평가를 측정하지 않았으므로 〈표 11.6〉에서는 이 두 선거사례가 제외된다. 그럼에도 불구하고, 〈표 11.6〉의 모형분석은 〈표 11.5〉의 분석결과와 질적으로 거의 유사한 결과를 산출하였다. 〈표 11.5〉의 결과와 마찬가지로, 국가경제를 긍정적으로 평가하는 유권자일수록 대통령을 긍정적으로 평가하였다. 모형 4는 국가경제에 대한 평가가 대통령 평가에 미치는 영향을 과대추정하였다. 〈표 11.6〉은 또한 보수적인 유권자들일수록 대통령을 더 높게 평가한다는 결과를 보여준다. 〈표 11.6〉은 개인경제를 긍정적으로 평가할수록 대통령을 높게 평가한다는 사실을 보여준다. 그러나 개인경제에 대한 평가가 대통령 평가에 미치는 영향은 국가경제에 대한 평가가 미치는 영향에 비해 훨씬 작은 것으로 추정되었다. 모형 3에서 두 변수의 영향력에 대한 표준 회귀계수의 크기를 비교해보면, 개인경제 회고적 평가의 영향력(0.073)은 국가경제 회고적 평가의 영향력(.278)의 26.3%에 불과하였다. 이러한 결과는 한국 유권자들이 가계부 경제투표보다 사회공동체 경제투표를 하는 경향이 있다는 10장의 발견과 부합하는 것이다.

〈표 11.7〉은 대통령에 대한 부정적인 평가가 선거심판에 미치는 영향에 대한 다섯 선거사례 분석결과를 보여준다. 모형 5에서는 이전 선거에서 여당후보를 지지한 유권자들이 해당선거에서 여당후보에 대한 지지를 철회할 확률을 분석하였다. 모형 6에서는 이전 선거 여당지지자가 해당선거에서 야당후보로 지지를 변경할 확률을 분석하였다. 〈표 11.7〉의

〈표 11.6〉 개인·국가경제 회고가 대통령 평가에 미치는 영향 (세 선거사례 분석)

모형	모형 3			모형 4		
종속변수	대통령 긍정평가					
독립변수	b (s.e.)	beta (t값)	유의 수준	b (s.e.)	beta (t값)	유의 수준
개인경제 긍정회고	.055 (.013)	.073 (4.153)	.000 ***	.089 (.011)	.119 (8.396)	.000 ***
국가경제 긍정회고	.211 (.014)	.278 (15.565)	.000 ***	.283 (.010)	.378 (27.013)	.000 ***
여당 상대적 호감도	.049 (.004)	.258 (12.946)	.000 ***			
여당 상대적 이념근접성	.016 (.005)	.074 (3.221)	.001 **			
유권자 보수이념	.038 (.008)	.109 (4.907)	.000 ***	.034 (.005)	.094 (7.177)	.000 ***
영남거주	.067 (.027)	.038 (2.437)	.015 *	.058 (.022)	.034 (2.619)	.009 **
호남거주	-.021 (.040)	-.008 (-.518)	.604	-.020 (.032)	-.008 (-.634)	.526
연령	.003 (.001)	.048 (2.676)	.008 **	.001 (.001)	.019 (1.330)	.184
소득	-.012 (.013)	-.015 (-.925)	.355	-.029 (.010)	-.038 (-2.770)	.006 **
학력	-.007 (.014)	-.009 (-.523)	.601	-.037 (.012)	-.048 (-3.235)	.001 **
성별(여성)	.069 (.023)	.046 (2.973)	.003 **	.094 (.019)	.062 (4.894)	.000 ***
도시규모 (시골)	.000 (.019)	.000 (-.025)	.980	.005 (.016)	.004 (.313)	.755
N	2676			4829		
R^2	.399			.253		
(수정 R^2)	(.396)			(.251)		

모형분석은 다음과 같은 결과를 산출하였다. 첫째, 대통령에 대한 주관적 평가가 부정적일수록 여당에 대한 지지를 철회하거나 변경한다. 둘째, 국가경제에 대한 회고적 평가는 여당심판에 영향을 미치지 않는다. 이러한 결과는 10장에서 발견한 객관적인 경제성과가 여당 지지율에 영향을 미치지 않는다는 결과 및 국가경제에 대한 회고적 평가가 투표결정에 거의 영향을 미치지 않는다는 결과와 부합하는 것이다. 셋째, 야당보다 여당에 더 호감을 느끼는 유권자들은 여당에 대한 심판에 더 소극적이다. 넷째, 야당과 이념적으로 더 가까운 유권자일수록 여당에 대한 지지철회의 가

〈표 11.7〉 대통령 평가가 여당 심판에 미치는 영향(다섯 선거사례 분석)

모형	모형 5			모형 6		
종속변수	여당 지지철회			여당 지지변경		
독립변수	b (s.e.)	Exp(B) (Wald)	유의 수준	b (s.e.)	Exp(B) (Wald)	유의 수준
현직 대통령 부정적 평가	.809 (.136)	2.246 (35.429)	.000 ***	.934 (.175)	2.545 (28.422)	.000 ***
국가경제 긍정적 회고	-.012 (.074)	.988 (.025)	.874	.020 (.101)	1.020 (.040)	.842
여당 상대적 호감도	-.273 (.032)	.761 (73.401)	.000 ***	-.412 (.044)	.663 (88.016)	.000 ***
여당 상대적 이념근접성	-.069 (.036)	.933 (3.695)	.055	-.099 (.048)	.906 (4.246)	.039 **
유권자 보수이념	.040 (.055)	1.041 (.522)	.470	.082 (.071)	1.085 (1.321)	.250
영남거주	-.281 (.162)	.755 (2.993)	.084	-.362 (.226)	.696 (2.575)	.109
호남거주	1.453 (.500)	4.277 (8.446)	.004 **	1.391 (.558)	4.020 (6.214)	.013 *
연령	-.034 (.007)	.967 (24.067)	.000 ***	-.005 (.009)	.995 (.288)	.591
소득	-.122 (.083)	.885 (2.152)	.142	.028 (.114)	1.029 (.063)	.802
학력	.020 (.086)	1.020 (.055)	.815	.228 (.117)	1.256 (3.814)	.051
성별(여성)	.026 (.149)	1.026 (.031)	.860	-.163 (.199)	.849 (.671)	.413
도시규모 (시골)	.104 (.088)	1.109 (1.387)	.239	.099 (.121)	1.104 (.166)	.413
N		1288			991	
Cox & Snell R^2		.361			.496	

능성보다 지지변경의 가능성이 높아지는 것으로 추정되었다. 이러한 결과는 야당과 이념적으로 더 가까울수록 기권보다는 지지변경을 선택한다는 것을 의미한다. 다섯째, 호남거주자일수록 여당에 대한 지지를 철회할 가능성이 높고, 영남거주자일수록 가능성이 낮다.[3] 여섯째, 젊은 유권자일수록 여당에 대한 지지를 철회할 가능성이 높아지나 야당으로 지지를 변경할 가능성은 높아지지 않았다.

3 보수적인 유권자와 영남민이 여당에 대한 지지철회 가능성이 낮게 추정된 이유는 다섯 선거사례들 중 네 사례에서 보수정당이 여당이었기 때문이다.

〈표 11.8〉 대통령 평가가 여당 심판에 미치는 영향(세 선거사례 분석)

모형	모형 5			모형 6		
종속변수	여당 지지철회			여당 지지변경		
독립변수	b (s.e.)	Exp(B) (Wald)	유의 수준	b (s.e.)	Exp(B) (Wald)	유의 수준
현직 대통령 부정적 평가	.908 (.172)	2.480 (27.763)	.000 ***	1.063 (.231)	2.896 (21.172)	.000 ***
개인경제 긍정적 회고	-.105 (.105)	.900 (1.001)	.317	-.120 (.150)	.887 (.639)	.424
국가경제 긍정적 회고	-.019 (.101)	.981 (.034)	.854	.059 (.142)	1.061 (.171)	.679
여당 상대적 호감도	-.259 (.039)	.772 (43.366)	.000 ***	-.432 (.055)	.649 (61.408)	.000 ***
여당 상대적 이념근접성	-.062 (.045)	.940 (1.877)	.171	-.125 (.063)	.883 (3.874)	.049 *
유권자 보수이념	-.001 (.073)	.999 (.000)	.987	.050 (.098)	1.051 (.255)	.613
영남거주	-.527 (.212)	.590 (6.169)	.013 *	-.999 (.320)	.368 (9.724)	.002 **
호남거주	1.569 (.541)	4.802 (8.409)	.004 **	1.514 (.598)	4.546 (6.401)	.011 *
연령	-.039 (.009)	.962 (19.489)	.000 ***	-.014 (.012)	.987 (1.188)	.276
소득	-.081 (.108)	.923 (.555)	.456	.103 (.154)	1.109 (.449)	.503
학력	.005 (.112)	1.005 (.002)	.967	.229 (.154)	1.257 (2.207)	.137
성별(여성)	-.143 (.188)	.867 (.579)	.447	-.433 (.261)	.649 (2.745)	.098
도시규모 (시골)	.061 (.305)	1.063 (.174)	.676	-.215 (.218)	.807 (.966)	.326
N	886			670		
Cox & Snell R^2	.351			.540		

〈표 11.8〉은 개인경제에 대한 회고적 평가를 추가한 모형에 대한 분석결과를 보여준다. 〈표 11.8〉은 개인경제 및 국가경제에 대한 회고적 평가는 선거심판과 아무런 상관이 없다는 사실을 보여준다. 나머지 변수들의 영향력에 대한 분석결과는 〈표 11.7〉의 결과와 거의 동일하다. 〈표 11.7〉과 〈표 11.8〉의 결과가 의미하는 바는 한국에서 대통령에 대한 주관적 평가가 어느 정도 선거심판으로 연결되나 경제성과에 대한 회고적 평가는 선거심판으로 연결되지 않는다는 것이다. 이러한 결과가 의미하는 바는,

한국 유권자들의 선거심판에서 경제성과에 대한 판단보다는 대통령에 대한 주관적 평가가 더 중요하다는 것이다. 그러나 대통령에 대한 평가가 유권자들의 여당지지 철회에 미치는 영향에 대한 양변량 분석(bivariate analysis)을 해보면, 대통령에 대한 평가가 여당에 대한 지지철회를 설명할 수 있는 부분은 7.2%에 불과했고 여당에 대한 지지변경을 설명할 수 있는 부분은 3.6%에 불과했다. 양변량 분석이 다른 변수들을 통제하지 않은 분석이라는 사실을 감안할 때, 대통령에 대한 평가가 여당에 대한 선거심판을 독립적으로 설명할 수 있는 부분은 거의 미미할 것이다.

11.6. 결론과 함의

최소주의적 입장에 의하면, 유권자들이 선거를 통해 현직정부를 심판할 수 있을 때 민주주의가 작동한다. 현직자에 대한 선거심판은 두 단계로 이루어진다. 첫 번째 단계에서는 유권자들이 대통령의 국정운영 성과를 회고적으로 평가할 수 있어야 한다. 두 번째 단계에서는 대통령에 대한 평가가 표로 연결되어야 한다. 이러한 두 가지 조건들 중 어떤 조건들이 충족되는가에 따라 네 가지 경우를 생각해 볼 수 있다. ① 두 가지 조건이 모두 충족되는 경우이다. 이럴 경우, 대통령은 재임기간 중 자신에 대한 긍정적인 평가를 향상시키기 위해서 다양한 성과를 내려고 노력할 것이다. 유권자들은 현직 정부가 성취한 객관적 성과에 근거해서 성공적인 선거심판을 할 수 있게 된다. ② 대통령에 대한 평가는 성공적으로 이루어지나, 대통령에 대한 평가가 선거심판으로 연결되지 않는 경우이다. 이럴 경우, 대통령은 국정을 원활하게 수행하기 위해 좋은 평가를 받기위해 노력할 것이다. 그러나 지지율이 자신 또는 후임 여당후보에 대한 보상으로 연결되지 않는다면 임기 말에 최선의 노력을 경주할 동기가 줄어들 것이다. ③ 유권자들의 대통령에 대한 평가가 성과와 상관없이 이루어지고, 주관적이고 맹목적인 평가를 기준으로 선거심판이 이루어진다. 유권자들이 이처럼 맹목적인 회고를 하게 되면, 대통령은 자신의 성과와 상관없이 평가가 이루어지므로 최선의 노력을 경주할 필요가 없다 (Achen and Bartels 2016:105). ④ 유권자들의 평가가 대통령의 성과와 상관없이 이루어질 뿐만 아니라, 선거 심판도 이러한 평가와 상관없이 이루어진다. 이럴 경우, 대통령의 성과와 무관하게 국정운영에 대한 평가가 이루어지고 선거결과도 평가와 상관없이 이루어지므로 대통령은 좋은 평가를 받기 위해 노력할 동기가 없다.

이 장의 분석은 한국의 사례가 ④에 가깝다는 것을 보여준다. 먼저 대통령에 대한 평가에 대한 분석결과를 살펴보면, 대통령에 대한 평가는 객관적인 경제상황과 무관하게 이루어졌다. 대신 경제상황에 대한 회고적인 주관적 평가가 대통령 평가에 영향을 미치는 것으로 나타났다. 그러나 경제상황에 대한 회고적 평가는 대통령에 대한 평가의 매우 작은 부분을 차지하는 것으로 나타났다. 대신 여당에 대한 호감도나 여당과의 이념적 근접성과 같은 정치관련 변수들이 대통령에 대한 평가에 더 유의미한 영향을 미쳤다. 다음은 대통령에 대한 평가가 선거심판으로 이루어지는가를 분석한 결과, 객관적인 경제성과는 물론 대통령에 대한 지지율이 선거심판으로 귀결되는 것도 아니었다. 대통령에 대한 부정적 평가가 여당에 대한 지지철회로 이루어지기는 했으나, 부정적 평가가 지지철회를 설명할 수 있는 부분은 매우 작았다. 이러한 분석 결과들은 한국에서의 선거심판이 효과적으로 이루어질 가능성이 매우 낮다는 것을 의미한다.

이처럼 선거심판이 효과적으로 이루어지지 않는다면, 선거 결과는 선거 당시의 정치적 사건이나 후보들의 유인가치 가공과 광고능력과 같은 요인들에 의해서 결정된다. 한국에서 대통령에 대한 지지도의 등락이 미국에 비해서 훨씬 더 큰 이유는 객관적인 성과를 평가할 정도의 정치정보를 가지고 있지 않은 한국 유권자들이 맹목적인 전망투표를 하기 때문으로 분석되었다. 이 장에서 살펴본 바와 같이, 15대 대선에서는 IMF 사태라는 파국적 사건에도 불구하고 이회창 후보가 상당히 선전할 수 있었고, 18대 대선에서는 이명박 정부의 경제실정에도 불구하고 4년 뒤 탄핵을 경험하게 될 박근혜 후보가 당선될 수 있었다. 이러한 이유는 유권자들이 경제활성화를 대통령의 가장 중요한 유인가치로 생각하면서도, 객관적인 경제상황에 대한 평가보다는 실체 없는 유인가치에 대한 믿음을 근거로 전망투표를 하기 때문이다.

맹목적인 전망투표를 억제하기 위해서는 유권자들이 보다 정확한 회고투표를 할 수 있도록 정치정보를 제공하는 것이다. 일반 유권자들이 정확한 정치정보를 수집하는 것은 고도의 비용을 수반한다. 일반 유권자들이 이러한 비용을 치르지 않도록 하는 방법은 유권자들이 정보의 지름길 또는 휴리스틱을 통해 저비용의 정치정보를 습득할 수 있도록 하는 것이다. 앞에서 설명한 바와 같이, 정당에 대한 정보는 후보에 대한 정보보다 비교적 오래 축적되어 있기 때문에 신뢰할 수 있는 정보를 제공한다. 따라서 유권자들이 인물투표보다 정당투표를 할 수 있도록 하는 제도적인 방안은 더 효과적인 선거심판을 유도하는 방안이 될 수 있을 것이다. 그러나 이러한 정당투표 선거제도를 채택하기 전에 선행되어야 할 문제는 정당들이 유권자들의 정책입장을 대변하고 선명한 정책대결을 해야 한다. 그렇지 않을 경우, 정당들 역시 유인가치를 가공생산하고 유인가치 중심적인 선거경쟁을 하게 된다. 따라서 정당 간의 정책적 입장 차를 선명하게 하고 정당들이 정책대결을 할 수 있는 동기를 부여하는 방안이 필요하다.[4]

한국의 선거경쟁에서 유권자들이 사용하는 정보의 지름길 혹은 휴리스틱은 좌파정당 대 우파정당, 영남정당 대 호남정당, 안보 및 경제활성화 능력이 있는 정당 대 능력이 없는 정당이라는 구도이다. 그러나 이러한 구도는 대부분 왜곡된 것이다. 한국에서 좌파정당이라 불리는 민주당은 중도정당이다. 정당들의 안보 및 경제활성화 능력에는 별 차이가 없다. 어떤 정당이 정권을 잡는가는 영호남에 거주하는 일반 유권자들의 경제적인 삶에 큰 영향을 미치지 않는다. 그럼에도 불구하고 한국 유권자들이 이러한 휴리스틱을 사용해서 투표하는 이유는 정당 간의 정책적 차이

4 이러한 방안은《한국 정치제도의 작동원리와 제도개혁 방안》참고.

가 불분명하고 이처럼 불분명한 입장 차를 파악하는데 들어가는 정치정보 수집비용은 막대하기 때문이다. 따라서 유권자들은 정치정보 수집비용을 들이기보다는 정당들이 형성해 놓은 경험적인 근거가 없는 휴리스틱을 사용하여 맹목적인 전망투표를 하는 것이다.

정당들이 선명한 정책대결을 하면, 정당 간의 입장 차를 파악하는데 들어가는 정보수집 비용은 감소하게 되고, 지속적인 정책대결은 유권자들로 하여금 어떤 정당이 자신에게 유리한 정책을 표방하는가에 대한 지식을 축적하게 만든다. 이럴 경우, 정당 간의 정책 차이를 반영하는 휴리스틱이 형성되고, 유권자들은 이러한 정책적 휴리스틱을 사용해서 자신을 정책적으로 대변하는 정당에 투표하게 될 것이다. 이럴 경우, 유권자들이 효과적인 선거심판을 할 수 있는 능력이 증가하고, 유권자들의 성공적인 선거심판 능력은 정치인들로 하여금 대리인으로서의 역할을 충실하게 수행할 동기를 부여하게 된다.

12장

정치정보, 정치참여와 민주주의: 미국과 한국 사례 분석

12.1. 서론

이상주의적 시각이나 최소주의적 시각에서 가정한 것처럼 민주주의가 작동하지 않는다는 에이큰과 바르텔즈(Achen and Bartels)의 주장은 유권자들이 위치쟁점 및 유인가치에 대한 정확한 정보를 가지고 있지 않다는 사실에 근거한다. 유권자들이 정당들과 자신의 위치쟁점 즉 정책입장에 대해서 정확히 알지 못하기 때문에, 유권자들은 안정된 정책적 선호를 가질 수 없고 "국민의 뜻"이 정책결과로 반영되기보다는 정치인들이 쟁점을 어떻게 형성시키고 부각시키는가에 따라 선거결과와 정책결과는 변하게 된다. 따라서 이상주의적 시각과는 달리 민주주의 정부가 국민의 뜻을 반영하지 않는다. 뿐만 아니라, 유권자들은 정치정보가 없기 때문에 후보들이나 정부의 유인가치를 파악할 능력이 없다. 따라서 최소주의적 시각과는 달리 국민들은 정부의 국정운영 성과를 성공적으로 심판할 수 없다.

이처럼 에이큰과 바르텔즈가 대의민주주의에 대해 회의적인 입장을 취하는 이유는 유권자들이 충분한 정치정보를 가지고 있지 않다는 현실을 인식했기 때문이다. 유권자들이 정확한 정치정보를 확보하는 것은 막대한 비용을 수반한다. 유권자들이 어떤 정당이 자신에게 더 유리한 혜택을 제공하는가를 파악하기 위해서는 정당정책들을 이해하고 평가할 수 있을 정도의 법적·경제적·정치적 전문지식을 필요로 한다. 따라서 유권자들에게 저비용의 정확한 정치정보를 제공하는 것은 민주주의의 정상적인 작동의 전제조건이다.

정치정보는 유권자들이 자신들의 이해를 대변하는 후보를 선발하고 자신들의 이해를 대변하지 않는 정부를 심판하기 위해 필요할 뿐만 아니라 유권자들의 정치참여 동기에도 영향을 미친다(〈그림 1.1〉 참조). 이 장에서는 정치정보가 정치참여에 어떠한 영향을 미치는가를 분석한다. 이 글은 먼저 인구통계학적 변수들, 특히 유권자의 소득수준과 교육수준이 정치참여에 어떻게 상관되어 있는가를 분석한다. 다음은 소득수준과 교육수준이 정치참여에 미치는 영향력이 독립적인 것인지 아니면 정치정보라는 매개변수를 통한 것인지를 분석한다. 정치정보가 어떠한 인과적 경로를 통해 정치참여에 영향을 미치는가를 분석하기 위해 정치정보가 유권자의 후보에 대한 효용에 어떠한 영향을 미치는가를 분석한다.

이 장에서는 미국과 한국의 사례를 비교한다. 미국 사례는 정치정보와 정치참여의 관계를 매개하는 다양한 인과적 경로들을 검증할 수 있는 자료를 제공한다. 미국선거연구(American National Election Studies) 자료분석은 기존의 인구통계학적 연구에 의해 제시되었던 소득수준과 교육수준이 정치참여에 미치는 영향력이 상당히 과대평가되었다는 사실을 보여준다. 이 장의 분석결과에 의하면, 소득수준과 교육수준이 높은 유권자들이 정치참여에 더 적극적인 이유는 이들의 경제능력과 교육배경 자체 때문만은 아닌 것으로 밝혀졌다. 부유층과 식자층은 다른 유권자들에 비해 후보들의 입장 차를 더 크게 인식하고 따라서 경쟁하는 후보들로부터 효용의 차이를 더 크게 느끼기 때문에 정치참여의 동기가 강한 것으로 분석되었다.

이 장의 분석이 기존의 정치참여 연구와 다른 점은 인구통계학적 연구와 합리적 선택 연구를 취합하는 이론적·경험적 근거를 제시한다는 것이다. 이 장의 모형은 소득수준과 교육수준이 높은 유권자가 정치참여도가 높다는 인구통계학적 연구의 발견을 합리적 선택이론의 관점에서 설명한다. 소득수준과 교육수준이 높은 유권자들의 정치정보가 다른 유권자들의 정치정보와 어떻게 다른가를 살펴보고, 정치정보가 어떻게 후보 입장에 대한 차별적인 인식을 유발하며, 차례로 이와 같은 인식이 어떻게 차별적인 정치참여 동기로 연결되는가를 설명한다. 이와 같은 이론적 주장은 정치정보가 경제적·사회적 지위와 정치참여 사이의 인과적 고리라는 점을 의미한다. 이를 검증하기 위해 이 장에서는 경험분석에서 정치정보라는 중요한 매개변수를 통제했을 때 소득수준과 교육수준의 영향력이 어떻게 변하는가를 관찰한다. 경험분석의 결과는 정치정보가 소득 및 교육수준과 정치참여와의 관계를 인과적으로 연결하는 중요한 매개변수라는 사실을 보여준다.

이 장에서 제시한 정치참여의 작동원리에 대한 이론적 논의와 경험분석 결과는 민주주의 원리에 대한 규범적 함의를 제공한다. 민주주의의 중요한 원리 중 하나는 모든 유권자가 동등한 정치적 권리를 행사해야 된다는 것이다. 2장에서 서술한 바와 같이, 이와 같은 원리는 유권자의 경제적·사회적 능력이 정치적 능력으로 전이되어서는 안 된다는 규범적 사고에 기반을 두고 있다. 만약 특정 유권자들이 그들의 경제적·사회적 지위 덕분에 정치활동에 더 적극적으로 참여하고 정책을 자신에 유리하게 편향시킬 수 있다면 이는 민주주의가 원활하게 작동하지 않는다는 것을 의미한다. 이러한 관점에서 볼 때, 유권자의 경제적·사회적 능력이 정치참여에 독립적이고 직접적인 영향력을 가지고 있는가를 살펴보는 것은 중요하다.

이 장의 분석은 유권자의 경제능력과 교육배경에 비해 정치정보가 더 중요한 영향을 미친다는 결과를 산출하였다. 이 장의 이러한 발견은 불평등한 정치참여 해소를 위해 다음과 같은 정책적 처방을 제시한다. 소득수준이나 교육수준이 낮은 유권자들이 접하기 어려운 정치정보를 제공하여 이들의 투표동기를 높이는 것, 특히 경쟁하는 후보들이 누구이며 이들의 입장 차가 무엇인가를 분명하고 정확하게 이해할 수 있도록 도와주는 것이 이들의 정치참여를 유도할 수 있는 중요한 방편이 될 수 있다. 동시에 정당들이 선명하고 차별적인 정책입장을 제시하도록 유도하는 제도적인 장치들이 정치참여 불평등을 해소하는 방법들이 될 수 있다.

이 장은 다음과 같이 구성되어 있다. 12.2절에서 정치참여에 대한 기존 연구를 정리한다. 12.3절에서는 정치정보가 유권자의 투표효용과 동기에 미치는 영향에 대한 이론적 모형을 제시한다. 12.4절과 12.5절에서는 각각 미국과 한국사례를 분석한다. 12.6절에서 분석결과를 정리하고 분석결과의 규범적·정책적 함의에 대해 논의한다.

12.2. 선행연구

정치참여에 대한 연구는 매우 방대하나 이들을 분석방법에 따라 분류하면 인구통계학적(demographic), 심리학적(psychological), 합리적 선택(rational choice) 접근법들이 있다. 첫째, 콜롬비아 학파에서 파생된 인구통계학적 접근법은 인종, 성별, 교육, 경제수준과 같은 유권자 개인의 인구통계학적 변수들이 유권자의 정치참여에 미치는 영향을 분석한다(Lazarsfeld et al. 1944; Leighley and Nagler 1992a, 1992b; Verba et al. 1993a, 1993b; Wolfinger and Rosenston 1980). 둘째, 미시간 학파가 주도하는 심리학적 접근법은 정당일체감(party identification), 즉 정당에 대한 심리적 귀속감이 투표결정에 어떠한 영향을 미치는가를 분석한다(Campbell et al. 1960). 셋째, 합리적 선택 접근법은 유권자의 효용에 대한 분석을 통해 유권자의 투표동기를 연구한다(Riker and Ordeshook 1968; Davis, Hinich and Ordeshook, 1970; Ferejohn and Fiorina 1974; Palfrey and Rosenthal 1985).

정치참여에 대한 경험연구는 어떤 유권자가 정치참여에 더 적극적인가라는 질문을 분석하였다. 울핑거와 로젠스톤(Wolfinger and Rosenston 1980)은 유권자의 사회적 경제적 특성이 투표여부에 어떠한 영향을 미치는가를 분석하였다. 이들은 재산이 많고 많이 배운 시민이 투표에 더 적극적으로 참여한다는 점을 발견하였다. 레일리와 네이글러(Leighley and Nagler 1992b)는 정치자금과 정당(후보) 지지도와 같은 단기적인 선거환경 변수를 통제한 후에도 유권자의 교육수준이 유권자의 투표여부에 중요한 영향을 미친다는 점을 확인하였다. 이들은 또한 1964년에서 1988년 사이의 미국 선거에서 유권자의 투표여부에 가장 중요한 영향을 미치는 변수는 교육수준, 직업, 수입수준 중 수입수준이라는 점을 발견하였다(Leighley and Nagler 1992b). 버바 등(Verba et al. 1993a)은 기존의 투표연구를 뛰어넘어 인구통계학적 변수들이 다양한 정치활동에 미치는 영향을 분석하였다. 이들은 교육이나 사회계층 같은 변수들을 통제하면 인종은 정치참여에 의미 있는 영향을 미치지 않는다는 점을 발견하였다. 이들은 또한 경제적으로 박탈된 계층들이 그렇지 않은 계층에 비해 정치참여도가 심각하게 낮다는 점을 발견했다(Verba et al. 1993, 2006; Schlozman et al. 2012). 이들과는 달리, 심리학적 방법은 정당일체감, 즉 정당에 대한 심리적 귀속감이 투표여부에 중요한 영향을 미친다는 사실을 분석했다(Campbell et al. 1960).

인구통계학적 방법과 심리학적 방법이 유권자의 인종, 성별, 경제적 여건, 교육수준, 정당일체감과 같은 장기적 변수에 초점을 맞추는 반면, 합리적 선택이론은 캠페인, 선거 당시의 후보들의 경쟁력, 거시경제 여건과 같은 단기적인 변수가 유권자의 투표행태에 미치는 영향력을 분석하였다(Jacobson 1978, 1990; Cox and Munger 1989; Eulau and Lewis-Beck 1985). 인구통계학적 분석이 "누가 투표하는가?"라는 문제에 답하려고 했다면 합리적 선택이론은 "왜 투표하는가?"라는 질문을 던진다. 다운스(Downs 1957)에 의하면, 한 유권자가 자신의 투표를 통해 선거결과를 바꿀 확률과 자신이 원하는 정책으로부터 혜택을 입을 확률은 거의 전무하다. 따라서 투표행위에 어느 정도의 비용이 수반된다면 투표에 참여하지 않는 것이 합리적이다. 그럼에도 불구하고 경험적인 세계에서는 많은 유권자들이 투표에 참여한다는 사실이 역설(paradox of voting)로 제시되었고, 이 역설을 풀기위해 많은 합리적 선택 이론가들은 해법을 제시하려 하였다.

라이커와 올데슈크(Riker and Ordeshook 1968)는 시민의식(civic duty)라는 개념을 이용해 시민의식 행사에서 오는 성취감이 투표비용을 상쇄할 수 있는 효용을 가져다준다고 주장하였다. 데이비스 등(Davis, Hinich and

Ordeshook, 1970)은 투표 동기는 유권자가 선호하는 정책입장과 후보들이 제시하는 정책입장에 따라 변한다는 가정을 하였다. 이들이 제시한 "투표의 산술"(Calculus of Voting) 함수에 의하면 유권자의 효용은 소외효과(alienation effect)와 무관심효과(indifference effect)에 의해 영향을 받는다. 첫째, 유권자는 자신이 지지하는 후보의 입장이 자신의 입장과 멀어질수록 효용이 감소한다. 둘째, 경쟁하는 후보들의 입장 차가 모호해질수록 효용이 감소한다. 따라서 유권자는 자신이 지지하는 후보로부터 소외될수록 그리고 두 후보의 입장 차가 모호해질수록 투표 동기는 감소한다.

페러존과 피오리나(Ferejohn and Fiorina 1974)는 유권자가 투표의 기대효용을 극대화시키기보다는 기권을 했을 경우 초래되는 후회의 최댓값을 극소화한다는 가정을 하였다. 페러존과 피오리나는 이와 같은 가정에서는 유권자들이 투표에 참가하는 것이 합리적이라는 결과를 도출하였다. 팰프리와 로젠탈(Palfrey and Rosenthal 1985)은 유권자들은 자신 혼자만의 손익계산에 의해서 투표결정을 하는 것이 아니라 다른 유권자들과 투표게임을 한다는 가정을 하였다. 이럴 경우 한 유권자가 선거결과를 바꿀 수 있는 확률은 0으로 고정된 것이 아니라 자신과 다른 유권자의 투표결정에 따라 변화한다. 예를 들어 모든 유권자가 기권을 할 것이라 예측한다면 한 유권자는 자신의 한 표로 선거의 결과를 바꿀 수 있게 된다. 이처럼 설정된 팰프리와 로젠탈의 게임모형에 의하면 균형점에서 상당히 많은 유권자가 투표에 참가하게 된다.

위 이론들은 선거결과가 수반하는 효용을 극대화하는 유권자(prospective optimizer)를 가정하였다. 이에 반해, 벤더 등(Bendor et al. 2003)이 제시한 행태적 모형(behavioral model)은 선거결과에 적응하는 유권자(adaptive satisfiers)를 가정한다. 이들은 유권자가 선거결과로부터 만족할 만한 수준의 복지를 달성했다고 생각하면 이전 선거에서의 투표결정을 다음 선거에서도 반복한다고 가정한다. 벤더 등(Bendor et al 2003)은 합리적 선택이론과는 달리 투표비용이 상당한 수준이 될 때도 투표에 참여한다는 결과를 산출했다. 거버 등(Gerber and Shachar 2003)은 행태적 모형에 대응하는 모형으로 습관적 투표모형(habitual voting model)을 제시하였다. 이들은 한 선거기간에 투표를 종용받아 투표에 참가한 실험집단의 경우 그렇지 않은 집단에 비해 다음 선거부터 습관적으로 투표에 계속 참가한다는 점을 발견하였다. 파울러(Fowler 2006)는 거버 등이 경험적으로 발견한 습관적 투표행태를 벤더 등의 행태적 모형에 접목시켜 유권자들의 높은 투표율을 습관적 투표행태로 설명하는 투표모형을 제시하였다.

정치학자들은 또한 교육수준이 유권자의 투표참여와 밀접한 상관관계가 있다는 점을 발견하였다. 밀리간 등(Milligan et al. 2002)은 교육이 정치지식과 관심을 향상시킨다는 점을 발견하였다. 제릿 등(Jerit et al. 2006)은 교육과 정치정보는 서로 상관되어 있으며 이 관계는 특히 대중매체가 제공하는 정보의 양에 따라 변한다는 점을 발견하였다. 잴러(Zaller 1992)는 정치정보가 많은 유권자는 자신의 입장을 쉽게 바꾸지 않고 쟁점의 내용을 분명하게 인식하고 있다는 점을 발견하였다. 특히 정치 지도자들의 입장이 서로 갈라져있으면 정치정보가 많은 유권자는 그렇지 않은 유권자에 비해 정치적으로 양극화되어 있다는 점을 발견하였다(polarization effect). 팰프리와 풀(Palfrey and Poole 1987)은 정치정보가 많은 유권자들이 정치적으로 급진적인 경향이 있고 투표에 참가할 확률이 높다는 점을 발견하였다.

전술한 방법들은 정치참여 연구에 각자 고유한 공헌을 하였으나 다음과 같은 문제점들을 안고 있다. 인구통계학적 접근법과 심리학적 접근법은 유권자의 성별, 나이, 교육수준, 경제수준, 그리고 정당일체감 같은 변수들과 정치참여와의 경험적인 상관성을 검증하였으나, 이들 변수들 간의 관계가 인과적인 관계를 의미하는지는 분명하지가 않다. 예를 들면, 수입이 높은 유권자가 정치참여에 더 적극적이라면, 높은 수입 자체가 정치참여를 촉발하는지 아니면 높은 수입이 초래하는 다른 요인들이 정치참여를 촉발하는지 알 수가 없다. 전술한 연구들 중 일부(Milligan et al. 2002; Jerit et al. 2006; Palfrey and Poole 1987)는 정치정보와 투표참여와의 상관관계를 보여주었으나 정치정보가 유권자 개개인의 효용에 구체적으로 어떻게 영향을 미치는가를 보여주지 않았다. 반면, 합리적 선택이론은 유권자의 투표동기를 유권자의 효용을 통해 설명하려 하였다(Riker and Ordeshook 1968; Davis et al. 1970). 그러나 합리적 선택이론은 이 같은 이론적 주장에 대한 경험적 자료를 제시하지 않았다. 또한 합리적 선택이론은 유권자의 인구통계학적 변수들이 어떻게 유권자의 효용에 영향을 미쳐 서로 다른 투표성향으로 귀결되는가에 대한 분석을 제시하지 않았다.

국내 연구 역시 유권자들의 인구통계학적 변수들이 투표참여에 미치는 영향을 분석하였다. 박찬욱(1993)은 유권자의 학력과 소득이 14대 총선을 앞둔 유권자들의 투표참여 의사와 무관하다는 사실을 발견했고, 김재한(1993)은 14대 대선에서 유권자의 학력과 소득이 투표참여에 영향을 미치지 않는다는 사실을 발견했다. 황아란(1997)은 15대 총선에서 선거구 인구와 도시화 정도는 투표율에 부정적인 영향을 미친다는 사실을 발견하였다. 어수영·곽진영(2002)은 1984년에서 1995년 사이의 민주화 전후 선거들을 비교한 결과, 서구민주주의 국가와는 반대로 한국 유권자의 교육수준이 높아질수록 투표참여율은 낮아진다는 사실을 발견하였다. 김진하(2008)는 17대 대선분석을 통해 학력과 소득이 투표참여율에 유의미한 영향을 미치지 않는다는 사실을 발견했다. 반면, 정준표(2008)는 정치의 공급수준이 높은 17대 총선에서는 사회경제적 지위가 투표확률을 높인다는 사실을 발견했다. 서복경(2010)은 세입액이 낮은 자치구일수록 17대 대선 당시의 투표율 하락 폭이 크다는 사실과, 17대 대선에서 성별, 연령, 학력을 통제한 뒤에도 소득이 투표여부와 유의미한 상관관계를 가지고 있다는 사실을 발견하였다. 강우진(2012)은 사교육비 지출이 증가할 것이라 예측하거나 전월세에 거주하는 유권자가 18대 총선에서 기권할 가능성이 높았다는 사실을 발견했다.

학자들은 또한 유권자들의 정치심리적 변수들이 투표참여에 미치는 영향을 분석하였다. 박찬욱(1993)은 14대 총선에서 선거관심도, 투표효능감, 지지정당 유무와 같은 변수들이 투표에 영향을 미친다는 사실을 발견하였다. 강경태(2003) 역시 14대 및 15대 대선에서 투표에 영향을 미치는 변수는 소득수준이 아니라 정치관심도라는 사실을 발견하였다. 강원택(2002)은 지지정당에 불만족한 유권자들은 불만족에 대한 표출의 수단으로 제3당 또는 무소속 후보에 투표하거나 기권을 한다고 주장하였다. 강원택(2008c)은 또한 한국에서의 선거경쟁을 불만족스럽게 느끼거나 정부기구들을 불신하는 유권자들은 2007년 대선과 2008년 총선에 모두 불참했으며, 정당에 대해 부정적인 시각을 가지고 있거나 지지정당과 이념적 거리가 먼 유권자일수록 대선에서만 투표를 했다는 사실을 발견했다. 정준표(2008)는 사회경제적 지위가 선거관심도를 통해서 투표참여율을 높인다는 사실을 발견했다. 서현진(2008)은 이명박 후보를 지지하지 않는 20·30대 유권자는 기권할 확률이 높지만, 정치불신이 높은 20·30대 유권자들이 다른 유권자에 비해 기권할 확률이 높지 않다는 사실을 발견했다.

다른 학자들은 합리적 선택이론을 한국의 투표참여 연구에 적용하였다. 합리적 선택 투표모형에 의하면, ① 유권자의 후보들에 대한 효용 차이를 유발하는 경쟁후보들의 입장 차와 ② 유권자가 선거결과를 바꿀 확률에 영향을 미치는 선거의 경합정도가 투표참여 기대효용에 영향을 미친다. 이러한 이론적 맥락에서 학자들은 후보의 입장 차와 선거의 경합정도가 투표참여에 미치는 영향에 대한 경험연구들을 제시하였다(김재한 1993; 한정훈·강현구 2009; 황아란 1997, 2008). 김재한(1993)은 14대 대선에서 후보에 대한 선호차이와 경합도가 투표확률에 긍정적인 영향을 미친다는 사실을 발견하였다. 황아란(1997, 2008)은 15대 총선에서 선거경합도가 높은 지역구에서 투표율이 높았고, 18대 총선에서 비한나라당 현직후보와 친박(무소속)연대의 출마로 인한 선거경합도 증가가 투표율에 간접적인 영향을 미쳤다고 주장했다. 한정훈·강현구(2008)는 선거경합도와 투표율 사이에는 정치인들의 전략적 선거지출이 매개된다는 이론을 소개하고 한국의 18대 총선에 적용하였다. 이들은 선거경합도가 투표율에 미치는 영향은 선거지출을 통제하면 상당히 줄어들며, 선거경합도 증가에 따른 정치인들의 전략적 선거지출이 투표율을 상승시키는 더 중요한 변수라는 사실을 발견하였다.

전술한 연구들은 인구통계학적 변수들 및 심리적 변수들과 투표참여와의 경험적인 상관성을 검증하였으나, 인과적 작동기제에 대한 설명이 부족하다. 합리적 선택이론은 유권자의 투표동기를 유권자의 효용 또는 정치인의 전략적 선택을 통해 설명하려 하였으나 외생적 변수들이 어떻게 투표결정에 영향을 미치는가에 대한 분석을 소홀히 한다. 이 장은 이 두 접근 방법을 통합하는 이론적 논의와 경험적 근거를 제시한다.

12.3. 이론적 논의

이 장에서는 인구통계학적 변수들, 특히 유권자의 경제수준과 교육수준이 유권자의 정치참여에 미치는 영향력에 대한 인과적 경로를 추적하는 모형을 제시한다. 이 모형에서는 사회경제적 지위와 정치참여 동기를 연결하는 중요한 매개변수로 정치정보가 제시된다. 이 모형을 통해, 유권자의 사회경제적 지위가 정치정보에 어떠한 영향을 미치며, 정치정보가 정치참여 효용과 동기에 어떠한 영향을 미치는가를 분석함으로써 사회경제적 지위와 정치참여 사이의 인과적 관계를 규명한다.

2장의 정치거래 이론에 의하면, 유권자들은 위치쟁점과 유인가치에 대한 효용을 느낀다. 한 후보의 위치쟁점과 유인가치으로부터 얻는 유권자의 효용을 다음과 같은 수식으로 표현할 수 있다.

$$u(v_i, x_i; \theta_j) = v_i - |x_i - \theta_j|$$

위에서 v_i는 후보 i가 제공하는 유인가치이다. x_i와 θ_j는 각각 후보 i와 유권자 j가 가장 선호하는 정책 위치이다. 위 수식이 보여주듯이, 유권자의 효용은 후보 i가 제공하는 유인가치의 질(v_i)이 증가할수록 증가하고, 후보 i의 정책입장(x_i)이 유권자 j가 가장 선호하는 위치(θ_j)에서 멀어질수록 감소한다. 경쟁하는 두 후보로부터 느끼는 효용의 차이(Δu)가 커질수록, 유권자의 정치참여 동기는 증가한다. Δu는 두 후보의 정책입장이 서로 멀어질수록, 유인가치가 크게 차이가 날수록 증가하게 된다. 즉, Δu가 커질수록 유권자는 자신이 선호하는 후보가 당선되는 것이 상대후보가 당선되는 것보다 더 큰 효용을 느끼게 되고, 따라서 더 큰 투표동기를 지니게 된다.

정치거래에서는 시장거래와 달리 경험을 통해 효용을 느낄 수 있는 유형의 상품이 판매되지 않기 때문에 Δu를 정확하게 계산하기 어렵다. 시장상품과 달리 후보의 정책과 유인가치는 무형의 상품이기 때문에, 후보가 제시하는 정책과 유인가치들이 유권자 자신에게 어떠한 효용 차이를 유발할 것인가를 경험하거나 계산하는 것은 불가능하다. 뿐만 아니라, 유권자가 지지한 후보가 당선되더라도 상품이 약속대로 제공될 가능성은 불확실하다. 이와 같은 불확실성 때문에 정치상품의 가치를 정확하게 평가하는데 필요한 정보수집 비용은 막대하다. 후보들이 제시하는 정책차이와 유인가치의 실체를 파악할 수 있게 하는 정치정보를 확보하기 어려울수록, 유권자들이 경쟁 후보들로부터 효용의 차이를 느끼기가 어려워진다. 따라서 정치정보가 부족하면 투표동기는 감소하게 된다. 같은 맥락에서, 마추사카(Matsusaka 1995)는 대부분의 유권자들이 투표의 당위성을 인식하고 있음에도 투표에 참가하지 않는 이유는 쟁점과 후보에 대한 정보가 거의 없기 때문이라고 주장한다.

잴러(Zaller 1992)에 의하면, 정치정보가 많은 유권자일수록 정당이나 후보 간의 입장 차를 더 분명하게 인식한다. 정치정보가 많으면, 유권자들은 정치인들의 설득적 메시지(persuasive message)가 가지고 있는 정치적인 함의를 파악할 수 있기 때문에 자신의 이념성향과 일치하는 메시지만 수용하고 그렇지 않은 메시지는 거부할 수 있다. 반면 정치정보가 부족한 유권자는 자신이 우연적으로 접한 설득적 메시지의 정치적 함의를 모르기 때문에 자신의 이념성향과 일치하지 않는 메시지도 실수로 받아들일 가능성이 높다. 따라서 정치정보가 많은 유권자는 후보의 정책차이를 더 선명하게 느끼고 후보 간에 더 큰 효용차이를 느낀다. 후보 간에 더 큰 효

〈그림 12.1〉 정치참여에 영향을 미치는 변수들의 인과적 경로

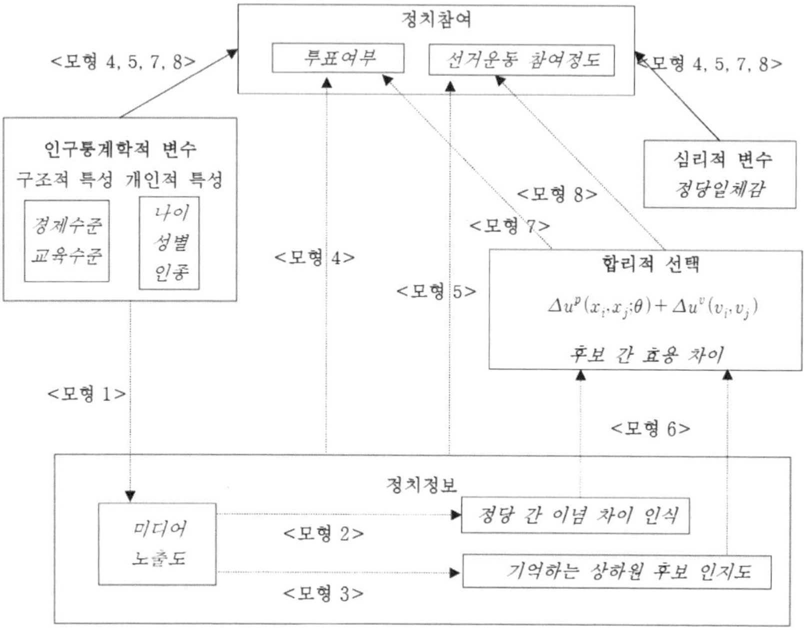

용차이를 느끼면 투표 동기는 증가한다.

〈그림 12.1〉은 전술한 정치정보와 정치참여와의 관계를 정리하였다. 〈그림 12.1〉에서 종속변수인 정치참여는 투표여부와 선거운동 참여 정도로 구분된다. 실선의 화살표는 기존의 인구통계학적 방법과 심리학적 방법에서 제시된 변수들이 정치참여에 미치는 영향력을 나타낸다. 점선으로 표시된 화살표는 이 장에서 제시된 이론적 주장에서 검증되어야할 인과적 연결고리들이다. 〈그림 12.1〉은 기존의 인구통계학적 방법과 합리적 선택이론이 서로 통합된 하나의 이론적 틀에서 설명되지 않고 별개의 시각으로 정치참여를 설명해왔다는 점을 보여준다. 이에 반해, 〈그림 12.1〉은 사회경제적 지위가 정치정보라는 매개 변수를 통해 유권자의 효용에 영향을 미치고, 차례로 유권자의 효용이 정치참여에 영향을 미친다는 것을 보여준다. 〈그림 12.1〉은 정치참여에 영향을 미치는 변수들 중 유권자의 효용이 정치참여에 가장 직접적인 영향을 미치고 인구통계학

적 변수들이 가장 간접적인 영향을 미친다는 점을 보여준다. 〈그림 12.1〉은 또한 정치정보가 인구통계학적 변수들과 유권자 효용을 연결하는 매개변수라는 점을 보여준다.

12.4. 미국 사례 분석

12.4.1. 통계모형 및 변수측정

미국선거연구(American National Election Studies) 자료는 〈그림 12.1〉의 모형에 포함된 모든 변수들을 측정할 수 있는 문항들을 포함하고 있다. ANES는 2년마다 제공했던 1948년에서 2004년 사이의 설문조사 결과를 통합한 자료를 제공한다. 이 자료는 변수의 수가 950개에 이르고 설문 응답자의 수가 75,000명이 넘는 방대한 자료이다. 2년마다 제공된 자료는 결측자료 때문에 이 장의 분석을 하기에는 사례의 수가 충분하지 않았으나 통합자료는 사례부족 문제를 해소하였다.

〈그림 12.1〉의 〈모형 1〉은 소득수준과 교육수준이 높은 유권자가 정치정보를 얻기 위해 미디어를 더 많이 활용하는가를 분석한다. 〈모형 1〉에서 종속변수로 사용한 **미디어 활용도**(media exposure)는 다음과 같이 측정하였다. ANES는 언론매체를 TV, 라디오, 신문, 잡지로 구분하고 유권자가 캠페인 관련 정보를 이들 중 어떤 매체에서 얻었는가를 물어보았다. 응답자가 어떠한 매체에서도 캠페인 관련 정보를 얻은 적이 없으면 0점으로, 모든 매체에서 얻었다면 4점으로 측정하였다. ANES는 소득수준에 따라 응답자를 다섯 집단으로 분류하였다. 응답자들은 교육수준에 따라 여섯 집단으로, 나이에 따라 일곱 집단으로 분류되었다. 이들 변수들의 값이 증가하면서 유권자의 **소득수준**, **교육수준**, **나이**는 증가한다. 성별은 남자와 여자를 각각 1과 2로 조작화했고 인종은 백인을 1로, 유색인종을 2로 조작화하였다. 〈모형 1〉의 종속변수는 이산형 변수(discrete variable)이므로 서열 로짓(ordered logit) 방법을 사용했다.

〈모형 1〉

미디어 활용도 $= a + b_1$소득수준 $+ b_2$교육수준 $+ b_3$나이 $+ b_4$성별 $+ b_5$인종

〈모형 2〉는 **미디어 활용도**가 높은 유권자가 정당들의 이념들을 더 차별적으로 인식하는가를 분석한다. ANES는 응답자들에게 민주당과 공화당의 이념적 입장을 1점(극단적 진보)에서 7점(극단적 보수)까지의 점수를 매기도록 하였다. 종속변수인 **정당 간 이념 차이 인식**은 응답자가 민주당과 공화당에 매긴 점수 차이의 절댓값을 사용하였다. 〈모형 2〉의 종속변수는 이산형 변수이므로 서열 로짓방법으로 분석하였다.

〈모형 2〉

정당간이념차이 $= a + b_1$미디어활용도 $+ b_2$소득수준 $+ b_3$교육수준 $+ b_4$나이 $+ b_5$성별 $+ b_6$인종

〈모형 3〉은 미디어에 더 노출되어 있는 유권자가 더 많은 정치정보를 가지고 있는가를 검증한다. 기존 연구들은 유권자의 정치지식(political awareness)을 교육수준, 정치참여도, 정치 관심도로 측정하였으나, 잴러(Zaller 1992)는 정치지식은 순수하게 지적이고 인지적인(intellectual and cognitive) 개념임을 강조했다.[1] 따라서 잴러는 정치에 대한 중립적이고 사실적인(neutral and factual) 내용에 대한 지식의 정도를 측정하였다. 같은 맥락에서 여기에서도 정치지식의 지적이고 인지적인 요소를 측정하였다. ANES는 응답자의 정치적 지식 정도를 알기 위해 응답자 자신의 주와 지역구에서 경합하는 상·하원 후보의 이름을 알고 있는지(name recognition)를 물어보았다. **후보 인지도**는 응답자가 정확하게 기억하는 상·하원 후보 이

1 잴러에 의하면, 정치에 대한 정서적인 개입만으로 정치적 태도를 형성시키지 못한다. 유권자들이 정치적 태도를 형성시키기 위해서는, 정치인들의 설득적 메시지(persuasive message)가 가지고 있는 정치적인 함의를 파악할 수 있는 지적인 능력이 있어야 한다. 정치정보가 부족한 유권자는 설득적 메시지의 정치적 함의를 모르기 때문에 자신의 이념성향과 일치하지 않는 메시지도 무비판적으로 받아들인다.

름의 수로 측정하였다. 〈모형 3〉의 종속변수 역시 이산형 변수이므로 서열 로짓 방법으로 분석하였다.

〈모형 3〉

$$\text{후보인지도} = a + b_1\text{미디어활용도} + b_2\text{소득수준} + b_3\text{교육수준} + b_4\text{나이} + b_5\text{성별} + b_6\text{인종}$$

〈모형 4-1〉에서는 기존의 인구통계학적 방법이나 심리학적 방법이 제시한 변수들이 투표여부에 미치는 영향력을 분석하였다. 이 모형이 분석하는 독립변수들과 종속변수의 관계는 〈그림 12.1〉에서 실선의 화살표들로 표시되었다. 〈모형 4-1〉에서 종속변수는 **투표 여부**를 측정한 이분형 변수이므로 로짓 모형을 사용하였다. 〈모형 4-1〉에 포함된 **정당일체감**은 다음과 같이 측정하였다. 유권자가 자신을 강한 민주당원 또는 공화당원이라고 응답한 경우 4점, 약한 민주당원 또는 공화당원이라고 응답한 경우 3점, 무당파 쪽으로 기울었다고 응답한 경우 2점, 무당파이거나 비정치적이라고 응답한 경우 1점을 부여하였다.

〈모형 4-1〉

$$\text{투표여부} = a + b_1\text{정당일체감} + b_2\text{소득수준} + b_3\text{교육수준} + b_4\text{나이} + b_5\text{성별} + b_6\text{인종}$$

〈모형 4-2〉는 정치정보가 유권자의 투표동기를 증가시킨다는 가설을 검증한다. 〈모형 4-2〉에는 정치정보와 관련된 세 변수들(**미디어 활용도, 정당 간 이념 차이와 후보 인지도**)을 〈모형 4-1〉에 추가하고 두 모형의 결과들을 서로 비교한다. 〈모형 4-1〉에서 추정된 **소득수준**, **교육수준**, **정당일체감**의 영향력이 〈모형 4-2〉에서 감소하거나 사라진다면, 이들 변수의 영향력에 대한 기존 연구의 결과가 과대 추정되었음을 의미한다.

〈모형 4-2〉

$$투표여부 = a + b_1정당간이념차이 + b_2후보인지도 + b_3미디어활용도 + b_4정당일체감 + b_5소득수준 + b_6교육수준 + b_7나이 + b_8성별 + b_9인종$$

〈모형 5-1〉과 〈모형 5-2〉는 종속변수로 **투표여부** 대신 **선거운동 참여도**를 사용하였다. 〈모형 5-1〉에는 〈모형 4-1〉에서 포함된 독립변수들만 포함되었고 〈모형 5-2〉에는 〈모형 4-2〉와 마찬가지로 정치정보와 관련된 세 변수들이 포함되었다. 〈모형 5-1〉에서 추정된 **소득수준**, **교육수준**, **정당일체감**의 영향력이 정치정보 관련 변수들을 통제한 〈모형 5-2〉에서도 유지되는가를 살펴본다. **선거운동 참여도**는 유권자가 선거운동 기간 중 타인의 투표결정에 영향을 미치려 노력했는가, 정치적 모임이나 회합에 참가했는가, 정당이나 후보를 위해 일한 적이 있는가, 후보의 배지나 스티커를 전시한 적이 있는가, 정당이나 후보에 돈을 기부한 적이 있는가라는 질문에 대해 예라고 응답한 횟수를 합산하였다. 한 번도 선거운동에 참가하지 않은 유권자는 0점으로, 5종류의 선거운동에 모두 참가한 유권자는 5점으로 측정하였다.[2] 〈모형 5-1, 5-2〉의 종속변수는 이산형 변수이므로 서열 로짓 방법을 사용했다.

〈모형 5-1〉

$$선거운동 참여도 = a + b_1정당일체감 + b_2소득수준 + b_3교육수준 + b_4나이 + b_5성별 + b_6인종$$

〈모형 5-2〉

$$선거운동 참여도 = a + b_1정당 간 이념 차이 + b_2후보 인지도 + b_3미디어 노출도 + b_4정당일체감 + b_5소득수준 + b_6교육수준 + b_7나이 + b_8성별 + b_9인종$$

2 선거운동은 어떤 종류의 선거운동을 하느냐에 따라 난이도가 다르므로 다른 종류의 선거운동에 다른 가중치를 부여하는 방식도 고려될 수 있다. 그러나 가중치에 대한 객관적인 지표를 얻을 수 없으므로 가중치를 부여하는 측정방식은 주관적인 판단을 요구한다.

〈모형 6〉은 정치정보가 후보의 효용에 영향을 미친다는 합리적 선택 이론의 가정을 검증한다. 〈모형 6〉의 종속변수는 세 종류의 선거(대통령, 상원 및 하원)에서 경쟁하는 양당후보들에게 느끼는 체감온도(feeling thermometer)의 차이들의 평균을 이용한다. **후보 간 효용차이**를 수식으로 표현하면 다음과 같다.

$$\text{후보간효용차이} = \frac{|\text{양당대선후보체감도차이}| + |\text{양당상원후보체감도차이}| + |\text{양당하원후보체감도차이}|}{3}$$

〈모형 6〉

$$\text{후보간효용차이} = a + b_1\text{정당간이념차이} + b_2\text{후보인지도} + b_2\text{미디어활용도} + b_4\text{정당일체감} + b_5\text{소득수준} + b_6\text{교육수준} + b_7\text{나이} + b_8\text{성별} + b_9\text{인종}$$

〈모형 7〉은 정치참여를 후보의 효용차이로 설명하는 합리적 선택이론의 예측을 검증한다. 후보에 대한 효용 차이가 투표여부에 어떠한 직접적인 영향력을 미치는가를 분석하기 위해 **후보 간 효용차이**를 독립변수로 이용한다. **소득수준**, **교육수준**, **정당일체감**의 영향력이 **후보 간 효용차이**를 통제한 이후에도 유지되는가를 관찰하기 위해 〈모형 7〉의 분석 결과는 〈모형 4-1〉의 분석결과와 비교된다. 〈모형 8〉은 종속변수로 투표여부 대신 선거운동 참여도를 사용한다. 〈모형 8〉의 분석 결과는 〈모형 5-1〉의 분석결과와 비교된다.

〈모형 7〉

$$\text{투표여부} = a + b_1\text{후보간효용차이} + b_2\text{미디어활용도} + b_3\text{정당일체감} + b_4\text{소득수준} + b_5\text{교육수준} + b_6\text{나이} + b_7\text{성별} + b_8\text{인종}$$

〈모형 8〉

$$\text{선거운동참여도} = a + b_1\text{후보 간 효용 차이} + b_2\text{미디어활용도} + b_3\text{정당일체감} + b_4\text{소득수준} + b_5\text{교육수준} + b_6\text{나이} + b_7\text{성별} + b_8\text{인종}$$

12.4.2. 분석결과

〈표 12.1〉은 **미디어 활용도**에 인구통계학적 변수들이 모두 유의미한 영향을 미친다는 사실을 보여준다. 소득수준과 교육수준이 높은 유권자들은 더 다양한 미디어를 활용하는 것으로 나타났다. 둘째, 나이가 많은 유권

〈표 12.1〉 인구통계학적 변수들이 미디어 활용도에 미치는 영향

모형	모형 1		
종속변수	미디어 활용도		
독립변수	b (s.e.)	z값	유의수준
소득수준	.175 (.012)	14.47	.000 ***
교육수준	.143 (.008)	17.37	.000 ***
나이	.089 (.008)	11.27	.000 ***
성별	-.191 (.026)	-7.39	.000 ***
인종	-.086 (.042)	-2.08	.038 *
N	19736		
pseudo R^2	.015		

*: p<.05; **: p<.01; ***: p<.001

〈표 12.2〉 미디어 활용도가 이념 차이 인식에 미치는 영향

모형	모형 2			모형 3		
종속변수	정당 이념 차이 인식			후보 인지도		
독립변수	b (s.e.)	z값	유의수준	b (s.e.)	z값	유의수준
미디어 활용도	.148 (.017)	8.87	.000 ***	.492 (.029)	16.76	.000 ***
소득수준	.013 (.017)	.77	.444	.089 (.029)	3.12	.002 **
교육수준	.120 (.013)	9.56	.000 ***	.152 (.021)	7.11	.000 ***
나이	.078 (.011)	7.05	.000 ***	.082 (.018)	4.62	.000 ***
성별	.127 (.037)	3.43	.001 **	-.312 (.062)	-5.00	.000 ***
인종	.196 (.061)	3.23	.001 **	-.394 (.100)	-3.93	.000 ***
N	9247			3678		
pseudo R^2	.0073			.054		

자일수록, 미디어 활용도가 높은 것으로 밝혀졌다. 셋째, 여자보다 남자가, 백인이 유색인종보다 더 다양한 종류의 미디어를 활용하는 것으로 나타났다.

〈표 12.2〉는 미디어 활용도가 정단 간 이념 차이에 대한 인식 및 후보 인지도에 미치는 영향에 대한 서열 로짓 분석결과를 보여준다.[3] 〈표 12.2〉는 미디어 활용도가 높은 유권자들이 정당 간 이념 차이를 더 분명하게 인식하고 있다는 점을 보여준다. 또한 교육수준이 높을수록, 나이가 많을수록, 남자에 비해 여자가, 백인보다 유색인종이 정당 간 이념 차이가 크다고 인식한다는 점을 보여준다. 〈표 12.2〉에서 주목할 점은 **미디어 활용도**를 통제하면 **소득수준**은 종속변수와 통계적으로 유의미한 상관관계에 놓여 있지 않다는 점이다. 그러나 **미디어 활용도**를 〈모형 2〉에서 생략하면 소득수준이 높을수록 유권자들은 정당 간 이념 차이를 더 크게 인식하는 것으로 나타난다. 이는 소득수준이 높은 유권자들이 정당 간 이념 차이를 더 크게 인식하는 이유는 이들의 경제적 지위 때문이 아니라 이들이 미디어를 통해 얻은 정보 때문이라는 사실을 의미한다.

〈표 12.2〉는 또한 미디어 활용도가 큰 유권자들이 후보 인지도 역시 높다는 사실을 보여준다. 유권자들의 소득수준과 교육수준이 높을수록, 후보에 대한 인지도가 높은 것으로 나타났다. 나이가 많을수록, 여자보다 남자가 더 후보이름을 잘 기억하는 것으로 나타났다. 백인 유권자가 유색인종에 비해 후보에 대한 인지도가 높은 것으로 나타났다. 인구통계학 변수들 중 소득수준이 후보의 인지도와 가장 약하게 상관되어 있는 것으로 나타났다.

〈표 12.3〉은 유권자의 투표 여부에 대한 로짓분석 결과를 보여준다. 〈모형 4-1〉은 정치정보를 나타내는 세 변수들을 포함하지 않은 모형이고 〈모형 4-2〉는 이들을 포함한 모형이다. 〈표 12.3〉은 이들 정치정보 관련 변수들이 **투표여부**에 강한 영향력을 가지고 있다는 사실을 보여준다. **소**

3 이 장의 모든 서열로짓 분석 결과는 최소자승법(OLS) 분석결과와 질적으로 차이가 없다.

득수준이나 **교육수준** 자체가 가지고 있는 영향력은 **후보 인지도**가 가진 영향력의 30%를 넘지 않는다는 점을 알 수가 있다. 인구통계학적 방법이나 심리적 방법에 의해서 제시된 **정당일체감**, **소득수준**과 **교육수준** 같은 변수들의 〈모형 4-1〉에서의 z값은 〈모형 4-2〉의 z값보다 현저하게 작다는 점을 관찰할 수 있다. 〈모형 4-2〉의 결과를 보면 세 변수의 통계적 유의미성은 〈모형 4-1〉의 결과에 비해 각각 84.8%, 90.1%, 86.7% 감소한다.

〈표 12.3〉은 유권자의 정치정보를 통제한 후에도 **교육수준**이 높아질수록 투표에 더 참여한다는 사실을 보여준다. 〈모형 4-2〉에서 **이념 차이 인식**, **후보 인지도**, **미디어 활용도**를 통제했으므로 **교육수준**의 변동(variation)에 남아 있는 부분은 정치정보와 관련된 내용을 제외한 부분이다. 이러한 부분은 정치정보와 무관한 시민의식의 고취와 같은 교육적 효과를 포함할 것이다. 이러한 교육적 효과 때문에 고학력자들이 투표에 더 적극적인 것으로 해석된다. 반면, 〈모형 4-1〉에서 통계적으로 유의미했던 소득수

〈표 12.3〉 정치정보가 투표 여부에 미치는 영향

모형	모형 4-1			모형 4-2		
종속변수	투표 여부					
독립변수	b (s.e.)	z값	유의수준	b (s.e.)	z값	유의수준
이념 차이 인식				.131 (.034)	3.89	.000 ***
후보 인지도				.461 (.044)	10.53	.000 ***
미디어노출도				.339 (.055)	6.96	.000 ***
정당 일체감	.389 (.012)	32.44	.000 ***	.271 (.003)	4.92	.000 ***
소득수준	.193 (011)	17.32	.000 ***	.074 (.047)	1.56	.119
교육수준	.158 (.007)	20.62	.000 ***	.100 (.036)	2.75	.000 ***
나이	.160 (.011)	21.69	.000 ***	.216 (.031)	6.91	.000 ***
성별	-.040 (.024)	-1.66	.096	.020 (.103)	.20	.843
인종	-.140 (.037)	-3.71	.007 **	-.074 (.169)	-.44	.663
N	19275			2436		
pseudo R^2	.135			.148		

준의 영향력은 〈모형 4-2〉에서는 사라지게 된다. 이와 같은 결과는 소득수준 자체가 투표 여부에 독립적인 영향을 미치기보다는 소득수준이 낮은 유권자들은 정치정보가 부족해서 투표에 소극적이라는 사실을 의미한다.

〈표 12.4〉는 유권자의 선거운동 참여 정도에 대한 서열로짓 분석결과를 보여준다. 〈표 12.4〉에서와 마찬가지로 〈모형 5-1〉은 정치정보를 나타내는 세 변수들을 포함하지 않은 모형이고 〈모형 5-2〉는 이들을 포함한 모형이다. 〈표 12.4〉의 결과는 〈표 12.3〉의 결과와 크게 다르지 않다는 점을 보여준다. 〈모형 5-2〉에 정치정보와 관련된 세 변수들을 포함시켰을 경우, **정당일체감**의 z값은 〈모형 5-1〉의 결과에 비해 78.0% 정도 감소했다. **소득수준**과 **교육수준**의 z값은 〈모형 5-1〉의 결과에 비해 각각 75.41%와 94.2%만큼 감소했다. 이와 같은 결과는 정치정보를 통제하지 않을 경우 인구통계학적 변수와 심리학적 변수의 영향력이 과대추정된

〈표 12.4〉 정치정보가 선거운동 참여정도에 미치는 영향

모형	모형 5-1			모형 5-2		
종속변수	선거운동 참여정도					
독립변수	b (s.e.)	z값	유의수준	b (s.e.)	z값	유의수준
이념 차이 인식				.090 (.028)	3.22	.001 **
후보 인지도				.214 (.031)	6.92	.000 ***
미디어노출도				.439 (.042)	1.58	.000 ***
정당 일체감	.362 (.012)	28.56	.000 ***	.323 (.046)	7.01	.000 ***
소득수준	.119 (.011)	1.60	.000 ***	.097 (.037)	2.59	.010 *
교육수준	.118 (.007)	15.63	.000 ***	.010 (.029)	.36	.721
나이	-.002 (.007)	-.23	.816	-.023 (.024)	-.97	.330
성별	-.188 (.024)	-7.88	.000 ***	-.093 (.082)	-1.13	.258
인종	-.019 (.038)	-.49	.621	.203 (.141)	1.44	.151
N	29650			2437		
pseudo R^2	.023			.057		

〈표 12.5〉 정치정보가 효용 차이에 미치는 영향

모형	모형 6		
종속변수	효용차이		
독립변수	b (s.e.)	beta (t값)	유의수준
이념 차이 인식	1.995 (.431)	.181 (4.628)	.000 ***
후보 인지도	2.739 (.451)	.245 (6.068)	.000 ***
미디어 활용도	1.041 (.635)	.065 (1.641)	.101
정당일체감	1.507 (.684)	.085 (2.202)	.028 *
소득수준	-.254 (.573)	-.018 (-.443)	.658
교육수준	-1.089 (.440)	-.102 (-2.477)	.014 *
나이	-.251 (.381)	-.027 (-.660)	.510
성별	.501 (1.271)	.015 (.394)	.694
인종	-1.420 (2.050)	-.027 (-.693)	.489
N	618		
R^2 (수정 R^2)	.140 (.127)		

다는 사실을 의미한다.

〈표 12.5〉는 정치정보와 후보 간 효용차이 인식과의 관계에 대한 분석 결과를 보여준다. 〈표 12.5〉의 결과는 경쟁후보들의 이념 차이가 유권자가 후보들로부터 느끼는 효용차이에 영향을 미친다는 합리적 선택이론의 가정을 뒷받침한다. 〈표 12.6〉은 정당 간의 이념 차이를 분명하게 인식하고 있는 유권자일수록, 그리고 후보에 대한 인지도가 높은 유권자일수록 공화당 후보와 민주당 후보 간에 효용 차이를 더 크게 느낀다는 점을 보여준다. 〈표 12.5〉는 미디어 활용도가 높은 유권자가 경쟁 후보들에게서 효용차이를 더 느끼는 것은 아니라는 사실을 보여준다.

〈표 12.5〉에서 **미디어 활용도**의 영향력은 **이념 차이 인식**과 **후보 인지도**를 통제한 후의 영향력이다. 달리 말하면, **미디어 활용도**의 영향력은 정치

정보와 상관된 변동을 제거한 이후 남아 있는 변동이 투표 여부에 미치는 영향력을 의미한다. 정치에 관심이 많은 유권자들이 다양한 미디어를 활용하므로 정치정보 관련 변수를 통제한 후 남아 있는 **미디어 활용도**의 변동은 정치적 관심 같은 요인들 때문에 발생한 것일 것이다. 그러나 이러한 요인들이 발생시킨 **미디어 활용도**는 후보 간의 효용차이에 영향을 미치지 않는 것으로 분석되었다. 따라서 〈표 12.5〉의 결과는 정치적 관심을 가지는 것만으로 유권자가 후보 간 효용차이를 더 느끼는 것은 아니며 후보에 대한 정보가 효용차이를 유발한다는 점을 의미한다. 이는 정치적 태도에 정서적인 요소보다 인지적인 요소가 더 중요하다는 잴러(Zaller 1992)의 발견과 부합한 결과이다.

〈표 12.6〉은 합리적 선택이론의 예측을 뒷받침하는 결과를 보여준다. 〈표 12.6〉은 경쟁후보에 대한 효용의 차이를 크게 느끼는 유권자일수록 투표할 확률이 높다는 점을 보여준다. 〈표 12.6〉은 또한 정치정보를 통제

〈표 12.6〉 효용 차이가 투표 여부에 미치는 영향

모형	모형 7-1			모형 7-2		
종속변수	투표 참여					
독립변수	b (s.e.)	z값	유의수준	b (s.e.)	z값	유의수준
효용차이	.043 (.008)	5.56	.000 ***			
미디어노출도	.581 (.097)	6.00	.000 ***			
정당일체감	.210 (.105)	1.99	.046 *	.389 (.012)	32.44	.000 ***
소득수준	.043 (.091)	.47	.647	.193 (.011)	17.32	.000 ***
교육수준	.061 (.068)	.90	.371	.158 (.007)	2.62	.000 ***
나이	.131 (.061)	2.14	.033 *	.160 (.011)	21.69	.000 ***
성별	.261 (.198)	1.32	.186	-.040 (.024)	-1.66	.096
인종	-.718 (.274)	-2.62	.009 **	-.140 (.037)	-3.712	.007 **
N	993			19275		
pseudo R^2	.167			.135		

〈표 12.7〉 효용 차이가 선거운동 참여정도에 미치는 영향

모형	모형 8-1			모형 8-2		
종속변수	투표 여부					
독립변수	b (s.e.)	z값	유의수준	b (s.e.)	z값	유의수준
효용차이	.032 (.004)	8.49	.000 ***			
미디어노출도	.385 (.060)	6.38	.000 ***			
정당 일체감	.130 (.068)	1.92	.055	.362 (.012)	28.56	.000 ***
소득수준	.064 (.056)	1.15	.252	.119 (.011)	1.60	.000 ***
교육수준	-.041 (.042)	-.98	.327	.118 (.007)	15.63	.000 ***
나이	-.017 (.037)	-.46	.643	-.002 (.007)	-.23	.816
성별	-.078 (.123)	-.63	.526	-.188 (.024)	-7.88	.000 ***
인종	-.142 (.209)	-.68	.497	-.019 (.038)	-.49	.621
N	994			29650		
pseudo R^2	.062			.023		

한 후에도 미디어 활용도가 높은 유권자가 투표할 가능성이 높다는 점을 보여준다. 즉, 같은 수준의 정치정보를 가진 유권자들 중에서도 정치적인 관심이 많아 미디어 활용도가 높은 유권자는 투표를 할 확률이 높다는 점을 보여준다. 〈모형 7〉의 결과는 **효용차이**와 **미디어 활용도**를 통제하면 소득수준과 교육수준은 투표여부에 통계적으로 유의미한 영향을 미치지 않는다는 사실을 보여준다. 〈모형 7〉의 결과와 〈모형 4-1〉의 결과를 비교하면 **효용차이**와 **미디어 활용도**를 통제하지 않을 경우 소득수준과 교육수준의 영향력은 과대추정된다는 사실을 알 수 있다.

〈표 12.7〉은 종속변수가 **선거운동 참여 정도**인 경우도 비슷한 결과가 산출된다는 점을 보여준다. 〈표 12.7〉은 경쟁후보에 대한 효용의 차이를 크게 느끼고 있는 유권자일수록 더 다양한 선거운동에 참여한다는 점을 보여준다. 후보들에 대한 **효용 차이**를 통제하면 인구통계학적인 변수들은 모두 영향력이 없는 것으로 판명되었다. 경쟁하는 후보들이 아무런 효

용의 차이를 유발한다고 느끼지 못하면, 소득수준이나 교육수준은 **선거운동의 참여도**와 상관이 없는 것으로 나타났다.

12.5. 한국 사례 분석

12.5.1. 통계모형 및 변수측정

한국의 설문조사 자료는 미국선거연구 자료에 비해 설문문항들이 다양하지 않고 응답자의 수도 적다. 한국의 설문조사 연구들 중, 17-20대 "국회의원 선거 유권자 의식조사" 연구는 미디어 활용도와 정치정보를 모두 측정하였으나 15대, 17대, 18대 대선 설문조사는 미디어 활용도만 측정하였다. 후보 인지도, 선거운동 참여정도, 후보 간 효용차이는 한국 설문조사 자료들로는 측정할 수 없었다. 이러한 문제 때문에 〈그림 12.1〉의 인과적 경로들을 모두 검증할 수 없으므로, 여기에서는 확보 가능한 변수들과 관련된 일부경로만 검증한다.

9장에서 서술한 바와 같이, 국내 설문조사 연구들은 **미디어 활용도**를 측정했으나, 모든 설문조사들이 동일한 문항으로 미디어 활용도를 측정하거나 동일한 척도를 사용하지 않았다. 따라서 각 설문조사의 측정 값들을 선거 당시의 z값으로 표준화시켰다. 다른 독립변수들은 이 전장에서 설명한 방식으로 측정하였다. 유권자들의 **미디어 활용도**를 분석하는 모형은 아래와 같다. 이 모형의 종속변수는 연속변수이므로 회귀분석 방법을 사용하였다.

$$\text{미디어활용도} = a + b_1\text{교육수준} + b_2\text{소득수준} + b_3\text{나이} + b_4\text{여성} + b_5\text{거주지역규모} + b_i\sum_{i=6}^{n} X_i$$

설문조사 연구들은 정치정보를 측정하기 위해 서로 다른 척도와 다른 문항을 사용하였다. 예컨대, 17대 총선 설문조사는 대통령 이름, 국회의원 임기, 국무총리 이름을 물어보았고 18대 총선 설문조사는 대통령 임기, 여당 이름, 국무총리 이름을 물어보았다. 17대 총선 설문조사의 세 질문에 대한 정답률은 각각 97.5%, 87.1%, 93%이었고, 18대 총선 설문조사의 세 질문에 대한 정답률은 각각 92.1%, 87.7%, 54.4%이었다. 따라서 18대 총선 설문조사의 정치지식 측정을 위한 질문들의 난이도가 17대 총선 설문조사 질문들에 비해서 더 높았다. 이러한 난이도 차이를 통제하기 위해서 응답 점수를 선거 당시의 z값으로 표준화시켰다. **정치정보**는 연속변수이므로 아래 모형은 회귀분석 방법으로 분석하였다.

$$\text{정치정보} = a + b_1\text{미디어 활용도} + b_2\text{교육수준} + b_3\text{소득수준} + b_4\text{나이} + b_5\text{여성} + b_6\text{거주지역규모} + b_i\sum_{i=7}^{n} X_i$$

다음은 정치정보가 많을수록 유권자들이 정당입장 차를 더 크게 느낀다는 잴러의 주장을 검증하기 위해 아래의 모형을 분석하였다. 유권자 정당이념 차이인식은 8장에서와 같이 유권자들이 인식하는 두 주요 정당들의 이념적 입장의 차이에 절댓값을 취해서 계산하였다.

$$\text{이념차이인식} = a + b_1\text{정치정보} + b_2\text{미디어활용도} + b_3\text{교육수준} + b_4\text{소득수준} + b_5\text{나이} + b_6\text{여성} + b_7\text{거주지역규모} + b_i\sum_{i=8}^{n} X_i$$

다음은 정치정보 관련변수들(**미디어 활용도**, **정치정보**, **이념 차이 인식**)이 투표참여에 미치는 영향을 아래의 모형으로 분석하였다. 종속변수인 **투표참여**는 선거에 참여한 경우 1을, 기권한 경우 0을 할당하였다. **투표참여**는 이산형 변수이므로 아래의 모형은 로짓 방법으로 분석하였다.

$$\text{투표참여} = a + b_1\text{정치지식} + b_2\text{미디어활용도} + b_3\text{이념차이인식} + b_4\text{교육수준} + b_5\text{소득수준} + b_6\text{나이} + b_7\text{여성} + b_8\text{거주지규모} + b_i\sum_{i=9}^{n} X_i$$

12.5.2. 분석결과

〈표 12.8〉은 미디어 활용도에 대한 회귀분석 결과를 보여준다. 〈표 12.8〉은 교육수준과 소득수준이 높을수록 미디어를 더 자주 활용한다는 사실을 보여준다. 〈표 12.8〉의 결과는 또한 여자보다 남자가 미디어를 더 자

〈표 12.8〉 인구통계학적 변수들이 미디어 활용도에 미치는 영향

모형	모형 1		
종속변수	미디어 활용도		
독립변수	b (s.e.)	beta (t값)	유의수준
교육수준	.183 (.013)	.176 (14.498)	.000 ***
소득수준	.106 (.011)	.099 (9.493)	.000 ***
나이	-.004 (.001)	-.057 (-5.200)	.000 ***
성별	-.202 (.020)	-.097 (-10.069)	.000 ***
시골	-.030 (.012)	-.026 (-2.415)	.016 *
N R^2 (수정 R^2)	10208 .083 (.082)		

〈표 12.9〉 미디어 활용도가 정치정보에 미치는 영향

모형	모형 2		
종속변수	정치정보		
독립변수	b (s.e.)	beta (t값)	유의수준
미디어 활용도	.088 (.015)	.096 (5.757)	.000 ***
교육수준	.126 (.018)	.128 (6.914)	.000 ***
소득수준	.052 (.017)	.052 (3.147)	.002 **
나이	.006 (.001)	.087 (4.968)	.000 ***
성별	-.274 (.032)	-.136 (-8.665)	.000 ***
시골	.015 (.015)	.016 (.954)	.340
N R^2 (수정 R^2)	4008 .062 (.060)		

주 사용한다는 점을 보여준다. 이러한 결과는 소득수준과 교육수준이 높은 미국 남성 유권자의 미디어 활용도가 높다는 12.4절의 결과와 상응하는 것이다. 그러나 미국 유권자는 나이가 많을수록 미디어 활용도가 높은 반면, 한국 유권자는 나이가 적을수록 미디어 활용도가 높은 것으로 나타났다.

〈표 12.9〉는 미디어 활용도가 높은 유권자들이 정치정보가 많다는 사실을 보여준다. 또한 교육수준과 소득수준이 높을수록 정치정보가 많고, 여자에 비해 남자가 정치정보가 더 많다는 사실을 보여준다. 교육수준과 소득수준이 높고 미디어 활용도가 높은 유권자들일수록 많은 정치지식을 가지고 있다는 분석결과는 12.4절의 미국 유권자의 정치지식에 대한 분석결과와 일치한다. 나이가 많을수록 정치지식이 많다는 〈표 12.9〉의 분석결과 역시 미국 유권자 사례 분석결과와 일치하였다.

〈표 12.10〉은 미디어 활용도가 높고 정치정보가 많은 유권자가 다른 유권자들에 비해 정당 간 이념 차이를 더 분명하게 인식한다는 사실을 보여준다. 이러한 결과는 정치지식과 인식 양극화의 관계에 대한 잴러(Zaller 1992)의 예측을 뒷받침하는 것이다. 이 결과는 또한 미국 유권자 투표참여에 대한 경험분석 결과와도 일치하는 것이다. 한국 유권자는 미국 유권자들과 마찬가지로 나이가 들수록 정당 간의 입장 차를 더 크게 느끼는 것으로 추정되었다. 그러나 한국 유권자는 고소득자일수록, 미국 유권자는 고학력자일수록 정당들의 이념 차이가 분명하다고 인식하는 것으로 분석되었다.

〈표 12.11〉의 〈모형 4-1〉 분석결과는 정치정보 관련변수들 모두 **투표참여**에 통계적으로 유의미한 영향을 미친다는 사실을 보여준다. 정치정보 관련변수들을 통제하지 않은 〈모형 4-2〉의 분석은 학력과 소득이 투표참여에 유의미한 영향을 미친다고 추정하였다. 그러나 정치정보 변수들을 통제한 〈모형 4-1〉의 분석결과는 학력이 투표참여에 유의미한 영향을 미치지 않는다는 사실을 보여준다. 이러한 결과는 고학력자가 투표참여에 더 적극적인 이유는 이들이 더 많은 정치정보를 가지고 있기 때문

〈표 12.10〉 정치지식이 이념 차이 인식에 미치는 영향

모형	모형 3		
종속변수	이념차이 인식		
독립변수	b (s.e.)	beta (t 값)	유의수준
정치지식	.180 (.048)	.065 (3.732)	.000 ***
미디어 활용도	.212 (.045)	.086 (4.696)	.000 ***
교육수준	.031 (.053)	.012 (.592)	.554
소득수준	.104 (.049)	.039 (2.150)	.032 *
나이	.014 (.004)	.071 (3.707)	.000 ***
성별	.092 (.093)	.017 (.993)	.321
시골	.101 (.046)	.041 (2.218)	.027
N R^2 (수정 R^2)	3465 .021 (.018)		

〈표 12.11〉 정치정보 관련변수들이 투표참여에 미치는 영향

모형	모형 4-1			모형 4-2		
종속변수	투표 참여					
독립변수	b (s.e.)	Exp(B) (Wald)	유의 수준	b (s.e.)	Exp(B) (Wald)	유의 수준
정치지식	.256 (.042)	1.292 (36.297)	.000 ***			
미디어노출도	.193 (.042)	1.212 (20.815)	.000 ***			
입장 차이 인식	.051 (.016)	1.052 (9.807)	.002 **			
교육수준	.056 (.049)	1.058 (1.305)	.253	.088 (.028)	1.092 (9.807)	.002 **
소득수준	.124 (.045)	1.132 (7.471)	.006 **	.068 (.025)	1.070 (7.663)	.006 **
나이	.049 (.004)	1.050 (189.542)	.000 ***	.044 (.002)	1.045 (505.631)	.000 ***
성별	.017 (.085)	1.018 (.041)	.839	-.084 (.045)	.919 (3.532)	.060
시골	-.012 (.044)	.988 (.073)	.787	.077 (.028)	1.080 (7.630)	.006 **
N	3456			16348		
Cox & Snell R^2	.137			.085		

이라는 것을 의미한다. 달리 말하면, 고학력자가 투표에 더 적극적인 이유는 이들의 학력 자체가 이들에게 투표동기를 부여하는 것이 아니라, 이들이 미디어를 더 많이 접하고, 많은 정치정보를 가지고 있으며, 정당 간의 이념 차이를 더 분명하게 느끼기 때문인 것으로 분석되었다. 〈모형 4-1〉의 일부 분석결과는 미국 사례 분석결과와 일치하지 않는다. 미국 사례에서는 정치정보 관련변수들을 통제했을 경우, 소득수준의 영향력은 사라졌다. 이에 반해 한국 사례에서는 정치정보 변수를 통제해도 소득수준의 영향력이 유의미하게 유지되었다. 이는 달리 말하면, 한국의 고소득층은 저소득층에 비해서 정치정보와 상관없이 더 강한 투표동기를 가진다는 것이다.

12.6. 결론과 함의

이 장에서는 어떤 유권자가 왜 적극적으로 정치에 참여하는가를 분석했다. 이 장의 모형분석은 유권자의 경제수준과 교육수준이 유권자의 투표결정에 미치는 인과적 경로를 분석하고 정치정보가 소득 및 교육수준과 정치참여 사이의 인과적 고리라는 점을 보여주었다. 이 장의 미국 ANES 자료 분석은 기존연구에 의해 제시되었던 경제적·교육적 지위와 정치참여와의 상관관계가 상당히 과대평가되었다는 사실을 보여주었다. 이 분석결과는 또한 경제적·교육적 지위가 높은 유권자들은 후보에 대한 인지도가 높고 정당 간의 입장 차를 분명하게 인식하고 있다는 사실을 보여주었다. 이 장은 정치정보가 후보 간의 효용 차이를 더 크게 느끼게 하고 더 적극적인 정치참여 동기를 유발시킨다는 사실을 보여주었다. 한국 설문조사 자료 분석 역시 미국 설문조사 자료 분석과 유사한 결과를 산출하였다. 유권자들의 정치참여에는 정치정보가 중요한 역할을 하며, 정치정보는 정당 간의 입장 차를 분명하게 인식하게 하여 유권자들의 투표참여 동기를 증가시킨다는 사실을 보여주었다.

정치참여의 작동기제를 밝히는 문제는 민주주의에 대한 규범적 논의와 밀접한 관련이 있다. 2장의 정치거래 이론에 의하면 민주주의 정치제도는 모든 유권자들에게 동등한 정치적 영향력을 행사할 권리를 부여한다. 그러나 이 책에서 살펴보았듯이 경험세계에서는 모든 유권자가 동등한 영향력을 행사하지 않는다. 유권자들은 단지 소극적인 정치소비자가 아니라 적극적인 정치투자자이다. 이 장의 발견은 이러한 시각을 뒷받침하는 증거를 제시한다. 고소득자와 고학력층은 더 많은 정치정보를 확보하고 있고 정당 간의 입장 차이를 더 크게 느낀다. 따라서 이들은 투표참여와 정치참여에 더 적극적이다. 이처럼 유권자들의 소득과 학력이 이들의 정치참여에 영향을 미친다면, 불평등한 정치참여가 초래되고 정치거래는 시장거래화될 가능성이 높다. 정치거래가 시장거래화될수록 소수 기득권 세력이 다수를 지배할 가능성은 높아진다. 일부 유권자가 정치에 더 적극적으로 참여하여 더 큰 영향력을 행사할 수 있다면, 동등한 영향력 행사를 통한 다수의 지배라는 민주주의 작동원리가 침해된 것이다. 이와 같은 관점에서 라이파트(Lijphart 1997)는 특정계층의 낮은 투표율이 민주주의에 심각한 문제를 제기할 수 있다고 주장한다.

이 장의 분석결과는 유용한 정책적 함의를 지닌다. 만약 사회경제적 지위가 낮은 유권자가 약한 투표동기를 가지고 있는 이유가 사회경제적인 지위 때문에 비롯된 것이라면, 이들 유권자들의 저조한 정치참여는 이들의 지위향상이나 이들의 정치참여를 유도하는 제도를 통해서 극복해야 할 것이다. 이와 같은 제도들로 유권자에 우호적인 선거 등록제도, 비례대표제, 빈번하지 않은 선거, 주말투표, 다양한 수준의 선거들을 같은 날에 치를 것, 의무투표(compulsory voting) 같은 방법들이 있다.[4] 반면 이들이 정치참여에 소극적인 이유가 이들의 낮은 사회경제적 지위 때문에 발생하는 정치정보의 열세 때문이라면, 이들에게 효율적이고 저비용의 정치정보를 제공하는 것이 하나의 해결책이 될 수 있을 것이다.

4 그러나 정치정보가 없는 유권자가 의무투표에 참가하고 할지라도 이들이 자신에게 유리한 투표를 할 수 있는가는 여전히 논란거리이다 (Bartels 1996; Berelson, Lazarsfeld and McPhee 1954; Brady and Sniderman 1985; Conover and Feldman 1984, 1989; Lau and Redlawsk 1997; Lodge and Ruth Hamill 1986; Lupia and McCubbins 2003; McKelvey and Ordeshook 1986; Page and Shapiro 1992; Wittman 1995)

저비용의 정치정보를 제공하기 위한 가장 효율적인 방법은 정당들이 선명한 정책대결을 하는 것이다. 한국의 협애한 정당체제에서는 유권자들이 어떤 정당이 자신들을 정책적으로 대변하는가를 분명히 알기 어렵다. 따라서 후보나 정당들의 유인가치가 이들의 투표결정에 더 큰 영향력을 행사한다. 그러나 유인가치의 실체파악에 필요한 정치정보는 고도의 비용을 요구한다. 정당 간의 정책적 입장 차가 선명하면 유권자들은 어떤 정당이 자신에게 더 큰 정책적인 혜택을 제공하는가를 휴리스틱을 통해 파악할 수 있게 된다. 따라서 유권자들은 정당 간, 후보 간 효용차이를 더 크게 느끼고 투표참여와 정치참여의 동기가 증가한다.

13장

맺는 말과 전망

이 책에서는 다음과 같은 내용을 다루었다. I부에서는 대의민주주의에서 다수가 형성되는 과정을 설명하는 모형을 제시하고 이 모형을 근거로 한국에서 선거경쟁이 어떻게 치러지는가를 분석하였다. 이 모형은 ① 사회균열, ② 정당체제(정당의 수와 정당의 이념적 배열), ③ 집단들의 이념성향과 정당정체성, ④ 개인의 이념성향, 정당일체감과 정책적 선호, ⑤ 정치제도, ⑥ 선거경쟁 구도, ⑦ 정당전략 ⑧ 정치정보, ⑨ 중요한 정치적 사건들이 ⓐ 유권자 투표결정과 ⓑ 정치적 다수 형성에 어떠한 인과적 영향을 미치는가를 설명한다. 이 모형에 의하면, 사회균열이 형성시킨 갈등 축을 따라 정당들이 배열되고(① → ②), 정당들의 위치쟁점(이념과 정책) 입장에 따라 다양한 계층·계급, 직능·소득, 지역·세대 집단들의 이념성향과 정당정체성이 형성된다(② → ③). 소속집단들의 이념성향과 정당정체성 및 유권자들의 개인적 특성과 이해관계는 각각 유권자들의 이념성향, 정당정체성과 정책적 선호에 영향을 미친다(③ → ④).

정당체제와 정치제도는 선거경쟁 구도와 정당전략에 영향을 미친다(⑤ → ② → ⑥, ⑦). 비례대표 선거제도가 산출하는 다당체제에서는(⑤ → ② →⑥) 여러 정당들이 자신들의 지지 세력들을 대변하기 위한 정책경쟁을 한다(② → ⑦). 단순다수 선거제도가 산출하는 양당체제에서는(⑤ → ② → ⑥) 두 포괄정당들이 특정 직능집단을 대변하기보다는 폭넓은 지지세력을 확보하기 위해 유인가치 광고에 집중하는 전략을 구사한다(② → ⑦). 협애한 정당체제에서는 유권자들의 정당일체감은 약화되고(② →

④), 어떤 정당이 자신에게 더 큰 정책적인 혜택을 제공하는가를 휴리스틱을 통해 효율적으로 파악하기 어렵게 된다(② → ⑧). 정당 간에 입장 차를 못 느끼는 유권자들은 유인가치 투표를 하게 되고(② → ⑧ → ⓐ), 유인가치의 실체 파악에 필요한 정치정보가 없는 많은 유권자들은 정당들의 유인가치 광고에 쉽게 투표결정을 바꾸게 된다(⑧ → ⓐ). 이럴 경우, 정치적 다수는 어떤 정당이 효과적으로 유인가치를 가공하고 광고하는가에 따라 결정된다(⑦ → ⓑ). 간헐적으로 발발하는 파국적 사건은 집단들과 개인들의 이념성향과 정당일체감을 변화시켜 일상적 상황에서의 정치적 다수를 변경시키기도 한다(⑨ → ②, ③, ④ → ⓑ).

이 책의 다수결정 모형은 에이큰과 바르텔즈(Achen and Bartels 2016)의 현실주의적 시각과 궤를 같이 한다. 이상주의적 시각에서는 민주주의 선거결과와 정책결과는 "국민의 뜻"을 반영한다고 믿는다. 최소주의적 시각에서는 민주주의 선거는 국민의 뜻을 반영하는 역할보다는 국민들이 선거심판을 통해 정치인들이 자신들의 이익을 추구하는 것을 억제하는 역할만 할 수 있다고 믿는다. 에이큰과 바르텔즈(Achen and Bartels 2016)의 현실주의적 시각에서는 국민들은 선거심판조차 효과적으로 하기 어렵다고 본다. 이 책에서는 정당들과 시민사회의 소수세력들이 자신에게 유리한 다수를 형성시킬 수 있다는 현실주의자의 시각을 수용한다(Achen and Bartels 2016: 390). 그러나 이 책이 제시하는 제도주의 시각은 정치제도를 어떻게 설계하는가에 따라 민주주의가 다르게 작동할 수 있다는 입장을 제시한다.

2장에서는 현실주의적 시각에 대한 대안으로 정치거래 이론을 제시하였다. 정치거래 이론에 의하면, 정치와 경제는 일종의 거래행위라는 점에서 구조적으로 유사하다. 정치거래와 시장거래의 차이는 제도에 따라 결정되는 것이며, 정치제도는 정치거래의 시장거래화 정도에 영향을 미친다. 정치거래가 시장거래화되면, 유인가치를 어떻게 효과적으로 광고하는가에 따라 선거결과가 달라지고 정치적 평등 및 정경분리의 원리가 훼손된다. 정치거래 이론에 따르면 에이큰과 바르텔즈가 제시한 민주주의에 대한 회의적인 시각은 정치제도가 시장거래화된 미국의 제도적 특성들이 반영된 결과이다. 이 책은 협애한 양당체제가 소선거구 단순다수제와 조합될 경우, 유인가치 중심의 시장거래화된 선거경쟁이 초래될 가능성이 높다고 주장하고, 이에 대한 이론적·경험적 근거를 제시하였다. 제도주의적 시각은 정치거래가 시장거래화 되는 것을 방지하는 제도적 방안들을 통해 대의민주주의의 한계들을 보완해 나갈 수 있다는 입장을 제시한다.

3장에서는 정치거래가 시장거래화된 한국에서 다수가 어떻게 형성되는가를 살펴보았다. 분단 상황에 놓인 한국에서는 계급균열보다는 남북균열을 중심으로 정당체제가 형성되었고, 정당 간의 위치쟁점 경쟁은 소득재분배와 관련된 경제정책을 중심으로 전개되기보다는 대북관계를 중심으로 전개되었다. 경제적 차원에서 협애한 정당체제와 소선거구 중심의 선거제도는 유인가치 중심의 선거경쟁을 촉진하였다. 유인가치 선거경쟁은 주로 안보능력, 국가경제 활성화 능력 및 지역주의를 중심으로 치러졌다. 이러한 정당체제와 선거경쟁의 구도에 따라 지역 및 세대 간 갈등이 형성되었다. 유권자의 이념성향과 정치적 선호는 이러한 지역 및 세대 간 갈등 축을 따라 형성되었고 선거결과는 대북쟁점을 얼마나 효과적으로 부각시키고 유인가치를 얼마나 성공적으로 광고하는가에 따라 결정되었다.

3장에서는 또한 정당들이 어떻게 다양한 전략들을 통해 자신들에게 유리한 다수를 형성시키는가를 이론적으로 설명하였다. 이러한 설명을 적용해서, 한국의 보수정당들이 어떻게 자신에게 유리한 유인가치들을 가공 생산하고 자신에게 유리한 위치쟁점을 부각시켜왔는가를 살펴보았다. 특히 보수정당들이 안보능력, 국가 및 지역 경제발전 능력과 같은 유인가치를 어떻게 선거경쟁에서 활용해 왔는가를 살펴보았다. 마지막으로 한국의 선거경쟁을 지배하는 이러한 유인가치들이 경험적 근거를 가지고 있는가를 살펴보았다. 다양한 경험자료 제시를 통해, 정당들이 자신들의 유인가치로 부각시키는 국가 및 지역 경제발전 능력과 안보능력에 큰 차이가 없다는 사실을 보여주었다.

II부에서는 한국에서 위치쟁점 및 유인가치를 통한 선거경쟁이 어떻게 이루어지는가를 경험적으로 분석하였다. 4장에서는 한국 유권자들의 이념성향의 특성과 변화과정을 분석하였다. 한국에서의 이념갈등은 경제적 차원보다 주로 대북관계 차원에서 전개되며 세대 및 지역 간 갈등 역시 대북관계에 대한 입장 차를 상당히 반영하는 것이라는 사실을 보여주었다. 5장에서는 이념 및 정책입장과 같은 위치쟁점과 지역주의 같은 유인가치가 유권자 투표결정에 어떠한 영향을 미치는가를 분석하였다. 5장의 경험자료 분석결과는 정당 간 위치쟁점 경쟁은 주로 남북관계 차원에서 이루어진다는 사실과, 유권자들의 위치쟁점 입장(이념 및 정책적 선호)이 유권자 투표결정의 매우 작은 부분만 설명할 수 있다는 사실을 보여준다. 5장에서는 협애한 정당체제가 유인가치 투표를 촉진시킨다는 공간모형 분석결과를 제시하였다.

6장에서는 지역투표를 지역 간 이념 차이와 지역주의(지역정체성 및 지역적 이해의 추구)가 중첩되어 나타난 투표결과로 규정하고, 지역적 동기에 의한 투표결정인 지역주의 투표와 지역투표를 서로 구분하였다. 6장에서는 지역주의 투표가 민주화 이후 갑자기 활성화 된 이유를 협애한 정당체제의 등장으로 설명하고, 유권자 투표결정에서 정당 간 입장 차에 대한 인식이 지역주의 투표를 억제한다는 사실을 보여주었다. 7장에서는 지역주의 투표의 두 요소인 속인주의적 요소와 속지주의적 요소를 각각 출신지 효과와 거주지 효과로 분석한 결과, 거주지 효과가 더 강하다는 사실을 발견하였다. 8장과 9장에서는 정당 간 입장 차이가 유인가치 투표를 억제한다는 이론을 유인가치 투표의 일종인 비소득기반 투표와 비이념 투표를 통해 검증하였다. 이 장에서는 정당 간 이념 차이를 선명하게 인식하는 유권자들이 비소득기반 투표와 비이념 투표를 할 가능성이 낮다는 이론적 예측을 경험자료 분석을 통해 검증하였다.

III부에서는 한국에서의 선거심판 및 정치참여에 대한 분석을 통해, 정치정보가 민주주의의 정상적인 작동에 어떠한 영향을 미치는가를 살펴보았다. 10장에서는 한국의 선거경쟁에서 여당에 대한 지지가 객관적인 경제상황에 대한 회고적 평가와 무관하게 이루어진다는 사실을 보여주었다. 이 장에서는 또한 한국의 유권자는 회고적인 경제투표보다는 맹목적인 전망투표를 하는 경향이 있다는 사실을 발견하였다. 11장에서는 대통령에 대한 평가 역시 객관적인 경제상황에 대한 회고적 평가와 무관하게 이루어진다는 사실을 보여주었다. 이 장에서는 또한 대통령 지지율 하락이 여당에 대한 지지변경으로 귀결되지 않으며, 대통령에 대한 부정적인 평가가 선거에서 여당 후보에 대한 지지철회와 크게 연관되어 있지 않다는 사실을 발견하였다. 효과적인 선거심판에 필요한 정치정보가 부족한 한국 유권자들은 정당들이 가공생산하고 광고하는 실체 없는 유인가치 투표를 반복하는 것으로 나타났다. 12장에서는 정치정보가 정치참여에 미치는 영향을 분석하였다. 유권자들이 정당 간의 입장 차를 분명하게 인식할수록, 투표 및 선거운동에 더 적극적으로 참여한다는 사실을 보여주었다. 이 장에서는 또한 저소득층과 저학력층의 정치정보의 부족이 이들의 소극적인 정치참여와 밀접한 관련이 있다는 사실을 보여주었다.

이 책에서 제시한 이론적·경험적 발견의 함의는 정치정보 확보를 통한 정당 간의 입장 차에 대한 인식이 정치거래의 시장거래화를 억제하고 정치참여를 촉진시킨다는 것이다. 이러한 함의는 한국 민주주의의 정상적인 작동을 위한 정치제도 설계방향을 제시한다. 일반 유권자들이 정확한 정치정보를 수집하는 것은 고도의 비용을 수반한다. 따라서 한국 유권자들은 좌파정당 대 우파정당, 영남정당 대 호남정당, 안보 및 경제활성화 능력이 있는 정당 대 능력이 없는 정당이라는 구도를 휴리스틱으로 사용한다. 그러나 이러한 구도는 대부분 실체가 없는 것들이다. 따라서 이러한 실체 없는 휴리스틱을 정책적 입장 차이를 반영하는 휴리스틱으로 바꾸어야 한다. 정당들이 선명한 정책대결을 하면, 정당 간의 입장 차를 파악하는데 들어가는 정보수집 비용은 감소하게 된다. 이럴 경우, 유권자들은 정당 간의 정책 차이에 의해 형성된 휴리스틱을 사용해서 자신을 정책적으로 대변하는 정당에 투표하게 된다.

한국 민주주의의 정상적인 작동의 전제조건은 정당들이 유권자들의 정책적 입장을 대변하고 정책대결을 할 수 있는 동기를 부여할 수 있는 정당개혁을 하는 것이다. 정당들이 정책대결을 하게 되면 유권자들은 정책적 입장 차이를 근거로 휴리스틱을 형성하게 되고, 고비용의 정치정보를 수집하지 않고도 정책적 휴리스틱을 통해 자신들에게 더 유리한 정책을 취하는 정당에 투표할 수 있게 된다. 이럴 경우, 유권자들이 효과적인 선거심판을 할 수 있는 능력이 증가하고, 성공적인 선거심판 능력은 정치인들로 하여금 대리인으로서의 역할을 충실하게 수행할 동기를 부여할 것이다.

최순실 국정농단, 박근혜 대통령 탄핵, 문재인 대통령의 당선, 남북 정상회담으로 이어지는 일련의 사건들은 한국에서의 정치경쟁 구도를 바꿀 정도의 사건들로 평가될 수 있다. 2장에서 서술한 바와 같이, 정치에 관심을 기울이지 않는 일반 대중들도 파국적 사건에는 주의를 기울이게 되고 파국적 사건의 책임소재에 대해 비교적 정확하고 일치된 판단을 하게 된다. 파국적 사건은 유권자의 정치적 선호와 이념성향에 전면적인 변환을 초래하여 정권교체 또는 정당체제의 변화까지를 초래한다.

최순실 국정농단 사건은 정권교체를 초래했고, 2018년 4월 27일에 개최된 남북 정상회담은 정당체제의 변화 가능성을 예측할 수 있을 정도의 6 · 13 지방선거 결과를 초래하였다. 여당인 민주당은 전체 광역단체장 17명 중 14명을 당선시켰고, 제1야당인 자유한국당 후보들은 대구 · 경북에서만 승리하였다. 미니총선이라 불리었던 국회의원 재보선에서도 총 13명 중 12명의 민주당 후보들이 당선되었고 자유한국당 후보는 경북에서 1명만 당선되었다. 이러한 지방선거 결과는 문재인 대통령의 인기와 홍준표 대표의 막말에 대한 혐오 및 실망 때문에 기인된 것이기도 했지만 주요 정당들의 유인가치에 대한 인식의 변화를 수반한 것이었다.

지방선거 일주일 후에 실시된 한국리서치의 설문조사는 주요 두 정당의 유인가치(안보능력, 경제활성화 능력, 도덕성, 정당호감도)에 대한 유권자 인식을 11점 척도로 측정하였다. 설문조사에서 응답자들은 더불어민주당과 자유한국당의 안보능력과 경제활성화 능력이 무능하다고 생각할수록 0점을, 유능하다고 생각할수록 10점을 매겼다. 응답자들은 또한 각 정당이 비도덕적이라고 생각할수록 0점을, 도덕적이라고 생각할수록 10점을 매겼고, 정당에 호감을 느끼는 정도에 따라 0점에서 10점의 점수를 매겼다. 이 설문조사에서 민주당의 경제능력, 안보능력, 도덕성과 정당호감도에 대한 전체 응답자의 평균 점수는 각각 5.39, 5.61, 5.05, 5.66점이었던 반면, 자유한국당 유인가치에 대한 평균 점수는 각각 2.50, 3.06, 2.12, 2.06으로 조사되었다. 두 정당 간에 가장 큰 점수 차이는 정당호감도에서 나타났으며, 민주당이 전통적으로 보수정당의 유인가치로 인식되었던 안보능력에서 가장 높은 점수를 받았다는 사실은 주목할 만하다.

6 · 13 지방선거 당시 나타난 보수정당에 대한 인식전환은 규모나 깊이에 있어서 일상정치 상황에서의 보수정당에 대한 인식의 등락과 다른 것처럼 보인다. 이 책 11장의 정당 지지변경에서 대한 분석에서 살펴보았듯이, 보수(진보)정당 지지자의 이탈은 진보(보수)정당 지지자의 이탈에 의해서 보완되는 경향이 있었다. 그러나 한국갤럽이 발표한 8월 첫째 주 조사결과에 의하면, 더불어민주당의 지지하락은 자유한국당의 지지상승으로 연결되지 않았다. 더불어민주당의 지지율은 이전 주보다 7%p가 하락하여 41%가 되었으나, 자유한국당은 더불어민주당 지지율의 큰 하락폭에 대한 반사이익을 전혀 얻지 못하고 이전 주와 같은 11%의 지지를 얻었다. 자유한국당이 더불어민주당 지지 하락분을 얻는데 실패한 반면, 정의당은 이전 주보다 4%p를 더 얻어 15% 지지율을 확보하고 군소 진보정당으로서는 역사상 처음으로 제1야당의 지위를 확보하였다.[1]

한국에서의 선거경쟁이 반공이데올로기와 색깔론이 형성시킨 우로 기울어진 지형에서 치러졌다는 사실을 감안하면, 국민들의 이러한 인식변화는 앞으로는 정당들이 정상화된 지형에서 선거경쟁을 할 수 있는 조건이 마련되었다고 볼 수 있다. 뿐만 아니라, 역사상 처음으로 발생한 군소

1 http://www.hani.co.kr/arti/politics/politics_general/856085.html.

진보정당의 지지율 2위의 지위 확보는 기존의 양당체제의 변화 가능성도 엿볼 수 있게 한다. 그러나 이러한 변화가 얼마나 지속될 수 있을 것인가는 한국 정치의 역동성에 비추어 볼 때 불분명하다. 그렇다면 한국에서의 선거경쟁은 어떻게 전개될 것인가?

이 책의 이론에 의하면, 세 가지 시나리오를 예측할 수 있다. 경제적 차원에서 협애한 정당체제가 유지될 경우, 두 종류의 선거경쟁 구도를 전망할 수 있다. 첫째, 북핵을 둘러싸고 벌어지는 북미 간 타협이 실패로 끝나고 이전과 같은 대치상황으로 복귀될 경우, 색깔론이 부활하여 남북관계 이슈가 가장 현저하게 작동했던 기존의 선거경쟁 구도가 다시 나타날 가능성이 있다. 둘째, 북핵문제가 성공적으로 해결될 경우, 대북관계 이외의 경제활성화, 지역주의, 도덕성과 같은 유인가치들의 광고 및 선거 당시의 정치적 사건을 중심으로 전개되는 상호비방에 의존하는 선거경쟁이 전개될 가능성이 높다. 이들 중 가장 중요한 유인쟁점인 경제활성화 능력이 가장 현저한 쟁점이 될 가능성이 높다. 세 번째 가능성은 정당 간 정책적 입장 차이가 분극화되는 경우이다. 만약 여당이 최저임금 인상, 복지정책 확대, 재벌개혁과 같은 진보적인 경제정책을 강력하게 추진하고 야당은 이에 맞서는 정책적 대안을 제시하여 정책대결이 이루어진다면, 유인쟁점 경쟁이 약화되고 유권자들은 정책적 투표결정을 할 가능성이 높다. 물론 진보(보수)정당들은 자신의 정책을 유인가치로 포장하고 이를 광고할 것이다. 그럼에도 불구하고, 경제정책에 있어서 정당 간 입장 차이가 벌어질수록 유권자들이 자신에게 정책적 이익을 가져다줄 정당을 지지할 가능성은 증가할 것이다.

부록

통계분석, 지식의 신뢰도 및 타당성

이 부록에서는 이 책의 통계분석 내용을 이해할 수 있도록 통계의 기본원리를 소개한다. 부록의 내용은 대학교 1학년 정도의 수학능력이 있으면 읽을 수 있도록 집필되었다. 복잡한 수식들은 생략하고 그림을 통해 통계학의 중요한 원리들을 설명하였다. 독자들이 부록의 내용에 대한 이해를 통해 실증적 연구들의 독해능력과 분석적 사고능력을 가질 수 있게 되기를 희망한다.

통계학은 지식에 대한 학문이다. 통계학은 우리가 신뢰할 수 있고(reliable) 타당성 있는(valid) 지식을 얻는 방법을 연구하는 학문이다. 통계학에서 통계적 추론(statistical inference) 부분은 지식의 신뢰성 문제를 다루며, 회귀분석(regression analysis) 부분은 인과관계 분석에서 타당성을 증진시키기 위한 방법론적 도구를 제공한다. 방법론적 도구는 연구자가 신뢰도와 타당성을 증진시킬 수 있는 분석적 사고를 할 수 있도록 도와준다.

1. 통계적 추론

지식의 신뢰성 문제는 우리는 모집단(population)이라 불리는 전체의 모습을 관찰하기 어렵기 때문에 발생한다. 예컨대, 한국 사람들이 평균적으로 어떤 차를 타는가를 알기위해서 우리는 전 국민들이 타는 차를 모두 관찰할 수 없다. 또는 동료가 어떤 사람인지 알기 위해서 동료의 모든 모습을 관찰할 수 없다. 우리는 관찰대상의 일부 모습(sample)만 보고 전체 모습을 추측 또는 추정(estimate)한다. 인간이 습득하는 거의 모든 지식은 이처럼 일부에 대한 관찰을 통해 전체의 모습을 추정해서 얻어진다. 즉 인간의 지식은 전체의 모습 또는 참값에 대한 추측 값 또는 추정 값으로 구성되어 있다.

일상생활에서 우리는 여러 가지 기준을 통해 지식의 신뢰도를 결정한다. 첫째, 사람들은 오랫동안 변치 않는 지식은 더 믿을 수 있다고 생각한다. 예컨대, 지동설이 대두되기 전까지 사람들은 천동설을 신봉했고 이를 변치 않는 진리로 여겼다. 둘째, 사람들은 성격에 따라 자신의 지식을 달리 생각한다. 어떤 사람들은 자신의 지식이 확실하다고 맹신하고 어떤 사람들은 자신의 지식에 대해 자신없어 한다. 셋째, 지식의 출처에 따라 사람들은 지식에 대한 믿음을 달리 한다. 사람들은 교수나 전문가와 같은 권위 있는 출처에서 얻은 지식을 더 신뢰한다. 반면, 나이가 어린 사람이나 교육수준이 낮은 사람이 제공하는 지식은 신뢰하지 않는 경향이 있다.

그러나 통계학에서는 지식의 신뢰성의 근거를 지식의 영속성, 지식에 대한 주관적 믿음, 지식의 출처에 두지 않는다. 통계학은 지식의 신뢰도를 객관적인 기준으로 측정한다. 첫째, 많은 사례를 관찰할수록 우리의 지식은 믿을 수 있다. 예컨대, 새로 사귄 친구의 성격에 대한 지식은 이 친구를 더 많이 관찰할수록 더 믿을 수 있다. 둘째, 친구의 성격이 일관되면 이 친구에 대한 지식을 더 신뢰할 수 있다. 반면, 친구가 변덕스러우면 친구에 대한 지식을 확신하기 어렵다. 즉 우리는 많이 관찰할수록, 일관된 대상을 관찰할수록, 우리의 지식을 신뢰한다. 통계학에서는 이처럼 우리가 일상생활에서 지식의 신뢰도의 근거로 삼는 지극히 당연한 두 변수를 이용해서 지식의 신뢰도를 측정한다. 즉 관찰의 수와 관찰대상의 동질성이 커질수록, 지식의 신뢰도는 높게 측정된다.

$$\text{표준오차(s.e.)} = \frac{\sigma}{\sqrt{n}}$$

통계학에서는 표준오차(standard error)라는 개념으로 지식의 신뢰도를 측정한다. 표준오차의 공식은 위와 같다. 위 공식에서 σ는 모집단(관찰대상)이 얼마나 이질적인가를 나타내고 n은 관찰의 수를 나타낸다. 위 공식에서 모집단의 이질성(σ)은 관찰할 수 없으므로 표본에서 얻은 값으로 추측한다. 위 공식은 σ이 증가하고 n이 감소할수록, 전체 집단의 모습에 대한 우리의 추측이 오차를 범할 가능성이 증가한다는 사실을 보여준다. 달리 말하면, 모집단이 이질적이고 관찰의 수가 줄어들수록, 우리가 참된 지식을 얻을 가능성은 줄어든다.

우리의 지식은 우리가 알고 싶지만 관찰할 수 없는 참값에 대한 추정 값으로 구성되어 있다. 이러한 추정 값의 분포를 표본분포(sampling distribution)이라고 부른다. 표본분포는 표본을 통해 얻은 모집단의 모습에 대한 추정 값 또는 일부를 통해 얻은 전체의 모습에 대한 추측 값의 분포를 의미한다. 친구의 성격, 호남민들의 특성, 대통령 지지율 등 우리가 알고자 하는 대부분의 것들에 대한 우리들의 지식은 모두 추정 값이다. 이러한 추정 값들의 분포를 그린 것이 표본분포이다. 추정 값이 무작위적인(random) 관찰을 통해 얻어졌다면, 추정 값의 분포는 종의 모양(bell-shaped)을 띤 정규분포를 따른다. 추정 값은 우리가 알고자 하는 참값을 중심으로 넓게 분포되어 있다.

추정 값의 분포가 이처럼 정규분포를 따르는 이유는 참값과 매우 동떨어진 추정을 할 가능성이 낮기 때문이다. 예컨대, 한국 성인남성의 평균키가 170cm인 경우, 우리의 추정 값이 이로부터 동떨어진 150cm이거나 190cm일 가능성은 매우 낮다. 이는 왜냐하면 성인 남성 10명을 무작위적으로 관찰 할 경우, 추정 값이 150cm가 되기 위해서는 10명 모두 작은 사람들만 관찰해야 하기 때문이다. 그러나 10명 모두 우연히 작은 사람들만 관찰할 확률은 매우 희박하다. 때로는 큰사람도 관찰하고 작은 사람도 관찰하기 때문에, 추정 값(10명에 대한 관찰 값의 평균)은 170cm 주변에 분포할 확률이 높다. 만약 우리가 100명을 관찰할 경우, 추정 값이 170cm로부터 동떨어질 가능성은 더 희박해진다. 이는 왜냐하면 100명 모두 작은 사람만 관찰해야 하기 때문이다. 따라서 우리가 더 많은 사람을 관찰하면, 추정 값은 참값 주변에 더 밀집되게 된다. 달리 말하면, 우리가 더 많은 대상을 관찰할수록, 참값을 잘못 추정할 가능성은 작아지게 된다.

추정 값이 참값 주변에 분포할 확률은 우리가 동질적인 대상을 관찰할 경우에도 높아진다. 한국 성인 남자의 평균 키를 추정하는 경우, 확률은 작지만 때로는 150cm의 단신을 관찰하기도 하고 190cm의 장신을 관찰할 수도 있다. 따라서 추정 값은 이러한 극단적 사례를 얼마나 자주 관찰하는가에 따라 크게 변동한다. 그러나 농구선수단의 평균키를 추정하는 경우, 농구선수단의 키는 비슷비슷하므로, 우연하게 극단적으로 작거나 큰 사례를 관찰할 가능성이 거의 없게 된다. 따라서 추정 값이 참값 주변에 분포되어 있을 확률은 더 증가한다. 이처럼 동질적인 대상을 관찰하거나 관찰의 수를 증가시키면, 추정 값의 분포, 즉 표본분포는 참값을 중심으로 집중되게 된다.

표본분포에서 강조되어야 할 점은 모집단이 어떻게 분포되어 있는가와 상관없이 표본분포는 항상 종의 모양을 따른다는 사실이다. 예컨대, 동전을 던졌을 때 앞면과 뒷면이 관찰될 가능성은 각각 50%이므로, 동전의 앞면과 뒷면을 각각 1과 0으로 기록할 경우 동전 앞뒤면의 평균은 0.5이다. 〈그림 A.1〉의 좌측 그림이 보여주듯이, 동전을 던졌을 때 관찰되는 앞뒤면의 분포는 균등분포(uniform distribution)의 모습을 지닌다. 이러한 모집단의 분포와는 달리, 표본분포는 〈그림 A.1〉의 우측 그림이 보여주듯

〈그림 A. 1〉 모집단의 분포와 표본분포의 차이

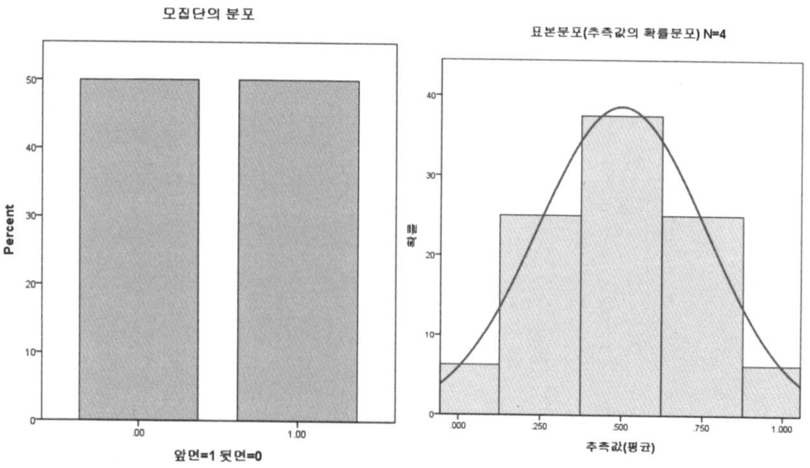

이 종모양을 따른다.

표본분포가 왜 종모양을 따르는가를 이해하기 위해, 동전을 던져 모집단의 참값을 추정하는 실험을 생각해보자. 우리는 동전 앞뒤면의 평균이 0.5라는 사실을 이론적으로 알고 있으므로 모집단의 참값을 알고 있다. 그러나 모집단의 참값을 모른다고 가정하고, 표본을 통해서 모집단의 참값(0.5)을 추정해보자. 표본의 크기가 4인 경우(동전 네 번을 던졌을 때), 표본으로부터 1이라는 추정 값을 얻을(모두 앞면을 얻을) 가능성을 생각해보자. 동전 앞면과 뒷면을 각각 H와 T라 표기할 경우, HHHH를 얻을 확률은 $.5^4$=6.25%이다. 동전을 처음, 두 번째, 세 번째, 네 번째 던졌을 때 앞면이 나올 확률이 각각 50%이기 때문에, 모두 네 번의 앞면이 나올 확률은 .5×.5×.5×.5=0.625이다. 마찬가지로 동전을 네 번 던졌을 때 네 개가 모두 뒷면일 확률은 6.25%이다. 즉 모집단의 참값이 0.5일 때, 참값과 동떨어진 표본추정 값인 0을 얻을 가능성은 매우 희박하다. 이에 반해, 모집단의 참값인 0.5를 추정할(두 번이 앞면일) 가능성은 매우 높다. 두 번 모두 앞면인 경우는 HHTT, TTHH, HTHT, THTH, HTTH, THHT이므로, 이럴 가능성은 6×$.5^4$=37.5%이다. 즉 표본으로부터 모집단의 참값을 추정할 가능성은 매우 높다. 네 번 중 한 번이 앞면일 경우는 HTTT, THTT,

〈그림 A. 2〉 표본의 크기에 따른 표본분포의 차이

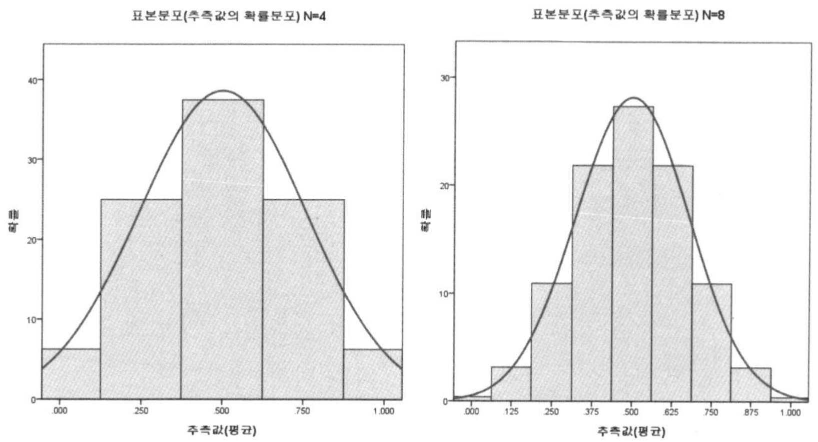

TTHT, TTTH이므로 표본평균이 0.25가 나올 확률은 4×.5^4=25%이다. 네 번 중 세 번이 앞면일 경우는 HHHT, HHTH, HTHH, THHH이므로, 표본평균이 0.75가 나올 확률 역시 25%이다. 〈그림 A.1〉의 우측 그림은 이러한 실험결과를 보여준 것이다.

〈그림 A.2〉는 동전을 4번 던졌을 경우와 8번 던졌을 경우의 추정 값의 분포차이를 보여준다. 동전을 4번 던져 평균을 1로 추정할 확률은 앞에서 살펴보았듯이 6.25%이었다. 동전을 8번 던져 평균이 1이라고 추정할 (8번 모두 앞면이 나올) 확률은 3.12%이다. 〈그림 A.2〉에서 좌측과 우측 그림을 비교하면, 평균을 1로 추정할 확률이 급격하게 감소한다는 사실을 알 수 있다. 일반적으로, 관찰의 수를 증가시키면 평균과 동떨어진 극한 추정 값을 얻을 확률은 줄어들고, 참값과 근접한 추정 값을 얻을 확률은 증가한다. 즉 추정 값의 분포는 관찰의 수가 증가하면 참값 주변에 집중되게 된다. 이처럼 관찰의 수가 증가하면서 추정 값이 점점 중앙에 집중되는 되는 분포를 t-분포라고 부른다.

동전 던지기의 경우와 달리, 우리는 대부분의 경우 모집단의 평균을 알 수 없다. 따라서 표본을 통해서 모집단의 평균을 추정한다. 이러한 추정은 동전을 던져서 앞뒤면의 평균을 추정하는 것과 크게 다르지 않다. 예컨대, 국민들의 대통령에 대한 지지도를 알고 싶을 경우, 표본을 통해 이를 추정한다. 전술한 바와 같이, 표본을 무작위적으로 추출하면, 평균과 매우 다른 추정 값을 얻을 확률이 매우 적다. 예컨대, 모집단 중 50%가 대통령을 지지하는 경우, 100명을 추출하는 설문조사를 생각해보자. 이러한 모집단에서 추출된 100명의 표본으로부터 대통령 지지도를 0%라고 추정할 가능성(대통령을 지지하지 않는 100명의 유권자를 추출할 확률)은 .5^{100}=0%이다. 이처럼 관찰의 수가 100명인 경우, 추정 값들은 〈그림 A.2〉가 보여준 분포보다 참값 주변에 훨씬 더 집중된다. 일반적으로, 설문조사는 1,000명 이상을 추출하므로 추정 값은 참값 주변에 위치할 가능성이 높다. 설문조사 결과가 실제 결과와 다른 이유는 통계적 추론 자체에 문제가 있기 때문이 아니라, 무작위 추출이 매우 어렵기 때문이다.

우리는 일반적으로 어떤 추정이나 예상을 할 경우, 한 숫자를 이용해서 추정하기보다는 한 범위 내에서 추정을 한다. 사람들에게 한국 성인 남성이 평균적으로 얼마나 크냐고 물으면 사람들은 특정한 수(예컨대 170cm)를 통해 추정하기 보다는 어떤 범위 내(예컨대 172-174cm)에서 추정한다. 특정한 숫자를 이용해서 추정하는 것을 점추정(point estimate)이라 하고 구간을 이용해서 추정하는 것을 구간추정(interval estimate)이라 부른다. 이처럼 구간추정을 하는 이유는 점추정은 틀릴 가능성이 높기 때문이다. 만약 우리가 한국 성인남성의 키를 170cm라고 추정했을 경우, 참값이 170.1cm라면 우리의 추정은 틀리게 된다. 따라서 안전한 추정을 위해서 우리는 보수적으로 구간을 이용해서 추정을 한다. 구간을 넓게 잡을수록 우리의 추정이 틀릴 가능성은 줄어든다. 그러나 구간이 너무 넓을 경우, 우리의 추정은 유익한 정보를 제공하지 않는다. 예컨대, 한국 남성의 키를 150-190cm라고 추정한다면 틀릴 확률은 거의 없지만 이처럼 넓은 구간은 한국 남성의 키에 대한 유익한 정보를 제공하지 않는다.

따라서 추정이 틀리지 않기 위해서 구간을 넓게 설정하는 것이 능사는 아니다. 유익한 정보를 제공하기 위해서는 추정이 어느 정도 틀릴 가능성을 감수하고 좁은 구간을 설정할 필요가 있다. 이처럼 추정이 틀릴 가능성을 허용하는 정도를 유의수준(significance level: α)이라 부른다. 구간추정의 신뢰도는 100%-유의수준이다. 구간추정을 할 때 구간의 길이는 세 변수에 의해 결정된다. 첫째, 추정이 틀릴 확률을 용인하는 정도 즉 유의수준이다. 틀릴 확률을 허락하고 싶지 않으면 넓은 구간을 설정하면 된다. 둘째, 관찰의 수이다. 관찰의 수를 늘릴수록, 추정 값은 참값 주변에 분포하게 되므로, 틀릴 위험을 감수하지 않고도 짧은 구간을 설정해서 신뢰도가 높은 추정을 할 수 있다. 셋째, 관찰 대상의 동질성이다. 관찰대상이 동질적일수록 짧은 구간을 설정해도 안전한 추정을 할 수 있다. 반면, 적은 수를 관찰했거나 이질적인 대상을 관찰해서 추측에 자신이 없으면, 구간을 넓게 잡아야 한다.

우리는 일상생활에서도 이렇게 추측을 한다. 예컨대, 새 학기에 새로

만난 친구의 성격을 추측할 때, 친구와 몇 번 만나보지 못했거나 친구의 성격이 변덕스러우면, 이 친구의 성격에 대해 불확실한 생각이 든다. 따라서 다른 친구가 이 친구의 성격에 대해서 물어보면 정확하기 짚어서 이야기하기보다는 어떤 범위에서 조심스럽게 이야기 한다.

구간 추정이 95%의 신뢰도를 가졌다는 의미는 표본관찰을 통해 얻은 추정 값을 이용해서 설정한 구간이 참값을 포함할 확률이 95%라는 의미이다. 더 정확하게 말하면, 우리가 어떠한 대상의 참값을 알기 위해 100번의 표본추출을 한다면, 이러한 100개의 표본에서 구축할 수 있는 100개의 구간들 중 95개가 참값을 포함하고 5개는 참값을 포함하지 않는다는 의미이다. 그러나 우리가 알고 싶어 하는 대상의 참값을 추정할 때 100개의 표본을 추출하지는 않는다. 예컨대, 여론조사 기관이 대통령 지지율을 조사할 때, 100개의 표본을 통해 100번의 구간추정을 하는 것이 아니다. 여론조사 기관은 한 번의 표본만 추출하여 이 표본에서 95%의 신뢰구간을 설정하여 발표한다. 예컨대, 여론조사기관 리얼미터는 8월 21~25일 전국 2,529명에게 설문한 결과, 문 대통령의 국정수행에 대한 긍정 평가는 95% 신뢰수준에서 73.9%±1.9%포인트라는 결과를 발표했다.[1] 이러한 결과가 의미하는 바는 2,529명들 중 73.9%가 문 대통령을 지지한다고 응답했고, 72.0%~75.8%이라는 구간이 참값을 포함한 구간 95개 중 하나일 것이라고 추측한다는 것이다.

2. 인과관계 분석

설문조사는 관찰대상(한국 국민들)의 특징이나 인식(대통령 지지율)에 대한 지식을 얻으려는 조사이다. 우리는 관찰대상의 특징뿐만 아니라 관찰대상끼리의 관계에 대한 지식을 얻으려 한다. 예컨대, 국민들은 문대통령의 부자 증세 정책이 문대통령 지지율에 어떠한 영향을 미치는가를 알고

1 http://www.mhj21.com/sub_read.html?uid=108751&section=sc118 (검색일 2017.08.29)

〈표 A.1〉 소득증가와 대통령 지지율이 여당 대선후보 득표율에 미치는 영향

Year	여당 대선후보 득표율 (%)	선거 이전 1년 간 소득증가액 ($)	선거 이전 9월 대통령 지지도 (%)
1940	55.00	266.00	64.00
1944	53.80	170.00	56.00
1948	52.40	208.00	39.00
1952	44.60	81.00	32.00
1956	57.80	170.00	75.00
1960	49.90	8.00	58.00
1964	61.30	422.00	73.00
1968	49.60	285.00	42.00
1972	61.80	303.00	62.00
1976	48.90	286.00	45.00
1980	44.70	-34.00	37.00
1984	59.20	680.00	61.00
1988	53.90	345.00	54.00
1992	46.60	28.00	36.00
평균	52.82	229.85	52.43

출처: Tufte (1978)

싶어 한다. 학생들은 공부시간이 자신들의 학점에 어떠한 영향을 미치는가를 알고 싶어 한다. 학생들은 또한 해외 연수가 취업 가능성에 어떠한 영향을 미치는가를 알고 싶어 한다. 이러한 지식은 인과관계에 대한 분석을 필요로 한다. 인과관계에 대한 분석은 원인으로 생각되는 독립변수가 종속변수(결과)에 어떠한 영향력을 가지고 있는가를 추정한다.

종속변수가 연속변수일 경우, 회귀분석(regression analysis)이라는 방법을 통해 독립변수의 영향력을 추정한다. 회귀분석이 어떤 방식으로 인과적 관계를 분석하는가를 살펴보기 위해 〈표 A.1〉의 예를 생각해보자. 〈표 A.1〉은 1940년에서 1980년 사이 미국 대통령 선거 이전의 국민평균 소득증가와 현직 대통령 지지율 및 여당후보 득표율에 대한 자료를 보여준다. 〈표 A.1〉은 세 변수들이 전반적으로 서로 연관되어 있다는 사실을 보여준다. 국민평균 소득 또는 대통령 지지율이 증가하면, 여당후보 득표율도 같이 증가하는 경향이 있다는 것을 확인할 수 있다. 이처럼 독립변수와 종속변수가 같이 움직이면, 두 변수가 연관되어(associated) 있다고 한다.

〈그림 A.3〉은 소득증가와 여당후보 득표율과의 관계를 그림으로 보여준 것이다. 〈그림 A.3〉에서 우상향의 직선은 회귀선(regression line)이라

불린다. 회귀선은 점으로 표시된 사례들과 이 선과의 거리들 즉 잔차들(residuals)의 합을 최소화시키는 선이다. 회귀선은 소득증가와 여당후보 득표율과의 관계에 대한 이론적 예측을 의미한다. 따라서 회귀선은 이론과 현실과의 괴리들을 최소화시키도록 그린 선이다. 〈그림 A.3〉에서 회귀선은 y=47.83+0.02x라는 공식으로 표시되었다. 이 회귀선이 의미하는 바는 국민의 평균소득이 $1증가하면 여당후보 득표율이 0.02% 증가한다는 사실을 의미한다. 따라서 회귀선의 기울기(회귀계수)는 독립변수(소득증가)의 영향력을 의미한다. y절편 47.83은 소득증가가 $0일 경우 여당후보가 47.83%를 득표한다는 사실을 의미한다. 이 공식을 따르면, 현직 대통령이 평균수준인 $230 정도만 국민소득을 증가시키면 여당후보는 52.4%(=47.83+0.02×230)를 얻어 승리할 수 있다는 것을 예측할 수 있다.

잔차들은 여당후보 득표율을 소득증가로 설명하고 남은 부분, 즉 소득증가로 미처 설명하지 못한 여당후보 득표율을 의미한다. 잔차는 소득증가 외의 다른 변수들 때문에 발생한다. 예컨대, 1976년의 경우 여당후보인 포드(Ford)는 워터게이트 사건 연루자 사면과 스태그플레이션으로 인한 경기침체 때문에 소득증가가 $286.0이었음에도 불구하고 48.9%밖에

〈그림 A.3〉 소득증가가 여당 대선후보 득표율에 미치는 영향

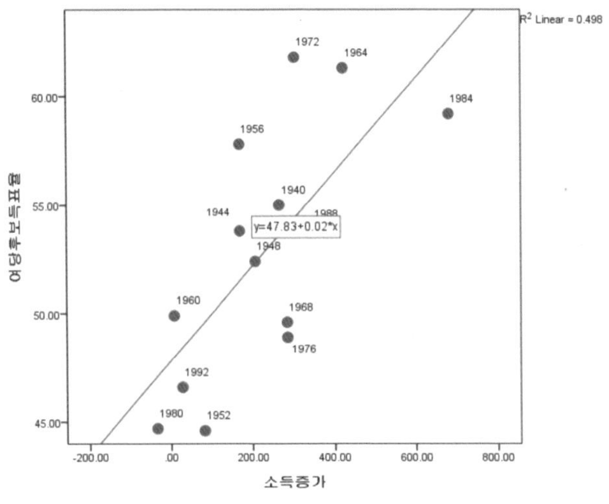

얻지 못했다. 즉 이론에 따르면 포드는 53.6%(=47.83+0.02×286)를 얻었어야 함에도 불구하고, 부정적인 외부변수들 때문에 이론보다 더 낮은 득표를 했다. 이처럼 음의 잔차(negative residual)가 발생하는 이유는 득표에 불리한 부정적인 외부변수들이 존재하기 때문이다. 반면, 1972년 대선에서는 급진적 입장을 취한 민주당의 맥거번(McGovern) 후보를 현직 대통령인 닉슨(Nixon)이 무난하게 승리할 수 있었다. 닉슨 대통령은 국민의 소득을 $303만큼 증가시켜, 이론에 의하면 53.9%의 득표가 예상되었지만 이론보다 7.9%p를 더 득표한 61.8%를 얻었다. 이처럼 양의 잔차(positive residual)가 발생하는 이유는 득표에 유리한 긍정적인 외부변수들이 존재하기 때문이다.

〈그림 A.3〉의 우측 상단의 R^2(결정계수)는 소득증가가 여당후보 득표율을 설명할 수 있는 부분을 의미한다. 〈그림 A.3〉에서 R^2가 0.498이라는 의미는 소득증가가 여당후보 득표율의 49.8%를 설명한다는 것을 의미한다. 〈그림 A.3〉에서 모든 사례들이 회귀선상에 있다면, 잔차들은 존재하지 않는다. 이는 소득증가 외에 다른 어떠한 변수도 여당후보 득표율에 영향을 미치지 않고, 소득증가만이 여당후보 득표율을 100% 설명할 수 있다는 것을 의미한다. 경험 사례들이 회귀선으로부터 멀리 떨어져 있을수록, 소득증가의 설명력이 약하다는 것을 의미하고 다른 독립변수들이 많다는 것을 의미한다. 이처럼 소득수준 외의 다른 변수들이 여당후보 득표율에 영향을 미치면, 소득수준으로 여당후보 득표율을 설명하는 모형의 R^2는 감소한다.

우리가 관심이 있는 대상의 특성에 대한 지식의 신뢰도가 관찰의 수에 따라 변하듯이, 변수 간의 관계에 대한 지식의 신뢰도 역시 관찰의 수에 따라 변한다. 예컨대, 더 많은 사례를 관찰할수록 우리는 소득수준과 여당후보 득표율과의 관계에 대한 참값(소득수준 변수의 기울기의 참값)에 근접하는 추정 값을 얻을 수 있다. 〈그림 A.3〉이 보여준 회귀분석 결과에 의하면, 소득증가가 여당후보 득표율에 미치는 영향은 0.022로 추정되었다. 이러한 추정 값은 14개의 사례를 통해서 얻은 결과이다. 사례의 수가 회귀선 주변에서 증가할수록, 영향력의 참값에 근접하는 추정 값을 얻게 된다. 일반적으로 사례의 수가 증가할수록, 변수 간의 관계에 대한 우리의 지식은 더 신뢰할 수 있게 된다.

지식의 신뢰도는 지식의 타당성과 다른 문제이다. 관찰의 수를 증가시키면 지식의 신뢰도는 높아질 수 있으나, 타당성을 증가시키는 것은 아니다. 예컨대, 어떤 대상의 무게를 잴 경우, 전자저울로 재는 경우와 손으로 재는 경우, 전자저울은 항상 동일한 결과를 산출하므로 손보다 신뢰도가 높은 지식을 가져다준다. 그러나 전자저울이 잘못 설정되어 실제 무게보다 항상 더 낮은 결과를 산출한다면 전자저울은 잘못된 결과 즉 타당성이 없는 결과를 산출한다. 마찬가지로, 편견을 가진 사람은 대상을 왜곡되게 인식하므로, 이러한 사람이 더 많은 사례를 관찰한다고 해서 더 올바른 지식을 얻게 되는 것은 아니다. 타당성이 있는 지식을 얻기 위한 최소한의 조건은 무작위적인 관찰을 하는 것이다. 예컨대, 한국 사람들이 평균적으로 타는 차에 대한 지식을 얻기 위해, 강남 또는 시골에서 관찰하면, 우리는 편향된(biased) 지식을 얻게 된다.

그러나 무작위적 관찰이 타당성 있는 지식을 보장하는 것은 아니다. 타당성 있는 지식의 습득은 분석적 사고를 필요로 한다. 분석(分析)이란 어떤 결과를 초래하는 수 많은 요인들의 영향력들 중 우리가 이론적으로 예측하는 요인의 순수한 영향력을 골라내는(分) 작업이다. 피상적인 관찰은 서로 섞여 있는 요인들(compounding factors)의 영향력을 분리해낼 수 없다. 〈그림 A.3〉의 관계에서 소득증가의 영향력은 0.02로 추정되었다. 그러나 이러한 추정 값은 소득증가의 영향력뿐만 아니라 다른 요인들의 영향력이 섞여 있는 추정 값일 가능성이 있다. 소득증가와도 관련이 있고 여당후보의 득표율과도 관련이 있는 변수들은 소득증가의 영향력을 과대평가하게 만든다. 〈그림 A.4〉가 보여주듯이, 소득증가는 대통령의 지지율을 향상시키고, 대통령의 지지율이 높으면 여당후보에 유리하므로 대통령 지지율은 소득증가와 여당후보 득표율 모두와 관련이 있다. 이처럼 독립변수와 종속변수 모두와 상관된 잠복변수(lurking variable)가 있으

〈그림 A.4〉 소득증가, 대통령 지지율과 여당후보 득표율

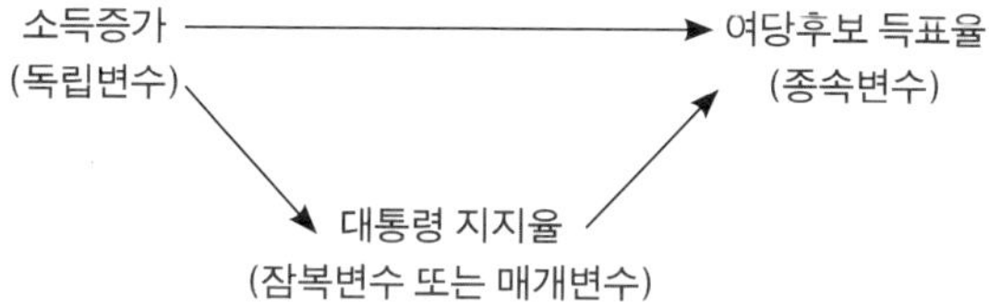

면, 독립변수의 영향력에 대한 추정 값은 독립변수의 영향력뿐만 아니라 잠복변수의 영향력을 포함하게 된다.

분석이란 이처럼 복잡하게 얽혀 있는 변수들과의 관계에서 연구자가 이론적으로 제시한 변수의 순수한(독립적인) 영향력을 분리해 내는 것이다. 독립변수의 순수한 영향력을 골라내기 위해서는 잠복변수를 통제한 후 독립변수의 영향력을 추정해야 한다. 여기에서 잠복변수를 통제한다는 의미는 잠복변수의 값을 같은 수준으로 고정해 놓고, 독립변수 값의 변화에 따라 종속변수의 값이 얼마나 변하는가를 관찰하는 것이다. 그렇지 않을 경우, 종속변수의 변화가 독립변수 때문에 초래된 것인지 아니면 잠복변수 때문에 초래된 것인지 알 수가 없다.

〈표 A.2〉가 보여준 1952년, 1956년, 1964년 선거를 비교해 보자. 1952년 선거와 1956년 선거를 비교해보면, 1956년에 소득증가폭이 더 컸고 여당후보가 더 높은 득표율을 얻었다는 사실을 알 수 있다. 따라서 소득증가와 여당후보 득표율과의 관계를 관찰하면, 소득증가가 여당후보 득표율에 긍정적인 영향력을 가지고 있다고 추정할 수 있다. 그러나 1956년 선거에서는 1952년 선거에 비해 소득증가폭만 컸던 것이 아니라 대통령 지지율도 더 높았다는 사실을 관찰할 수 있다. 따라서 1956년 대선에서 여당후보의 높은 득표율이 높은 소득증가 때문인지 아니면 높은 대통

〈표 A.2〉 피상적 관찰과 통제된 비교

Year	여당 대선후보 득표율	선거 전 일 년 간 소득증가액	선거 전 9월 대통령 지지도
1952	44.60	81.00	32.00
1956	57.80	170.00	75.00
1964	61.30	422.00	73.00

령 지지도 때문인지 알 수 없다. 소득증가가 대통령 지지도와 무관하게 독립적인 영향력을 가지고 있다는 사실을 보여주기 위해서는 대통령 지지도의 수준은 비슷하면서 소득증가 차이가 나는 사례들을 비교해야 한다. 예컨대, 1956년 대선과 1964년 대선에서는 대통령 지지도가 거의 비슷했으나 1964년 대선에서는 더 높은 소득증가를 기록했으면서 여당후보의 득표율도 더 높게 나타났다. 이처럼 같은 수준의 잠복변수의 값을 가진 사례끼리 비교하는 방법을 통제된 비교라고 말한다. 이러한 통제된 비교에 비해, 단순 비교는 서로 섞여 있는 여러 변수들의 영향력을 구분해낼 수 없다. 이러한 맥락에서, 단순비교는 분석이라 할 수 없다.

통제된 비교를 위해서는 〈표 A.2〉의 1954년 및 1956년 사례와 같이 잠복변수 값이 같거나 최소한 비슷한 사례들이 존재해야 한다. 뿐만 아니라, 여러 잠복변수가 있는 경우 통제된 비교를 위해 많은 사례들이 필요하고 다차원적인 통제된 비교는 직관적 사고로 해결하기에는 너무 복잡하다. 이러한 문제에 봉착해서, 다중회귀분석(multiple regression analysis)은 통제된 비교를 손쉽게 할 수 있도록 도와주는 유익한 방법이다. 다중회귀분석에서는 독립변수뿐만 아니라 의심이 되는 잠복변수들을 모두 포함시켜, 독립변수와 잠복변수들의 영향력을 서로 통제한다. 다중회귀분석 결과에서 독립변수의 영향력은 잠복변수의 영향력을 제거한 후의 영향력이다. 다중회귀분석 방법이 어떻게 잠복변수의 영향력을 통제할 수 있는가는 〈그림 A.5〉를 통해서 알 수 있다.

〈그림 A.5〉는 대통령 지지도에 대한 다중회귀분석 결과를 그림으로 보여준 것이다. 〈그림 A.3〉에서는 독립변수가 하나(소득증가)이기 때문에 회귀선을 통해서 소득증가가 여당후보 득표율에 미치는 영향을 추정하였다. 이에 반해, 〈그림 A.5〉에서는 두 개의 변수(독립변수와 잠복변수)로 여당후보 득표율을 설명하기 때문에, 회귀판(板)을 통해 두 변수가 여당후보 득표율에 미치는 영향을 각각 추정한다. 〈그림 A.5〉에서 위쪽에 있는 회귀판의 좌측 및 우측의 기울기는 각각 소득증가의 영향력과 대통령 지지율의 영향력을 측정한다. 나무 모양의 막대들은 여당후보 득표율

〈그림 A.5〉 소득증가와 대통령지지율이 여당후보 득표율에 미치는 영향

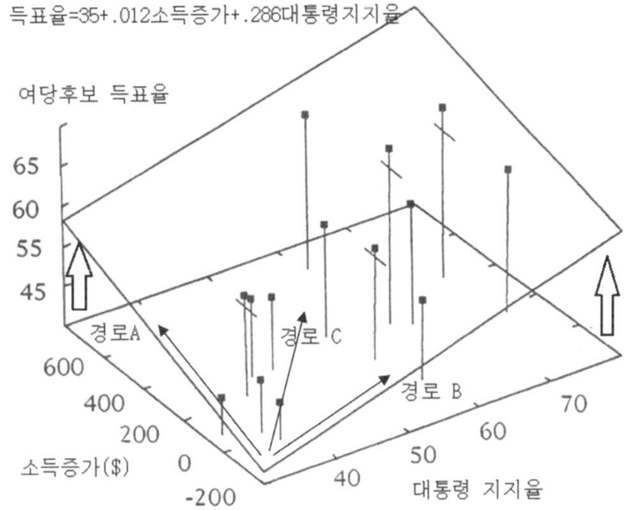

을 나타내는 사례들이다. 소득증가와 대통령 지지율이 클수록, 막대의 키가 더 크다는 사실을 볼 수 있다. 어떤 막대는 회귀판을 뚫고 나왔고 다른 막대는 회귀판에 도달하지 못했다. 회귀판을 뚫고 나온 막대는 양의 잔차를 의미한다. 즉 이런 막대는 소득증가와 대통령 지지율로 예측할 수 있는 여당후보 득표율보다 더 높은 득표를 기록한 사례이다. 반면 회귀판 밑에 있는 막대는 예상보다 득표를 하지 못한 음의 잔차 사례이다. 이처럼 양의 잔차와 음의 잔차가 존재하는 이유는 소득증가와 대통령 지지율 외에 다른 변수들이 여당후보 득표율에 긍정적 또는 부정적 영향을 미쳤기 때문이다. 〈그림 A.5〉에서의 잔차들이 〈그림 A.3〉에서의 잔차들보다 길이가 훨씬 작다는 것을 관찰할 수 있다. 〈그림 A.5〉에서는 두 변수를 통해 여당후보 득표율을 설명했기 때문에 여당후보 득표율에서 미처 설명하지 못하고 남은 부분이 줄어들었다. 여당후보 득표율에 대한 설명력(결정계수)은 〈그림 A.3〉에서는 48.9% 이었으나 〈그림 A.5〉에서는 86.0%로 대폭 증가하였다.

회귀판은 잔차들의 크기를 최소화시킬 수 있도록 바닥에 있는 판의 좌

측 모서리와 우측 모서리를 들어 올린 것이다. 회귀판을 하나의 산등성이로 생각하면, 회귀판은 네 개의 등성이를 가지고 있다. 경로 A를 따라 올라가는 좌측 등성이는 소득증가의 영향력을 나타낸다. 경로 B를 따라 올라가는 우측 등성이는 대통령 지지율의 영향력을 나타낸다. 이 두 기울기는 각각 소득증가와 대통령 지지율을 서로 통제한 후의 각 변수의 영향력을 의미한다는 사실에 주목할 필요가 있다. 경로 A를 따라서 산을 올라가면, 대통령 지지율은 변하지 않고 같은 수준으로 고정되어 있다. 따라서 좌측 등성이의 기울기는 대통령 지지율을 같은 수준으로 고정한 후, 즉 대통령 지지율을 통제한 후의 소득증가의 영향력이다. 마찬가지로 경로 B를 따라서 산을 올라가면 소득증가는 같은 수준으로 고정되어 있다. 따라서 우측 등성이의 기울기는 소득증가를 통제한 후의 대통령 지지율의 영향력이다. 경로 C를 따라 올라가는 등성이는 경로 A나 경로 B의 등성이보다 훨씬 급하다. 경로 C의 등성이가 이처럼 급한 이유는 소득증가와 대통령 지지율의 영향력을 모두 포함한 기울기를 가졌기 때문이다.

우리는 일상생활에서 주로 피상적으로 관찰에 의존해서 인과관계를 파악한다. 이러한 피상적인 관찰에 의존하면, 경로 C의 기울기를 경로 A 또는 경로 B의 기울기로 착각하기 쉽다. 예컨대, 〈그림 A.3〉에서 소득증가의 기울기는 0.02이었다. 그러나 〈그림 A.5〉에서 경로 A의 기울기, 즉 소득증가의 기울기는 0.012에 불과하다. 이는 〈그림 A.3〉이 보여준 소득증가의 기울기가 두 배정도 과대평가되었다는 사실을 의미한다. 이처럼 〈그림 A.3〉의 결과가 소득증가의 영향력을 과대평가한 이유는 대통령 지지율의 영향력을 통제하지 않았기 때문이다. 따라서 소득수준의 영향력은 대통령 지지율의 영향력이 섞여서 과대 추정되었다. 〈그림 A.3〉에서 피상적인 관찰을 통해 추정한 소득수준의 영향력은 다른 변수들의 영향력을 포함한 것이다. 복잡하게 섞여 있는 변수들의 영향력을 이처럼 서로 분리하지 않으면, 피상적인 관찰은 인과관계를 과대평가하도록 만든다.

뿐만 아니라, 피상적인 관찰은 존재하지 않는 허위적인(spurious) 인과관계가 존재하는 것처럼 착각하도록 만들기도 한다. 대표적인 허위관계는 학생들의 인종과 성적과의 관계이다. 피상적인 경험세계에서는 백인학생이 흑인학생보다 더 좋은 성적을 얻는다는 것을 관찰할 수 있다. 이러한 관찰로부터 백인이 흑인보다 지적으로 우월하다는 결론을 도출하기 쉽다. 그러나 인종과 성적 사이에는 학생 가정의 사회경제학적 지위라는 변수가 잠복하고 있다. 즉 백인학생이 흑인학생보다 우월해서 성적이 더 좋다기보다 백인학생이 부유하고 교육수준이 높은 집안에서 성장했기 때문에 백인학생의 성적이 더 좋을 수 있다. 학생 가정의 사회경제학적 지위를 통제하고 같은 수준의 경제적·교육적 조건을 가진 백인과 흑인을 비교하면, 즉 가난한(부유한) 백인과 가난한(부유한) 흑인을 비교하게 되면, 이 두 집단들의 평균 성적에는 큰 차이가 없다는 사실을 발견할 수 있다.

우리가 믿는 수많은 인과관계는 피상적인 관찰로부터 얻어진다. 그러나 피상적인 관찰에 의존하는 경험적인 지식은 다른 잠복변수의 영향력을 간과한 것이다. 우리가 알고자 하는 세계는 피상적인 관찰로 파악될 수 있을 정도로 단순하지 않다. 실제로 존재하는 인과관계는 보이는 곳보다 보이지 않는 곳에 존재할 가능성이 훨씬 더 높다. 다중회귀분석 방법은 보이지 않는 곳에 존재하는 인과관계를 발굴해주지는 않는다. 그러나 피상적인 관찰로부터 추측된 인과관계들의 실타래를 풀어서 각 변수의 독립적인 영향력을 추정하는데 유용한 분석적 도구가 될 수 있다.

3. 이 책의 통계분석 결과 해석 방법

이 책은 수많은 다중회귀분석 결과를 포함하고 있다. 일반적으로 회귀분석에 대한 결과보고는 영향력을 나타내는 기울기(b), 표준화된 기울기(beta), 분석결과의 신뢰도를 나타내는 t값, 우리의 추정이 오차를 범할 가능성을 나타내는 표준오차(s.e), 유의수준(α)으로 구성되어 있다.[2] 〈표

2 이 책에서는 회귀분석 외에 로짓분석을 수행하였다. 회귀분석은 종속변수가 연속변수일 경우 사용하고, 로짓분석은 종속변수가 이분형(dichotomous) 변수일 경우 사용하는 분석이다. 로짓분석은 회귀분석과는 달리 최대우도 추정법(maximum likelihood estimation)을 사용한다. 두 방법 모두 독립변수들의 영향력에 대한 추정 값의 신뢰도와 타당성을 분석한다는 측면에서 다

A.3〉은 〈그림 A.5〉의 결과를 이러한 통계지표들을 이용해서 보고한 것이다. 기울기는 독립변수가 한 단위 증가할 때 종속변수가 얼마나 변하는가를 나타낸다. 아래의 표에서 소득증가의 기울기인 0.012는 소득증가가 $1 증가할 경우 여당후보 득표율은 0.012%p 증가한다는 것을 의미한다. beta는 표준화된 기울기이다. 종속변수와 독립변수들의 단위들이 서로 다르므로, 독립변수들의 기울기 크기를 서로 비교해서는 영향력의 크기를 판단할 수 없다. 따라서 각 변수 값들을 평균에서 1 표준편차와 대비해서 얼마나 떨어져있는가를 나타내는 z값으로 치환한다.[3] 이처럼 다른 단위를 가진 변수들을 z값으로 표준화시키면, 각 변수들의 단위가 같게 되므로, 각 변수들의 영향력의 크기를 서로 비교할 수 있게 된다. beta는 z값으로 표준화된 독립변수와 종속변수와의 관계를 나타낸다. beta값은 독립변수가 1 표준편차만큼 증가할 때 종속변수는 몇 표준편차만큼 변화하는가를 나타낸다.

회귀분석에서는 독립변수의 영향력이 없다(독립변수의 기울기가 0이다)는 귀무가설(null hypothesis)을 먼저 설정하고, 회귀분석 결과에서 얻은 기울기의 추정 값이 귀무가설을 기각할 수 있는가를 검증한다. 독립변수의 영향력이 강할수록 기울기는 0보다 매우 크거나(긍정적 영향력), 매우 작다(부정적 영향력). 그러나 기울기가 0과 크게 다르다고 해서 이 결과를 반드시 신뢰할 수 있는 것은 아니다. 표준오차(s.e.)는 기울기에 대한 추정 값이 얼마나 넓게 분포되었는가를 나타낸다. 사례의 수가 적을수록 표준오차는 커지고, 기울기의 추정 값은 신뢰도가 낮아진다. t값은 기울기를 s.e.로 나눈 값이다. 즉 1 표준오차와 대비해서 기울기가 상대적으로 얼마나 더 큰가를 나타낸 값이다. 한 독립변수의 t값이 클수록 기울기의 추정 값은 0이라 가정한 기울기로부터 충분히 떨어져 있다. 따라서 독립변수의 영향력이 0이라는 귀무가설을 기각하고 독립변수가 영향력이 있다는

를 바 없다.

3 표준편차는 변수 값들이 얼마나 넓게 분포되어 있는가를 나타내는 지표로 변수의 평균과 각 변수 값과의 거리들의 평균이라 생각하면 된다.

〈표 A.3〉 소득증가와 대통령 지지율이 여당후보 득표율에 미치는 영향

종속변수	여당후보 득표율 (%)		
독립변수	b (s.e.)	beta (t값)	유의수준
소득증가 ($)	.012 (.004)	.384 (3.004)	.012 **
대통령 지지율 (%)	.281 (.053)	.683 (5.342)	.000 ***
N	14		
R^2	.860 (.835)		

*: p〈.05; **: p〈.01; ***: p〈.001

대안가설(alternative hypothesis)을 채택한다.

유의수준은 회귀분석의 추정이 틀릴 확률이다. 〈표 A.3〉에서 소득증가 변수의 유의수준은 0.012이다. 이 결과가 의미하는 바는 100번의 표본을 추출했을 경우, 소득증가의 기울기를 중심으로 구축한 신뢰구간 안에 0(무영향)이 포함될 가능성이 100번 중 2번도 안 된다는 사실을 의미한다. 즉 소득증가의 기울기가 0으로부터 충분히 멀리 떨어져 있으므로, 소득증가의 영향력이 없을 확률은 1.2%에 불과하다는 사실을 의미한다. 이 책에서는 유의수준이 5%보다 작은 경우는 *으로, 1%보다 작은 경우는 **로, 0.1%보다 작은 경우는 ***로 표시하였다. 따라서 이 책의 결과에서 *의 수가 많을수록 더 신뢰할 수 있는 결과라고 해석하면 된다. 일반적으로 유의수준이 5%보다 작은 결과를 통계적으로 유의미한 결과라 한다. 즉 이 책에서 *로 표시된 결과는 독립변수가 통계적으로 유의미한 영향력이 있다고 인정하는 결과이다. R^2는 전술한 바와 같이 모형의 설명력을 의미한다. 더 많은 변수를 모형에 포함할수록 R^2는 증가한다. 수정 R^2는 무의미한 변수를 포함시켜 R^2가 기계적으로 증가하는 것을 방지하기 위해, 변수 증가에 따른 R^2의 증가를 교정한 지표이다.

독자들이 이 부록을 읽고 경험분석 연구들의 통계분석 결과를 해석할 수 있는 능력을 가지게 되었기를 기대한다. 그러나 이 부록의 내용 역시 일반 독자들에게 어려울 수 있다는 우려가 든다. 이 부록에서 자세하게 설명하지 않은 부분을 통계학 서적을 통해서 보완하면, 부록 내용을 대부

분 이해할 수 있을 것이다. 독자들이 부록의 내용에 대한 이해를 기초로 경험연구들에 익숙해지면서 정치학에 대한 지평을 넓히기를 바란다.

참고문헌

1. 국내문헌

가상준. 2006. 〈한·미 대통령 지지율 변화와 이에 따른 정치적 영향력에 대한 비교 연구〉. 《세계지역연구논총》 24권 1호, 27-46.

______. 2008. 〈노무현 대통령에 대한 평가가 2007년 대통령선거에 미친 영향력 분석〉. 《현대정치연구》1권 1호, 33-56.

______·노규형. 2010. 〈지지율로 본 노무현 대통령의 임기 5년〉.《한국정당학회보》 9권 2호, 61-85.

강경태. 2003. 〈한국 대통령 선거 어떤 유권자가 참여하나?: 선거관심도를 중심으로〉.《한국정치학회보》 35집 2호, 91-111.

강우진. 2012. 〈경제정책에 대한 인식과 주택 소유형태가 투표불참에 미치는 영향 연구: 제18대 총선의 경우〉.《한국정당학회보》 11권 2호, 67-94.

______. 2013. 〈제 18대 대선과 경제투표〉.《한국과 국제정치》 29권 2호, 73-105.

강원택. 2002. 〈투표 불참과 정치적 불만족: 기권과 제 3 당 지지를 중심으로〉.《한국정치학회보》36집 2호, 153-174.

______. 2003.《한국의 선거정치: 이념, 지역, 세대와 미디어》 서울: 푸른길.

______. 2004. 〈한국에서 보궐선거의 특성과 정치적 의미〉.《의정연구》 10권 1호, 145-166.

______. 2008a. 〈2007년 대선과 2008년 총선에서의 지지변화: 누가 왜 바꿨나〉.《한국과 국제정치》 24권 3호, 1-28.

______. 2008b. 〈2007년 대통령 선거와 이슈: 회고적 평가 혹은 전망적 기대?"《의정연구》 25호, 31-59.

______. 2008c. 〈투표참여, 민주주의와 정당정치: 2007년 대선과 2008년 총선에서의 기권자 분석〉.《현대정치연구》1권 2호, 75-101.

______. 2010.《한국 선거정치의 변화와 지속: 이념, 이슈, 캠페인과 투표참여》. 파주: 나남출판사.

______. 2012. 〈왜 회고적 평가가 이뤄지지 않았을까: 2012년 국회의원 선거분석〉.《한국정치학회보》 46집 4호, 129-147.

______. 2013. "한국선거에서의 '계급 배반 투표'와 사회 계층〉.《한국정당학회보》 12권 3호, 5-28.

권혁용. 2008. 〈2007년 대통령선거에 나타난 경제투표〉. 이현우·권혁용 편.《변화하는 한국 유권자2: 패널조사를 통해 본 2007 대선》, 151-177. 서울: 동아시아연구원.

김광진·문병호·은수미·박원석·유승희·최민희·김제남·신경민·강기정. 2016.《필리버스터: 민주주의, 역사, 인권, 자유》 제340회 국회(임시회) 본회의 회의록 제7초. 서울: 이암.

김만흠. 1994. 〈정치균열, 정당정치 그리고 지역주의〉.《한국정치학회보》 28집 2호, 215-237.

______. 1997.《한국정치의 재인식: 민주주의 지역주의 지방자치》. 서울: 풀빛.

김무경·이갑윤. 2005. 〈한국인의 이념정향과 갈등〉. 《사회과학연구》 13권 2호, 193-217.
김석우. 2004. 〈17대 총선과 정치적 충원: 당선자 결정모델을 중심으로〉. 한국정치학회 추계학술회의.
김성모·이현우. 2015. 〈출신지 거주자와 비거주자의 지역주의 행태 비교분석〉. 《한국정치학회보》 49집 5호, 243-266.
김성연. 2016. 〈정책 선호, 정책 인식, 그리고 정책 투표의 영향: 18대 대통령 선거를 중심으로〉. 《의정연구》 21집 3호, 70-99.
______·김준석·길정아. 2013. 〈한국 유권자들은 정책에 따라 투표하는가?: 정책 선호, 정책 인식, 그리고 정책투표〉. 《한국정치학회보》 47집 1호, 167-183.
______·정효명. 2014. 〈정책선호가 정당 지지에 미치는 영향: 제19대 총선을 중심으로〉. 《한국정치학회보》 48집 1호, 119-134.
김영태. 2007. 〈17대 대통령 선거와 북한 변수〉.《정치정보 연구》10권 2호, 65-77.
김용철·조영호. 2015. 〈지역주의적 정치구도의 사회심리적 토대〉. 《한국정당학회보》14권 1호, 93-128.
김욱. 2004. 〈17대 총선결과와 대통령-국회 관계 전망〉. 《한국정당학회보》 3권 2호, 125-158.
____. 2006. 〈16대 대선에서 세대, 이념 그리고 가치의 영향력〉. 어수영 편. 《한국의선거》. 서울: 오름.
김재한. 1993. 〈제14대 대선과 한국경제〉. 《한국정치학회보》 27권 1호, 99-120.
______. 1999. 〈한국의 이념적 성향과 선거 정치: 1998년 지방선거를 중심으로〉. 조중빈 편. 《한국의 선거 III》. 서울: 푸른길.
김주찬·윤성이. 2003. 〈2002년 대통령선거에서 이념성향이 투표에 미친 영향〉. 《21세기정치학회보》 13집 2호, 87-103.
김진하. 2008. 〈17대 대선 투표 참여율과 기권〉. 《현대정치연구》 1집 1호, 5-30.
김형준. 2006. 〈7대 총선과 세대: 정당 지지 분석을 중심으로〉. 어수영 편. 《한국의 선거》. 서울: 오름.
나간채. 1991. 〈지역 간 사회적 거리감〉. 김종철 외. 《지역감정연구》 191-211. 서울: 학민사.
노환희·송정민·강원택. 2013. 〈한국 선거에서의 세대효과:1997년부터 2012년까지의 대선을 중심으로〉. 《한국정당학회보》 12집 1호, 113-140.
문용직. 1992. 〈한국의 정당과 지역주의〉. 《한국과 국제정치》 8권 1호, 1-18.
______. 1997. 〈국회의원선거에서의 현직 국회의원 효과〉. 《한국과 국제정치》 13권 2호, 161-190.
문우진. 2005a. 〈지역투표와 합리적 선택이론: 공간모형 분석〉. 《한국과 국제정치》 21권 3호, 151-187.
______. 2005b. 〈정책중심 대 가치중심의 선거경쟁: 정치거래 이론〉. 《국가전략》 11권, 169-207.
______. 2007. 〈대의민주주의의 최적화 문제와 헌법 설계: 정치거래 이론과 적용〉. 《한국정치학회보》 41집 3호, 5-31.
______. 2009a 〈지역주의와 이념성향: 17대 총선분석〉. 《한국정당학회보》 8권 1호, 87-112.
______. 2009b 〈정치정보, 정치참여와 민주주의〉. 《한국정치학회보》 43집 4호, 327-350.

______. 2011a. 〈정치정보, 정당, 선거제도와 소득불평등〉.《한국정치학회보》45집 2호, 73-98.

______. 2011b. 〈정치의식과 불평등 투표: 17대 및 18대 국회의원 선거분석〉.《국가전략》 17권 3호, 73-93.

______. 2012. 〈대통령지지도의 필연적 하락의 법칙: 누가 왜 대통령에 대한 지지를 바꾸는가?〉.《한국정치학회보》46집 1호, 175-201.

______. 2013. 〈한국 대통령 권한과 행정부 의제설정 및 입법결과〉.《한국정치학회보》47집 1호, 75-101.

______. 2016b. 〈한국 선거경쟁에 있어서 이념갈등의 지속과 변화: 15대 대선 이후 통합자료 분석〉.《정당학회보》15권 3호, 37-60.

______. 2017a. 〈지역주의 투표의 특성과 변화: 이론적 쟁점과 경험분석〉.《의정연구》23권 1호, 81-111.

______. 2017b. 〈한국 유권자 투표행태의 지속과 변화: 통합자료 분석〉.《한국과 국제정치》33권 2호, 26-56.

______. 2018. 〈경제투표, 선거심판과 민주주의: 경제에 대한 객관적 · 주관적 평가와 전망이 여당후보 지지에 미치는 영향〉.《평화연구》26권 2호, 5-44.

박경미·한정택·이지호. 2012. 〈한국 사회 이념갈등의 구성적 특징〉.《한국정당학회보》11권 3호, 127-153.

박경산. 〈제14대 대통령선거에 나타난 경제적 투표〉.《한국정치학회보》27권 1호, 185-208.

박명호. 2009. 〈2008 총선에서 나타난 세대 효과와 연령효과에 관한 분석: 86세대를 중심으로〉.《한국정당학회보》8권 1호, 64-86.

박상훈. 2001. 〈한국의 유권자는 지역주의에 의해 투표하나? 제16대 총선의 사례〉.《한국정치학회보》35집 2호, 113-134.

박원호. 2012. 〈86세대의 소멸과 30대 유권자의 부상〉. 박찬욱·김지윤·우정엽 편.《한국 유권자의 선택1: 2012 총선》. 서울: 아산정책연구원.

박찬승. 2013.《한국 근현대사를 읽는다》. 서울: 경인문화사.

박찬욱. 1993. 〈유권자의 선거관심도, 후보인지능력과 투표참여 의사: 제14대 총선전 조사결과를 중심으로〉.《한국정치학회보》26집 3호, 153-174.

백준기·조정관·조성대. 2003. 〈이데올로기와 지역주의, 그리고 2002년 대통령선거〉.《국가전략》9권 4호, 139-168.

손낙구. 2010.《대한민국 정치사회 지도: 수도권 편》. 서울: 후마니타스.

손호철. 1996. 〈'수평적 정권교체,' 한국정치의 대안인가?〉.《정치비평》창간호.

송근원. 2007. 〈유권자들의 후보 선택에 영향을 미친 정책 이슈에 관한 연구: 2002년 16대 대통령 선거를 중심으로〉.《한국정책학회보》16권 2호, 239-254.

송근원. 2013. 〈정책투표인가, 인물투표인가?: 2008년 미국 대통령선거를 중심으로〉.《현대정치연구》6권 2호, 38-66.

송진미·박원호. 2016. 〈이슈경쟁과 합의이슈 모델: 2014년 서울시장선거를 중심으로〉.《한국정당학회보》15권 1호, 29-61.

서복경. 2010. 〈투표불참 유권자 집단과 한국 정당체제〉.《현대정치연구》3권 1호, 109-128.

서현진. 2008. 〈17대 대통령 선거의 투표참여와 세대에 관한 연구〉.《의정연구》14권 2호,

117-142.
신광영. 2004. 〈한국 진보정치의 존재조건〉. 《역사비평》 68권 3호, 41-64.
안순철·가상준. 2006. 〈17대 국회의원선거의 민주노동당 투표자에 대한 분석〉. 《한국정당학회보》 5권 2호, 37-56.
안용흔. 2013. 〈투표선택, 정치제도, 그리고 민주주의: 2012년 총선과 대선의 투표행태와 연관성 분석〉. 《평화연구》 21권 1호, 215-246.
어수영. 2006. 〈세대와 투표양태〉. 어수영 편. 《한국의 선거》. 서울: 오름.
______·곽진영. 2002. 〈한국인의 정치 참여의 변화와 지속성: 남성과 여성의 참여 변화를 중심으로〉. 《한국정치학회보》 35집 4호, 165-188.
윤광일. 2012. 〈지역주의와 제19대 총선〉. 《대한정치학회보》 20권 2호, 113-138.
윤종빈. 2006. 〈한국에서의 현직의원 지지에 관한 연구: 17대 총선을 중심으로〉. 《한국정치학회보》 40집3호.
______. 2008. 〈17대 대선과 후보자 요인〉. 《현대정치연구》 1권 1호, 59-82.
이갑윤. 1996. 〈지역구 선거구획의 시정과 전국구의원제도의 폐지〉. 《의정연구》 2권 2호.
______. 1998. 《한국의 선거와 지역주의》. 서울: 오름.
______. 2002. 〈지역주의의 정치적 정향과 태도〉. 《한국과 국제정치》 18권 2호, 155-178.
______·박정석. 2011. 〈지역민 호감도가 정당지지에 미치는 영향〉. 《한국과 국제정치》 27권 3호, 131-158.
이갑윤·이지호·김세걸. 2013. 〈재산이 계급의식과 투표에 미치는 영향〉. 《한국정치연구》 22권 2호, 1-25.
______·이현우. 2002. 〈후보자 요인이 득표에 미치는 영향〉. 진영재 편. 《한국의 선거 IV》. 서울: 한국사회과학데이터센터
______·이현우. 2008. 〈이념투표의 영향력 분석: 이념의 구성, 측정 그리고 의미〉. 《현대정치연구》 1권 1호, 137-166.
이남영. 1998. 〈유권자의 지역주의 성향과 투표〉. 이남영 편. 《한국의 선거 II》. 서울: 푸른길.
이내영. 2002. 〈세대정치와 이념〉. 《계간사상》 가을호, 53-79.
______. 2009. 〈한국 유권자의 이념성향의 변화와 이념투표〉. 《평화연구》 17권 2호, 42-72.
______. 2011. 〈6.2 지방선거와 세대균열의 부활〉. 이내영·임성학 편. 《변화하는 한국 유권자4: 패널조사를 통해본 2010 지방선거》. 서울: 동아시아연구원.
______·안종기. 2013. 〈제18대 대통령선거와 회고적 투표: 왜 제18대 대통령선거에서 집권정부에 대한 회고적 평가가 중요한 영향을 미치지 못했나?〉. 《한국정당학회보》12권 2호, 5-36.
______·정한울 2007. 〈이슈와 한국 정당 지지의 변동〉. 《한국정치학회보》 41집 1호, 31-55.
______·정한울. 2013. 〈세대균열의 구성요소: 코호트효과와 연령 효과〉. 《의정연구》 19권 3호, 37-83.
______·허석재. 2010. 〈합리적 유권자인가 합리화하는 유권자인가: 17대 대선에서 나타난 유권자의 이념과 후보선택〉. 《한국정치학회보》 44집 2호, 45-67.
이상우. 1992. 〈지역감정에 좌우된 대통령 선거: 한국 대통령 선거의 결정 요인〉. 《비록 한국의 대통령》 월간조선 1993년 신년호 별책부록. 서울: 조선일보사.

이용마. 2014. 〈2000년대 이후 한국 사회 계층균열 구조의 등장〉.《한국정치학회보》48집 4호, 249-270.
이재철. 2008. 〈17대 대통령 선거에서의 경제투표: 유권자의 경제인식과 투표결정〉.《현대정치연구》1권 1호, 111-135.
이지호. 2009. 〈정당위치와 유권자 정향: 2007년 대선과 2008년 총선을 중심으로〉.《현대정치연구》2권 1호, 123-148.
장승진. 2012. 〈제19대 총선의 투표 선택〉.《한국정치학회보》46집 5호, 99-120.
______. 2013a. 〈2012년 양대 선거에서 나타난 계층균열의 가능성과 한계〉.《한국정치학회보》47집 4호, 51-70.
______. 2013b. 〈경제민주화와 제18대 대선-쟁점 투표(Issue Voting)와 정치지식(Political Knowledge)〉.《한국정당학회보》12권 1호, 87-112.
전병유·신진욱. 2014. 〈저소득층일수록 보수정당을 지지하는가?: 한국에서 계층별 정당지지와 정책 태도, 2003-2012〉.《동향과 전망》11권/집, 9-51.
전용주. 2006. 〈대통령 지지도 변화요인에 대한 연구: 한국의 대통령 지지율 변화를 설명하기 위한 이론적 모형의 탐색적 구축〉.《21세기정치학회보》16집 1호, 67-89.
______·김도경·서영조. 2008. 〈부산 · 광주지역 대학생들의 정치성향 비교연구〉.《한국정치학회보》42집 4호, 289-314.
______·차재권·김은미. 2007. 〈정치사회화와 정치성향 형성에 관한 연구: 부산지역 대학생들을 대상으로 한 설문조사결과를 중심으로〉.《한국정당학회보》6권 2호, 97-132.
정봉성·송근원. 2006. 〈대통령 선거 이슈와 후보 지지율의 변화: 제16대 대통령 선거를 중심으로〉.《21세기정치학회보》16집 3호, 119-149.
정진민·황아란. 1999. 〈민주화 이후 한국의 선거정치: 세대요인을 중심으로〉.《한국정치학회보》33권 2호, 115-134.
정준표. 2008. 〈사회경제적 지위와 투표〉.《현대정치연구》1권 2호, 37-74.
정철희. 2002. 〈신계급과 민주주의의 공고화〉.《한국사회학》36권 4호, 35-58.
정한울·권혁용. 2009. 〈경제가 선거에 미치는 영향: 17대 대선과 18대 총선에서의 경제투표〉. 김민전·이내영 편.《변화하는 한국유권자3: 패널조사를 통해 본 18대 국회의원선거》. 서울: 동아시아연구원.
조성대·한귀영. 2010, 〈대통령 국정지지, 정당지지, 그리고 경제전망의 동태적 관계에 관한 연구: 비대칭효과(Asymmetric Effect)를 중심으로〉.《한국정치학회보》44집 2호, 163-186.
조기숙. 1996.《합리적 선택: 한국의 선거와 유권자》. 서울: 한울 아카데미.
______. 2000.《지역주의 선거와 합리적 유권자》. 서울: 나남.
조진만. 2005. 〈민주화 이후 한국 재·보궐선거의 특징과 정치적 의미〉.《한국정당학회보》4권 2호, 95-122.
______·최준영·가상준. 2006. 〈한국 재·보궐선거의 결정요인분석〉.《한국정치학회보》40집 2호, 75-98.
지병근. 2013a. 〈호남지역에서 나타난 정당후보 득표율의 지역편향: 제 18대 대선 사례 분석〉.《한국정당학회보》12권 1호, 141-173.
______. 2013b.〈 유권자들의 정책 선호와 투표 선택〉. 이내영·서현진 편.《변화하는유권자5》. 서울: 동아시아 연구원.
______. 2015. 〈민주화 이후 지역감정의 변화와 원인〉.《한국정당학회보》14권 1호, 63-

90.
진영재·김민옥. 2007. 〈한국인의 이념성향 인식과 후보자 및 정당 지지 행태와의 상관관계〉. 《한국과 국제정치》 23권 4호, 65-98.
최영진. 1999. 〈한국지역주의 논의의 재검토: 정치적 정체성 개념과 동기부여 구조를 중심으로〉. 《한국정치학회보》 33집 2호.
______. 2001. 〈제16대 총선과 한국 지역주의 성격〉. 《한국정치학회보》 35집 2호, 149-165.
최장집. 1989. 《한국현대정치의 구조와 변화》. 서울: 까치.
______. 1991. 〈지역감정의 지배 이데올로기적 기능〉. 김종철, 최장집 외 편. 《지역감정 연구》. 서울: 학민사.
______. 1998. 《한국 민주주의의 조건과 전망》. 서울: 나남.
______. 2002. 《민주화 이후의 민주주의: 한국 민주주의의 보수적 기원과 위기》. 서울: 후마니타스.
최준영. 2008. 〈지역감정은 존재하는가?: 지역감정에 대한 간접측정 기법을 중심으로〉. 《현대정치연구》 1권, 199-222.
______·조진만. 2005. 〈지역균열의 변화 가능성에 대한 경험적 고찰: 제17대 국회의원 선거에서 나타난 이념과 세대 균열의 효과를 중심으로〉. 《한국정치학회보》 39집 3호, 375-394.
한귀영. 2013. 〈2012년 대선, 가난한 이들은 왜 보수정당을 지지했는가?〉. 《동향과 전망》 10권, 9-40.
한정훈·강현구. 2009. 〈유권자의 합리적 선택과 정치엘리트의 전략적 행위가 투표율 변화에 미치는 영향: 제18대 국회의원 선거 사례분석〉. 《한국정치연구》 18권 1호, 51-80.
황아란. 1997. 〈선거구 특성이 투표율에 미치는 영향: 제15대 국회의원 선거분석〉. 《한국정치학회보》 30집 4호, 285-198.
______. 2000. 〈경제투표에 대한 정치심리학적 접근〉. 《한국정치학회보》 34권 2호, 193-212.
______. 2008. 〈제17대 대통령 선거의 투표선택과 정당태도의 복합지표 모형〉. 《현대정치연구》 1권 1호, 85-110.
황태연. 1996. 〈한국의 지역패권적 사회구조와 지역혁명의 논리〉. 《정치비평》 창간호.
허석재. 2014. 〈정치적 세대와 집합기억〉. 《정신문화연구》 37권 1호, 257-290.

2. 외국 문헌

Achen, Christopher H., and Larry M. Bartels. 2016. *Democracy for Realists: Why Elections Do Not Produce Responsive Government.* Princeton: Princeton University Press.
Abramowitz, Alan. 2008. 'Forecasting the 2008 Presidential Election with the Time-for-Change Model.' PS: *Political Science & Politics* 41(4): 691-695.
Ackerman, Bruce and Ian Ayres. 2002. *Voting with Dollars: A New Paradigm for Campaign Finance.* New Haven: Yale University Press.
Anderson, Christopher J., Silvia M. Mendes, and Yuliya V. Tverdova. 2004. 'Endogenous Economic Voting: Evidence from the 1997 British Election.' *Electoral Studies* 23(4): 683-708.

Arrow, Kenneth J. 1950. 'A Difficulty in the Concept of Social Welfare.' *Journal of Political Economy* 58 (4): 328–346.

Atkeson, Lonna Rae and Cherie D. Maestas. 2012. *Catastrophic Politics: How Extraordinary Events Redefine Perceptions of Government*. Cambridge: Cambridge University Press.

Bartolini, Stefano and Peter Mair. 1990. *Identity, Competition and Electoral Availability*. New York: Cambridge University Press.

Beasley, Ryan K. and Mark R. Joslyn. 2001. 'Cognitive Dissonance and Post-decision Attitude Change in Six Presidential Elections.' *Political Psychology* 22(3): 521-540.

Bendor, Jonathan, Daniel Diermeier, and Michael Ting. 2003. 'A Behavioral Model of Turnout.' *American Political Science Review* 97(2): 261-280.

Berelson, Bernard R., Paul F. Lazarsfeld and William McPhee. 1954. *Voting*. Chicago: University of Chicago Press.

Brady, Henry E., and Paul M. Sniderman. 1985. 'Attitude Attribution: A Group Basis for Political Reasoning.' *American Political Science Review* 79(4): 1061-1078.

Brody, Richard A. 1991. *Assessing the President: The Media, Elite Opinion, and Public Support*. Stanford, CA: Stanford University Press.

______ and Lee Sigelman. 1983. 'Presidential Popularity and Presidential Elections: An Update and Extension.' *Public Opinion Quarterly* 47(3): 325-328.

Brooks, Clem and Jeff Manza. 1992. 'Social Cleavages and Political Alignments: U.S. Presidential Elections, 1960 to 1992.' *American Sociological Review* 62(6): 937-946.

Budge, Ian, David Robertson and Derek Hearl, eds. 1987. *Ideology, Strategy and Party Change: Spatial Analysis of Post-War Election Program in 19 Democracies*. Cambridge: Cambridge University Press.

______, Hans-Dieter Klingemann, Andrea Volkens, Judith Bara, and Eric Tanenbaum. 2001. *Mapping Policy Preferences: Estimates for Parties, Electors and Governments 1945-1998*. New York: Oxford University Press.

Cameron, David. 1978. 'The Expansion of the Public Economy.' *American Political Science Review* 72(4): 1243-1261.

Campbell, Angus, Philip E. Converse, Warren E Miller, and Donald E Stokes. 1960. *The American Voter*. Chicago: The University of Chicago Press.

Campbell, James E. 2004. 'Forecasting the Presidential Vote in 2004: Placing Preference Polls in Context.' *PS: Political Science & Politics* 37(4): 763-767.

Castle, Francis, and Peter Mair. 1984. 'Left-Right Political Scales: Some 'Expert' Judgment.' *European Journal of Political Research* 17(4): 73-88.

Choi Jae-in and Park Won-ho. 'Conditional Pocketbook Voting and Clarity of Responsibility in Korea.' *Korean Political Science Review* 46(6): 85-107.

Choi Jang Jip. 1993. 'Political Cleavages in South Korea.' In *State and Society in Contemporary Korea*, edited by Hagen Koo. Ithaca: Cornell University Press.

Clarke, D. Harold and Marianne C. Stewart. 1994. 'Prospections, Retrospections, and Rationality: The Bankers Model of Presidential Approval Reconsidered.' *American Journal of Political Science* 38(4): 1104-1123.

______. 1995. 'Economic Evaluations, Prime Ministerial Approval and Governing Party Support:

Rival Models Considered.' *British Journal of Political Science* 25: 145–170.

______, and Paul Whiteley. 1997. 'Tory Trends: Party Identification and the Dynamics of Conservative Support since 1992.' *British Journal of Political Science* 27: 299–319.

Conover, Pamela J. and Stanley Feldman. 1989. 'Candidate Perception in an Ambiguous World: Campaigns, Cues and Inference Processes.' *American Journal of Political Science* 33(4): 912-940.

Converse, Philip E. 1964. 'The Nature of Belief Systems in Mass Publics.' In *Ideology and Discontent*, edited by David E. Apter, 206– 261. Glencoe, IL: Free Press.

Cox, Gary W. 1990. 'Centripetal and Centrifugal Incentives in Electoral Systems.' *American Journal of Political Science* 34: 903-935.

______________, and Michael C. Munger. 1989. 'Closeness, Expenditures, and Turnout in the 1982 U.S. House Elections.' *American Political Science Review* 83: 217-231.

Cumings, Bruce. 1981. *The Origins of the Korean War*. Princeton: Princeton University Press.

Dahl, Robert A. 1971. *Polyarchy: Participation and Opposition*. New Haven: Yale University Press.

Dalton, Russell J. and Martin P. Wattenberg, eds. 2000. *Parties without Partisans*. London: Oxford University Press.

Davis, Otto A., Melvin J. Hinich, and Peter Ordeshook. 1970. 'An Expository Development of a Mathematical Model of the Electoral Process.' *American Political Science Review* 64: 426-448.

Downs, Anthony. 1957. *An Economic Theory of Democracy*. HarperCollins Publisher.

Duch, Raymond M., and Harvey Palmer. 2002. "Heterogeneous Perceptions of Economic Conditions in Cross-National Perspective." In *Economic Voting*, edited by Han Dorussen and Michaell Taylor. New York: Routledge.

Duch, Raymond M. and Randolph T. Stevenson. 2008. *The Economic Vote: How Political and Economic Institutions*. New York: Cambridge University Press.

Duverger, Maurice. 1959. *Political Parties*. New York: Wiley.

Easton, David. 1965. *A Framework for Political Analysis*. Englewood Cliffs, NJ: Prentice-Hall, Inc.

Elff, Martin. 2009. 'Social Divisions, Party Positions, and Electoral Behaviour.' *Electoral Studies* 28(2): 297-308.

Elster, Jon. 1985. *Making Sense of Marx*. Cambridge: Cambridge University Press.

________. 1989. *Nuts and Bolts for the Social Sciences*. Cambridge: Cambridge University Press.

Erikson, Robert S. 1990. 'Economic Conditions and the Congressional Vote: A Review of the Macrolevel Evidence.' *American Journal of Political Science* 34(2): 373-399.

Erikson, Robert and John H. Goldthorpe. 1992. *The Constant Flux: A Study of Class. Mobility in Industrial Societies*. Oxford: Clarendon Press.

Esping-Andersen, Gøsta. 1990. *The Three Worlds of Welfare Capitalism*. Princeton: Princeton University Press.

Eulau, Heinz and Michael S. Lewis-Beck. 1985. *Economic Conditions and Electoral Outcomes: The United States and Western Europe*. New York: Agathon Press, Inc.

Evans, Geoffrey. 1999. 'Class Voting: From Premature Obituary to Reasoned Appraisal.' In *The End of Class Politics: Class Voting in Comparative Context*, edited by Geoffrey Evans. Oxford: Oxford University Press.

Evans, Geoffrey and Robert Andersen. 2006. 'The Political Conditioning of Economic Perceptions.' *Journal of Politics* 68(1): 194-207.

________ and Mark Pickup. 2010. 'Reversing the Causal Arrow: The Political Conditioning of Economic Perceptions in the 2000-2004 U.S. Presidential Election Cycle.' *Journal of Politics* 72(4): 1236-1251.

________ and James Tilley. 2012a. 'How Parties Shape Class Politics: Explaining the Decline of Class Party Support.' *British Journal of Political Science* 42(1): 137-161.

________ and James Tilley. 2012b. 'The Depoliticization of Inequality and Redistribution: Explaining the Decline of Class Voting.' *Journal of Politics* 74(4): 963-976.

Ferejohn, John A. and Morris P. Fiorina. 1974. 'The Paradox of Not Voting: A Decision Theoretic Analysis.' *American Political Science Review* 68: 525-536.

Fiorina, Morris P. 1981. *Retrospective Voting in American National Elections*. New Haven: Yale University Press.

________, Samuel J. Abrams, and Jeremy C. Pope. 2010. *Culture War? The Myth of a Polarized America*. NewYork: Longman.

Fowler, James H. 2006. 'Habitual Voting and Behavioral Turnout.' *Journal of Politics* 68(2): 335-344.

Garrett, Geoffrey. 1998. *Partisan Politics in the Global Economy*. Cambridge: Cambridge University Press.

Gelman, Adrew and Gary King 1993. 'Why are American Presidential Election Polls so Variable When Votes Are So Predictable?' *British Journal of Political Science* 23(4): 409-451.

Gerber, Alan. 1998. 'Estimating the Effect of Campaign Spending on Senate Election Outcomes Using Instrumental Variables.' *American Political Science Review* 92(2): 401-11.

________, Donald P. Green and Ron Shachar. 2003. 'Voting May Be Habit-Forming: Evidence from a Randomized Field Experiment.' *American Journal of Political Science* 47(3): 540-550.

Gilens, Martin. 2012. *Affluence and Influence: Economic Inequality and Political Power in America*. Princeton University Press.

Green, Donald P., and Ron Shachar. 2000. 'Habit-formation and Political Behavior: Evidence of Consuetude in Voter Turnout.' *British Journal of Political Science* 30, 561-573.

Hetherington, Marc J. and Michael Nelson. 2003. 'Anatomy of a Rally Effect: George Bush and the War on Terrorism.' *PS: Political Science & Politics* 36(1): 37-42.

Hibbing, John R. and Elizabeth Theiss-Morse. 2002. *Stealth Democracy: Americans' Beliefs About How Government Should Work*. Cambridge: Cambridge University.

Hibbs, Douglas A. 1977. 'Political Parties and Macroeconomic Policy.' *American Political Science Review* 71: 1467-1487.

________. 1982. 'On the Demand for Economic Outcomes: Macroeconomic Performance and Mass Political Support in the United States, Great Britain, and Germany.' *Journal of Politics* 44(2): 426-462.

________. 2000. 'Bread and Peace Voting in U.S. Presidential Elections.' *Public Choice* 104: 149-180.

Hotelling, Harold. 1929. 'Stability in Competition.' *The Economic Journal* 39: 41-57.

Hout, Michael, Clem Brooks, and Jeff Manza. 1995. 'The Democratic Class Struggle in the United States.' *American Sociological Review* 60:805-28.

________, Jeff Manza, and Clem Brooks. 1999. 'Classes, Unions, and the Realignment of US

Presidential Voting, 1952-1992.' In *The End of Class Politics: Class Voting in Comparative Context*, edited by Geoffrey Evans. Oxford: Oxford University Press.

Howell, Susan E. 1986. 'Candidates and Attitudes: Revisiting the Question of Causality.' *Journal of Politics* 48(2): 450-464.

Huber, John D. 1989. 'Values and Partisanship in Left-Right Orientations: Measuring Ideology.' *European Journal of Political Research* 17: 599-621.

________ and Ronald Inglehart. 1995. 'Expert Interpretations of Party Space and Party Locations in 42 Societies.' *Party Politics* 1: 73-111.

Huber, Evelyne and John D. Stephens. 2001. *Development and Crisis of the Welfare State*. Chicago: University of Chicago Press.

Huckfeldt, Robert, and John Sprague. 1995. *Citizens, Politics and Social Communication: Information and Influence in an Election Campaign*. New York: Cambridge University Press.

Inglehart, Ronald. 1994. *Culture Shift in Advanced Industrial Society*. Princeton: Princeton University Press.

________. 1997. *Moderniation and Postmodernization: Cultural, Economic, and Political Change in 43 Societies*. Princeton: Princeton University Press.

Iversen, Torben and David Soskice. 2006. 'Electoral Systems and the Politics of Coalitions: Why Some Democracies Redistribute More than Others.' *American Political Science Review* 100(2): 165-187.

Jacobson, Gary C. 1978. 'The Effects of Campaign Spending in Congressional Elections.' *American Political Science Review* 72: 469-91.

________. 1990. 'The Effects of Campaign Spending in House Elections: New Evidence for Old Arguments.' *American Journal of Political Science* 34: 334-362.

Jang, Eunyoung and Kihong Eon. 2015. 'Is Regional Voting Still Effective? Empirical Analyses of Local Elections in Korea.' *Journal of Contemporary Politics* 8(1): 161-179.

Jerit, Jennifer, Jason Barabas, and Toby Bolsen. 2006. 'Citizens, Knowledge, and the Information Environment.' *American Journal of Political Science* 50(2): 266-282.

Jhee, Byobng-Kuen. 2006. 'Ideology and Voter Choice in Korea: An Empirical Test of the Viability of Three Ideological Voting Models'. *Korean Political Science Review* 40(4): 61-81.

Jouet, Mugambi. 2017. *Exceptional America: What Divides Americans from the World and from Each Other*. Oakland, CA: University of California Press.

Kang, WooJin. 2013. 'Regional Party System, Causal Attribution, and Economic Voting in New Democracies: The Case of the 2007 Korean Presidential Election.' *International Political Science Review* 34(2): 173-190.

Katz, Richard S. and Peter Mair. 1995. 'Changing Models of Party Organization and Party Democracy: The Emergence of the Cartel Party.' *Party Politics* 1: 5-28.

Kernell, Samuel. 1978. 'Explaining Presidential Popularity. How Ad Hoc Theorizing, Misplaced Emphasis, and Insufficient Care in Measuring One's Variables Refuted Common Sense and Led Conventional Wisdom Down the Path of Anomalies.' *American Political Science Review* 72(2): 506-522.

Key, V. O. 1964. *Politics, Parties and Pressure Groups*. New York: Crowell.

Kiewiet, D. Roderick. 1983. *Macroeconomics and Micropolitics: The Electoral Effects of Economic*

Issues. Chicago: University of Chicago Press.

Kim, Byung-Kook. 2000. 'Party Politics in South Korea's Democracy: The Crisis of Success.' In *Consolidating Democracy in South Korea*, edited by Larry Diamond and Byung-Kook Kim. Boulder, CO: Lynne Rienner Publishers.

Kinder, R. Donald, and D. Roderick Kiewiet. 1979. 'Economic Discontent and Political Behavior: the Role of Personal Grievances and Collective Economic Judgements in Congressional Voting.' *American Journal of Political Science* 23(3): 495–527.

________, and D. Roderick Kiewiet. 1981. 'Sociotropic Politics: The American Case.' *British Journal of Political Science* 11(2): 129-162.

Kirchheimer, Otto. 1966. 'The Transformation of West European Party Systems.' In *Political Parties and Political Development*, edited by Joseph LaPalombara and Myron Weiner. Princeton, NJ: Princeton University Press.

Kramer, Gerald H. 1971. 'Short-Term Fluctuations in U.S.. Voting Behavior, 1896-1964.' *American Political Science Review* 71: 131-43.

Korpi, Walter. 1983. *The Democratic Class Struggle*. London: Routledge & Kegan Paul.

Lau, Richard R., and David P. Redlawsk. 1997. 'Voting Correctly,' *American Political Science Review* 91(3): 585-598.

Lazarsfeld, Faul F., Berelson Bernard and Hazel Gaudet. 1944. *The People's Choice*. New York: Columbia University Press.

Laver, Michael, and W. Ben Hunt. 1992. *Policy and Party Competition*. New York: Routledge.

Lechner, Frank J. *The American Exception*. New York: Palgrave Macmillan US.

Lee, Jong R. 1977. 'Rallying around the Flag: Foreign Policy Events and Presidential Popularity.' *Presidential Studies Quarterly* 7(4): 252-256.

Leighley, Jan E., and Jonathan Nagler. 1992a. 'Individual and Systemic Influences on Turnout: Who Votes? 1984.' *Journal of Politics* 54(3): 718-740.

________. 1992b. 'Socioeconomic Class Bias in Turnout, 1964-1988: The Voters Remain the Same.' *American Political Science Review* 86(3): 725-736.

Lewis-Beck, Michael S. 1980. 'Economic Conditions and Executive Popularity: The French Experience.' *American Journal of Political Science* 24: 306–323.

________. 1988. *Economics and Elections: The Major Western Democracies*. Ann Arbor: University of Michigan Press.

________ and Tom W. Rice. 1992. *Forecasting Elections*. Washington, DC: Congressional Quarterly.

Lijphart, Arendt. 1994. *Electoral Systems and Party Systems: A Study of Twenty-Seven Democracies, 1945–1990*. Oxford: Oxford University Press.

________. 1997. 'Unequal Participation: Democracy's Unresolved Dilemma.' *American Political Science Review* 91: 1-14.

Lipset, Seymour M. 1996. *American Exceptionalism: A Double-Edged Sword*. New York: W.W. Norton.

________. and Stein Rokkan. 1967. *Party Systems and Voter Alignments: Cross-National Perspectives*. New York: The Free Press.

Lodge, Milton and Ruth Hamill. 1986. 'A Partisan Schema for Political Information Processing.'

American Political Science Review 80(2): 505-520.

Lupia, Arthur and Mathew D. McCubbins. 2003. *The Democratic Dilemma: Can Citizens Learn What They Need to Know?* New York: Cambridge University Press.

MacKuen, Michael B. 1983. 'Political Drama, Economic Conditions, and the Dynamics of Presidential Popularity.' *American Journal of Political Science* 27(2): 165-192.

Madsen, H. 1980. 'Electoral Outcomes and Macro-Economic Policies: The Scandinavian Cases'. In *Models of Political Economy*, edited by Paul Whitely. London: Sage Publications.

Manza, Jeff and Clem Brooks. 1999. *Social Cleavages and Political Change: Voter Alignments and U.S. Party Coalitions*. New York: Oxford University Press.

Markus, Gregory B. 1988. 'The Impact of Personal and National Economic Conditions on the Presidential Vote: A Pooled Cross-Sectional Analysis.' *American Journal of Political Science* 32(3): 137-154.

Marra, Robin F., Charles W. Ostrom, Jr., Dennis M. Simon. 1990. 'Foreign Policy and Presidential Popularity: Creating Windows of Opportunity in the Perpetual Election.' *Journal of Conflict Resolution* 34(4): 588-623.

Matsusaka, John G. 1995. 'Explaining Voter Turnout Patterns: An Informational Theory.' *Public Choice* 84, 91-117.

McAdams, John C., and John R. Johannes. 1983. 'The 1980 House Elections: Reexamining Some Theories in a Republican Year.' *Journal of Politics* 45(1): 143-162.

McKelvey, Richard D. and Peter C. Ordeshook. 1986. 'Information, Electoral Equilibria, and the Democratic Ideal.' *Journal of Politics* 48: 909-937.

Milligan, Kevin, Enrico Moretti, and Philip Oreopoulos. 2004. 'Does education improve citizenship? Evidence from the United States and the United Kingdom.' *Journal of Public Economics* 88(9-10): 1667-1695.

Moon, Woojin. 2004. 'Party Activists, Campaign Resources and Candidate Position Taking: Theory, Tests and Applications.' *British Journal of Political Science* 34(4): 611–633.

________. 2005. 'Decomposition of Regional Voting in South Korea: Ideological Conflicts and Regional Benefits.' *Party Politics* 11: 579-599.

________. 2015. 'Positional Effects of Partisan Attachments on Candidate Position Taking.' *Electoral Studies* 37(1): 99-108.

________. 2006. "The Paradox of Less Effective Incumbent Spending: Theory and Tests." *British Journal of Political Science* 36(6): 705-725.

Mueller, John E. 1970. 'Presidential Popularity from Truman to Johnson.' *American Political Science Review* 64(1): 18-34.

________. 2009. *War, Presidents, and Public Opinion*. The Educational Publisher/Zip Publishing.

Mutz, Diana C. 2006. *Hearing the Other Side: Deliberative versus Participatory Democracy*. New York: Cambridge University Press.

Nadeau, Richard. 2010. 'Patrimonial Economic Voting: Legislative Elections in France.' *West European Politics* 33(6): 1261-1277.

________ and Michael S. Lewis-Beck. 2001. 'National Economic Voting in US Presidential Elections.' *Journal of Politics* 63(1): 159-181.

________, Martial Foucault, and Michael S. Lewis-Beck. 2008. 'Patrimonial Economic Voting:

A Neglected Dimension.' Paper presented at the Americal Political Science Association Conference in Boston.

Nieuwbeerta, Paul and Nan Dirk De Graaf. 1999. 'Traditional Class Voting in Twenty Postwar Societies.' In *The End of Class Politics: Class Voting in Comparative Context, edited by Geoffrey Evans*. Oxford: Oxford University Press.

Norpoth, Helmut. 1996. 'President and Prospective Voter.' *Journal of Politics* 58(3): 776-792.

Ogburn, W. F. and Estelle Hill. 1935. 'Income Classes and the Roosevelt Vote in 1932.' *Political Science Quarterly* 50(2): 186-193.

Oskarson, Maria. 2005. 'Social Structure and Party Choice.' In *The European Voter: A Comparative Study of Modern Democracies*, edited by Jacques Thomassen. Oxford: Oxford University Press.

Page, Benjamin I and Robert Y. Shapiro. 1992. *The Rational Public: Fifty Years of Trends in Americans' Policy Preferences*. Chicago: University of Chicago Press.

Palfrey, Thomas R. 1984. 'Spatial Equilibrium with Entry.' *Review of Economic Studies* 51: 139-156.

________ and Howard Rosenthal. 1985. 'Voter Participation and Strategic Uncertainty.' *American Political Science Review* 79(1): 62-78.

________ and Keith T. Poole. 1987. 'The Relationship between Information, Ideology, and Voting Behavior.' *American Journal of Political Science* 31, 511-530.

Pampel, Fred C. and John B. Williamson. 1988. 'Welfare Spending in Advanced Industrial Democracies.' *American Journal of Sociology* 93:1424-1456.

Petty, Richard T., and John E. Cacioppo. 1986. *Communication and Persuasion*. New York: Springer-Verlag.

Pierson, Paul. 1996. 'The New Politics of the Welfare State.' *World Politics* 48(2): 143-179

Polanyi, Karl. 1957. *The Great Transformation*. Foreword by Robert M. MacIver. Boston: Beacon Press.

Popkin, Samuel L. 1991. *The Reasoning Voter: Communication and Persuasion in Presidential Campaigns*. Chicago: University of Chicago Press.

Powell, G. Bingham Jr. 2000. *Elections as Instruments of Democracy*. New Haven: Yale University Press.

Poole, Keith T. and Howard Rosenthal. 1984. 'The Polarization of American Politics.' *Journal of Politics* 46: 1061-1071.

Poole, Keith T. and Howard Rosenthal. 1997. *Congress: A Political-Economic History of Roll Call Voting*. New York: Oxford University Press.

Rahn, Wendy M, Jon A. Krosnick, and Marijke Breuning. 1994. 'Rationalization and Derivation Processes in Survey Studies of Political Candidate Evaluation.' *American Journal of Political Science* 38(3): 582-600.

Rawls, John. 1971. *A Theory of Justice*. Cambridge: The Belknap Press of Harvard University.

Riker, William H. and Peter C. Ordeshook. 1968. 'A Theory of the Calculus of Voting.' *American Political Science Review* 62: 25-42.

Rowbottom. 2010. *Democracy Distorted*. Cambridge: Cambridge University Press.

Schlozman, Kay Lehman, Sidney, Verba, and Henry E. Brady. 2012. *The Unheavenly Chorus: Unequal Political Voice and the Broken Promise of American Democracy*. Princeton: Princeton University Press.

Schumpeter, Joseph A. 1976. *Capitalism, Socialism and Democracy*. New York: George Allen & Unwin Ltd.

Serra, Gilles. 2010. 'Polarization of What? A Model of Elections with Endogenous Valence.' *Journal of Politics* 72: 426–437.

Sniderman, Paul M., Richard A. Brody, and Philip E. Tetlock. 1991. *Reasoning and Choice: Explorations in Political Psychology*. New York: Cambridge University Press.

Stimson, James. 1976. 'Public Support for American Presidents.' *Public Opinion Quarterly* 40(2): 1-21.

Stokes, Donald E. 1963. 'Spatial Models of Party Competition.' *American Political Science Review* 57: 368–377.

Stokes, Susan C., Thad Dunning, Marcelo Nazareno, and Valeria Brusco. 2013. *Brokers, Voters, and Clientelism: The Puzzle of Distributive Politics*. Cambridge: Cambridge University Press.

Strøm, Kaare. 2000. 'Delegation and Accountability in Parliamentary Democracies.' *European Journal of Political Research* 37: 261-289.

Swank, Duane. 1988. 'The Political Economy of Government Domestic Expenditure in the Affluent Democracies, 1960–1980.' *American Journal of Political Science* 32: 1120–50.

Tsebelis, George. 2002. *Veto Players: How Political Institutions Work*. New York and Princeton: Russell Sage Foundation and Princeton University Press.

Tufte, Edward R. 1978. *Political Control of the Economy*. Princeton, NJ: Princeton University Press.

Verba, Sidney, Kay L. Scholzman, and Brady Henry E. 2006. *Voice and Equality: Civic Voluntarism in American Politics*. Cambridge: Harvard University Press.

________, and Norman Nie. 1993a. 'Citizen Activity: Who Participates? What do They Say?' *American Political Science Review* 87: 303-318.

________. 1993b. 'Race, Ethnicity and political Resources Participation in the United States.' *British Journal of Political Science* 23(4): 453-97.

Warwick, Paul V. 1994. *Government Survival in Parliamentary Democracies*. New York: Cambridge University Press.

Weakliem, David L and Anthony F. Heath. 1999. 'The Secret Life of Class Voting: Britain, France, and the United States since the 1930s.' In *The End of Class Politics: Class Voting in Comparative Context, edited by Geoffrey Evans*, 97-136. Oxford: Oxford University Press.

Wilcox, Nathaniel T, and Christopher Wlezien. 1993. 'The Contamination of Responses to Survey Items: Economic Perceptions and Political Judgments.' *Political Analysis* 5(1): 181-213.

Wittman, Donald. A. 1995. *The Myth of Democratic Failure: Why Political Institutions Are Efficient?* The University of Chicago Press.

Wlezien, Christopher. 2015. 'The Myopic Voter? The Economy and US Presidential Elections.' Electoral Studies 39(3): 195-204.

________, Mark Franklin, and Daniel Twiggs. 1997. 'Economic Perceptions and Vote Choice: Disentangling the Endogeneity.' *Political Behavior* 19(1): 7–17.

________ and Robert S. Erikson. 2004. 'The Fundamentals, the Polls, and the Presidential Vote.' PS: Political Science & Politics 37(4): 747-751.

Wolfinger, Raymond E. and Steven Rosenstone. 1980. *Who Votes?* New Haven: Yale University.

Yang, Sung C. 1994. 'South Korea's Top Bureaucratic Elites, 1948-1993: Their Recruitment

Patterns and Modal Characteristics.' *Korean Journal* 34(3): 5-19.
Zaller, John. 1992. *The Nature and Origins of Mass Opinion*. Cambridge: Cambridge University Press.

3. 자료

동아시아연구원. 2007. 〈2007 대선 패널조사〉. 서울, 4월-12월.
______. 2012. 〈2012 총선 대선 패널조사〉. 서울, 3월-12월.
한국사회과학데이터센터. 1997. 〈제15대 대통령선거 유권자 의식조사〉. 서울, 12월.
______. 2000, 〈제16대 국회의원선거 유권자 조사〉. 서울, 4월.
______. 2002. 〈제16대 대통령선거 유권자 의식조사〉. 서울, 12월.
______. 2004. 〈제17대 국회의원선거 유권자 조사〉. 서울, 4월.
______. 2007. 〈제17대 대통령선거 유권자 의식조사〉. 서울, 12월.
______. 2008. 〈제18대 국회의원선거 유권자 조사〉. 서울, 4월.
______. 2012. 〈제19대 국회의원선거 유권자 조사〉. 서울, 4월.
______. 2012. 〈제18대 대통령선거 유권자 의식조사〉. 서울, 12월.
______. 2016. 〈제20대 국회의원선거 유권자 조사〉. 서울, 4월.
내일신문·서강대현대정치연구소. 2017. 〈제19대 대통령선거 유권자 의식조사〉. 서울, 4월.
한국리서치. 2018. 〈지방선거 관련 유권자 의식 설문조사〉 서울, 6월.
The American National Election Studies. 2010. TIME SERIES CUMULATIVE DATA FILE [dataset]. Stanford University and the University of Michigan [producers and distributors], (www.electionstudies.org).

찾아보기

한국 민주주의의 작동원리
한국에서 다수는 어떻게 형성되는가

초판 1쇄 2018년 12월 27일
초판 2쇄 2019년 12월 10일

지은이 문우진
펴낸곳 고려대학교출판문화원
www.kupress.com
kupress@korea.ac.kr
(02841) 서울특별시 성북구 안암로 145
Tel 02-3290-4230, 4232
Fax 02-923-6311
찍은곳 (주)동화인쇄

ISBN 978-89-7641-956-9 93340

값 26,000원
※ 잘못 만들어진 책은 바꿔드립니다.